KB261484

한국 가족을 말하다

현상과 쟁점

한국가족을 말하다
-현상과 쟁점

발행　2015년 2월 3일 1쇄

지은이　최연실 고선주 권희경 남영주 배희분 성미애 송명숙 양현아
　　　　　이경희 이소영 이재림 장주영 정정기 조은숙 진미정 최새은
펴낸이　박민우
기획팀　송인성, 김선명, 박민하
편집팀　박우진, 박영숙, 김영주, 김정아, 최미라
관리팀　임선희, 정철호, 김성언, 라영일, 권주련
펴낸곳　(주)도서출판 하우
주소　서울시 중랑구 망우로68길 48
전화　(02)922-7090
팩스　(02)922-7092
홈페이지　http://www.hawoo.co.kr
e-mail　hawoo@hawoo.co.kr
등록번호　제306-2004-22호

값 20,000원
ISBN 978-89-7699-999-3　93330

한국가족을 말하다

현상과 쟁점

최연실 고선주 권희경 남영주 배희분 성미애 송명숙 양현아
이경희 이소영 이재림 장주영 정정기 조은숙 진미정 최새은

도서출판 夏雨 株式會社

영원한 스승,
존경하는 옥선화 교수님께 올려드립니다.

머리말

옥선화

　'가족'이라는 단어가 모든 이들에게 존재의 근원으로, 일상적 삶의 중심으로 자리한다는 의미를 뛰어 넘어서 우리나라에서 학문으로서의 가족학으로 자리매김한 역사가 어언 20년을 넘어서고 있다. 물론 가족학의 맹아기는 대학에서 가족관계 교육이 시작된 60여 년 전부터라고 할 수도 있겠지만, 그때로부터 1970, 80년대까지는 관련되는 학문분야의 학자들이 개별적으로 교육과 연구를 수행하고 있었다. 실제로 가족을 연구하는 학자들이 모여서 가족학의 학문적 발전을 위해서 연구회를 조직하고 공동연구를 수행하며, 단행본을 출판한 시기는 1990년대 초반이므로 전문영역으로서의 가족학이 구축된 시점을 1990년대 초라고 보는 것이 타당하다고 생각된다. 가족관계의 측면에 연구의 초점을 맞추던 1970년대 초반에 가족학 전공학생으로 가족학에 입문하여, 이후 대학 강단에서 한국가족연구의 폭과 깊이를 넓혀가면서 한국가족의 의미를 탐색하고 가족연구의 필요성 그리고 가족연구를 현장에 적용하는 것이 중요함을 강조해 왔다. 그로부터 30여 년이 지난 지금, 다양한 관점으로 가족을 연구하는 학자층이 형성된 것이 가족학자인 내게 가장 큰 보람이고 기쁨이다.

　이제 가족학계의 중견학자로 성장하였거나 이제 막 소장학자로 출발한 저자들이 집필한 '한국가족을 말하다: 현상과 쟁점'에 펼쳐진 집필진들의 논지를 되새기면서 後生可畏의 현실과 君子三樂의 한가지인 得天下之英才而敎育之를 누린 감사함에 숙연해 진다. 가족학자로서 學而時習之不亦說乎를 길게는 20년 이상 짧게는 수년간 경험한 필진들이 분석한 한국가족의 면면은 연구자들에게 뿐만 아니라 가족에 관심이 있는 고급 독자들의 가슴에 깊은 공감과 문제의식을 심어주는 玉稿들임을 본인이 구태어 말하지 않아도 이 책을 읽는 독자들은 다 알 수 있을 것이다.

가족의 변화는 인류의 역사이래 지속된 것임에도 불구하고, 특히 한국의 근대가족은 결코 변화할 것 같지 않았던 특수한 상황을 가지고 있었다. 국가경영의 근본원리를 가족원리에 두었던 가족중심국가인 조선왕조의 500년 역사가 있고, 일제강점기를 거쳐 독립 이후 국가경영의 기본원리가 바뀐 후에도 교육과 사회정책은 가족가치의 유지를 근본으로 유지해 왔다. 따라서 급격한 사회 변화가 있어 온 최근까지도 우리의 생활문화 속에 내재된 전통적 가족의식은 흔들리지 않을 것 같았다. 그러나 2005년 호주제 폐지와 더불어 우리의 가족은 제도적 변화의 급물살을 타게 되었다. 제도의 변화는 실생활에도 영향을 주게 되어 우리는 그 어느 때보다도 가족 변화의 폭이 두드러질 시대를 맞이하게 되었다.

이 책은 이러한 가족의 변화에 주목하여 변화하는 한국가족 편으로 책의 서두를 열고 있다. I. 변화하는 한국가족 편에 수록된 네 편의 논문은 변화한 한국가족의 모습과 그 안에서 변화하지 않고 있는 가족의 모습을 예리하게 관찰하고 변화의 방향을 추론하고 있다. 이 필진들의 지속적인 연구를 통해서 과연 한국가족은 앞으로 어떤 모습으로 변화할지에 대한 해답을 구할 수 있으리라고 본다.

온 세계가 서로 소통하는 21세기에 한국가족 역시 그 흐름을 타고 있음을 알려주는 II. 세계화와 한국가족 편에서 보여준 우리 가족의 현주소는 시간과 공간을 넘나들며 세계화시대의 한국가족을 조명하고 있다. 우린 더 이상 과거의 가족의식에 머무르고 있는 전통적 한국가족의 모습으로 살고 있지 않다. 그렇다면 어떤 모습이 세계화시대의 우리 모습인가? 우리 다문화사회의 특수성과 이동이 자유로워진 시대를 살아가는 가족들의 삶의 면면을 세 명의 필자들의 눈을 통해서 들여다보고 한국에서의 가족의 의미를 되새겨 본다.

가족이 결혼에서 출발하는지, 결혼에 의해서 가족이 확대되는지에 대한 논쟁은 가족학자들에게 한국가족의 특수성을 설명하는 중요한 주제로 등장하곤 했다. 그러나 어떤 시각으로 한국가족을 보든지 간에 생애주기에 따른 가족관계의 변화에 관심을 가지고 있는 가족학자들과 가족정책 실무자들은 결혼으로 시작되는 부부관계에 많은 관심을 보이고 있다. 부부간의 역할분리와 평등은 서양에서 유래되고 변화하고 있는 부부역동성이라고 단정지을 수 있을지? 오랜 한국가족의 역사성 속에서 가족이라는 하나의 단위가 의미있음을 이론과 현장경험을 통해서 성찰하고 있는 다섯 편의 논문은 한국가족에서 부부의 삶의 방향을 가늠케한다.

아마도 한국가족을 논할 때 세대관계에 대해서 논하는 것이 가장 조심스러울 수 있다고 본다. 현재, 효의식을 가족연구에서 명시적으로 다루는 경우는 드물지만 세대라는 단어는 곧 '효' 개념과 연결되어 생각되고 이 문제는 세대관계의 변화에 관한 자유로운 의견의 개진을 불편하게 하기도 한다. 마지막 편인 Ⅳ. 세대: 관계의 양면성에서 논의하고 있는 필자들의 논지를 살펴보면 지금 우리가 목격하는 세대관계의 특징들은 현대 한국가족에서만 나타나는 세대관계의 특징은 아닌 것으로 이해된다. 인간의 수명이 반세기전보다 수십년이나 길어진 현 시대의 세대관계는 이 지구상에서 인간이 최초로 경험하는 세대관계로서 양육과 교육 그리고 자신이나 가족 돌봄과 어떻게 연결될 것인지 앞으로의 연구가 기대되는 부분이다.

한국가족을 말하면서 변화, 세계화, 부부: 역할과 친밀성, 세대: 관계의 양면성이라는 네 편의 주제로 묶어서 가족에 대한 연구의 흐름을 펼쳐 보인 편집진의 혜안은 앞으로 가족학 연구의 핵심과제를 제시하고 있다. 이들의 연구가 더욱 심화되어 한국가족을 설명하는 고유한 이론이 구축되고, 가족연구에 기반한 가족정책과 가족상담과 교육 현장이 확대되어 가족이 더욱 행복하고 모든 가족이 편안한 사회가 오기를 기대한다.

차례

제 I 부
변화하는 한국가족

최연실

가족관계의 내적 역동 분석과 실천적 개입에 관심이 있으며, 가족상담 및 교육, 가족심리, 다문화가족, 무자녀가족 등에 관한 연구를 주로 수행하고 있다. 이 글은 다면적인 변화 양상을 띠는 한국가족의 면모들을 추적해보고 가족 변화의 다양한 맥락과 주요한 요인들을 추출하면서 한국가족에서 나타나는 현상과 관련된 쟁점들을 짚어본다. 한국사회에서 가족이 지닌 다른 제도와의 긴밀한 연관성을 고려해 볼 때, 이는 가족의 차원을 넘어서서 사회의 성격을 설명해내고 변화 방향을 가늠해 보는 하나의 실마리를 제공할 것이다.

1장.

한국가족의 변화:
어떻게 읽어낼 것인가?[1]

I. 서론

지난 20세기 후반 이래 후기산업화시대의 가족과 개인 생활방식은 형식과 내용에서 모두 큰 변화를 겪어왔다. 이러한 현상은 전지구적 차원에서 발생하고 있으며, 특히 서구사회에서의 이러한 대폭적인 변화는 정서적·관계적 측면에서의 "혁명"에 비유되기도 한다(Giddens, 2007). Skolnick과 Skolnick(2007: 7-9)은 이와 같은 변화의 배경으로 다음과

---

[1] 본고는 『한국가족관계학회지』(한국가족관계학회), 제17권 4호(2013)에 게재된 "한국가족의 변화에 대한 일고찰: 변화 양상, 맥락 및 쟁점을 중심으로"를 수정, 보완한 것임을 밝힙니다.

같은 요인들을 거론한다. 첫째, 후기산업사회적 요인이다. 서비스산업사회·정보화사회로 이행함에 따라 여성 취업이 확대되고 여성의 경제력이 향상되면서 (여성의) 가족에 대한 의존성이 약화되고 있다. 둘째, 라이프코스(life course)상의 요인이다. 출산율 저하와 평균수명 연장이라는 인구학적 변화로 인해 자녀출산, 양육과 같은 전통적 가족역할이 감소되면서 관계를 중심으로 한 커플의 결합양식이 가능해지고 있다. 셋째, 심리적 요인이다. 교육수준이 확대되고 그와 관련한 개인적·정치적 가치관이 변화하며 전반적인 생활수준이 향상됨에 따라 탈물질적·문화적 삶에 대한 기대가 증가하고 관용성·평등적 관계에 대한 지향성이 높아진다(박선영 외, 2008). 이러한 배경적 요인들을 살펴보면, 가족 변화가 역사적·사회적 차원, 발달적·관계적 차원, 심리적·개인적 차원 등 다양한 차원과 연루되어 있음을 알 수 있다.

후기산업화시대에 돌입한 한국사회의 가족도 전반적으로 살펴볼 때, 이러한 현상에서 예외가 아니다. 물론 위에서 지적한 요인들 모두의 영향력이 동일하게 미치지 않으며, 또 한국가족 나름대로의 고유한 특성을 지니고 있지만, 한국가족에서의 변화도 서구사회에 못지않게 급격히 이루어지고 있으며, 그러한 변화는 구조적·기능적·관계적 측면에서 모두 주목할 만큼 진행되고 있다. 특히 20세기 후반부 정치적·경제적·사회적·문화적 측면을 아우르며 펼쳐진 한국사회에서의 전대미문의 급격하고 복잡한 변화를 '압축적 근대화'로 명명하면서 이러한 변화가 대다수 사람들에게 가족을 매개로 하여 부과되었다는 지적이 있기도 하다(장경섭, 2009: 7).

2000년대 들어서 한국가족에게는 그 변화를 둘러싸고 "위기인가? 재구조화인가?"라는 질문이 던져진다. 한편으로 한국가족의 위기를 보는 시각에서는 특히 2000년대 초반부터 통계적 수치로 가시화되고 있는 출산율의 저하나 이혼율, 비혼 인구의 증가 등을 통해 변화를 위기로 읽는다. 다른 한편으로 한국가족의 재구조화를 보는 시각에서는 이러한 인구학적 변화에서 드러나는 '개인화'나 '탈가족화' 현상을 넘어서서 대다수의 한국인들이 아직 '가족'이라는 범주 안에 머물고 있으며, 한국의 사회조직 중

가족은 개인들에게 여전히 강고한 영향력을 미치고 있다고 보고 있다.

한국의 가족을 둘러싼 지배적인 담론이 위기이든 재구조화이든 한국의 가족은 현재도 "변화 중(in transition)"이다. 여전히 진행 중인 한국가족의 변화는 한국사회의 현실 속에서 상당히 독특한 양상으로 전개되어가고 있다. 후기산업사회에 진입한 다른 사회의 가족에서 보여주는 특징들과 아울러 한국의 가족주의 전통과 이념에 기반 한 특징들이 혼재되어 현 시점에서 살펴보는 한국가족의 모습은 결코 평면적이거나 단순하지 않게 드러나고 있다. 따라서 문제는 한국가족의 이러한 변화를 어떤 맥락에서 어떻게 읽어내는가에 있다고 보인다.

원래 가족은 사회와의 상호작용을 통해 만들어진 "구성된 실체"(제이버 구브리움·제임스 홀스타인 저, 최연실 외 공역, 1997)로서, 개인적인 삶의 누적된 경험과 집단적인 삶의 누적된 경험을 함께 반영하는 것이며 사적인 단위로서 뿐만 아니라 공적 사회 속의 한 단위로서의 성격을 동시에 갖는다(서선희, 1991). 그러므로 사회역사적인 맥락에서 가족현상을 분석함과 아울러 가족행동의 내적 과정을 이해하기 위해 가족에 속한 개인, 개인 간의 관계 및 가족체계를 동시에 분석하는 다수준적(multi-level) 접근(신수진, 2002)이 현재 한국사회에서 가족이 지니는 복합성과 중층성을 풀어가는 데 있어 필요하다. 이와 같은 의미에서 다중적으로 전개되는 가족 변화의 맥락을 짚어보고 그 기저에 어떤 요인들이 작용하는가를 살펴보는 것은 이러한 한국가족의 복잡성에 접근해 가는 하나의 시도가 될수 있을 것이다. 또한 한국가족의 변화와 연관되는 쟁점들을 도출해보는 작업은 한국사회에서 가족이 지닌 다른 제도와의 긴밀한 연관성을 고려해볼 때, 가족의 차원을 넘어서서 사회의 성격을 설명해내고 변화 방향을 가늠해보는 하나의 실마리를 제공할 것이다.

이러한 문제의식에서 출발하여 이 글에서는 먼저 현재 시점에서 다면적인 양상을 띠는 가족의 면모들을 자료들을 통해 추적하고 기술하고자 한다. 그 다음으로, 이러한 자료들을 통해 파악된 전반적인 경향을 기반으로 하여 가족 변화의 다양한 맥락과 주요한 관련 요인들이 무엇인지를 더

들어 보는 실험적인 분석틀을 제시하고자 한다. 끝으로는 현재 한국가족
에서 나타나는 현상들과 관련하여 사회적으로 어떠한 쟁점이 드러나는지
를 살펴보고자 한다. 이 글은 한국가족의 변화와 관련된 기존의 자료를 이
차적으로 활용하여 논점을 도출하는 이론적 연구의 성격을 갖는다.

II. 한국가족의 변화 양상

이 글에서는 먼저 거시적 측면의 변화를 살펴보기 위해 인구학적 변
화를 먼저 개괄적으로 살펴보고, 구조적 측면의 변화를 살펴보기 위해
서 가족형태의 변화, 가족생활주기의 변화를 제시하고자 한다. 이 글에
서 초점을 두고 있는 가족의 변화 양상을 전반적이고 개괄적으로 파악하
기 위해서는 전국적인 차원에서의 본격적이고 체계적인 연구 결과가 필요
했기 때문에, 인구학적 변화는 통계청의 통계자료(통계청, 2003, 2006,
2007, 2014a, 2014b, 2014c, 2014d), 가족형태의 변화는 관련선행연구들
(강은영, 2010; 김혜순, 2008; 김혜영 외, 2007; 박선영 외, 2008; 오욱환,
2008; 이여봉, 2006; 최양숙, 2008; 통계청, 2003, 2006), 가족생활주기
의 변화는 관련보고서(김승권 외, 2012)의 결과를 바탕으로 하였다.

먼저, 인구학적 변화는 근래 한국사회에서 가장 부각되는 가족관련
인구학적 변화인 출산, 결혼, 가구구성을 중심으로 전개된다. 이를 위해
이 글에서 활용한 통계청의 자료는 2005년과 2014년 사이에 발표된 출생
통계결과, 혼인통계결과, 인구주택총조사 등이다.

가족형태의 변화는 현재 한국사회에서 다양하게 출현하는 가족형태
중 가장 주목을 받고 있는 비혼단독가구, 한부모가족, 장기분거가족, 결혼
이주가족을 중심으로 전개된다. 한국사회에서 관심이 높아가는 이들 가
족형태를 구조적인 측면에서 인구학적 통계로 어느 정도 파악할 수는 있

으나, 이를 통해서는 실질적인 가족관계의 내용적인 측면을 파악하기 어렵고 또 이 가족형태들을 전국적인 규모의 차원에서 별도로 다룬 조사가 거의 부재하기 때문에, 이 글에서는 이들에 관한 선행연구들을 기초로 내용을 제시하였다.

가족생활주기의 변화는 가족생활주기의 변화 양상과 가족생활주기 단계별 기간 변화의 의미를 중심으로 내용을 제시한다. 이에 대한 근거자료로 15~64세 이하 기혼여성 중 초혼이면서 출산 경험이 있는 부인 9,055명을 분석대상으로 한 한국보건사회연구원의 『2012년 전국 출산력 및 가족보건·복지실태조사』결과를 활용하였다.

한국가족의 구체적인 변화양상은 다음과 같다.

1. 인구학적 변화

인구학적 변화를 개략적으로 살펴보면, 한국가족에서는 출산율을 중심으로 한 가족재생산 기능의 약화, 만혼, 비혼, 이혼 등의 증가로 인한 결혼의 불안정화, 3세대 이상 가구의 감소나 단독가구를 포함한 1세대 가구의 증가 등이 두드러지는 가구구성의 변화가 부각된다(박선영 외, 2008).

1) 출산율의 변화

한국가족에서 인구학적 변화와 관련하여 가장 주목되는 현상은 출생아수 및 합계출산율의 감소이다. 이는 주출산 연령층 여성인구 감소, 만혼이나 비혼 등의 혼인 감소현상과 기혼여성의 출산율 감소에 기인하는 것으로 추정된다. 2013년 현재 총 출생아수는 약 43만 6천 6백 명으로 전년 48만 4천 6백 명보다 4만 8천명(9.9%) 감소하였으며, 합계출산율(여자 1명이 평생 낳을 것으로 예상되는 평균 출생아수)도 1.19명으로 전년(1.30명)에 비해 0.11명 감소하였다(〈그림 1〉 참조).

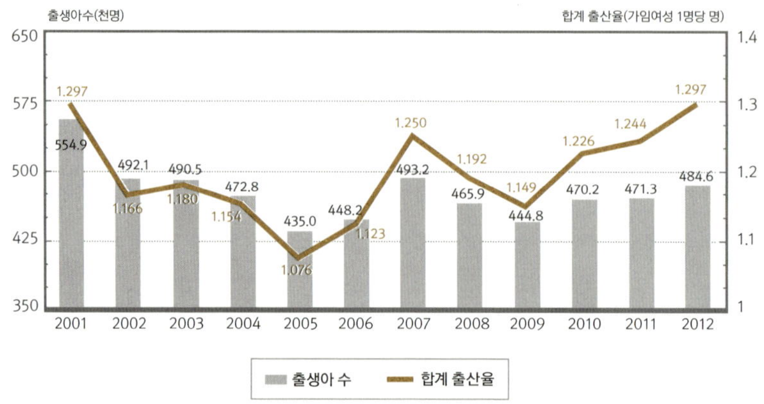

출처: 통계청(2014). 「2013년 출생통계 결과」.

그림 1 출생아수 및 합계출산율 추이(2001-2012)

2) 혼인율의 변화

2013년 혼인건수는 32만 2천 8백 건으로 전년 32만 7천 1백 건에 비해 1.3% 감소하였다. 이는 경제성장 둔화 및 혼인연령층의 혼인율 감소에 기인한 것으로 추정되고 있다. 2013년 조혼인율(인구 1천 명당 혼인건수)은 6.4건으로 낮은 수치를 보이고 있는데, 이러한 현상은 만혼이나 비혼과 맞물려 있다고 보인다. 혼인연령은 지속적으로 상승하여 2013년 현재 평균초혼연령이 남자 32.2세, 여자 29.6세인데, 이는 전년보다 각각 0.1세, 0.2세 증가한 것이다. 혼인건수를 연령별로 살펴보면 20대 후반의 혼인 감소폭(전년보다 남자 1만 건, 여자 1만 2천 건 감소)이 크게 나타난다. 비혼인구를 살펴보면, 2005년 현재 30-34세 여성인구 중 19.0%(남성 41.3%)가 비혼상태이다(김혜영 외, 2007). 2009년 혼인통계에서 초혼 부부 중 전년대비 남자 연상 부부 비중은 0.6%p 감소하고(68.2%→67.6%), 동갑 부부 비중은 전년과 유사하며(16.2%→16.3%) 여자 연상 부부 비중은 0.6%p 증가하였다(15.6%→16.2%). 또한 외국인과의 혼인은 2만 6천 건으

로 전년대비 2천 4백 건 감소하였다. 외국여자와의 혼인은 1만 8천 3백 건
으로 전년보다 11.3% 감소하였고, 외국남자와의 혼인 또한 7천 7백 건으
로 전년보다 0.4% 감소하였다(〈그림 2〉 참조).

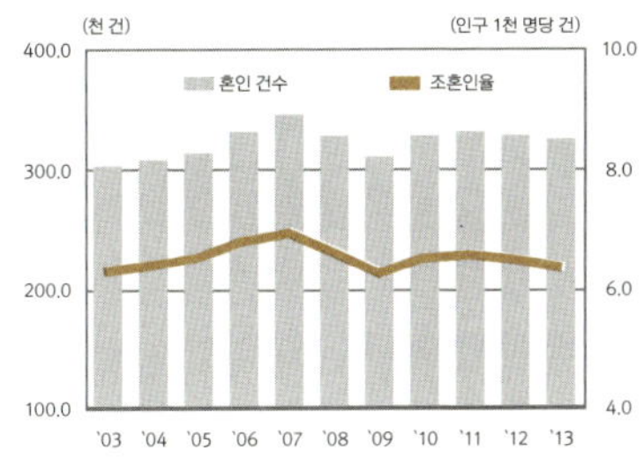

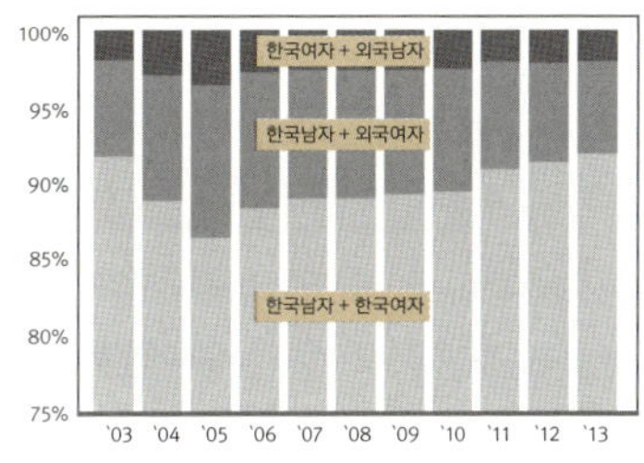

출처: 통계청(2014d). 『2013년 혼인통계결과』.

그림 2 혼인건수·조혼인율 추이(2003-2013) 및 외국인과의 혼인비율

3) 이혼율의 변화

2013년 이혼건수는 11만 5천 300백 건으로 2012년보다 1천 건(0.9%)
증가하였고, 조이혼율(인구 1천 명당 이혼건수)은 2.3, 유배우 이혼율(유
배우 1천 명당 이혼건수)은 4.7로 크게 증가하지는 않고 있다. 이는 2008
년 6월 이후 이혼숙려제 도입으로 인한 신고 공백으로 이혼건수가 감소한
것으로 추정된다. 주목할 만한 현상은 2013년 20년 이상 동거한 부부의
이혼비중이 28.1%로 증가세를 유지하고 있다는 것이다. 이혼하는 부부의
평균동거기간은 14.1년으로 남자는 40대 초반이며, 여자 또한 40대 초반
이혼 건수가 가장 많았다(〈그림 3〉 참조).

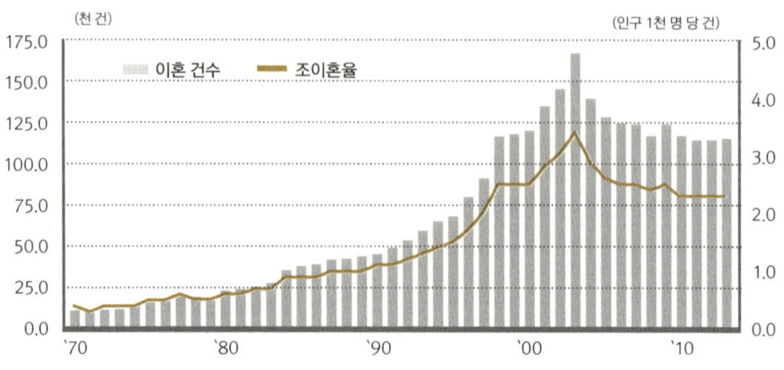

출처: 통계청(2014a).『2013년 이혼통계결과』.

그림 3 총 이혼건수 및 조이혼율 추이(1970-2013)

4) 가구 구성의 변화

2010년 우리나라의 총가구수는 17,334천 가구이며, 1990년 이후에는 4인 가구가 가장 주된 유형의 가구였으나, 2010년에는 2인 가구가 가장 주된 가구 유형으로 등장하였다. 평균가구원수는 2.69명으로 2005년(2.88명) 대비 0.19명이 감소하였으며, 전반적으로 감소 추세이다. 가구구성에서 부부+자녀 가구 구성은 다소 감소 추세인데 비하여 부부만으로 구성된 가구의 비율은 점차 증가 추세이다(통계청,『2013 한국의 사회지표』, 2014). 1인 단독가구의 비율은 23.9%로 2005년 이후 크게 증가하지는 않고 있으나, 통계청의『2010년 장래가구추계』에 의하면 2035년까지 34.3%로 증가할 전망이다. 세대구성으로 살펴보면, 1980년부터 2010년까지 3세대 이상 가구는 감소하고, 1인 가구를 포함한 1세대 가구가 급격히 늘고, 부부+자녀로 구성된 2세대 가구는 감소하였다(〈그림 4〉참조).

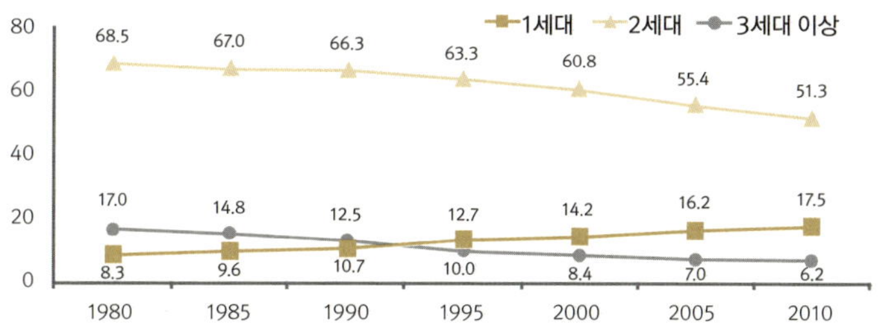

출처: 통계청(2011). 『2010 인구주택총조사 가구주택부문』.

그림 4 가구 구성의 변화(1980-2010)

2. 가족형태의 변화

현재 한국사회에는 다양한 가족형태나 생활방식이 전개되고 있다. 만혼이나 비혼에 따른 독신, 동거, 동성애, 혼전/혼외 출산(미혼모), 무자녀, 입양가족, 한부모가족, 재혼가족, 장기분거가족(기러기가족), 결혼이주가족 등 전례 없이 다양한 형태의 가족생활방식이 실험, 또는 정착해가고 있는 현실이다. 이와 같이 다양하게 출현하는 가족형태 중 근래 한국사회에서 가장 주목을 받는 것은 비혼단독가구, 한부모가족, 장기분거가족, 결혼이주가족으로 보인다.

1) 비혼단독가구

먼저 비혼단독가구부터 살펴보면, 한국사회에서 1인 가구의 지속적인 증가는 두드러진 변화 양상 가운데 하나로, 인구센서스 조사결과 그 수치는 1980년 4.8%에서 2010년 23.9%로, 그 비중이 급격히 증가하였다.

1인 단독가구는 만혼이나 비혼, 배우자의 사별이나 이혼, 교육 및 취업 등의 목적에 의한 원가족과의 독립세대 구성에 따라 형성된다. 원인이 무엇이든 간에 현재 비혼상태로서 단독가구를 형성하는 비율이 크게 증가하면서 이 가족형태는 사회로부터 주목을 받게 되었다. 특히 "자발적" 비혼은 평생 비혼의 가능성이 있다는 점에서 우리 사회의 저출산 현상과 관련되며, 결혼을 앞둔 사람들의 의식 변화를 읽을 수 있는 지점이 될 수 있으며, 우리 사회의 결혼과 가족을 이해함에 있어 새로운 관점을 제공해줄 수도 있다(강은영, 2010).

김혜영 외(2007)의 연구에 의해 비혼단독가구자의 가족의식 및 가족관계를 살펴보면, '반드시 결혼해야 한다'는 전통적인 결혼관을 제외하고는 대체로 제도적인 결혼에 대해 수용하고 있을 뿐만 아니라 다소 '보수적인' 성의식과 성행동을 보여주고 있다. 뿐만 아니라 이들 역시 결혼에 대한 기대와 가족의 중요성을 크게 인식하고 있으며, 실제로 자신의 부모는 물론 형제자매와의 교류도 빈번하게 이루어지고 있다.

이 같은 결과는 이들이 고립된 개인 또는 자신의 일이나 자유를 가장 우선시하는 개인주의자로 획일화될 수 없음을 보여준다. 요컨대 다양한 사유로 현재 혼자 생활하고 있지만, 원가족과의 교류는 여전히 활발하고 기성의 가족개념과 가치를 공유하고 있다는 것이다. 이에 대해 박선영 등(2008)은 한국사회에서 비혼단독가구의 증가 등에서 추정할 수 있는 개인화의 진전은 자신의 삶의 일대기를 기획하고자 하는 후기 근대적 주체의 선택이라는 측면과 함께, 가족의 형성 자체를 어렵게 하는 고용불안정의 경제상황에 의해 오히려 촉진되기도 하는 이중적인 측면도 있는 것으로 분석하고 있다.

2) 한부모가족

통계청(2013)의 『2012년 한부모가족실태조사』에 따르면, 2010년 현재 전체 가구 중 한부모 가구가 차지하는 비율은 9.2%이며, 그 중 여성 한부모 가구가 차지하는 비율은 63.1%로 한부모 가구의 대부분을 여성들이 이끌고 있는 실정이다.

한부모 가구의 구성 사유를 보면, 사별은 1990년 56.0%로부터 2010

년 29.7%로 감소하였지만, 이혼은 1990년 8.9%에서 2010년 32.8%로 급격히 증가하였다. 따라서 한부모가족의 대체적인 모습은 이혼에 의해 구성되었고 주로 여성 가구주가 이끌고 있는 것으로 그려지게 된다.

여기서 사회적으로 관심을 기울여야 하는 부분은 바로 '여성의 빈곤화' 현상과 관련해서이다. 통계청(2003)의 『2002년 도시가계조사』분석에 따르면, 2002년 현재 최저생계비를 기준으로 남성가구주 가구의 빈곤율은 2.4%인데 비해 여성가구주 가구의 빈곤율은 9.3%로 약 4배 정도가 높으며, 중위소득 50%를 기준으로 보면 여성가구주 가구의 1/5이상이 빈곤가구에 포함된다. 통계청(2013)의 『2012년 한부모가족실태조사』분석에 따르면, 한부모가구의 월평균소득은 100만 원 미만이 16.7%, 100~200만 원 미만이 51.8%, 200만 원 이상이 31.4%였고, 평균 월 172만 원 수준으로, 이는 『2012 가계금융·복지조사』에 나타난 평균 가구소득 353만 원(연 4,233만 원)의 절반에 못 미치는 수치이다.

이런 빈곤의 상황에서 한부모가족에서의 여성가구주들은 가사역할은 그대로 끌어안은 채 장시간 노동에도 함께 시달려야 하는 현실에 처하게 된다. 이러한 여성가구주들은 노동력의 불완전한 상품화, 노동시장 내에서의 성별임금격차를 경험하는데, 이들을 지원하는 한국사회 복지제도의 한계는 새로운 가족으로서의 삶을 선택하는 여성과 그 자녀들을 개인화와 가족화 사이에 있는 곤궁 속으로 처하게 한다는 지적이다(박선영 외, 2008).

3) 장기분거가족

흔히 '기러기가족'이라 불리는 장기분거가족은 자녀의 조기유학을 목적으로 하여 1990년대부터 보다 집중적으로 출현하여 확연한 사회현상으로 자리 잡게 되었다. 기러기가족은 무엇보다 부부분거가 특징적인데, 이는 부부분거가 부부불화로 인한 것이 아니며 가족분거가 산업화시대에 주로 보이던 생계형이 아니라는 점에서 주목을 받는다(최양숙, 2008). 또한 주말부부, 월말부부 이상의 비교적 장기분거이며, 가구분리가 국내와 국외로 대륙을 달리 하며 초국적으로 이루어진다는 특징을 띤다.

　대만, 중국 등 일부 아시아국가에서도 교육형 분거가족이 나타나고 있다고 하여도 기러기가족과 같은 한국의 장기분거가족은 다분히 한국적인 현상으로 보아야한다는 지적이 있다(오욱환, 2008). 이러한 가족형태의 출현은 개인보다 가족을 우선시하는 가족주의 가치를 기반으로 자발적으로 수용되는 가장 등 부모의 희생, 교육을 사회적 신분 상승의 결정적인 인자와 투자과업으로서 바라보는 인식, 세계화의 맥락 하에서 영어 구사 능력 등의 교육적 경쟁력을 확보하려는 열망 등이 바탕에 깔려 있다. 이여봉(2006)은 현재 한국사회에서 기러기가족이 양산되고 있는 원인을 영어와 세계화 열풍, 교육제도에 대한 불만 외에도 부부가 '합법적으로 별거하기'의 수단으로서 이혼의 대체수단이나 확대가족적 부담으로부터 벗어나고자 하는 측면과 결합되기도 한다는 다소 부정적인 시각을 제기한다.

4) 결혼이주가족

　1990년 이래 한국사회에서 국제결혼이 증가하고 2000년대 들어서는 그 비율이 급증해 왔다. 현재 국제결혼은 2005년 이후에는 계속 감소하였으나, 혼인 중 차지하는 비중은 8.0%로 결혼하는 10쌍 중 1쌍이 국제결혼이라고 할 수 있을 것이다. 그동안 외국여성이 한국남성과 결혼하는 비율이 그 반대의 경우보다 압도적으로 많았으나, 2013년에는 외국여자와의 혼인, 외국남자와의 혼인 모두 감소하였다.

　국적별 외국인과의 혼인을 보면, 한국남자와 외국여자와의 혼인에서는 중국(22.6%), 중국(한국계, 33.7%)이 가장 두드러지는데, 특히 2006년 방문취업제를 실시한 이후 중국여자와의 혼인은 지속적으로 감소 추세이다. 한국여자와 외국남자와의 혼인에서는 미국(22.9%), 중국(22.6%), 일본(17.8%) 순으로 나타났다(통계청, 『2013년 혼인통계결과』, 2014).

　결혼이주가족은 한국사회에서 관심의 대상으로 많이 부각되고 있는 '다문화가족'의 출현에 결정적으로 기여를 해왔다고 볼 수 있는데, 이러한 가족형태는 주로 여성결혼이민자들의 결혼이주에 의해 형성된다고 할 수 있다. 이 결혼이주가족의 형성은 결혼의 지구화, 시장화, (부계적) 가족주의와 연결되어 있다. 한국사회의 국제결혼의 증가 추세는 기본적으로 세계화에 따라 자본과 노동력의 이동 증대 조건 속에서 두드러진 '이주의 여성화'와 관련되어 있다. '돌봄노동 연쇄고리'라고 부를 수 있는 노동 이주의 성별 특성이 친밀성이 전지구적으로 재구조화되는 국제결혼 현상에서 발견되는 것이다. 최근 아시아권내에서 증가하고 있는 국제결혼은 경제적으로 취약한 국가에서 상대적으로 발전한 국가로의 이동이라는 시장조건의 기능화와 더불어 다른 한편으로는 가부장제의 결과이기도 한데, 한국사회에서도 바로 이러한 조건들이 작동되어 결혼이주가족이 성립하는 것으로 보인다.

이와 같은 배경에서 보다 순종적이고 전통적인 여성상을 요구하는 한국사회의 가부장적 기대와 맞물려 여성결혼이주자들이 주로 거주하게 되는 농촌의 경우 시부모와 동거하는 확대가족의 비율이 37.3%로 나타나 전국 평균 7.0%(2005년)와 현저한 대조를 이루고 있다(박선영 외, 2008). 이런 점에서 한국사회에서 결혼이주여성들은 농촌 사회에서 대를 이어주고 남편이나 시부모에게 순종하는 등 "한국 가부장적 가족의 유지를 위해 불려 들여진다"는 시각(김혜순, 2008)이 존재하기도 하는 것이다.

3. 가족생활주기의 변화

한국사회의 가족생활주기는 지속적으로 변화하고 있다. 이러한 변화의 배경에는 혼인연령의 증가, 혼인율의 감소, 출산율의 저하, 평균수명의 연장 등 인구학적 요인, 결혼이데올로기의 변화, 가족의식 및 가족주의 가치의 변화, 양성평등의식 등 심리문화적인 요인, 교육이나 취업 등 사회경제적인 요인이 복합적으로 작용하고 있다.

본 연구에서는 가족생활주기의 변화를 보여주는 본격적인 분석자료

로서 김승권 외(2012: 805-810)의 연구를 토대로 해서 그 경향을 대략적
으로 짚어보고자 한다.

1) 가족생활주기의 변화 양상

한국에서 가족생활주기의 각 단계와 이를 구분하는 가족생애사건을
살펴보면, 제1단계인 형성기는 결혼부터 첫째아 출산 시점까지, 제2단계
인 확대기는 첫째아 출산부터 막내아 출산 시점까지이며, 제3단계인 확대
완료기는 막내아 출산 시부터 자녀의 결혼시작 시까지, 제4단계인 축소기
는 자녀의 결혼이 시작되는 시점부터 자녀의 결혼이 완료된 시점, 제5단계
인 축소완료기는 자녀를 모두 결혼시킨 시점부터 배우자가 사망할 때까
지, 그리고 마지막 6단계인 해체기는 배우자 사망으로부터 본인 사망 시까
지의 기간이다.

가족생활주기의 첫 단계인 형성기의 시작 시점인 초혼연령은 최근에
결혼한 부부일수록 점점 상승하는 추세를 보인다. 확대기의 시작 시점인
첫째아 출산 시 부인 연령도 초혼 연령 상승의 영향으로 최근에 결혼한 부
인일수록 높아지고 있다. 확대기의 종료 시점이면서 확대완료기의 시작 시
점인 막내아 출산 시 부인 연령도 높아지고 있으나 출산 자녀수의 감소로
대폭 상승한 것은 아닌 것으로 나타난다. 확대완료기의 종료 시점이면서
축소기의 시작 시점인 자녀결혼 시작 시 부인 연령은 최근으로 오면서 점
차 상승하는 추세이다. 이는 자녀의 결혼 연령 상승으로 인해 자녀출산 완
료 후 자녀 결혼 시작 시까지의 기간이 연장됨에 따른 결과라고 할 수 있
을 것이다. 축소기의 종료 시점이며, 축소완료기의 시작 시점인 자녀결혼
완료시 부인 연령은 높아지고는 있으나 그 폭이 크지 않다. 그 이유는 자녀
의 결혼 연령이 상승하고 있으나 과거에 비해 자녀수 감소가 뚜렷하여 출
산 자녀를 모두 결혼 시키는 데 많은 기간이 소요되지 않기 때문이다. 해
체기의 시작 시점인 남편 사망 시 부인 연령, 해체기의 종료 시점인 부인
사망 시 연령은 대폭적으로 상승하고 있다. 이는 평균수명의 연장 및 남녀

간 평균수명의 차이가 반영된 결과이기 때문이다(〈표 1〉 참조).

표 1   가족생활주기 각 단계의 시작 및 종결 당시 부인*의 평균연령

(단위: 세)

초혼연도	초혼 연령	첫째아 출산	막내아 출산	자녀결혼 시작	자녀결혼 완료	남편 사망	본인 사망
1979년 이전	24.65	23.14	26.87	54.78	59.47	76.14	78.10
1980~1989년	23.42	24.84	28.17	56.73	60.01	85.19	88.15
1990~1999년	25.00	26.57	29.78	58.18	61.51	85.56	89.38
2000~2012년	27.24	28.70	31.07	59.45	63.90	85.92	90.62

* 15~64세 이하 기혼여성 중 초혼 유배우이거나 사별이면서 출산경험이 있는 부인만을 분석대상으로 함.

출처: 김승권 외(2012). 『2012년 전국 출산력 및 가족보건·복지실태조사』.

2) 가족생활주기 단계별 기간 변화의 의미

현재 한국사회에서의 가족생활주기 변화의 큰 특징은 초혼연령의 상승, 소자녀 출산, 짧은 자녀터울, 평균수명의 연장 등으로 인해 자녀출산 및 양육기는 짧아지고 막내자녀 출산부터 자녀의 첫 결혼까지의 기간과 '빈 둥지 시기'가 상당히 길어지고 있다는 것이다.

이러한 가족생활주기의 변화는 여러 측면에서 가족관계에 시사하는 바가 크다. 우선 부부만의 기간이 늘어나게 되므로 부부간의 심리정서적 적응이나 관계의 정립이 필요할 것이다. 특히 저출산 등으로 인해 부부중심의 가족형성기가 늘어나고 소자녀로 인해 자녀양육기는 짧아지는 가운데 여성들의 교육기회 확대, 취업 욕구 증가에 따른 일과 가정 사이의 양립, 양성평등적인 성역할의식의 추구 등은 부부간 의사결정과 타협의 민주성을 필요로 한다. 또한 중년기 이후 퇴직이 빨라지고 평균수명이 연장되는 것에 따른 '빈 둥지 시기'의 확장은 중·장년기부터 노년기에 이르기까지 폭넓게 부부간 갈등을 조정하고 정서적 친밀감이나 동반자의식의 확립 등 관계의 재정립을 요구하고 있다.

한편, 우리사회의 사회경제적 조건으로 인해 교육연한이 길어지고 결

혼연령이 상승함으로써 성인자녀가 가족 내에 머무르게 되는 기간이 길어지면서 부모와 자녀 간 독립성/의존성의 문제나 세대갈등도 해결되어야할 관심사로 부각되고 있다.

III. 한국가족의 변화를 보는 맥락과 관련요인의 분석틀

지금까지 살펴본 현재 한국가족의 변화를 어떻게 바라보아야할 것인가? 이러한 문제를 다루기 위해서는 역사적 흐름에 따라 시대적 변화를 거치면서도 다양하고도 중층적인 체계들과 영향력을 주고받는 가족의 모습을 포착할 수 있어야 한다. 특히 후기산업화시대라는 역사적 조건이 규정하는 전형성과 한국가족 나름대로의 독특성을 모두 파악하기 위해서는 다양한 맥락과 층위에서 작용하는 요인들을 함께 고려해보아야 한다.

현재 한국사회에서의 단위가족은 주로 핵가족으로서 부부와 자녀로 구성된 핵가족은 가구구성에서 가장 높은 비중을 차지하고 있으며, 한 개인을 둘러싼 가장 직접적인 미시체계를 형성한다. 물론 산업화와 근대화 과정을 거치면서 우리 사회에서는 이러한 핵가족이 암묵적인 '표준가족'으로 설정되어온 경향이 있다. 하지만 최근 우리 사회의 동향을 살펴보면, 다양한 생활방식을 추구하는 가족형태들이 많이 출현하고 있기 때문에 미시체계를 이루는 가족이 전형적인 핵가족에 국한되지 않을 수 있다.

이 미시체계를 이루는 가족 안에서 가장 크게 작동되는 관련요인은 성(젠더)과 세대이다. 현재 한국가족 안에서 개인들의 가족의식 및 가족가치관에서 가장 큰 편차를 유발하는 것이 성별과 연령이다. 가족 내에서의 한 개인이 어떠한 성별을 지니고 있고 연령대에 따라 어떠한 세대적 위치를 차지하느냐에 따라 가족의식 및 가족가치관은 차이를 보인다. 주로 여성과 낮은 연령층이 남성이나 높은 연령층에 비해 부계혈통중심주의나 가족주의 성향이 다소 낮게 나타난다. 이들이 지닌 상대적으로 보다 진보적인 가족의식이나 가치관은 실질적인 가족생활을 해나가는 과정에서 남성들이나 윗세대들과 계속적으로 갈등과 충돌을 야기 시킬 수 있다. 따라서 이들이 제기하는 가족 내에서의 양성평등의식이나, 세대 간 형평적 보상 혹은 민주적 관계의 추구에 따른 갈등과 협상은 한국가족의 현재 모습을 보다 역동적으로 만들어가면서 가족관계의 변화를 추동시키는 조건을 형성한다고 보인다.

일반적으로 미시체계를 이루는 핵가족에서 또 고려해야할 것이 개인적·가족적 차원에서의 발달적 변화이다. 이는 현재 우리 사회에서 나타나는 다양한 인구학적 변화와 맞물린 가족생활주기의 변화에 의해 이전 시기들과는 다른 양상으로 라이프 코스를 경험하게 한다. 초혼연령의 상승으로 부부형성기 시작이 지연되고 경제적·문화적·심리적 원인들이 복합적으로 작용하여 출산을 미루거나 기피함으로 해서 자녀출산 및 양육 시기가 짧아지고 있으며, 교육이나 취업문제 등으로 성인자녀들은 늦게까지 부모들과 동거하면서 독립하지 못하고 부모에게 의존하는 현상을 보이기도 한다. 자녀들은 부모보다 더 높은 비율로 학교 졸업이나 취업할 때까지 경제적 지원을 받고 싶어 하고 결혼 이후에도 부모에 대한 의지 성향이 나타나고 있다. 이와 같은 양상은 청년실업 등 현재 우리 사회가 처한 사회경제적 여건에 따른 결과이기도 하므로 보다 큰 맥락도 고려해 가면서 이러한 가족현상을 이해할 필요성이 있게 된다. 또한 최근 사회적 관심이 고조되고 있는 장·노년기 부부 적응이나 노인부양의 문제도 자녀수 감소, 조기 퇴직, 평균수명의 연장 등이 영향력을 미친 결과이므로, 마찬가지로 보다 큰 사회적 맥락 안에서 접근해갈 필요성이 있다.

한편, 성(젠더)이나 연령과 더불어 미시적인 단위가족 수준에서 모든 가족행위에 접근해갈 때 기본적으로 고려해야할 조건이 계층이다. 계층을 형성하는 조건인 교육, 직업, 소득은 가족의 주요한 자원으로서 가족의 주변체계인 외체계와의 교류에서 얻어진다. 앞에서의 경험적 자료에서도 알 수 있었듯이 현재 한국가족관계의 변화 중 특히 부부관계나 부모-자녀관계는 어떤 사회적 계층에 속해 있느냐가 가족행태에서의 편차에 대한 중요한 설명력을 제공하고 있다. 주관적 계층 소속감이나 교육, 소득 수준이 높을 때 부부관계가 보다 양성평등적이 되거나 가사분담이나 자녀양육 등에 남성이 보다 많이 참여하고 부모-자녀관계도 보다 민주적으로 추구될 가능성이 높게 나타난다.

확대가족 체계는 가족개념 규정이나 범위 인식에 있어서 중요한 구성인자로 포함되며 의식적, 실질적 차원에서 모두 핵가족에게 영향력을 행사함으로써, 현재 한국가족을 설명하는 데 있어서의 핵심적인 지점을 제공한다. 한국의 가족은 형식적으로는 핵가족이 주를 이루지만 내용적으로는 확대가족과의 관계를 기본적인 토대로 한다. 높은 연령층에서는 부계중심주의가 확고하지만 연령대가 내려갈수록 양계화의 경향이 드러난다. 전반적으로 의식적으로는 부계 확대가족에의 귀속감이 강할 수 있으나, 특히 부모-성인자녀 관계 등에서 나타나는 도구적·표현적 자원의 교류 등 실질적으로는 양계적인 확대가족과의 관계나 친족과의 관계가 형성되고 있다.

핵가족이나 확대가족 등을 둘러싼 외체계는 다양한 환경들로 구성된다. 예컨대, 학교, 직장, 교회, 관공서, 지역사회 등 가족과 직접적인 관계를 형성하는 영역들이다. 특히 현재 한국사회에서는 가족이 속해 있는 지역사회의 영향력이 상당히 크게 작용하고 있다. 가족의식이나 가치관, 혹은 실제적인 가족행태 등은 도시나 농촌 등에서 어떤 지역사회에 속해 있느냐에 따라 다르게 나타나고 있다.

거시체계는 가족을 둘러싼 광역환경을 의미하는데, 여기에는 국가나 세계, 물리적인 차원뿐만 아니라 이념적인 차원까지도 포함된다. 이데올로기, 가치체계, 정책, 사회문화적 토양, 지식정보화 등 추상적이고 포괄적인 성향을 갖는 것도 여기에 포함될 수 있으며, 근본적인 수준에서 가족에게 영향력을 미치는 것으로 볼 수 있다. 예를 들어, 2000년대 중반 이후 가장 많이 부각되는 다문화가족, 결혼이주가족의 형성은 거시체계 차원에서의 세계화에 따른 노동력의 이동, 국가 간 친밀성의 시장화, 한국사회의 부계중심주의 전통이 결합한 결과로 설명할 수 있을 것이다. 장기분거가족도 세계화에 따른 영어 교육 열풍, 한국의 교육체제 문제, 개인보다는 가족을 우선시하는 가족중심주의 문화 등 거시적 수준에서의 요인들이 영향력을 미친 것으로 해석할 수 있다. 더불어 지식정보화에 따른 가족 내 관계의 변화도 이 차원에서의 영향력이 미친 결과로 생각할 수 있다. 그 외 저출산이나 비혼, 만혼 등 현재 한국사회에서 부각되는 인구학적 변화는 정치·사회·경제적 조건, 결혼이나 가족이데올로기 등 거시체계 차원에서의 여러 요인들과 연관되어 있다고 보인다.

이러한 한국가족의 변화 맥락은 〈그림 5〉에서 도식화되어 있다.

IV. 한국가족의 변화와 관련 쟁점

지금까지 살펴본 한국가족의 변화양상에서 읽어낼 수 있는 중요한 쟁점들은 무엇인가? 한국가족의 변화 양상은 앞에서 살펴본 가족 변화의 맥락에서 발생하는 것이며, 그렇다면 이러한 변화는 개인이나 가족단위의 범위를 넘어서서 중간체계, 외체계, 거시체계에 속하는 정치, 경제, 문화, 사회 차원에서의 문제들과 연루되어 있음을 알 수 있다.

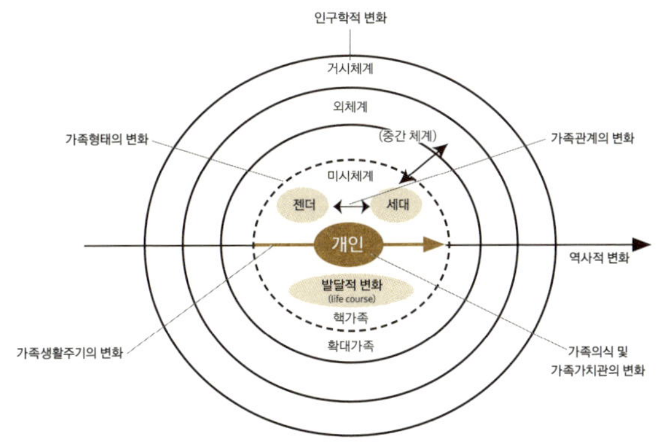

그림 5 　한국가족 변화의 맥락

이와 같은 시각으로 한국가족의 변화 양상과 맥락을 살펴보게 되면 현재 한국가족의 변화에서 발생하는 현상들은 단지 가족적 수준에서의 논의뿐만 아니라 더 나아가 사회적 수준에서의 논의와도 연결되어 있다고 보인다. 이는 현재 한국가족 내에서의 변화가 한국사회의 변화들에 직·간접적으로 영향을 미치기도 하고 영향을 받기도 하면서 밀접한 연관을 맺고 있는 것으로 바라볼 수 있을 것이다.

이 글에서는 통계수치, 선행연구, 관련보고서 등을 바탕으로 재구성한 이와 같은 한국가족의 변화 양상과 맥락 속에서 제도 대(對) 자율, 위계 대(對) 평등, 공동체주의 대(對) 개인주의, 폐쇄성 대(對) 개방성, 획일성 대(對) 다양성, 도구성 대(對) 친밀성 등 여섯 가지의 쟁점을 도출하였다. 이러한 쟁점들은 일차적으로는 가족 내의 변화와 관련되어 있지만 심층적으로 추적해보면 가족을 둘러싼 여러 체계나 환경적 조건과 밀접한 연관을 맺고 있다고 보인다. 한국가족의 변화 속에서는 이러한 대립 성향 중 한 측면이 뚜렷하고 명확하게 드러나기도 하지만 대체로는 양 성향이 혼재되는 추세를 보이기도 한다. 그렇기 때문에 한국가족을 둘러싸고 위기와 긴장이 존재하기도 하는 것이라고 보이며, 따라서 이러한 쟁점들에 주목할 때 한국가족을 통한 한국사회의 변화를 읽어낼 수도 있고, 또 이를 바탕으로 현실적으로 한국가족들이 당면한 문제들과 해결책들을 모색해낼 수 있으리라 생각된다.

다음에서는 한국가족의 변화 양상에서 도출할 수 있는 관련 쟁점을 구체적으로 논의하고자 한다.

1. 제도 대(對) 자율

앞에서 통계와 더불어 제시한 한국가족의 인구학적 변화와 연관되어 눈에 띄는 현상은 결혼제도의 안정성 약화이다. 종래부터 한국사회의 개인들에게 미쳐왔던 가족제도의 영향력이 둔화된 것은 아니나, 통계적 수치로 가시화되는 만혼이나 비혼 현상은 결혼에 대한 인식의 변화를 분명히 포함하고 있는 듯이 보인다.

물론 가족실태조사나 경험적 연구들에서는 여전히 강고한 가족제도의 영향력이 읽힌다. 특히나 가족 개념의 용어 정의, 가족의 범위 인식 등에서는 아직도 부분적으로 부계혈통주의 사고가 유지됨을 보여준다. 하지만 이러한 제도로서의 가족이나 결혼에 대한 긍정과 수용이 이루어지는 가운데에도 개인의 선택이나 자율의 권리에 대한 의식이 높아진 것도 사실이다. 앞에서 제시된 통계수치에서 볼 수 있는 결혼을 미루거나 기피하고 출산을 포기하거나 지연하는 현상들은 사회경제적 여건에 의해 규정되는 측면이 있다고 하여도, 전반적으로 나타나는 경향은 자율적인 개인이 친밀성의 영역에서 자기 선택을 강화하려는 의도이다. 근대 이후 개인이 사회적 행위 속에서 강화시킨 자기주체성의 의지가 한국가족 안에서도 점차 확대되고 있다고 볼 수 있을 것이다.

2. 위계 대(對) 평등

한국가족에서 현재 가장 첨예하게 부각되는 갈등의 주요 제공인자는 성과 세대이다. 성차와 세대차는 비단 가족뿐만 아니라 모든 사회적 행위 속에서의 개인 편차를 설명해내는 주요 요인이며, 통계수치나 가족실태조사(장혜경 외, 2005; 조희금 외, 2010) 등에서도 변화하는 가족현상의 핵심에 있는 가장 영향력 있는 변수라고 할 수 있다. 가족은 바로 이러한 성과 세대를 기반으로 구성된 사회조직이기 때문에 그 안에서 생활하는 개인의 성별과 세대적 위치가 각자의 입장을 규정하는 요인으로서 더 직접적으로 작용하게 됨을 이들 경험적 자료에서도 확인할 수 있다.

현재 한국사회에서의 여성의 지위는 전통적인 가부장제 이데올로기가 지배하는 시기에 비해 괄목할 만하게 향상되었다. 인권의식의 고양이나 교육기회의 확대, 취업능력의 신장 등으로 인해 여성들의 사회적 위치는 물론 가족 내에서의 위치에서도 변화가 있게 되었다. "미완(未完)의 양성평등"이라는 지적이 있기도 하지만(함인희, 2008), 양성평등은 이제 한국사회의 가족영역에서는 이상적으로 추구해야할 아젠다가 되어가고 있다.

종래 남성 우위로 전개되던 가족관계의 내적 양상에서도 변화가 일어나 "남성은 잃고 여성은 얻어가는" 가족의 역동성 속에서 앞으로의 방향이 보다 평등지향 쪽으로 가고 있음을 체감하게 된다. 한편, 가부장적 위계질서를 강조하던 전통 한국가족의 모습에서 이제는 '권위 있는 가장'의 모습보다 '민주적이고 헌신적인 가장'의 모습이 이상화된다. 윗세대나 부모의 권위에 무조건 순종하던 시절에서 이제는 아랫세대나 자녀의 의견도 존중하고 배려하는 방향이 추구되는 실정이다. 이러한 가운데 한국사회에서 가족은 민주화의식을 배양하는 기본적인 터전으로의 인식이 점차 힘을 얻어가고 있다.

3. 공동체주의 대(對) 개인주의

한국사회에서 공동체의식의 귀결은 언제나 가족이었다고 할 수 있다. 한국가족의 중심축을 이루는 가족주의 가치의 핵심에도 가족이라는 집단에의 귀속감이 기저에 깔려 있다. 물론 이러한 전통적 사고에서 공동체의 범위는 핵가족이 아니라 '집안', '가문'으로 대표되는 친족집단의 의미가 더 크게 작용하였다. 집단주의적 성향의 공동체의식은 오늘날 개별적인 핵가족의 범위에서 작동되는 공동체주의로 전환하고 있으며, 이러한 공동체주의 의식의 가장 편협하고 부정적인 모습이 '가족이기주의'라는 형태로 드러나고 있기도 하다.

현재 한국가족에서는 이러한 공동체주의 의식과 개인주의화 성향이 동시에 공존하는 것으로 비춰진다. 핵가족을 단위로 하는 가족에의 무조건적 투신과 매몰이 현상적인 모습으로 포착이 되는 가운데에도 '탈가족화'나 '개인화'현상이 함께 존재하기도 한다. 핵가족이나 측근의 확대가족의 범위를 벗어나는 친족과의 관계는 실질적인 교류가 점차 약해져 가고 있으며, 개인에 대한 친족 공동체의 규제력도 점진적으로 힘을 잃어가는 실정이다.

이와 같이 집단주의적 성향이 영향력을 잃어가는 공백을 개인주의적 가치와 실행이 대신 자리를 메워 가고 있다. 개인보다 가족을 우선시하는 사고가 통제하고 이끌었던 결혼이나 가족생활에서의 개인적인 이탈이 시도되고 자신의 선택이나 자율성에 기반하여 가족적 생활방식을 구축하고자 하면서 규범화되지 않은 "생애유형의 개인주의화"(울리히 벡 저, 홍성태 역, 1997)가 현실적으로 전개된다. 공동체주의나 개인주의는 이분법적으로나 양자택일적으로 접근할 문제가 아닐 것이다. 궁극적인 개인의 행복 추구를 위해 언제, 어느 상황에서 어느 것이 더 기여할 수 있는가가 관건이며, 이를 한국가족 안에 적용시킨다고 해도 바로 그런 관점에서 앞으로의 변화 방향이 모색되어야 할 것이다.

4. 폐쇄성 대(對) 개방성

가족은 원래 사적 영역이라는 의식이 지배적이었고 이러한 의식은 한국가족의 두드러진 특징이기도 하다. 그러한 사적 공간으로서의 보호를 위해 가족의 심리적 경계를 확고히 하고 경계 내부의 구성원들끼리는 결속하고 응집력을 극대화하지만 그 경계를 넘어서면 배타적인 자세를 취하게 된다. 그리고 가족에 속하는 자원들도 철저히 가족 내부 성원들의 이해관계를 위해서만 관리되는 폐쇄적인 성향을 지녀왔다. 한국사회에서 다른 사회에 비해 그동안 부진했던 사회적인 기부나 입양의 비활성화는 '자기핏줄을 먼저 챙긴다'는 의식과 더불어 이러한 가족의 폐쇄화와 연관이 될 것이다. 아직도 한국가족은 자기가 속하는 가족의 범위를 넘어서서 지역사회나 사회 전체의 공공적 이익을 추구하는 성향이 약하다. 한국사회에서는 아직도 '가족의 안녕이 사회적 안녕에 우선한다'는 생각이 지배적이다.

그러나 한편에서는 이러한 자기가족 중심주의나 가족의 폐쇄성에 대한 도전이 이루어지고 지역사회 차원에서의 관심사에 따른 가족을 단위로 한 네트워킹이나 취약계층 가족을 지원하려는 노력이 모색되기도 한다. 공동육아, 품앗이 공동체를 실험적으로 운영하고 자기 자녀만을 치열한 교육경쟁에서 살아남게 하기보다는 다양한 대안학교 시스템을 도입하여 공동의 자녀교육 체제를 탐색해가는 개방적이고도 진보적인 시도들도 이루어지고 있다(조희금 외, 2011).

5. 획일성 대(對) 다양성

한국가족에서 단일민족 이데올로기나 유교문화에 기반 한 권위에의 순종, 집단주의에의 매몰 등은 개인들 각자의 개성이나 다양성보다는 하나의 중심적 가치에의 동조, 획일성과 통일성 등을 상대적으로 미덕화하였다. 이러한 가치 지향은 한국가족에서의 개인보다는 가족을 우선시하는 풍토에서 주로 배양되어 온 측면이 있다. 개인의 주장을 내세우거나 자기가 속한 집단에서 돌출되지 않고 집단의 의견에 그대로 따르는 것을 권장하는 풍토 속에서는 각자 나름대로의 개별성이나 차이를 존중받을 가능성이나 입지는 좁아진다.

지배적인 획일적 가치로 통일시키면서 효율성을 추구해왔던 방식은 우리 사회가 근대화, 산업화 과정을 거치고 정치적인 민주화까지 모색하는 과정 속에서 성찰되고 새로운 대안적 가치를 탐구해내려는 노력들과 이어졌다. 이러한 사회적 분위기 가운데 20세기말 전후 탈근대적 사조와 의식의 등장으로 말미암은 다양성에 대한 가치 수용과 긍정은 우리 사회에도 사고의 지형에 변화를 가져왔고, 세계화, 지역화의 흐름에 따라 보다 많은 이동과 교류의 경험이 의식을 확장시키고 다양성을 경험하도록 하는 심리적·물리적 조건을 형성하였다. 순혈적 단일민족 이데올로기가 지배했던 우리 사회에 다른 민족, 다른 국가 출신의 사람들이 유입되어 '다문화가족'

을 이루고 이제 한국사회의 사람들은 이들을 다양하게 펼쳐지는 여러 가족형태 중의 하나로 받아들여가는 과정에 놓여있다.

동거, 혼전/혼외출산, 무자녀, 국제결혼에 대한 태도에서 보여주듯이, 예전에 비해 이러한 측면에서 획기적인 변화를 겪고 있는 것도 사실이지만, 현실적으로는 이러한 다양한 가족형태나 생활방식에 대한 저항은 남아있고 아직까지 하나의 '표준화된 가족' 이미지에 고착되는 사람들도 상당수 존재하기도 한다. 하지만 현실적 요구나 여건 등은 이미 한국사회에서 중심적인 어느 하나에 집착하지 말고 다양한 가치를 받아들이고 자기 방식으로 '남과 다르게' 사는 삶에 대해서도 존중하도록 분위기를 형성해가고 있다. 최근 조금씩 늘어가는 젊은 연령층이 주도하는 '귀농가족'도 그 한 예가 될 수 있을 것이다.

6. 도구성 대(對) 친밀성

한국사회에서 가족은 친밀성을 실현하는 가장 중심적인 집단이었지만, 또 다른 한편에서는 척박한 사회적 현실 가운데서 의지하고 생존을 지켜낼 보호막 같은 역할을 해내는 가장 기본적인 수단이었다. 대부분의 한국사람들에 의해 가족에 부과되는 이러한 정서적 측면과 수단적 측면의 기대를 장경섭(2009)은 각각 "서정적 가족이념"과 "도구적 가족이념"으로 지칭한 바 있다.

성과 사랑의 영역에서의 민주적 관계 형성에 대해 더 많은 사람들이 눈을 떠가고 보다 "순수한 관계"(앤소니 기든스 저, 배은경·황정미 역, 1996)에의 몰입이나 추구에 관심이 고조되는 가운데, 현실적으로 한국가족은 가족을 자원화하고 사회 속에서 생존해내는 기본적인 안전장치로 활용하려는, 친밀성과 도구성, 양면의 모습을 함께 보여준다. 이는 예컨대, 가족실태조사 결과 나타난 부모-자녀관계에서도 이 양면적인 모습을 확인할 수 있다. 먼저 부모 입장에서 살펴보면, 한편에서는 자녀에게서의 노후 봉양에 대한 기대가 점차 약화되고 자녀를 낳는 의미도 아이를 키워가는 과정 속에서의 내재적인 즐거움에서 찾는 경향이 점차 늘어나지만, 다른 한편에서는 현재의 계층적 지위를 유지하거나 보다 상승하려는 노력으로 자녀교육에 과열된 투자를 시도한다. 다음으로 자녀입장에서 살펴보면, 한편으로는 부모에 대한 정서적 의지나 한국의 사회심리적 문화풍토에서 형성된 본연적인 효의식을 지니고 있으면서도, 다른 한편으로는 자기가 자립하고 정착하기까지는 부모의 힘과 지원을 최대한으로 빌고 부모의 경제적 자원을 활용하려는 기대를 지니고 있다.

V. 결론

이 글에서는 후기산업화시대를 살고 있는 한국가족의 현재 모습을 파악하기 위하여 자료들을 개괄적으로 살펴보고 그 변화상을 추적해보고자 하였다. 또한 그러한 변화가 이루어지는 맥락과 관련요인들을 탐색해보고 가족 변화와 연관되어 제기될 수 있는 쟁점들을 논의하였다.

이 글에서 이루어진 작업을 통해서 확인할 수 있는 것은 앞에서의 문제 제기에서도 밝혔듯이, 한국가족이 현상적으로 혼성적·중첩적 특성을 보여준다는 것이다. 한편에서는 상당히 진전된 탈근대적인 모습을 함께 보여주는 동시에 다른 한편에서는 여전히 부계혈통중심주의나 가족집단주의의 면모를 드러내기도 한다. 앞에서의 쟁점과 관련된 논의에서도 밝혔듯이 한쪽에서는 제도, 위계, 공동체주의, 폐쇄성, 획일성, 도구성의 성향을 보여주기도 하면서 또한 동시에 다른 쪽에서는 자율, 평등, 개인주의, 개방성, 다양성, 친밀성의 성향과 그에 대한 욕구가 점차 증가해 가는 추세를 볼 수 있다. 현실적 필요나 이해관계의 문제가 발생할 때는 가족주의를 벗어나 행동할 때가 있지만, 제도로서의 가족에 대한 인식이나 가치관, 가족이념의 측면에서는 아직도 전통적인 색채를 유지하는 경우가 많다. 이는 근대화 과정에서도 지속적으로 한국가족에게서 관찰되어 오는 모습이며, 그 이후 2005년과 2010년 가족실태조사에서도 큰 차이 없이 발견되어 오고 있는 점이다.

따라서 이러한 한국가족의 모습은 '어떤 것에서 어떤 것으로 변해가는' 특성이 아니라 근대화과정부터 한국가족이 '고유하게 발전시켜온' 특성이 아닌가 하는 의문을 품게 된다. 다시 말해, 서구적 모델로 바라볼 때와 같이 한국가족의 모습은 한국의 전통적인 가족형에서 서구의 근대화된 가족형으로 움직이는 '과도기상'에 놓여있는 것이 아니라, 근대화과정에서부터 한국적 특성과 서구에서 유입된 특성을 독자적인 방식으로 결합하여 혼성적인 형태를 띠게 되었고 이에 따라 독특한 자기발전 방식으로 가족현상이 전개되어 온 것이 아닌가하는 질문을 던지게 되는 것이다. 이렇게 사고하게 되는 배경에는 근대화 이후 한국에서의 가족을 둘러싼 여타환경의 조건이 서구적 모델로 바뀌어갈 수 있도록 충분히 형성되었음에도 불구하고 한국의 가족은 여전히 서구적 모델과는 다른 형태로 전개되어 가고 있다는 인식이 자리 잡고 있다.

물론 성별이나 세대별로 접근할 때 여성이나 젊은 세대는 전통적인 가족의식과 행태에서 더 많이 이탈되는 차이를 보이고 있어 이것으로 후속 세대가 서구적인 가족모델로 변모할 가능성을 점칠 수도 있지만, 이것도 현재 상태로는 불투명한 상황이다. 세대별로 보여주는 가치관의 격차는 집단주의, 권위주의, 보편주의 등 전반적인 가치에서 드러나지만, 막상 가족에 대한 태도나 관계적 측면으로 들어가면 이들이 보여주는 반응에서도 엄연한 전통적인 가족가치관의 존재를 확인하게 되기 때문이다(김기연 외, 2003; 이명진, 2005; 장혜경 외, 2005; 조희금 외, 2010).

다른 영역에서는 한국사회가 서구모델로 많이 바뀌어갔지만, 가족영역에 있어서는 반드시 서구모델을 따른다고 할 수 없을 것이다. 이를 가족부문의 "문화 지체(cultural lag)"라고 보는 시각은 다분히 서구중심적 시각이다. 오히려 한국가족에서 이렇게 혼재해 있는 특징들을 추출하여 한국가족 나름대로의 독자성을 규명해가는 작업이 더 적절하게 여겨진다(권용혁, 2010, 2012). 예를 들어, 현재 한국사회의 다양한 가족형태 중 가장 초점의 대상이 되고 있는 비혼단독가구, 장기분거가족, 결혼이주가족 등도 사회적·경제적·문화적 측면에서의 변화와 새로운 요구들에 의해 형성되었지만, 내부적으로 들어가 살펴보면 보수적인 가족관, 가족주의, 부계혈통주의와 연관되어 있음을 보게 되는 것이다.

한편, 한국가족에서 나타나는 혼성적 특징이 국가에서 시행한 가족이데올로기나 가족정책의 영향력에 의한 것이 아닌가 하는 질문을 던질 수도 있다. 그동안 한국의 가족은 복지에 대한 재정부담을 줄이기 위한 국가의 필요 하에 '전통'이라는 본질적인 성격을 부여받으며 지속적으로 전통을 보존하고 되살려야할 공간으로 명명되었다(최유정, 2010: 583). 국민국가적 틀 안에서의 개인은 이러한 분위기에서 자유로울 수 없고, 이는 남녀노소를 불문하고 그 영향력의 대상이 되었을 수 있다. 그러나 이러한 국가의 역할을 포함해서라도 현재 한국가족에서 나타나는 독특성은 학문적 이목의 대상이 되기에 충분하다.

중요한 것은 이를 기존의 서구적 모델에 맞추어 해석하기보다는 한국적 토양에서 가장 적실하게 설명해내는 이론틀을 찾아내고 발전시켜가려는 노력이다(권용혁, 2010, 2012). 구체적인 한국의 현실에서 한국가족이 보여주는 경험적 자료에 기반하여 보다 적절한 설명력을 갖춘 이론적 모델을 찾아내려는 진지한 학문적 작업이 필요한 이유가 바로 여기에 있다.

그러한 작업의 먼 여정을 함께 떠나는 여러 학문적 노력이 필요하다는 것에 공감하고 이 글에서는 전반적인 실태 파악과 기초적인 수준에서 한국가족의 변화 맥락을 짚어보고 쟁점들을 도출해 보았다. 이 글은 한국가족에서 이루어지고 있는 변화가 결코 단순하지 않고 복잡다단한 여러 맥락과 원인들에 의해 구성된 것임을 살펴보려는 초보적인 수준에서의 하나의 시도일 뿐, 보다 정교한 분석틀의 개발이 후속화 되어야 할 필요성을 제기한 것에 의의를 두고자 한다. 또한 한국가족을 둘러싼 여러 쟁점들도 후속작업을 통해 더 다듬어져야 하지만, 이 글에서는 한국가족에 대한 논의

가 한국사회에서의 정치적·사회적·문화적·경제적 발전에 대한 생산적
담론화에 문제의식을 제공할 가능성을 탐색해보고자 했다는 것에 의미
부여를 하고자 한다.

양현아

법과 사회의 관계, 법과 젠더의 관계와 같은 학제적 분야를 가르치고 연구하고 있으며, 한국가족법, 질적 연구와 방법론, 한국사회의 포스트식민지성과 젠더질서에 관한 연구를 수행해 왔다. 이 글은 최근 한국가족법(민법 제4편과 제5편)의 변화를 중심으로 가족법 개정의 방향을 살펴보고 그 의미를 논의한다. 가족법에서의 개인성의 확장, 이혼제도의 개혁, 국제결혼의 수용 등의 현상에 주목하면서 앞으로의 가족(법)정책의 과제를 가정법원의 정비, 양성평등 법제도를 위한 지속적 노력, 가족 보살핌 활동의 공정한 평가, 가족 다양성과 정상성의 공존, 인권과 가족정책의 조화, 국제화된 가족에의 대응 등으로 제시하고 있다.

2장.

한국가족법의 최근 변화에서 나타난 경향성과 과제들 [1]

1. 서론

이 글에서는 가족법(민법 제4편 제5편)의 최근 개정의 경향성을 살펴보고 그 특징을 논의함으로써 한국의 가족연구와 가족(법)정책의 과제를 짚어보고자 한다. 가족관계법이[2]통상 가족법이라고 불리는 민법의 제4편과 제5

---

[1] 이 글은 『젠더법학』(한국젠더법학회), 제1권 제1호 (2009)에 개제된 글을 수정·보완한 것입니다.

[2] 가족과 관계된 법이라는 의미에서 광의의 '가족관계법'을 사용한다면, 헌법, 민법 제4편과 제5편, 가사소송법, 가족관계의 등록 등에 관한 법률(구 호적법), 국적법, 형법 중 일부, 가정폭력특례법, 여성발전기본법, 건강가정기본법, 모성보호관련법, 이외 관련 사회보장법, 세법 등 그 영역이 방대할 것이다. 이런 의미에서 이 글에서의 다루게 될 가족법과 국적법의 관련 조문은 협의의 '가족관계법'이라고 할 수 있다. 사회보장법, 형법상 낙태죄, 혼인빙자간음죄, 간통죄, 그 특별법으로 규율되는 가정폭력 등은 가족생활에 미치는 중요성에도 불구하고 이 글의 범위 밖에 있다.

편에 국한되지는 않겠으나 내용적 측면에서 볼 때 가족법은 친족과 가족, 혼인과 이혼, 친자와 입양, 부양과 상속 등 가족생활의 광범위한 측면을 규율하는 기본적인 법률임을 부정하기 어렵다. 또한 가족법은 당대의 정책적 필요를 반영한 특별법이나 정책관련법과는 달리 민법이라는 일반법으로서 지속되고 변모되어 온 역사성을 지니고 있다 하겠다. 이에 가족법은 어떤 국가와 사회가 가진 가족관계와 가족생활에 대한 규율과 신념, 국가가 펼치고자 하는 가족정책을 이해하는 데 가장 기본이 되는 법문이 아닐까 한다. 물론 가족법은 국가가 의도적으로 펼치는 가족정책과는 다른 차원에서 '사인(私人)'간을 규율하는 사적 자치를 원칙으로 하는 법이지만, 가족법의 개정방향을 통해 한국의 가족정책의 기초적 방향성을 가늠해 볼 수 있으리라 생각한다. 이 글에서는 '가족(법)정책'이라는 표기로 가족법을 통해 발현되는 가족정책적 효과 내지 가족법과 가족정책의 중첩된 지대를 표현하고자 한다.

대한민국 민법은 1958년에 제정되어 1960년에 발효되었고 제4편과 제5편은 수차례 개정되어 왔는데, 특히 동성동본금혼 규정이나 호주제도는 꾸준하고도 강력한 법개정 운동의 대상이 되어 왔다. 동시에 이 제도에 대해서는 '전통'의 이름으로 존치하려는 움직임 역시 거세게 일어났던 것도 사실이다. 특히 2005년 3월 의결되고 공포된 가족법에서는 오랫동안 한국가족과 국민을 규율했던 '가제도'의 기본틀인 호주제도가 완전히 삭제됨으로써 1958년 법 제정 이후 가장 큰 틀의 변화가 일어났다고 할 수 있다.[3] 실제로, 호주제도 폐지를 위한 사회운동은 이미 민법 제정 이전인 1953년경에 시작되어 2005년 3월까지 반세기의 역사를 가지고 있었으니, 이 운동은 한국의

---

3   2005년 이후에도 가족법의 개정이 있었으나 가제도의 폐지와 같은 큰 틀의 변화는 2005년에 이루어졌다. 2005년 3월 2일 국회를 통과한 개정 가족법은 동년 3월 31일부터 시행되었다. 다만, 개정법 중 가족의 범위, 자의 성과 본, 친양자에 관한 부분은 2008년 1월 1일부터 시행되었고, 호주제도 관련 조항도 2007년 12월 31일까지 효력을 유지하다가 2008년 1월1일부터 폐지되었다.

4   한편, 2005년 1월에는 '건강가정기본법'의 시행이 있었다. 기능적으로 민법 중 호주제도와 건강가정기본법은 서로 관련성이 있어 보인다. 호주제 폐지로 인해 '가(家)'를 단위로 하여 신분을 등록하고 남성을 중심으로 가족 안정성과 복지를 꾀하던 기존의 가족정책의 틀이 사라진 것이라면 '건강가정'이라는 이념과 기능은 이 빈 공간에 어느 정도 들어맞는다고 보이기 때문이다.

법여성주의 내지 법개혁 운동에 있어 큰 마디가 되었다고 하겠다.[4]

이 글에서 살펴보고자 하는 한국가족법의 변화는 2005년의 전면개정을 중심으로 하되 그 이후의 개정도 포함한다. 또한 가족법의 변화를 중심으로 하되 국적법의 간이귀화 규정을 보충적으로 살펴보면서 한국가족법의 변화 경향에 대해 논의할 것이다. 해당 법률 조문의 구체적 내용과 해석론을 설명하기 보다는 위 법률들의 변화의 흐름에서 나타나는 특징을 논의하고 이를 한국사회 변동의 맥락 속에서 해석하면서 앞으로의 가족정책과 가족연구의 과제를 나름대로 제시해 보고자 한다. 실제로 법문은 국가의 관심을 보여주면서 동시에 그러한 모습으로 구축하는 효과를 가진 텍스트라는 점에서(Glendon, 1989: 4-6), 법 연구는 가족과 사회 간의 관계를 가늠해보는 하나의 유용한 방법이 된다. 또한, 가족법의 고찰은 체계적인 가족정책이 부재하다고 평가되어 온 한국에서 가족정책의 과제를 전망해 본다는 의미도 가질 것이다(손승영, 2002).

주지하다시피, 1990년대 이후 한국사회에는 저출산, 고령화, 이혼과 재혼의 증가, 새터민 가족, 다문화가족의 증가 등 가족의 변화현상이 두드러지면서 이에 대응하는 정책 필요성도 증가했다. 이런 맥락에서 가족법 역시 민법의 일부로서 사인간의 관계법이라는 기존의 틀에 안주할 것이 아니라 한국사회와 가족의 변화에 발맞추는 공적 성격을 염두에 두고 운용되어야 할 것이라고 생각한다. 이 글에서 살펴볼 것처럼, 실제로 최근의 한국가족관계법의 변화에서도 이러한 방향성으로의 선회가 감지된다. 가제도 폐지 이후 한국가족법에서 '가족'이란 누구인가. 개인별 편제방식의 '가족관계의 등록 등에 관한 법률'이 나타내듯이, 이제 한국가족은 개인들의 집합체가 된 것인가. 이런 질문들을 적절하게 다루기 위해서는 거시적 사회변동과 미시적 가족연구의 관점이 동시에 요청된다고 사료된다.

이어지는 제2절에서는 최근 가족법의 변화 경향성을 살펴보고, 제3절에서는 그러한 경향성을 한국사회와 역사의 맥락에서 논의할 것이다. 제4절에서는 이상의 논의에 바탕하여 한국의 가족(법)정책과 가족연구가 안고 있는 과제를 짚어보기로 한다.

2. 가족법의 변화

이제 2000년대 가족법의 변화를 가제도, 성본제도, 입양과 이혼제도, 부부 경제관계, 국제결혼의 수용의 측면에서 살펴보기로 한다.

1) 가제도의 폐지와 성본 제도의 개선

2005년 가족법 개정에서는 호주제도를 규정했던 민법 제4편 제2장 '호주와 가족'의 대부분이 삭제되는 대변화가 있었다. 기존의 '가족' 조항은 개정된 채 남게 되었고, '자(子)의 성과 본' 조항도 개정되었다. 이에 따라 해당 제4편 제2장의 이름은 '가족의 범위와 자의 성과 본'으로 변경되었다. 즉 '가족' 규정이 개정되고 (제779조)[5], 제780조(호주의 변경과 가족) 조항이 삭제되었으며, 제782조 (혼인 외의 자의 입적)부터 제796조(가족의 특유재산) 조항이 모두 삭제되었다. 또한, 위헌심사대상 조문이었던 제826조(부부간의 의무) 제3항 처의 부가(夫家)에 입적에 관한 조항 등이 삭제되었다. 연관하여, 민법 제4편 제8장(호주승계의 장)이 모두 삭제되었다(제980조에서 제995조). 흔히 하나의 법 규정을 바꾸는 일도 여러 입장과 견해가 충돌하는 힘겨운 작업임을 감안할 때, 이렇게 두 장(제4편 제2장과 제8장)의 거의 전부를 삭제했다는 것은 가히 한국가족법의 혁명에 해당한다고 평가해도 크게 지나치지 않을 것이다.

아마도 호주제도 폐지보다 일반인들의 피부에 더 와 닿는 것은 호적제도의 폐지일 것이다. 호주제도가 가제도의 관념적 틀이었다면, 호적제도는 가제도를 실재로서 구현한 문서라고 할 수 있기 때문이다. 적장자를 가족의 우두머리로 하는 가제도에 기초한 호적제도가 국가가 관장해 온 신분공시제도(公示制度)였다는 점에서 호적제도의 폐지는 남성중심적 가족의

---

5 민법 제779조 [가족의 범위] ① 다음의 자는 가족으로 한다.
   1. 배우자, 직계혈족 및 형제자매
   2. 직계혈족의 배우자, 배우자의 직계혈족 및 배우자의 형제자매
   ② 제1항 제2호의 경우에는 생계를 같이 하는 경우에 한한다 〈본조개정 2005.3.31〉

모형을 통해 국민을 조직하고 파악하고 통제하던 기제(김기중, 2000)의 변화를 뜻한다. 한국의 근대 호적제도는 식민지시대에 민적법에 통해 도입되었고 이후 조선호적령으로 개정되어 근대 한국에까지 이어지고 변화되었지만 그것은 기본적으로 일본의 호적법에 규정된 제도와 매우 유사한 것이었다. 호적은 근대국가가 국민의 인구 동태, 즉 국민의 본적(本籍), 출생, 사망, 혼인, 이혼, 자녀출산 등을 기록하고 문서화함으로써 국민의 법률행위 그리고 취직, 취학 등에 제출해야 할 신분 공부로 기능해 왔다. 뿐만 아니라 조세, 병역, 가족관계 등을 파악하는 원자료가 됨으로써 국민 어느 누구도 호적의 틀에서 벗어나 존재할 수 없었다. 탈식민 한국 사회에서도 호적제도는 주민등록제도와 결합하여 국민통제의 효과적인 수단이 되었다. 여성이 혼인하면 호적에서 이름이 지워진다든가('호적을 파 간다') 전과자가 되면 호적에 '빨간줄이 간다'든가 하는 식으로 일반인의 인식 속에 개인의 행위를 호적의 관점에서 생각하는 의식을 심어주었다(이경희, 2003). 그 사유 안에서 개인의 존재는 가족의 명예 내지 가족의 정상성의 관점에서 사유되었던 바, 이 관념에는 국가에 의해 승인된 성차별적 가족관이 부지불식간에 스며들어 있었다.

다른 한편, 새로 도입된 신분공부가 진정한 의미의 개인별 편제인가에 대해서는 의문도 끊이지 않고 있다. 공부의 명칭에서부터 개인별 편제와는 다소 거리감이 있는 '가족관계등록부'이고, 그 내용에 있어서도 호적의 연장선상에 있다고 할 수 있기 때문이다.[6] 하지만 호주제도 폐지가 전국민을 '가제도'가 품고 있는 봉건적이고 가부장적인 신분제도와 의식을 법적으로 해체시켰다는 큰 의미를 부정하기는 어렵다.

---

[6] 새로운 신분공부는 개인별 신분등록제이지만 가족관계를 광범위하게 기재한다는 비판이 있다. 기존 호적에서는 분가한 아들이나 딸의 경우에는 제적부를 통해서만 형제자매관계의 확인이 가능했지만, 현재의 가족관계등록부에는 혼인 여부를 불문하고 형제자매를 모두 기재한다는 점에서 기재 범위가 오히려 넓어졌다. 이는 국민의 사생활 정보보호라는 관점에서 문제시 되어 온 호적의 문제점을 신공부 역시 고스란히 안고 있다는 것을 뜻한다. 또한, '등록기준지'라는 개념을 두고 있는데 이 개념 역시 종전의 본적 개념과 크게 다르지 않고 기준지를 정하는 객관적 기준이 없기에 가족을 대표하는 자의 등록기준지를 가족원들이 따르게 될 상황이 예상된다 (정현수, 2007).

　　호주제의 전면 삭제 이외에도 주목해야 할 변화는 자녀의 성과 본에 관한 규정의 개정이다(제781조).[7] 개정법에서는 자의 성과 본은 부성(父姓)주의 원칙을 유지하고 있지만, 혼인신고시 모의 성과 본을 따르기로 부부가 결정한 경우 모의 성과 본을 따를 수 있게 되었다. 법률혼을 한 부부, 적법한 아버지가 있는 경우에도 자녀에게 모성(母姓)을 부여할 수 있는 길이 최초로 열린 것이다. 물론 2005년 개정법 이전에도 혼인 중의 부부가 어머니의 성을 자녀에게 줄 수 있는 경우가 있었는데, 그것은 입부혼(入夫婚)을 통해서였다.[8] 하지만 입부혼은 처가에 아들이 없는 경우, 딸로 하여금 대를 잇게 하려는 목적에서 고안된 제도이므로 현행법에서의 어머니 성 선택권과는 그 개념과 취지가 다르다. 물론 현행법에서도 모성을 부여한다는 것이 어머니의 자녀에 대한 권리를 명시적으로 인정하는 취지인지 아니면 기존의 입부혼 제도를 전환한 것인지는 불분명한 상태라고 해석한다.[9] 현행법

[7] 8) 민법 제781조(자의 성과 본)
　① 자는 부의 성과 본을 따른다. 다만, 혼인신고시 모의 성과 본을 따르기로 협의한 경우에는 모의 성과 본을 따를 수 있다.
　② 부가 외국인인 경우에는 자는 모의 성과 본을 따를 수 있다.
　③ 부를 알 수 없는 자는 모의 성과 본을 따른다.
　④ 부모를 알 수 없는 자는 법원의 허가를 받아 성과 본을 창설한다. 다만, 성과 본을 창설한 이후 부 또는 모를 알게 된 때에는 부 또는 모의 성과 본을 따를 수 있다.
　⑤ 혼인외의 출생자가 인지된 경우 자는 부모의 협의에 따라 종전의 성과 본을 계속 사용할 수 있다. 다만, 부모가 협의할 수 없거나 협의가 이루어지지 아니한 경우에는 자는 법원의 허가를 받아 종전의 성과 본을 계속 사용할 수 있다.
　⑥ 자의 복리를 위하여 자의 성과 본을 변경할 필요가 있을 때에는 부, 모 또는 자의 청구에 의하여 법원의 허가를 받아 이를 변경할 수 있다. 다만, 자가 미성년자이고 법정대리인이 청구할 수 없는 경우에는 제777조의 규정에 따른 친족 또는 검사가 청구할 수 있다[전문개정 2005.3.31.].[시행일 2008.1.1.]

[8] 입부혼이란 통상의 혼인과 달리 남편이 부인의 가의 호적에 편제되고 그들의 자녀 역시 모의 호적에 속하고 모의 성과 본을 따르게 되는 제도이다. 하지만, 이 결혼제도는 딸이라도 호주 지위를 승계시켜야 하는 가제도의 문법 속에 있었다.

[9] 민법 제781조가 개정됨에 따라 여성차별철폐협약(CEDAW)에서 한국정부가 그 비준을 유보하고 있는 제16조 1항 g호[가족성(家族姓) 및 직업을 선택할 권리를 포함하여 부부로서의 동일한 개인적 권리]가 계속 유보중이다. 여성차별철폐협약위원회는 한국 정부에 해당 조항을 양성평등하게 개정하여 본 조항의 유보를 철회할 것을 권유하고 있다.

에서도 여전히 아버지의 성과 본의 계승이 원칙이자 정상이고 어머니성은 예외적, 보충적, 비정상적인 지위에 머물고 있다고 보인다.[10]

또한, 혼외 자가 인지된 경우에도 부모의 협의에 따라 자녀의 복리를 위하여 종전 성, 대체로 모성을 그대로 유지할 수 있게 된 것도 큰 변화이다. 보다 중요하게는, 자의 복리를 위해 부, 모 또는 자의 청구에 의해 법원의 허가를 받아 자의 성과 본의 변경하는 것이 가능해졌다는 점이다. 이상과 같이 한국가족법에서 가제도가 폐지되고 개인별 신분등록제도가 도입되었고 성본제도에 있어서는 초유로 모의 성과 본을 선택할 수 있고, 특정한 조건 하에서 자의 성본을 변경할 수 있게 되었다. 이러한 변화는 '절대불변(이광신, 1973)'이라는 한국의 성본제도의 원칙이 다소 완화되면서 성본을 개인이나 가족들이 선택할 수 있는 것으로서 그 의미가 미약하나마 움직이고 있음을 말한다. 여기서 가족신분사항에 있어서 개인의 선택권이 한발 나아갔음을 알 수 있다.

2) 부모자녀관계: 입양제도, 친권제도의 개선

가족법의 변화에서 주목되는 또 다른 특징은 부모자녀관계 형성에 있어서 개인의 선택의 폭과 동시에 국가 개입이 확대되었다는 점이다. 여기서 부모관계 형성이란 평소에는 잘 인식되지 않지만 이혼시 친권 행사자 및 양육자 지정, 입양시에 명시적으로 드러난다. 이미 알려진대로 2005년 가족법 개정에서 친양자(親養子) 제도가 새로 도입되었다. 친양자제도란 기존의 민법상의 일반양자제도와[11] 달리 양친과 친자를 친생자관계로 보아 종전의 친

10 　모성 선택의 기회가 제대로 주어지려면 현행법과 같이 '혼인신고시'라는 신고시기는 너무 이르다는 비판론이 있다. 당시 개정안 중 하나였던 이미경의원 안에서는 자의 성과 본을 부부의 협의로 결정하게 하는 온전히 성평등한 규정이 제안된 바 있다.

11 　제882조의2(입양의 효력)
① 양자는 입양된 때부터 양부모의 친생자와 같은 지위를 가진다.
② 양자의 입양 전의 친족관계는 존속한다. [본조신설 2012.2.10]

족관계를 종료시키고 양친과의 친족관계만을 인정하며 양친의 성과 본을 따르도록 하는 이른바 완전양자제도(제908조의 2내지 제908조의 8)이다.[12] 이로써 양자된 자는 마치 양부모의 친자처럼 양부(모)의 성과 본을 따르고 양부모와 배타적인 부모자녀관계를 창설하게 된다.[13] 이 제도의 도입으로 재혼가정에서 어머니의 전혼에서 태어난 자녀의 성과 본이 현재 남편과 그의 전혼 자녀와 불일치하다는 문제점 나아가 국내 입양의 저조와 같은 문제들을 해소할 수 있을 것으로 전망된다.[14] 부부는 공동으로 자녀를 입양하되 한쪽 배우자의 친생자일 경우에는 그러하지 아니하며 입양 가능한 자녀의 연령은 미성년자로 대폭 연장했다. 그런데 이 제도는 주로 재혼가족과 여성이 전혼에서 출산한 자녀의 복리를 배려한 것으로 보이지만 어머니의 입장에서 자신의 자녀를 배우자가 입양하게 하는 일은 어색한 일이 아닌가 한다. 이 제도는 부계성본주의 원칙을 수용한 위에서 개별 가족의 현실을 고려한 절충안이라고 할 수 있다. 환언하면, 부계성본주의라는 가족 '정상성'을 유지하기 위해 자신의 자녀를 배우자가 입양케 하는 기이한 제도라고 보인다.

한편, 친양자 제도에서 주목되는 또 다른 측면은 그 절차적 특징이다(김상용, 2006: 31-36 & 47-50). 개인간 계약과 신고로 입양관계가 완료되던 기존의 신고제에서 법원의 선고를 요하는 제도 허가제로 전환된

---

[12] 국내입양의 종류에는 민법에 의한 일반입양, 친양자입양, 그리고 '입양촉진 및 절차에 관한 특례법(이하 입양특례법)'에 의한 입양이 있다. 최근 입양제도에도 변화가 있었으니, 2012년 8월 입양특례법이 대폭 개정되었고 민법의 입양 규정도 개정되어 2013년 7월부터 시행되고 있다.

[13] 이 점에서 완전양자제도가 활성화된다면 부계혈통의 표지였던 성과 본이 입양을 통해서 변경될 수 있는, '현실적 가족공동체'를 표시하는 것으로 더 다가선다는 의미가 있다.

[14] 현행 입양특례법은 이전의 법에 비해 여러 면들이 개선되었다. 입양특례법에 의한 입양의 경우에 민법상 친양자의 지위를 부여하여 완전양자, 즉 이전의 친족관계를 소멸하고 양부 또는 양모의 성과 본을 따르는 제도가 도입되었다. 또한, 친생부모의 권리를 보호하여 아기의 출생 1주일 이후부터의 입양 동의가 유효하며 가정법원의 결정이 있기 전까지 입양을 철회할 수 있기 때문에 이 기간은 '입양숙려기간'에 해당한다. 또한, 친생부모의 친권이 소멸되는 것이 아니라 '정지'라는 점을 명시하였고 양자의 친생부모를 알 권리를 보호하기 위하여 입양정보를 공개할 수 있는 절차를 법에 마련하였다. 이외에도 해외입양의 절차를 합리화하였다.

것이다.[15] 즉, 입양의 결정을 양부모와 양자 사이의 사사로운 사안으로 간주하지 않고, 가정법원이 이를 심사해야 하는 공적 사안의 성격이 강화된 것이다. 여기에는 입양된 양자의 복리에 대한 국가의 관심과 책임이 작용하고 있는데, 이러한 변화는 일반입양제도에서도 나타난다.[16] 2012년 개정에 의해 민법상 일반입양에서도 입양에 있어서 법원의 허가를 요하는 절차가 마련되었다.

비슷한 방향성이 이혼시 자녀의 양육자 결정에서도 찾아 볼 수 있다. 기존에는 이혼 당사자인 부부가 양육자에 대해 협의하고 협의가 되지 않을시 가정법원이 보충적으로 개입하는 구조를 가지고 있었지만, 개정법에서 가정법원은 당사자의 청구에 의해 개입할 뿐 아니라 법원의 직권으로 이 사안들에 대해 개입할 수 있게 되었다.[17] 이상과 같은 변화를 통해 볼 때 법원은 양자 그리고 자녀란 단지 부모에 의해 좌지우지될 수 있는 존재

---

15 제908조의 2[친양자 입양의 요건 등] ① 친양자를 하려는 자는 다음 각 호의 요건을 갖추어 가정법원에 친양자 입양의 청구를 하여야 한다.[이하 조문 생략]
② 가정법원은 친양자로 될 자의 복리를 위하여 그 양육상황, 친양자 입양의 동기, 양친의 양육능력 그 밖의 사정을 고려하여 친양자 입양이 적당하지 아니하다고 인정되는 경우에는 제1항의 청구를 기각할 수 있다.

16 제867조(미성년자의 입양에 대한 가정법원의 허가)
① 미성년자를 입양하려는 사람은 가정법원의 허가를 받아야 한다.
② 가정법원은 양자가 될 미성년자의 복리를 위하여 그 양육 상황, 입양의 동기, 양부모(양부모)의 양육능력, 그 밖의 사정을 고려하여 제1항에 따른 입양의 허가를 하지 아니할 수 있다.
[본조신설 2012.2.10.]

17 제837조 [이혼과 자의 양육책임]
① 당사자는 그 자의 양육에 관한 사항을 협의에 의해 정한다.
② 제1항의 양육에 관한 사항의 협의가 되지 아니하거나 협의할 수 없는 때에는 가정법원은 당사자의 청구 또는 직권에 의하여 그 자의 연령, 부모의 재산상황 기타 사정을 참작하여 양육에 필요한 사항을 정하며 언제든지 그 사항을 변경 또는 다른 적당한 처분을 할 수 있다. 〈2005.3.31 개정〉
  (이하 조문 생략)
제837조의2(면접교섭권)
① 자(子)를 직접 양육하지 아니하는 부모의 일방과 자(子)는 상호 면접교섭할 수 있는 권리를 가진다. 〈개정 2007.12.21〉
② 가정법원은 자의 복리를 위하여 필요한 때에는 당사자의 청구 또는 직권에 의하여 면접교섭을 제한하거나 배제할 수 있다. 〈개정 2005.3.31.〉 [본조신설 1990.1.13]

가 아니라 국가가 관심을 가져야 할 국민 내지 인권을 가진 인간으로 재정의하고 있음을 알 수 있다. 더불어, 부모의 상태를 법원이 심의함으로써 자녀부양과 교육 등과 같은 부모의 책임을 강화하였다.

보다 기본적으로는 부모가 자녀에 대해 가지는 법적 권리인 '친권'개념이 변화하고 있다.[18] 양육권이 미성년 자녀를 실질적으로 보살피고 이에 관한 사항을 결정할 수 있는 현실적 권리라면, 친권은 자녀의 신분, 재산관리 행위 등 법률행위를 결정할 수 있는 형식적 권리라 할 수 있다. 전통적으로 친권은 부모가 자녀에 대해 가지는 지배적 권리라고 할 수 있으나 근년에 오면서 친권은 '권리이자 의무'라는 타협적인 정의를 표방하고 있다. 혼인 중에 있는 부모라면 친권과 양육권을 공동으로 행사하지만 이혼시 대부분 부모의 일방이 친권과 양육권의 행사자가 되는데, 때로는 친권자와 양육권 행사자가 불일치할 경우도 있다. 물론 친권과 양육권을 부모가 공동으로 행사할 수도 있다.

현행법에서는 친권자 지정은 '자녀의 복리'를 중심으로 한다고 선언함으로써 친권은 자녀의 복리를 위해 존재하는 것으로 간접적으로 그 의미를 재정의하고 있다.[19] 뿐만 아니라, 친권이란 부모라는 지위에서 자연적으로 파생하는 것이 아니라 친권 '행사자'라는 개념을 통해 자녀의 복리에 부합하게 지정되어야 하는 것으로 자리매김하고 있다. 요컨대, 혈연 내지 아버지의 자녀에 대한 권력이라는 종래의 친권 관념에서 서서히 벗어나고 있는 것이다. 이는 가족안에서의 권력 재편성을 뜻할 뿐 아니라 미성년 자녀가 친권자의 소유물을 넘어서서 국가의 취약한 국민이라는 것을 분명히 하는 것이어서 자녀에 대한 권리와 의무를 둘러싼 가족권과 시민권의

18　친권 개념을 재정의하는데 있어서 '최진실 사건'에서와 같이 이혼한 친권자인 일방 부모가 사망했을 시, 다른 생존 부모의 친권이 자동적으로 부활하는가라는 문제가 제기된 것도 하나의 시발점이 되었다.

19　민법 제912조(친권 행사와 친권자 지정의 기준)
①　친권을 행사함에 있어서는 자의 복리를 우선적으로 고려하여야 한다. 〈개정 2011.5.19〉
②　가정법원이 친권자를 지정함에 있어서는 자(子)의 복리를 우선적으로 고려하여야 한다. 이를 위하여 가정법원은 관련 분야의 전문가나 사회복지기관으로부터 자문을 받을 수 있다. [본조신설 2005.3.31][제목개정 2011.5.19]

경합이 일어나기 시작했다고 일견 말할 수 있겠다. 이상과 같은 볼 때, 다소 늦은 감이 있으나 2000년대 한국가족법은 가족내에서의 자녀의 양육과 교육에 대한 심사와 승인절차를 강화하고 있다. 이때에도 가족법이 표방하는 가족 관념이 자율적인 부계혈족 신분공동체에서 보살핌과 교육 등을 수행하는 생활공동체로 의미의 변화가 일어나고 있다고 해석할 수 있다. 법원의 가족원에 대한 감독 강화는 가족이란 사적 자치에 의해 순조롭게 운영되는 영역, 국가의 감독이나 지원 없이도 관리되는 사적 영역, 미성년자녀 등 의존자(dependency, 노인, 병자 등도 포함됨)들이 가장 잘 보살핌을 받을 수 이상적 공간이라는 관념이 변화하고 있다고 해석된다. 물론 이러한 인식의 변화가 실질적 효과를 내기 위해서는 보다 충실한 정책 프로그램이 필요할 것이다.

3) 이혼제도의 개혁: 국가 개입을 통한 개인 책임의 강화

앞서 본 호주제도 폐지나 성본 조항 등의 변화가 가족법 중 친족관계에 관한 것이라면 이러한 제도 개혁 이후 이혼제도 개혁의 필요성도 활발하게 일어났다. 앞서 살펴본 이혼 후 자녀에 대한 양육 및 친권 문제 이외에도 이혼숙려제도, 이혼시 재산분할에 대한 개정안이 제출되었다. 그 중 2007년 12월 21일 국회에서 결의되어 2008년 6월 20일부터 시행된 개정법의 내용을 간단히 살펴본다.[20] 이 조문에는 2009년에 양육비부담조서에 관한 제5항 규정이 신설되었다.

먼저, 협의이혼제도에 이혼숙려제도가 도입되었다. 이 시기에는 자녀

---

[20] 제836조의2(이혼의 절차)
① 협의상 이혼을 하려는 자는 가정법원이 제공하는 이혼에 관한 안내를 받아야 하고, 가정법원은 필요한 경우 당사자에게 상담에 관하여 전문적인 지식과 경험을 갖춘 전문상담인의 상담을 받을 것을 권고할 수 있다.
② 가정법원에 이혼의사의 확인을 신청한 당사자는 제1항의 안내를 받은 날부터 다음 각 호의 기간이 지난 후에 이혼의사의 확인을 받을 수 있다.
  1. 양육하여야 할 자(포태 중인 자를 포함한다. 이하 이 조에서 같다)가 있는 경우에는 3개월
  2. 제1호에 해당하지 아니하는 경우에는 1개월

양육에 관해 협의하고 이에 관해 약정하며 나아가 이혼 자체를 숙고하라는 과제가 주어진다. 자녀가 있는 부부의 경우는 3개월, 자녀가 없는 부부의 경우는 1개월의 이혼숙려기간을 도입하였다. 이 기간 중 이혼 당사자가 원한다면 전문상담기관에서 이혼과 관련된 전반적 문제에 대해 상담과 조정을 받을 수 있다. 또한 폭력으로 인해 참을 수 없는 고통이 예상될 경우 숙려기간을 단축 또는 면제할 수도 있다. 숙려기간이 끝난 후, 협의이혼 의사 확인시 친권, 양육, 양육비, 면접교섭 등 자녀 양육에 관한 약정서를 제출해야 한다. 당사자간 합의가 되지 않을 경우에는 법원에 자녀양육에 대한 결정을 청구할 수 있고 법원을 직권으로 해당사안을 결정할 수 있다.

이혼숙려제도는 협의이혼을 자제하게 하고자 하는 의도를 가진 제도라고 비판받기도 했으나 자녀가 없는 경우 이혼숙려기간을 1개월로 단축하고, 폭력 등이 있는 부부의 경우 숙려기간을 면제할 수 있도록 규정을 다듬었다. 이 제도에서도 이혼을 선택하는 당사자들에게 교육과 상담을 제공하고 자녀에 대한 책임을 강화시키는 법원의 태도가 나타나고 있다. 협의이혼을 하고자 하는 모든 부부는 자녀양육에 대한 약정서를 제출

③ 가정법원은 폭력으로 인하여 당사자 일방에게 참을 수 없는 고통이 예상되는 등 이혼을 하여야 할 급박한 사정이 있는 경우에는 제2항의 기간을 단축 또는 면제할 수 있다.
④ 양육하여야 할 자가 있는 경우 당사자는 제837조에 따른 자(子)의 양육과 제909조제4항에 따른 자(子)의 친권자결정에 관한 협의서 또는 제837조 및 제909조 제4항에 따른 가정법원의 심판정본을 제출하여야 한다.
⑤ 가정법원은 당사자가 협의한 양육비부담에 관한 내용을 확인하는 양육비부담조서를 작성하여야 한다. 이 경우 양육비부담조서의 효력에 대하여는 「가사소송법」 제41조를 준용한다. 〈신설 2009.5.8.〉 [본조신설 2007.12.21.]

21 제837조(이혼과 자의 양육책임)
① 당사자는 그 자의 양육에 관한 사항을 협의에 의하여 정한다. 〈개정 1990.1.13〉
② 제1항의 협의는 다음의 사항을 포함하여야 한다. 〈개정 2007.12.21〉
1. 양육자의 결정
2. 양육비용의 부담
3. 면접교섭권의 행사 여부 및 그 방법
③ 제1항에 따른 협의가 자(子)의 복리에 반하는 경우에는 가정법원은 보정을 명하거나 직권으로 그 자(子)의 의사·연령과 부모의 재산상황, 그 밖의 사정을 참작하여 양육에 필요한 사항을 정한다. 〈개정 2007.12.21〉

해야 한다는 민법 제837조에서 그런 태도를 읽을 수 있다.[21] 앞서 제836조에서 본 것처럼, 이 규정은 이혼 후 자녀의 복리를 고려한 제도이지만, 자녀 양육비를 안정적으로 지원할 수 있는 계층이나 상황에 있지 않은 부부의 이혼의 자유를 제한할 수 있어서 우려된다. 생각건대, 이혼 후의 아동의 복지는 사적인 가족에게 책임을 강화하는 방향으로만 해결되기는 어렵고 개인과 공적 지원이 결합하는 방식으로 제도가 설계되어야 할 것이다.

전체적으로 이혼 제도의 개혁이 주로 자녀의 안녕에 집중되어 있고 여기서 국가의 이혼 자녀에 대한 양육 책임에 대한 강한 관심을 읽을 수 있다. 이혼 당사자의 책임을 강화시키고 법원의 개입 정도가 증가한 것은 앞서의 부모자녀관계에서 논의한 경향성과 일치한다. 또한 2000년대에 와서야 자녀양육의 실질적 책임분배와 같은 사항들이 본격적으로 논의되고 있다는 점에서 한국의 이혼의 장치들이 여전히 미성숙한 상태임을 알 수 있다. 아래에서 살펴볼 부부재산제도의 개혁 역시 혼인과 이혼시 부부간의 경제적 힘의 균형점을 찾는다는 점에서 매우 중요한 문제이지만 현재까지 제도 개선이 획기적으로 이루어지지 않고 있다.

4) 부부간 경제관계의 미진한 개선

가족원간은 가족원 아닌 사람들과는 상이한 경제관계를 맺게 되는데, 가족간 부양의 의무, 재산상속 등이 그 예이다. 현행 민법에 따르면, 혼인 전 부부재산계약을 별도로 하지 않은 대다수 부부의 경우, 혼인 중 부부

④ 양육에 관한 사항의 협의가 이루어지지 아니하거나 협의할 수 없는 때에는 가정법원은 직권으로 또는 당사자의 청구에 따라 이에 관하여 결정한다. 이 경우 가정법원은 제3항의 사정을 참작하여야 한다. 〈신설 2007.12.21〉
⑤ 가정법원은 자(子)의 복리를 위하여 필요하다고 인정하는 경우에는 부·모·자(子) 및 검사의 청구 또는 직권으로 자(子)의 양육에 관한 사항을 변경하거나 다른 적당한 처분을 할 수 있다. 〈신설 2007.12.21〉
⑥ 제3항부터 제5항까지의 규정은 양육에 관한 사항 외에는 부모의 권리의무에 변경을 가져오지 아니한다. 〈신설 2007.12.21〉

의 재산은 부부별산제도(夫婦別産制度)를 따르게 된다. 다만, 부부 이혼시 배우자 일방이 상대방의 재산을 분할 청구할 수 있도록 되어 있다. 민법 제830조과 제831조에 따르면 부부의 일방은 혼인 전부터 가진 고유재산과 혼인 중 취득한 특유재산을 각각 관리, 사용, 수익할 수 있다는 표면상 '중립적인' 재산제도를 가지고 있다. 역으로, 재산을 가지지 못하거나 가질 기회가 적은 일방 배우자의 상대방 배우자와의 재산 불균형에 대한 방비가 거의 없는 제도를 가지고 있다고 할 수 있다. 다만, 재산 없는 배우자는 재산이 많은 배우자의 '은덕(virtue)'에 의해 경제생활을 누려야 하며 이혼에서야 재산분할청구권을 실현할 수 있으나 대부분의 경우 충분하기 어렵고 가난한 배우자의 경제적 존엄성을 회복하기에는 너무 늦은 시점이다.

이러한 문제점들을 해소하기 위해서 2006년 법무부는 부부재산제도의 개혁과 함께 이혼시 재산분할제도에 대한 개정안을 제출한 바 있으나 대부분 도입되지 못하였다. 하지만 앞으로 도입될 제도를 엿볼 수 있기에 불발된 개정안을 살펴보기로 한다(윤진수, 2006). 법무부 개정안은 현행 부부재산제도의 부부별산제도는 유지하되 그 불합리성을 개선하기 위해서 첫째, 혼인 중 부부재산의 처분 제한을 두어 부부가 생활하는 가옥이나 대지 등 주요 재산에 대하여 부부 일방이 다른 일방의 동의 없이 처분(매매, 담보 등)하는 것을 제한하였다. 둘째, 현행법에서는 부부의 재산분할은 단지 이혼시에만 청구할 수 있는 권리인데, 법무부 개정법안은 혼인 중에도 일정한 사유가 있는 경우 재산분할을 청구할 수 있도록 했다. 셋째, 현행법에서는 부부의 재산분할을 재산형성에의 기여도 등 여러 요소를 참작하여 재산분할비율 등을 정하지만, 개정법에서는 부부가 혼인 중 취득한 재산에 대한 분할은 원칙적으로 절반씩을 나누는 균등 원칙을 채택하고 있다. 물론 개별 부부의 상황을 고려하여 가감할 수 있으나 원칙은 균등분할이 된다. 넷째, 부부의 재산분할청구권을 보전하기 위하여 사해행위취소권을 도입했는데, 이는 채권자(재산분할을 청구하는 배우자)의 권리를 해함을 알면서도 채무자는(타방 배우자) 자신의 재산을 의도적으로 감소한 경우에 채권자는 그 법률행위를 취소하고 재산을 원상회복하는 것을 내용으로 하는 권리이다. 다섯째, 배우자 상속분(안 제1009조 제2항)을 현재와 같이 자녀와 동순위에서 있지 않고 배우자 상속분의 절반을 선취분으로 공제함으로써 상속분을 증가시키는 결과를 낳았다. 이러한 안 중에서 현재 도입된 제도는 재산분할청구권 보전을 위한 사해행위 취소권만이다.[22] 이렇게 아직 현행법에 반영되지는 못했으나 본 개정안에서 볼 때 이혼한 가족원들의 경제적 안전을 도모하려는 관심이 강하게 배어 있다. 국가의 지원 의무 이전에 이혼 가정 혹은 이혼 자녀에 대한 복지 정책을 펼치기 이전에 우선 가족간 재화를 공정하게 분배하여 이혼 후의 가족원의 안녕을 도모하고자 하는 취지라고 할 수 있다. 또한 혼인시 이룩한 재산에 대한 공동 재산적 성격을 강조함으로써, 상대적으로 경제적 지위가 열악한 여성을 지원하고, 여성의 보살핌 역할의 경제적 가치를 인정한다는 점에서 성평등적 측면도 강화되었다고 보인다. 하지만 부부별산제도라는 큰 제도적 틀을 유지하려는 국가의 관심과 제동도 만만치 않다는 점을 알 수 있다. 경제적으로 더 열악한 여성과 자녀, 그리고 노약자와 같은 가족의 안녕을 위해서는 현행의 부부별산제도의 틀을 넘어서는 조치의 단행이 필요하다 하겠다. 전체적으로 한국가족법과 현실에서 부부간 경제관계의 공정성에 대한 관념은 매우 미약한 상태라고 보인다.

5) 국제결혼의 수용

2000년대 이후 한국사회에 국제결혼의 증가 경향이 뚜렷하게 나타나고 있는 바, 한국가족법은 국제결혼과 다문화가족이 제기하는 법적 쟁점에 대응할 수밖에 없게 되었다. 관련법은 가족법 이외에도 국적법 규정이

[22] 제839조의3(재산분할청구권 보전을 위한 사해행위취소권)
① 부부의 일방이 다른 일방의 재산분할청구권 행사를 해함을 알면서도 재산권을 목적으로 하는 법률행위를 한 때에는 다른 일방은 제406조 제1항을 준용하여 그 취소 및 원상회복을 가정법원에 청구할 수 있다.
② 제1항의 소는 제406조 제2항의 기간 내에 제기하여야 한다. [본조신설 2007.12.21.]

중요하다고 보이므로 제6조 제2항 간이귀화 규정을 살펴보기로 한다.

국적법 제6조 [전항생략] ② (간이귀화 요건) 배우자가 대한민국의 국민인 외국인으로서 다음 각 호의 1에 해당하는 자는 제5조 제1호의 요건을 갖추지 아니하여도 귀화허가를 받을 수 있다.

1. 그 배우자와 혼인한 상태로 대한민국에 2년 이상 계속하여 주소가 있는 자.
2. 그 배우자와 혼인한 후 3년이 경과하고 혼인한 상태로 대한민국에 1년 이상 계속하여 주소가 있는 자.
3. 제1호 또는 제2호의 기간을 충족하지 못하였으나, 그 배우자와 혼인한 상태로 대한민국에 주소를 두고 있던 중 그 배우자의 사망이나 실종 그 밖에 자신의 책임이 없는 사유로 정상적인 혼인생활을 할 수 없었던 자로서 제1호 또는 제2호의 잔여기간을 충족하고 법무부장관이 상당하다고 인정하는 자.
4. 제1호 또는 제2호의 요건을 충족하지 못하였으나, 그 배우자와의 혼인에 의하여 출생한 미성년의 자를 양육하고 있거나 양육하여야 할 자로서 제1호나 제2호의 기간을 충족하고 법무부장관이 상당하다고 인정하는 자 [전문개정 2008.3.14].

잘 알려진 대로 한국에서는 국제결혼가족을 문화다원주의(multiculturalism)의 차원에서 언급하지만 기실, 한국인과 외모와 풍습이 비슷한 아시아계의 여성들이 주요 외국인 배우자라는 점에서 한국의 국제결혼 증가는 아이러니하게도 한국남성(가족)의 혈통과 문화를 지속하고자 하는 단일문화지향적인 사회현상이라고 할 수 있다. 즉 한국의 성비불균형, 이농현상, 혼인을 통한 계급상승 등의 사회현상들이 서로 교차되면서, 상대적으로 열악한 계층의 남성 및 가족이 찾은 돌파구라고 하겠다. 이에 따라, 주로 배우자가 되는 외국인 여성의 지위가 남편과의 혼인관계에 부속되는 문제와 관련하여 인권 침해의 소지가 있지 않은지 많은 논의가 있었다.

위의 국적법 조항은 외국인 배우자가 2년 내지 3년 동안 안정된 혼인관계를 유지할 것을 기대하고 있고 이혼이 자신의 책임에 의한 것이 아님을 입증할 책임을 지우고 있다. 다만, 이러한 요건을 충족하지 못할 경우라 할지라도 자녀양육이라는 모성 역할을 수행할 경우에는 면제를 해 주는 조문의 구조를 찾아볼 수 있다. 그런데, 외국인 배우자가 국적을 취득하는 과도기 동안 한국 체류를 위한 비자 갱신 등 사회생활에 있어서 주로 한국인 배우자(혹은 가족)의 보증을 받을 것을 전제로 하고 있어서 실제로는 참기 힘든 결혼생활을 인내해야 하고 보통의 결혼생활이라 할지라도 내국인 결혼에 비해 부부간의 권력관계에 있어서 불균형이 제도화될 가능성이 높다는 것을 예상할 수 있다. 물론 '위장결혼'에 대한 국가의 방비가 필요한 것은 사실이지만 실질적 혼인의사의 유무에 대한 판단을 남편이나 남편의 가족과 같은 사인들에 전적으로 맡길 수 있는 일이 아니라고 보인다. 뿐만 아니라 한국인 역시 위장결혼의 의사에서 자유롭지 않을 것이다. 혼인전의 심사에서는 외국공관이나 출입국 관리국과 같은 국가기관, 그리고 혼인 중의 관계에 대한 판단에는 시민단체 및 가족관련 기관들에서 보다 적극적으로 참여해야 할 것으로 보인다. 또한, 이혼의 책임사유의 입증을 한국에 친족이나 친지, 심지어 주소지조차 불분명한 외국인 배우자에게 맡긴다는 것은 외국인 배우자의 특수성을 고려하지 않는 안이한 법원의 태도라고 생각된다.

한편, 민법에서도 국제결혼 관련 조문을 개정하여 제814조에서는 외국에서의 혼인신고에 대한 규정 등을 신설하고[23] 가정법원에서는 외국어 통역관을 두는 등 국제결혼을 수용하는 변화를 나타내고 있다. 하지만, 국제결혼 부부의 상황을 고려하거나 국제결혼 가족원들의 인권을 보호하기 위해서는 단지 절차적 미비점을 보완하는데 그칠 것이 아니라 인권적 차원에서 국제결혼 부부 그리고 열악한 외국인 여성 배우자에 대한 인권적

---

[23]　제814조(외국에서의 혼인신고)
　　① 외국에 있는 본국민사이의 혼인은 그 외국에 주재하는 대사, 공사 또는 영사에게 신고할 수 있다.
　　② 제1항의 신고를 수리한 대사, 공사 또는 영사는 지체없이 그 신고서류를 본국의 등록기준지를 관할하는 가족관계등록관서에 송부하여야 한다. 〈개정 2005.3.31, 2007.5.17〉

보호 장치를 가족법과 가정법원이 마련해야 할 것이다. 이를 위해서는 향후의 가족법은 국제사법(國際私法), 국제인권법에 대한 심도 있는 연구를 통해 관련 조문을 다듬어야 할 것이다.

3. 최근 가족법의 변화에 대한 토의

이제까지 살펴본 한국가족관계법의 최근 변화를 법과 사회간의 상호작용이라는 견지에서 논의해 보고자 한다. 이 때 서구 가족법의 변화 방향성을 하나의 참고로 할 것이다.

1) 개인화와 국가개입의 동시 증대

현대사회에서 혼인의 감소와 이혼의 증가, 인구의 노령화, 고용 불안정화 등은 기존 가족의 물적 안정성과 관계의 안정성을 크게 감소시켰다(Harata, 1998). 이에 국가는 한편으로는 가족의 안정성을 꾀하고 다른 한편으로는 가족을 벗어난 개인의 안녕에 초점을 맞추지 않을 수 없는 딜레마적 상황에 처했다. 그랜돈은 현대 가족법과 가족정책이 점점 더 가족이 아니라 개인과 대면하게 되었고 중산층이 아니라 빈곤층을 포함한 보편적 인구에 대해 관심을 가지게 되었다고 지적한다. 이제 서구의 많은 국가에서 시민은 중재자(intermediary, 가족) 없이 국가와 마주서게 되었다. 실제로 서구 가족법의 관심은 가족에서 개인으로 옮겨 왔고 그 이념은 점점 더 실용주의적이 되었다. 지난 수세기 동안 기존의 가정내 관계(domestic relation)를 다루어 온 사법(private law)은 그 근거지를 잃거나 혹은 공법(public law)의 영역들과 합치되는 경향이 나타난다. 이에 따라 어떤 논자는 가족법의 점진적 쇠락과 사회 복지법과의 결합에 주목한다. 가족법의 깃발은 내리고 가족정책의 깃발이 올라갔다는 것이다(Glendon, 1989: 291-298).

인류 대부분의 역사에서 결혼과 친족은 개인의 사회적 지위와 신분을 결정하는 기초적 사회관계가 되어 왔지만, 현재 사회에서는 개인의 부와 권력, 지위란 어떤 가족에 속하느냐에 의해서보다는 개인의 수입 또는 정부에의 의존성에 의해 결정된다는 것이다. 개인이 가족에 속하기보다는 이제 가족이 개인에게 서비스하는 단위가 되었다(Glendon, 1989: 292). 가족관계법 역시 이러한 변화에 상응하여 높아진 가족관계의 밀접성과 불안정성을 반영하게끔 변화되어 왔다. 그리고 가족관계는 경제적 유대보다는 감정적 유대에 의해 지속되는 경향이 나타난다.[24] 이를 위해 반드시 법률혼이 우위에 있고 가족제도라는 틀이 개인을 보호한다고 말하기 어려운 시대가 도래했다는 것이다. 오히려 개인들은 제도 밖에서 보다 자유로운 삶을 구가할 수도 있다.

그렇다면 한국의 가족생활과 가족법의 변화방향은 어떠한가. 앞 장에서 살펴본대로 한국가족법의 변화에서도 개인의 선택권이 신장하고 국가의 가족 사안에 대한 개입의 증대라는 흐름이 뚜렷이 나타나고 있다. 호주제도 폐지에 따라 또한 개인별 신분등록제도가 도입되었고 자의 성본 결정, 성별변경, 혼외자 지위 등에 있어서도 일정한 경향성이 나타난다. 성본제도에서는 '가'와 '성/본 공동체(동성동본 남계혈족)'가 개인들의 선택에 여지없이 부가했던 절대적인 결정력이 약화되는 큰 변화가 시작된 것처럼 보인다. 천륜(天倫)이라고 여겨지던 견고한 부계혈통의 표지로서의 성본제도에도 동요가 생기고 개인의 선택권의 단초가 생김에 따라 성과 본이 개인의 정체성의 표지로서 기능하기 시작했음을 의미한다. 하지만 동시에 한국의 가족법에는 그 기능이 애매하고 현실에 잘 부합하지도 않는 '가족' 규정이 온존하고 있고, 개인별 신분등록제도가 과거의 호적제도의 유산과 공존하고 있는 현상도 관찰된다. 요컨대, 서구의 친밀

---

[24] 가족에서 감정적 유대의 중요성은 Anthony Giddnes, Ullich Beck과 같은 서구 사회학자들에 의해서도 활발하게 논의되었다. 이들은 친밀성의 중요성을 부각시키는데 기존의 제도와 정상성의 틀로서의 가족의 의미가 후퇴하고 관계와 성(sexuality)과 사랑이 중심이 되는 가족이 전면에 등장한다는 점에 주목한다. 그리고 국가의 간섭과 규제라는 측면에서 제도 바깥의 관계가 친밀성 기능을 더 잘 수행할 수도 있기 때문에 법률혼을 필요로 하지 않는다고 본다.

성과 정서적 유대가 한국가족법과 가족생활에도 중심 패러다임이 되고 있다고 말하기는 어렵지 않나 진단한다. 그렇다고 가족(법)정책을 이끄는 지도이념이 가부장적 정상가족의 지속이라고 말하기도 어렵다고 보인다.

개인의 선택과 국가의 개입 증대라는 패러다임은 부모자녀관계 영역에서 더욱 두드러진다. 입양제도에서 볼 때, 모든 종류의 입양이 신고에서 허가주의로 전환하고 법원은 청구나 직권으로 개입하여 청구를 기각할 수 있게 되었다. 또한 종전의 친족관계가 소멸되지 않는 보통입양에서 완전입양으로의 추세가 입양에 있어 대세로 이동하면서 성과 본, 혈족공동체로서의 가족 관념에 일정한 도전이 있다고도 진단할 수 있다. 물론 국내입양이 친생자 출생과 비교할 때 활발한 사회현상이라고 말하기는 아직 어렵다. 이혼시 양육자와 친권자 지정에서도 비슷한 흐름이 나타나서 자녀의 복리, 즉 자녀를 잘 보살필 수 있는 부모를 심사할 수 있는 보다 강한 권한을 법원이 가지게 되었다. 나아가, 부모의 친권 역시 자연권의 일부라기보다 적절하게 행사해야 하는 권리이자 의무로 자리매김되어 가족이나 부모를 그저 미화하는 가족이상주의의 경향을 지양하고 아동의 인권을 보호하는 경향이 나타난다.

다른 한편, 헌법이 보장하는 양성 평등의 관점이 중심이 되어 호주제 폐지를 완결했음에도 불구하고 부부재산제도와 같은 경제적 영역에서는 젠더평등의 법리와 규정이 아직 마련되지 않고 있는 실정이다. 주지하다시피, 현재의 부부별산제는 재산이나 수입이 없는 배우자에게는 대단히 불리한 제도이며 양성평등의 물적 기초는 재산관계에서 마련되는 바, 가족의 안정성 내지 인구의 안정성을 위해서도 부부재산제도의 개혁이 필요하다 하겠다.

다른 한편, 서구의 가족생활에서 진단되는 탈제도화의 방향이 한국에서도 나타난다고 할 수 있을까. 앞서 논의한대로 한국가족법의 최근 변화는 개인의 선택권을 신장시켰고 한국에서도 혼인율, 출산율이 저하되고 일인가구 및 비혼가구의 증가 현상이 관찰된다. 동거 혹은 동성파트너 관계는 세금, 복지, 상속 등의 분야에서 법률적 문제들을 발생하기에 '파트너쉽 관련'법률이 필요하다는 논의가 일고 있다. 하지만, 1990년대와 2000년대를 통해 한국의 여성운동과 시민운동에서 요청했던 호주제 폐지, 가정폭력관련법의 제정과 개정, 여성 종중원 확인 소송, 모성보호, 보살핌 노동의 지원 등에 대한 요청은 가족 사안에 대한 탈제도화 내지 탈가족화의 방향과는 거리가 있다고 해석한다. 오히려 국가가 좀더 적극적으로 가족사안에 개입하기를 요청하는 목소리라고 해석할 수 있다. 요컨대 가족을 좀 더 공정하고 살만한 공간으로 바꾸고, 이를 위해 국가는 적절한 제도를 만들라는 것이다. 파트너쉽 관련법의 요청도 사실혼이나 동성혼관계를 제도화하고자 하라는 요청이라고 보인다. 물론 이 때 어떤 가족을 '제도화'하는가는 중요한 문제이다. 기존의 정상가족 모형, 규범화된 가족을 넘어선 가족의 재제도화가 요청되는 상황이 아닌가 한다. 이렇게 현단계 한국가족법의 개인화와 동시에 국가의 개입의 증대를 이끌어갈 모종의 철학 내지 지도이념이 필요한 실정이라고 보인다. 그간 '사적 사안'으로 개입을 자제하던 영역에 대해 판단하기 위해 국가는 이에 상응하는 자료와 전문성을 갖추어야 한다는 과제를 안게 되었고, 이에 따라 법원은 이전에 다루지 않던 수많은 사안을 결정해야 하는 과제를 안게 되었다.

2) 이혼법의 불완전한 대응

서구 가족법의 이혼과 실무에서 주요 관심사가 되어 온 것은 이혼의 성격 변화라 할 수 있다. 또한 이혼은 가족에 대한 국가의 관심이 가장 명백하게 드러나는 제도이다. 지난 수세기 동안 서구에서 이혼법은 자유화되었다고 평가되는데, 이혼이 처벌의 대상에서 권리의 영역으로 이전해 왔다고도 표현한다(Antokolskaia, 2005). 서구 가족법에서 이혼이 다루어지는 형태를 역사적으로 고찰한 연구에 따르면, 서구 이혼법은 과실에 기반한 이혼 즉 제재(sanction)로서의 이혼에서 회복 불가능할 정도의 관계 훼손(irretrievable breakdown)에 따른 이혼 즉 구제로서의 이혼으로, 상호동의에 의한 이혼, 일방의 요청에 의한 이혼(권리로서의 이혼)으로 전개되어 왔다고 분석한다(Antokolskaia, 2005). 이러한 분석에 입각해 볼 때, 현재의 서구 이혼법은 진화론적으로 한 형태를 벗어나서 다른 형태로 진입했다기보다는 여러 형태의 이혼, 즉 과실이혼에서 파탄이혼, 일방의 청구에 의한 이혼(divorce on demand)까지 비동시적인 것들이 동시적으로 공존하고 있는 상태라고 할 수 있다. 물론 이러한 공존성은 국가의 정책과 문화에 따라 다르게 나타날 것이다. 이혼의 축을 부부의 합의 또는 일방 배우자의 요청, 과실 또는 무과실(파탄), 재판 혹은 협의라는 세 가지로 놓는다면, 이혼이란 단지 절차상 차이나 과실과 무과실의 이분법만으로도 분류할 일이 아님을 알 수 있다. 여기에 이혼할 부부의 '자녀 유무'라는 변수를 교차시키면, 이혼의 성격과 종류는 매우 다양하다는 것을 알 수 있다.

앞서 본 대로, 한국가족법에서도 이혼제도는 대수술을 앞두고 있다. 그 것은 부부재산제도 - 즉 부부재산의 처분 제한, 부부재산의 분할시기 및 비율 - 협의이혼 절차에서의 이혼숙려제의 도입, 이혼 후 자녀양육비 지급이행 방안 등을 포함한다. 협의이혼은 그 이혼사유를 국가가 심의하지 않는다는 점에서 부부의 합의에 기초한 이혼 형태에 해당한다. 이는 앞서 분류에서 볼 때, 과실 여부를 불문하고 일방의 요청에 의해 주어지는 이혼(개인 권리로서의 이혼)을 포함할 수 있으나 그것을 지칭하는 개념은 아니라고 보인다. 오히려 우리의 이혼제도는 협의이혼과 재판이혼이라는 절차상의 차이만으로 이혼을 분류하고 있을 뿐, 이혼 동기나 행위 성격에 대한 법적 대응에 대해서는 너무 간단한 규정만을 가지고 있다. 한국의 이혼 절차는 부부 간에 이혼의 협의가 이루어지면 국가는 최소한만 개입하고 협의가 이루어지지 않을 시, 조정을 시도한 후 재판에 이른다는 절차를 규정하고 있을 뿐이다. 이에 따라 법원은 재산분할과 위자료(손해배상), 자녀양육 등 이혼 후 가족들의 삶에 큰 영향을 미칠 사안에 대한 판단에 있어 넓은 재량의 폭을 가지고 있다.

필자는 자녀가 있는 부부의 경우, 3개월의 숙려기간을 두는 것이 그렇지 않은 것보다 합리성이 있다고 생각한다. 그간 협의이혼의 간이함은 개인들의 사적 자치의 보호라기보다는 국가와 사회의 가족에 대한 방치라고 볼 수 있는 여지가 크다고 보기 때문이다. 다만, 이혼을 신중하게 결정하게 만들고 이혼 후 자녀의 복지에 대한 방비를 두고픈 국가의 관심이 정당하지 않은 것은 아니지만 오히려 이혼을 염두에 두는 당사자들이 이혼에 대한 보다 나은 준비를 하기 위해서는 적절한 정보와 교육을 제공하고 그들을 정신적으로 지지해주는 일종의 '힘주기(empowerment)' 과정이 필요하다고 본다. 이 때 이혼을 금기시하고 죄악시하는 것은 당사자들의 현명한 판단을 저해할 것이라고 본다.

또한, 2007년 개정법에 따라 이혼을 앞둔 당사자들은 자녀양육 등에 관해 의무적으로 협의 결정해야 한다. 하지만, 이혼 후의 양육비가 보편적으로 확보되기 위해서 과연 개별 부부들, 그것도 파탄 지경에 있는 부부들의 협의에 일차적으로 의존하는 것이 바람직한 것인지 의문이 있다. 앞서 지적한대로 이런 가족법의 시각은 중산층 중심 내지 정상 가족 중심의 시각이 아닌가 생각한다. 이혼시 양육자 및 양육비 지급에 관한 협의가 이루어지지 않아서 재판이혼 등 이혼절차가 장기화된다면, 빈곤층들의 이혼의 자유가 크게 훼손될 것이어서 법적 이혼을 할 수 없어서 사실상 이혼 내지 별거, 방치가 증가할 수 있다. 이에 따라 자녀 등 의존자의 복지가 더욱 위협받을 수 있다. 요청되는 방향은 이혼한 개인들에게 책임의 강하게 지우는 것 뿐 아니라 이러한 위기 사태에 대한 국가의 공적 지원과 개입이다. 이혼을 앞둔 부부에게 상담과 정보를 끊임없이 제공하고 이들을 부조할 수 있는 공적 재원을 마련하고 이들을 정신적 정서적으로 도울 수 있는 시민사회의 지지 프로그램 등이 개발되어야 것이다. 이러한 정책과 프로그램 개발의 기초에는 이혼을 지속되어야만 하는 혼인의 실패라는 시각을 넘어서서 '건강한 가족'의 하나의 형태일 수 있음을 받아들이는 국가의 시각 전환이 있어야 할 것이다.

3) 친족상속법에서의 '전통'문제

최근 한국가족에 이혼과 독신가구 증가 등 서구와 비슷한 변화가 일어나고 있다고 할지라도 한국의 가족(법)정책에 있어 저변에 존재하는 한국가족 내지 가족법의 구조에 대한 고려가 필요할 것이다. 혼인관계를 주축(主軸)으로 하여 가족의 형성과 해체를 운위하는 서구 가족법과 비교할 때, 한국가족법의 기본구조는 친족이라 불리는 혼인관계를 훨씬 넘어서는 집단에 있다. 친족관계가 가지는 법률적 효과는 부양, 금혼범위, 후견, 친족회, 상속 등에 관한 다양한 조문을 두고 있다.[25] 물론 현대 한국가족의 소규모화와 기능 변화 속에서 '큰 가족'의 영향력이 감소되고 가계계승이 가지는 중요성이 약화된다고 보고되고 있지만, 한국의 가족관계의 다이나믹스를 핵가족 관계를 중심으로 해서 제대로 읽어내기는 어려울 것이다. 앞서 살펴 본 한국가족법에서의 이혼, 부모자녀관계의 형성, 사실혼과 혼외자녀 등에 대한 법적 처우와 현실적 선택이 단지 소규모 가족의 동학으로만 설명할 수 있을까. 핵가족을 넘어선 더 큰 가족의 '아우라'가 혼인과 가족관계에 어떤 영향을 미치고 있는지, 그것을 친밀성과 공정성이 구현되는 가족문화로 이끄는데 어떻게 활용할 것인지 가족(법)정책에서 관심이 필요하다. 한국가족(법)의 고유성은 한국가족과 가족법 연구의 역사성의 문제이기도 하다.

앞서 살펴본 가족 관념, 성과 본, 입양 등과 같은 가족법의 신분 문제는 국가의 법률적 설정 이전에 문화적 규범 내지 관습에 의해 형성된 영역이라 할 수 있다. 실제로 성과 본의 공동체는 조선왕조시대의 신분질서를 유지하는 기제 중 하나였고 근대법이 이를 계수했다고 할 수 있다. 한편, 호주제도의 경우에서 보듯이, 일본 민법, 조선시대의 가족제도가 착종된 법제도도 찾아볼 수 있다. 식민지시기 동안 당국은 끊임없이 조선 관습에 대해

---

[25] 여기서 '친족'이라는 개념 자체가 일본 민법에 기인한 외생적인 것으로서 그 법적 정의는 분명하다 할지라도, 그 친족이 누구로 구성되었는지는 항상 분명한 것은 아니다. 예컨대 모계혈족 8촌이나 처계혈족 4촌 이내의 친족에 대해서는 구체적 관계를 맺을 제도도 없이 그저 그 관계들을 '친족'이라고 정의하고 있다.
민법 제767조(친족의 정의) 배우자, 혈족 및 인척을 친족으로 한다.
민법 제777조(친족의 범위) 친족관계로 인한 법률적 효력은 이 법 또는 다른 법률에 특별한 규정이 없는 한 다음 각호에 해당하는 자에 한한다. 1. 8촌 이내의 혈족, 2. 4촌 이내의 인척, 3. 배우자.

조사를 하였고 특히 친족, 상속에 관해서는 일본 민법이 아니라 조선의 '관습'을 따른다는 원칙을 세웠던 바,[26] 이 원칙이 식민지 시기의 친족 상속을 다룬 재판규범이 되었을 뿐 아니라 이 원칙은 탈식민 후 민법 제정 이전 시기까지 지속되었다. 이렇게 일제시기 동안 조선의 가족 관습은 끊임없이 조사되고 판례를 통해 정립되고 변형되었지만, 이 '관습'이 탈식민 대한민국 민법에서 명시적으로 승인되지도 부정되지도 않았던 것으로 보인다.[27]

한편, 이런 문화적 규범 내지 관습 영역은 부처제 결혼제도, 부계계승주의 등 가부장적 가족제도를 정당화해 온 근거가 되기도 하였다. 탈식민 후 한국가족법의 역사에서 개정이 가장 어려웠던 가부장제도는 동성동본 금혼제도와 호주제도를 들 수 있는데 두 제도 모두 '전통'의 이름으로 개정에 완강하게 저항하였다. 시민들까지 포함하여 유림, 정부는 이 제도를 미풍양속이자 전통으로 칭송하였다. 다른 한편, 이 제도들을 개정하고 폐지해야 한다고 주장했던 개정 세력은 이 제도들을 시대에 뒤떨어진 가부장제, 남녀차별제도로서 규정하였다. 이렇게 가족 '전통'은 양 세력에서 철저히 이분법적 논리 위에서 제시되었던 것이다. 하지만, '전통'이 변화하는 문화적 개념이라면 현대 한국가족법에서의 전통이란 고정된 화석이 아니라 조선시대와 일제시기, 그리고 현대 한국가족을 거쳐 끊임없이 변형되면서 구성된 살아있는 생활양식으로서 접근할 수 있을 것이다. 한국가족의 '전통'을 이분법적으로 미화하거나 배척하는 논리를 넘어선 현대 사회와 가족의 필요에 맞는 양성평등적 전통의 재구성 논리가 요청된다 하겠다.

---

26 '관습'은 근대 가족법이 계수된 일제시기의 '조선민사령'(1912. 3 발효)' 제11조에 따라 친족, 상속 영역에서 제도화하였다(이병수, 1977; 정긍식, 1992; 양현아, 2000 참고할 것).
朝鮮 民事令 弟11條: "第1條의 法律 中 能力, 親族 및 相續에 關한 規定은 朝鮮에는 이를 適用하지 않는다. 朝鮮人에 대한 前項의 事項에 關하여는 慣習에 의한다."

27 참고로 법원행정처에 의해 1985년 간행된 『친족 상속에 관한 구관습』이라는 책자를 보면, 이 자료집이 기반하는 18종의 원자료 중 16종이 식민지 시기 동안 작성된 문서로 되어 있다. 그럼에도 이 책자에서는 이 자료들에 대한 별다른 평가 내지 비판을 제시하지 않고 자료의 번역에 그치고 있으며, 이 모든 자료들을 그저 '우리의 관습'이라고 포괄적으로 지칭하고 있다.

하지만 식민지성, 유교적 가족규범, 현대사회의 변화가 담긴 '전통' 개념은 가족법정책에 있어서 모호한 지위만을 가진 것처럼 보인다. 예컨대, 2005년 헌법재판소에서 내려진 호주제도의 헌법불합치 결정에서 볼 때 헌법재판소는 호주제도의 식민지성의 문제는 전혀 언급하지 않은 채 주로 헌법 제11조, 제36조 제1항에 기초하여 양성평등에 반하는 제도라는 점에서 그 논거를 제시하였다. 호주제도의 성차별성이 계승되어야 할 전통이 아님을 나타내는 것이라는 논변을 취하였기는 하였으나, 이로써 호주제도가 조선왕조의 가족 전통임에도 성차별적 제도여서 헌법에 반한 것인지, 아니면 전통을 논할 가치가 없는 식민지 유산인지 문제는 침묵으로 남게 되었다.

앞서 한국가족과 가족법에 개인화의 수용과 함께 가족의 재제도화가 필요한 시점이라고 말했을 때, 어떤 가족으로 재제도화할 것인가의 문제는 큰 과제이다. 말할 나위도 없이, 개인의 자유와 함께 가족의 친밀성과 안정성을 동시에 존중하는 이념과 제도를 마련하는 것이 필요할 것이다. 이 때 한국가족의 역사적 정체성은 무엇보다도 중요한 자원이 아닌가 한다. 앞서 지적했듯이, 성본제가 개혁되었음에도 가족의 계통 논리는 뚜렷한 이념적 근거도 없이 부계적인 것으로 유지되고 있고 '어머니 성'의 선택적 부여가 의미하는 바가 무엇인지는 불분명한 상태이다. 호주제도가 폐지된 자리에 어떤 가족을 만들 것인지 여기서 한국의 가족 '전통'이 어떻게 그 바탕이 될 수 있을지 가족(법)정책론자들의 관심이 필요하다. 예컨대, 재혼가족의 성본문제에 대하여 친양자제도라는 타협책을 제기하기보다는 세대계승의 논리를 양성평등을 규정한 헌법정신에 부합하도록 모계의 구성을 좀더 적극적으로 제도화할 수 있을 것이다. 이혼이나 재혼가족 혹은 비혼모 가족과 같은 다양한 가족 안에서 어머니 성 계승의 건강성을 발굴하고 널리 알린다면, 이는 단지 가족 다양성의 가치를 넘어서서 전통의 창조적 해석으로 연결될 수 있을 것이다. 식민지 유산을 극복하고 한국의 전통을 창조적으로 해석하는 가족법의 정체성이 요청된다.

4. 결론:앞으로의 과제

이제까지의 논의에 바탕하여 앞으로의 가족(법)정책 및 관련 연구의 과제를 짚어보는 것으로 결론을 대신하고자 한다.

1) 법원의 정비

앞서 살펴본 대로 최근 법의 변화에 따라 가정법원이 새로운 과제들을 많이 떠안게 되었다. 전통적인 법원의 업무 이외에도 이혼가정의 양육자 지정, 친권자 지정 뿐 아니라 양부모의 자격 심사, 성본의 유지와 변경 허가 등에 대한 법원의 권한이 강화되었다. 이러한 변화는 필요한 것으로 보이기에 바람직하지만 문제는 새로운 사안들에 대해 개입하는 데 필요한 법원의 조사 및 판단 능력이라고 보인다. 주로 법률학으로 훈련받는 법관들이 이런 실체적이고 사회적인 사안을 판단하기 위해서는 별도의 교육이 필요한 것이 아닌지 의문이다. 능력의 문제 이외에도 절대 인력의 문제도 있다고 보인다. 판사의 숫자를 대폭 늘리지 않았음에도 그 역할은 대폭 증가했기 때문이다. 현재 가정법원에는 조사관제도를 두고 있는 바, 이를 보다 확대하고 적극적으로 활용해야 할 것이다. 이제 가정법원은 이혼을 고려하는 부부관계를 조정하고 설득해야 할 뿐 아니라 부부의 재정, 자녀관계, 심리적 상태 등에 대해 조사하고 이에 기반하여 상담하고 판단을 내려야하기에 다양한 전공의 전문 연구자들로 구성된 조사관 채용을 확대하고 전문 조력자들을 확충하여 내실을 기해야 한다.

2) 양성평등을 위한 법과 문화 운동의 지속

이 글에서 살펴본 바와 같이 양성간에 신분관계 못지않게 경제관계에서의 공정성을 기할 수 있는 제도 개혁이 필요하다. 혼인을 통해 재산이나 수입을 가지기 어려운 배우자에 대한 경제적 보정정책은 부부관계의 균형을 가져오는 데 기여하고 이는 혼인 중이나 이혼 후의 가족 안정성에도 기여할 것이다. 현재 한국가족법은 부부재산제도, 부부간 계약, 이혼시 재산분할과 위자료, 상속 등에 관한 부부간 경제관계에 대한 제도적 장치들은 가족 외부의 경제관계와 비교할 때 매우 단순하고 그 판단기준은 관행적으로 형성된 것이 아닌가 진단한다.

호주제 폐지 이후에도 재산관계뿐 아니라 신분관계에서도 여전히 양성평등의 원리가 다 미치지 못하는 영역들이 남아 있다. 종중, 제사, 자의 성본 부여에서의 남녀 불균형, 시댁과 친정간의 불균형이라는 가족 구조적인 문제들에 대해서도 지속적인 개혁의 노력이 필요하다. 앞서 다루었듯이 이런 문제들은 법적 쟁점이면서 법을 넘어서는 전통과 관습이라는 사회역사적인 성격을 가지고 있다. 이런 문제에 대해서는 단순히 근대법의 개인주의적 원리에서의 양성평등을 넘어서서 전통의 새로운 고안과 같은 차원에서 양성평등을 사유할 필요가 있다. 필자는 양계제(兩係制)의 법적 기초로서 자에게 아버지 성의 부여와 마찬가지로 어머니 성의 부여의 기회를 제공해야 한다고 생각한다. 이는 변화하는 사회에서 가족의 균형을 찾는 것 뿐 아니라 한국가족법과 제도의 뿌리를 양성평등적으로 재해석하는 첫 단추가 될 수 있기 때문이다.

3) 가족 보살핌 활동의 공정한 가치 평가

가족이 소규모화되고 인구가 고령화되며 경제 환경이 불안정해지면서 가족의 위기 관리 능력이 취약해지고 있다. 가족원의 이혼, 실직, 질병, 상해로 인한 위기는 가족구성원들에게 외부적 재해보다도 더 큰 위험으로 체험된다. 이에 따라, 정부는 취약한 가족 그리고 가족내 취약한 구성원들에게 각종 복지대책을 제공해 오고 있으나 그 지원의 패러다임이 경제에 국한할 것이 아니라 보살핌(care)으로 전환될 필요성이 있다. 보살핌이란 아동, 노인, 병자, 장애인, 그리고 모두에게 필요한 육체적·정서적 노동 그리고 타자에 대한 윤리를 의미한다. 이제까지 가정내 의식주를 관장하는 살림살이, 의존자들에 대한 양육과 보호 등은 주로 가족 그것도 가족 내 여성들이에 맡아 왔고 그것은 대부분 무임노동이고 가족관계에 따른 당연한 의무로 여겨져 온 측면이 있다. 이에 보살핌 노동에 대한 제대로 된 가치평가가 이루어지기 어렵고 그것이 복지사 등 사회부문으로 이전된다고 하더라도 저평가가 지속될 수 있다. 이제 복지정책과 가족정책은 물질적 급부를 포함한 정서적이고 정신적인 지원을 뜻하는 보살핌 제공이라는 패러다임으로의 전환이 필요하고 국가와 가족간의 분담이 절실하다.

또한, 가족 돌봄의 역할을 성역할의 일부로 볼 것이 아니라 가치로운 노동이자 품성으로서 남녀가 지혜롭게 분담하는 시각과 실천도 필요하다. 가족법에서도 '부양'개념을 경제적 부양으로 개념화하는 것을 넘어서서 보살핌 노동의 경제적·정서적 가치에 대한 적극적 평가가 필요하다. 이는 예컨대 양육권이 친권보다 하위의 권리 개념인 것과 궤를 같이 하는데, 형식적인 친권보다 현실의 보살핌을 하는 양육권 속으로 친권 개념을 포섭하고 통합하는 것이 필요한 시대가 도래했다고 생각한다.

4) 가족 다양성과 정상성의 공존

가족 다양성의 시대에 법률혼에 대한 특별한 보호가 필요한지 다시금 묻게 된다. 최근 결혼을 염두에 두지 않는 동거가 증가하면서 세제, 부부재산, 자의 양육 등 법률혼에 국한한 권리 의무의 문제를 돌아보게 한다. 남녀의 성적 관계가 혼인관계에 국한하지 않고, 성적 소수자의 존재를 고려할 때, 가족 다원성을 인정하는 파트너쉽 제도가 기대된다. 이러한 제도는 비혼인구들의 평등권과 생존권의 차원 뿐 아니라 이로부터 출생할 비혼출생자의 인구의 보호라는 차원에서도 필요하다. 하지만, 법률혼과 가족 다양성 인정이 어떻게 공존 가능할지 어려운 문제가 걸려있다. 또한, 앞서 살펴본대로 다문화가족에 대한 적극적 조치도 필요하다. 다문화가족의 외국인 배우자의 인권문제가 계속 제기되고 있는 바, 국내혼 가족과 동등한 선상에서 판단할 것이 아니라 보다 옹호적인 태도를 가지고 정책을 입안해야 할 것이다.

5) 인권과 가족정책의 조화

친양자, 양육자 등 결정에서 국가 개입이 확대되었다. 가족내 프라이버시 사안에 대한 국가 개입의 증대를 나타내는데 그 주요 동기는 아동의 복지와 보호에 있다고 하겠다. 마찬가지로 가정폭력 등 긴급한 가족문제에 대한 국가의 효과적 개입이 여전히 요청되는 바, 이 경우 가정유지와 인권보호간의 조화가 필요하다. 그동안 가정폭력 사건에서 수사와 법원이 보여준 태도는 가정유지에 더 많은 무게중심을 두었으나 이제 피해자와 그 아동으로 시점을 돌려야 한다. 가정이 더 이상 가장 안전하거나 인간적인 공간이라고 예단하기 어렵기 때문이다. 인권을 보호하지 못하는 가정은 존립을 지지할 가치가 없다는 시각 위에서 피해자가 가족 밖에서 독립할 수 있는 사회적 · 경제적 지지가 요청된다. 이제 가족법에도 헌법 정신과 인권의 원리들이 적용되어야 한다.

6) 국가의 경계를 넘어선 가족에의 대응

기러기가족, 다문화가족 등 한국의 가족관계에도 세계화현상이 녹아 있다. 이제 가족은 한 국가의 기본 단위라는 이해가 잘 맞아떨어지지 않는 것 같다. 오히려 한국가족은 국가의 경계를 넘어 세계 속에 '흩뿌려져' 있다. 이러한 한국의 가족현실에서 민족주의 혹은 애국주의를 넘어서는 가족의 이념은 어떤 것인가. 한국가족의 역사성을 살리면서도 '국가를 넘어선 가족'의 이념을 찾을 수 있을까. 그것은 가족이기주의가 아니고 그렇다고 민족주의도 아닌 열린 가족의 이념일 것이다. 가족을 더 이상 사적인 생활단위로만 국한시키지 말고 그 공공적 의미를 재고하는 '가족 공공성'에 대한 이념이 21세기의 세계화된 가족에 요청되는 것이 아닐까 한다. 다문화가족, 기러기가족의 출현은 이제 한국가족이란 범주가 역설적으로 민족과 국적의 경계를 넘어서고 있음을 알린다. 어느새 가족은 세계화의 너른 물결 속에 떠가는 한 척의 돛단배처럼 더 나은 삶을 위해 모험을 감행할 것을 두려워하지 않게 되었다. 아니 거센 경쟁의 구도 속에서 한국가족은 그러한 모험을 요구받고 있다. 이런 '한국' 가족들에게 - 여기서 '한국'이란 국적이 아닌 문화의 이름 - 한국이라는 국가는 단지 그때그때 이용하고 협상하다가 떠날 수 있는 영토가 될 수도 있다. 이렇게 한국가족은 세계를 무대로 누비는 듯하지만, 그렇다고 한국가족이 민족주의적 혈통계승코드를 벗어난 것 같지도 않다. 이 글에서 살펴본 대로 가정법원의 확장된 역할에서 볼 때, 가족이 더 이상 사적이지만은 않다는 인식의 출발점에 국가가 서 있는 것 같다. 사법으로서의 가족법을 넘어서서 가족정책을 이끌어가는 법으로서의 가족법을 자리매김하고 시민사회와 소통하는 열린 가족문화를 만들어가야 할 것이다.

진미정

제도적 측면의 가족 실태와 변화에 관심이 있으며, 가족정책, 저출산정책, 가족인구학, 북한이탈가족, 한부모가족 등에 대한 연구를 주로 수행하고 있다. 이 글은 한국가족정책의 발전 과정과 내용 안에 한국가족의 특성이 어떻게 반영되어 있는지를 알아보는 데 목적이 있다. 이 글을 통해 한국가족의 특성을 이해하고, 긍정적 측면을 발전시키기 위해 가족정책이 지향해야 하는 바를 제시하고자 한다.

3장.

한국가족정책의 특수성과 과제:
미시공공성과 공동체성[1]

1. 한국가족정책의 등장

한국 사회에서 명시적인 가족정책이 시행된 지 10년, 그리고 가족정책에 대한 학문적 논의가 시작된 지 20년이 되었다. 한국사회에서 가족정책이 처음 언급된 것은 1994년 UN이 지정한 '세계 가족의 해(International day of family)'를 맞아서이다. '세계 가족의 해'는 사회통합과 발전 과정에서 가족이 가지는 의미와 중요성을 역설하고, 가족정책을 통해 개인, 가족, 국가의 삶의 질을 향상시키고자 세계가정학회(International

---

[1] 이 글은 경제·인문사회연구회 기획 협동연구총서 12-03-08 "가족변화 대응 국가·사회 발전 기본전략(김승권, 이성용, 윤홍식, 진미정, 2012) 중 제5장 '가족변화와 개인·가족·국가의 관계성 재편'의 일부를 담고 있습니다.

Federation of Home Economics)가 UN에 제안하였고, UN이 이 제안을 수용하여 지정되었다(IFHE History Book).[2] '세계 가족의 해'를 맞아 우리나라에서도 학술단체들이 가족에 대한 사회적, 학문적 관심을 환기하기 위한 학술대회나 기념 세미나를 개최하였고, 복지정책과는 차별화되는 가족정책의 필요성을 제기하였다(장현섭, 1994; 최성재, 1996). 한국가족학회에서는 '복지국가와 가족정책(1995)'이라는 학술서를 발간하였고, 가족관련학술단체총협의회에서 주최한 학술대회를 기반으로 '한국가족정책의 이해(박병호 외, 1996)'라는 저서가 발간되었다. 1995년 대한가정학회의 '지방화시대와 가정복지'라는 학술대회에서는 가정복지의 사회적 실천이 주장되었다(조희금, 2014).

이러한 학계의 논의에도 불구하고 그 당시 가족정책은 정부나 정책입안가들 사이에서 의제가 되지 못하였다. 1990년대 중반은 가족문제의 잠재기로 가족과 관련된 사회문제들이 두드러지지 않았던 시기이기 때문이다. 1990년대 중반까지 산업화가 순조롭게 진행되면서 경제가 발전하였고 1960-70년대 추진되었던 가족계획사업도 성공적으로 이루어져 인구증가 속도가 조절되었다. 혼인율과 이혼율도 안정적으로 유지되었다. 출산율이 지속적으로 낮아지고 있었지만 이는 문제가 아니라 오히려 정책의 성과로 평가되었다.

1997년 경제위기는 이러한 사회 흐름을 단숨에 바꿔버렸고, 잠재되어 있던 가족문제들을 수면 위로 등장시켰다. 경제위기는 대규모 구조조정, 실직, 소득 감소를 동반하였고, 가정의 경제문제는 가정폭력, 가정해체, 동반자살 등 심각한 가족문제를 촉발하였다. 경제위기 전 우리나라의 실업률은 3% 미만으로 완전고용상태였는데 경제위기 이후 실업률이 7%까지 올라갔다. 1996년 5.1%(상대빈곤율 7.0%) 수준이었던 가구의 절대빈곤율이 2000년에는 10.1%(상대빈곤율 11.8%)로 증가하였다(구인회, 2004).

   2) http://www.ifhe.org/1047.html. 2014년 6월 30일 접속.

외환위기 전 1995년 총 이혼건수가 68천 건이었던 것에 비해 1998년에는 116천 건으로 70% 이상 증가하였고, 2001년에는 134.6천 건으로 95년 건수 대비 97% 증가하였다(통계청 연도별 이혼율). 이러한 상황에서 구조조정으로 인한 실직, 아내의 가출, 자녀 양육 포기 등이 서로 연결되어 발생하고 조손가족, 1인가구 등의 새로운 가족구조 유형이 증가하였다. 또한 청년층의 취업난은 결혼과 출산의 시기를 지연시키는 효과를 동반하여 혼인율과 출산율의 저하라는 인구학적 현상도 초래하였다.

가족해체가 심각한 사회문제로 인식되면서 이를 해결하기 위한 정책적 개입을 요구하는 움직임도 늘어났다. 어떤 현상이 사회문제로 인식되기 위해서는 세 가지 요건을 갖추어야 한다. 먼저 그 현상이 문제라는 사회적 합의가 있어야 하고, 그 문제가 사회적 비용을 초래해야 하며, 그 문제를 해결하기 위한 공적인 개입에 대한 사회적 요구가 있어야 한다. 이혼이나 가족해체는 관점에 따라 사회문제로 인식될 수도 있고 그렇지 않을 수도 있다. 그런데 이 시기의 언론을 보면 경제위기가 심각한 가족해체를 초래하였고, 이러한 가족문제는 개인적 노력만으로는 해결되기 어렵고 사회적 개입이나 공적인 개입이 필요하다는 것을 강조하고 있다.

경제위기는 가족문제에 대한 공적 개입이 필요하다는 사회적 합의를 도출하는 계기가 되었고, 구체적인 정부의 개입이 논의되기 시작하였다. 경제위기에 맞서 김대중 정부가 내놓은 대응책은 사회안전망의 확충이었다. 1999년 제정된 국민기초생활보장법은 1961년 제정되어 30년 이상 우리나라 사회보장제도의 근간이 되어온 생활보호법을 대체하였다. 또한 구조조정으로 폐과되었던 보건복지부의 가정아동복지과를 부활하여 가족지원정책 추진의 기반을 마련하였다(최규화, 김신영, 2012). 가족문제에 대한 공적 개입은 가족에 대한 새로운 법률안을 제정하는 움직임으로 연결되었다. 2003년 8월 22일 대한가정학회가 한나라당과 함께 개최한 공청회의 제목이 "가족해체 방지 및 건강가정육성 지원을 위한 공청회"였던 것을 볼 때 이 시기 사회의 가장 큰 우려는 가족해체에 있었던 것을 짐작할 수 있다. 우리나라 이혼율은 2003년 정점에 이르러 166.6천 건에 달하였고, 1995년에 비해 144%가 증가하였다.

갑작스러운 가족해체 증가가 가족정책의 필요성을 보여주는 일차적인 현상이었다면, 출산율 저하는 가족정책 도입과 확대를 가능하게 한 장기적인 현상이었다. 1990년대까지만 해도 출산율의 저하는 가족계획사업으로 대표되는 인구정책의 성과로 여겨져 왔다. 2001년 7월 9일 세계인구의 날을 앞두고 대한가족보건복지협회(대한가족계획협회) 회장인 서울대 보건대학원 이시백 회장은 "팔레스타인, 방글라데시에 이어 세계 3위인 인구밀도를 가진 우리나라에서 벌써부터 저출산 문제를 걱정하는 것은 시기상조다"라고 주장하였다(주간동아, 2001.8.2). 이러한 주장에는 가족계획사업을 성공적으로 수행해 온 대한가족계획협회의 기여를 주장하면서 동시에 앞으로도 계속 가족계획사업이 수행되어야 한다는 협회 및 전문가의 의도가 깔려있다. 그러나 우리나라 합계출산율은 이미 1980년대에 2.0 이하로 낮아졌고, 2001년에는 1.30으로 낮아져 초저출산 사회(합계출산율 1.3명 이하)가 되었다. 가족해체 현상에 대한 사회적 우려가 높아지는 동시에 또 다른 한편 지속적으로 낮아지는 합계출산율과 아이를 낳지 않는 이유에 대한 사회적 관심과 우려가 커졌다.

이러한 배경으로 2004년 건강가정기본법과 2005년 저출산·고령사회기본법이 제정되었고, 이 두 법안을 바탕으로 한국사회에 명시적인 가족정책이 시행되게 되었다. 전문가들은 한국의 가족정책이 짧은 시기에 급속하게 확대되었으며 또 성과를 거두고 있는 것으로 평가한다(송혜림, 이승미, 2014; 진미정, 2014). 이 글은 두 가지 관심사에서 출발하였다. 첫 번째 관심사는 한국에서 이렇게 빨리 가족정책이 도입·확대될 수 있었던 동력이나 배경이 무엇이었는지를 찾아보고, 이러한 배경에서 동태된 한국의 가족정책이 어떤 특성을 가지고 있는지 찾아보는 것이다. 앞에서 소개한 바와 같이 가족정책의 도입에는 가족인구학적 변화가 주요하게 작용하였다. 그렇다고 하더라도 10년이라는 빠른 시기에 가족정책에 관련된 법안들이 연달아 제정되고, 전담부처가 생기고, 사업이 확대된 데에는 인구학적 변화 외의 요인도 작용하였으리라 짐작할 수 있다. 두 번째 관심사는 한국가족과 가족정책을 연구하는 전공자로서 이 두 가지가 서로 어떻게 관련되는지를 분석하는 것이다. 한국가족의 고유한 특성이 한국가족정책의 특성과 관련이 있는지, 있다면 어떤 방식으로 관련이 있는지를 알아보고자 한다. 이러한 분석을 통해 미래 한국가족이 어떤 모습이 될 것인지, 가족정책은 어떤 지향성을 가지고 발전되어야 하는지에 대해 논의하고자 한다.

2. 한국가족정책의 발전과정과 특수성

가족정책이란 가족이 수행하는 사회재생산 기능을 지원함으로써 가족구성원의 삶의 질 향상과 사회유지 및 통합을 추구하는 정책이다. 가족정책이 발달한 유럽 국가들을 보면 가족정책은 줄어드는 인구문제 해결을 위해 시작되어, 돌봄의 공백 해소, 여성의 경제활동 참여 보장 등을 목표로 발전되어왔다(전광희, 2005). 학자들이 제시하는 가족정책의 범위와 내용은 위에서 논의한 가족정책의 개념과 성격을 반영한다.

Ooms(1990)와 Bogenschneider(2006)는 (1) 가족의 형성과 해체에 관련된 정책 (2) 경제적 부양에 관련된 정책 (3) 자녀양육에 관련된 정책 (4) 노약자의 부양에 관련된 정책을 가족정책의 범위에 포함하였다. 가족의 형성과 해소에 관한 정책에는 결혼 및 이혼 절차에 대한 규정이나 정책, 자녀 출산 및 입양에 관련된 정책, 가정위탁에 대한 정책이 포함된다. 경제적 부양에 관련된 정책은 소득 보장과 더불어 전 생활 영역에서 발생하는 가족구성원의 기본적인 욕구 충족에 대한 정책을 포함한다. 자녀양육에 관련된 정책에는 다음 세대를 사회화 시키고 양육하는 것과 관련된 정책 또는 이를 지원하는 정책을 포함한다. 마지막으로 노약자의 부양에 대한 정책에는 노인이나 만성질환, 장애를 가진 가족구성원에 대한 돌봄과 부양에 관련된 정책들이 포함된다.

OECD 가입국의 Family Database의 구성 지표는 가족과 관련된 현상의 실태에 관한 통계치를 제공하는 동시에 각 국의 가족정책의 현주소를 비교 평가할 수 있는 준거를 제시한다. OECD Family Database에 포함된 정책 관련 지표들을 면밀히 검토한다면 가족정책이 포괄하는 하위 정책 영역과 그 산출물을 파악할 수 있으며, 이를 통해 가족정책의 과제를 역으로 파악할 수 있다. 그 지표 중 가족과 관련된 가족아동정책(대분류 3)의 내용을 보면 유자녀가족에 대한 보편적 조세/급여제도, 자녀관련 휴가, 영아 대상 공공 보육 및 교육, 가족유형과 소득수준별 보육급여유형과 비용 등 4개 중분류가 포함된다. 유자녀에 대한 보편적 조세/급여제도에는 다시 가족 대상 공공지출, 교육 공공지출, 가족현금수당, 조세/수당제도의 중립성, 자녀양육비, 아동연령별 공공지출이 포함되고, 자녀관련 휴가에는 부모휴가 특성, 부모별 자녀관련휴가 사용, 취업부모 추가 휴가, 육아휴직 급여보존율의 소분류가 포함된다. 영아 대상 공공보육 및 교육에는 보육/유아교육 공공지출, 보육/유아교육기관 이용률, 비공식적 돌봄, 보육비 지원이 포함된다. 마지막으로 가족유형과 소득수준별 보육급여유형과 비용에는 보육/유아교육 서비스 유형, 보육/유아교육 서비스 질, 방과후 보육서비스가 포함된다.

서구 학자들의 정의나 Database의 분류 기준 등을 볼 때, 서구 국가들의 가족정책 핵심 영역은 아동 및 노인 돌봄 그리고 일-가족 양립이라고 할 수 있다. 우리나라에서도 저출산·고령화라는 메가트렌드에 의해 가족정책이 시작되었기 때문에 보육, 노인 돌봄, 일-가족 양립에 관련된 정책들이 주요한 정책으로 포함되어 있으며 이런 측면에서 서구의 가족정책과 다르지 않다.

그런데 우리나라의 가족정책에는 서구의 학자들이나 다른 OECD 국가들에서는 언급되지 않은 특수한 정책이 포함되어있다. 바로 건강가정기본법에 토대하여 건강가정지원센터에서 시행되고 있는 사업들이다. 건강가정지원센터에서는 건강가정사업을 주로 담당하는데 2014년도 건강가정지원센터 운영지침을 보면, 가족돌봄나눔, 가족교육, 가족상담, 가족문화, 다양한 가족통합서비스, 지역사회 연계를 필수사업 영역으로 명시하고 있다. 가족돌봄나눔이란 모두가족봉사단, 모두가족품앗이, 아버지·자녀가 함께 하는 토요 돌봄 프로그램 등 지역사회 내에서 돌봄을 공유하고 분담할 수 있도록 돕는 사업을 의미한다. 가족교육은 가족 내에서 발생하는 문제를 예방하고 가족구성원의 역량을 강화시키기 위한 부모, 부부, 조부모, 가족을 대상으로 한 생애주기별 가족생활교육을 의미한다. 가족상담은 생애주기에 따라 발생되는 가족 내 다양한 갈등과 문제의 해결을 위한 상담사업으로 개인을 대상으로 하거나 가족단위의 통합적 접근으로 이루어지는 상담을 의미한다. 가족문화란 매주 수요일로 정해져있는 '가족사랑의 날'에 실시하는 가족단위 체험 및 여가활동 프로그램을 의미한다. 다양한 가족통합서비스란 한부모가족, 조손가족 등 취약한 상황에 있는 다양한 가족을 대상으로 자녀양육지원, 관계향상교육 등의 서비스를 통합적으로 제공하는 것을 의미한다. 마지막으로 지역사회 연계란 지역사회협의체, 유관기관 네트워크 등을 뜻한다.

이러한 예방적 사회서비스의 독특한 가족정책이 존재하게 된 것은 정책을 둘러싼 정치적 역동과 학문적 역동 사이에 우발적인 만남이 발생했기 때문이다. 정책의 우연적 발생을 설명한 Kingdon의 설명 틀에 따르면, 정책은 문제의 흐름, 정치의 흐름, 정책의 흐름이 우발적으로 만나 정책형성의 창이 열릴 때 형성된다. 이 이론을 빌려 건강가정기본법의 제정과정을 설명한 이진숙·안대영(2005)은 외환위기, 가족구조의 변화, 저출산·고령화시대의 도래를 문제의 흐름으로 진단하였고, 거대야당으로서의 한나라당의 영향력, 가정학회를 중심으로 한 학계의 입법 활동을 정치의 흐름으로, 1995년 이후 가정학계에서 다루어 온 '가정복지' 연구와 2001년 가정학계가 발의한 가정복지기본법 이후 한국보건사회연구원을 통해 정부 주도로 이루어진 "가정복지 종합계획 수립 및 프로그램 개발에 관한 연구", 사회복지계가 마련한 가족지원기본법과 맥을 같이 하는 대응 연구들, 건강가정육성기본법과 가족지원기본법의 경합을 조정한 국회 보건복지위원회의 노력을 정책의 흐름으로 진단하였다.

그러나 이러한 진단은 부분적으로만 정확하다. 이혼율 증가, 가족해체, 출산율의 하락이 외환위기를 통해 증폭되었다는 문제의 흐름은 비교적 정확하게 진단되었다. 그러나 가정학계(생활과학계), 사회복지학계, 보건복지부의 정책 연구를 모두 같은 정책의 흐름으로 진단하는 것은 부적절하다. 서론에서 언급하였듯이, 1994년 UN이 지정한 세계가족의 해를 맞아 가정학(생활과학), 사회복지학, 사회학 등에서 가족 연구에 관심이 있는 학자들이 가족정책의 필요성을 주장한 바 있으나 이 움직임이 지속적인 동력을 가진 것은 아니었다. 다만 가정학(생활과학) 연구자들은 생활과학이 현장과 괴리되어가고 있는 현실을 자성하고, 생활과학을 현장이나 정책과 연결시키려는 노력을 지속적으로 기울였다. 당시 학술대회 주제를 보면 이러한 노력을 쉽게 읽을 수 있다. 1995년 대한가정학회 제48차 춘계학술대회 '지방화시대와 가정복지', 1996년 대한가정학회 제49차 추계학술대회 '21세기를 향한 가정학의 새로운 패러다임', 1996년 한국가정관리학회 제20차 학술대회 '가정문화향상과 가정복지', 1997년 한국가정관리학회 제22차 추계학술대회 '가정복지서비스 프로그램 개발을 위한 기초연구' '가정복지사 자격제도 추진' 등을 주제로 학문적 논의를 발전시켜왔고 이러한 연구결과에 기초하여 2001년 '가정복지기본법안'을 준비하여 의원입법발의 형식으로 국회에 제출하였다.[3] 이러한 지속적인 학문적 논의와 준비가 정책의 흐름으로 존재해왔다고 보는 것이 보다 정확한 진단이다. 한편 정치적으로는 외환위기로 인해 증가한 가족해체와 요보호 가족 및 아동의 증가 현상에 대응하기 위하여 보건복지부가 직제개편으로 2002년 부활시킨 가정아동복지과와 2003년 참여정부의 출범이 결정적인 흐름이라고 할 수 있다. 당시 참여정부 인수위원회와 보건복지부 가정아동복지과는 새로운 정책을 발굴하고 있었고, 2003년 전문가 집단이 제안한 정책 제안에 호의적이었다(대한가정학회, 2014). 특히 가정아동복지과는 가정학(생활과학) 전공자들이 제안한 가정복지발전종합계획안과 가정복지기본법안에 대해 호의적으로 반응하였으며 한국보건사회연구원의

정책연구가를 개입시켜 본격적으로 법안 마련에 필요한 연구를 수행하였다. 건강가정기본법의 전신이라 할 수 있는 건강가정육성기본법안은 이러한 보건복지부의 노력으로 정부입법으로 발의되었다. 이렇게 볼 때, 외환위기로 증폭된 가족해체에 대한 사회적 우려(문제의 흐름), 가족문제에 실천적으로 개입하고자 하는 가정학(생활과학)의 정책 연구(정책의 흐름), 새로운 정책과제를 발굴 중이던 새로운 정부와 정부부서의 관심(정치의 흐름)이 맞물리면서 정책형성의 창이 열린 것으로 해석할 수 있다.

건강가정기본법은 가족정책에 대한 생활과학적 관점이 명실상부하게 반영되어 있는 법이라 할 수 있다. 생활과학에서는 가족의 주체성(agency)과 단위로서의 생활 공동체성을 강조한다. 특히 건강한 가정(healthy families)이란 개념은 1960년대 미국 가족학 연구를 관통하던 강점 중심 패러다임의 영향을 받아 발전하였다. 임상심리적 관점에서 가족 내적인 관계의 건강성을 연구하던 Stinnet, Olson, DeFrain 등의 학자들은 가족의 건강성을 주로 가족체계의 내부적 특징으로 설명하였다. 가족이 이웃이나 지역사회 등 가족 외부적 영역과 맺는 관계보다는 가족구성원들 간에 서로 맺는 관계에 일차적으로 주목하고, 이 관계에서 병리적인 문제가 나타나지 않는 것을 중요하게 보았다. 예를 들어, Stinnet(1981)은 긍정적인 방식으로 위기 다루기, 시간 공유, 애정, 헌신과 감사, 개인성에 대한 존중, 바람직한 의사소통 패턴, 종교적 이념을 건강한 가족의 강점으로 밝혀냈다. 가정 건강성에 대한 포괄적 연구를 수행한 Olson & DeFrain에 따르면, 건강한 가족은 체계 내부적으로 응집성, 적응성, 의사소통의 적절한 수준을 갖추고 있으며, 열린 상호작용을 통해 사회체계, 신념체계, 친족체계와 균형을 유지하고 있다(진미정, 조은숙, 2013에서 재인용). 이러한 연구들은 한국의 가족 연구에도 적용되어 가족문제 해결에 필요한 가족 내적인 역량, 자원관리 능력, 관계적 특성 등에 주목하는 미시적 연구를 발달시켰고, 이러한 연구에서 실천적 전략이나 정책이 제안되었기 때문에 구조적이거나 거시적인 정책보다는 미시적 정책이 보다 많이 제안되었다.

2014년 현재 우리나라에는 국가 차원의 한국건강가정진흥원과 광역 및 기초자치 지역에 151개의 건강가정지원센터가 설치되어있다. 앞서 언급한 바와 같이 지역의 건강가정지원센터에서는 가족상담, 가족교육, 가족문화, 가족돌봄나눔 등의 사업을 하는데, 이러한 사업들이 국가 정책화될 수 있었던 배경에는 생활과학 특히 가족 연구자들의 학문적 영향력이 크다고 할 수 있다. 이러한 건강가정사업들은 사회정책의 근본적인 제도와 관련되는 것이 아니고 사회서비스에 가깝기 때문에 적은 예산으로 쉽게 도입될 수 있다는 특징이 있다. 건강가정지원센터의 기본 사업 외에도 특성화 사업이나 별도 사업으로 도입된 아이돌보미 사업, 공동육아나눔터 사업 등도 모두 적은 예산으로 쉽게 도입될 수 있다는 특성을 가지고 있다.

이러한 사회서비스 중심의 가족정책은 정부부서 중 늦게 출범된 여성가족부의 정체성이나 위상과도 관련된다. 앞서 언급한 바와 같이, 선진국의 가족정책은 아동수당과 같은 현금지원, 보육서비스 전달체계, 출산휴가 및 육아휴직 등 사회보험이나 보장제도와 깊이 맞닿아 있으며 규모가 큰 공공지출을 동반한다. 그런데 이미 보육정책(보건복지부), 출산휴가 및 육아휴직정책(고용노동부)를 담당하는 부처가 있는 상태에서 만들어진 여성가족부는 예산 및 전달체계 면에서 쉽게 접근할 수 있는 사회서비스를 개발하는 방식으로 정책 영역을 확대할 수밖에 없는 상황이었다. 이러한 상황에서 미시적 성격의 건강가정사업들이 제안되었고 한국사회의 가족정책 특히 여성가족부에서 담당하는 가족정책은 독특한 지형과 성격을 노정하게 되었다. 결론적으로 생활과학적 관점의 정책 제안, 사회서비스 중심의 여성가족부의 정책 개발이 결합되어 한국사회에서 특수한 가족정책의 영역이 발전하게 되었다.

3. 한국가족과 가족주의

이렇게 발전해 온 한국의 가족정책은 한국가족의 특성과 어떤 관련이 있는가? 이 질문에 답하기 위해서는 먼저 한국가족이 어떤 특성을 가지고 있는지를 이해해야 한다. 그동안 가족학 분야뿐 아니라 사회학이나 인류학, 여성학 분야 등에서 다양한 관점으로 한국가족이 가진 내적인 특성이나 제도적 특성을 규명해왔다. 다양한 연구들을 통해 학자들이 가장 중요하게 주목한 한국가족의 특성은 바로 전통적 가족주의 혹은 가족 가치이다. 전통적 가족주의란 "모든 가치가 가족의 유지 존속과 관련되며, 가족의 단결과 영속화와 가족의 공동 이익을 추구하려는 집단적인 노력(최재석, 1976)"을 의미한다. 보다 구체적으로 가족주의는 "개인보다 가족이 우선되는 가족의 우선성, 부모봉양과 효의 강조, 가장이 중심이 되는 부계가문의 영속화, 형제자매 및 친족 간의 사회경제적 유대의식 등을 특징으로 하는 가부장적 가족과 관련된 규범(옥선화, 1986)"을 의미한다.

잘 알려져 있다시피 전통적 가족주의는 곧 유교적 가족주의이다. 유교적 가족주의는 아시아적 가족가치 혹은 아시아적 특수성으로 확장되어 해석되는데, 특히 한국사회는 아시아 중에서도 유난히 가족주의가 강하게 작동하는 사회로 평가된다(구승회, 2000; 김동춘, 2002). 유교적 가족주의 하에서는 혈연적 친소관계에 따라 예와 윤리의 내용이 결정되고 이에 토대하여 사회질서가 형성된다. 자유롭고 독립적인 권리를 갖는 개인대신 가족(가문)에 소속된 구성원으로서의 개인이 존재하기 때문에 자유, 인권, 사생활, 법적 절차, 사회계약, 시민사회, 공동영역 등의 개념이 결여되어 있다(Tu, 1988, 김동춘 2002에서 재인용). 서구와 다르게 한국가족은 압축적 근대화의 과정에서 가족주의를 오히려 강화하였다(Chang & Song, 2010). 즉, 근대화 과정에서 개인이 가족을 비롯한 전통적 제도로부터 해방되어 시민으로서의 개별성을 확보한 서구와는 달리, 한국에서는 개인이 가족을 통해 근대화 과정에 참여하였으며 개인과 가족의 성취가 동일시되는 일체화된 정체감이 오히려 강화되었다.

이러한 특성 때문에 한국의 가족주의는 종종 극복되어야 하는 과제로 비판되었다. 가족은 불합리한 관습의 전근대성을 대표하는 것으로, 또 때로는 폐쇄적 사유성의 근대성을 대표하는 것으로 비판되었다. 가족주의의 부정적 초상은 흔히 가족 이기주의 혹은 도구적 가족주의로 명명되었으며 한국사회 병폐의 근원으로 주목되었다. 한국의 가족주의는 개인주의적 성격이 강해서 충성보다는 효도가 강조되는데, 이때의 개인주의란 합리적 개인주의가 아니라 가족, 가문, 파벌, 지역 간의 집단적-무의식적 개인주의라고 비판되었다(구승회, 2000). 가족주의에 대한 비판 중에는 유교적 가족주의 그 자체가 문제가 아니라 조선 후기의 지배체계의 위기와 그것에 대한 대응방식으로 동원해 낸 부계혈통주의 가족제도가 오늘날의 기형적 가족주의를 초래하였다고 보는 관점도 있다(최재석, 1976; 김동춘, 2002). 한편 가족주의의 다양한 측면을 유교적 가족주의, 도구적 가족주의, 서정적 가족주의 등으로 보다 면밀히 구분하고 이러한 가족주의가 일관성 없이 필요와 상황에 따라 우발적으로 작동하여 한국사회과 한국가족의 특징을 만들어낸다고 보기도 한다(장경섭, 2011). 이러한 관점에 따르면 한국인들은 유교적 가족주의자라기 보다는 상황적 가족주의자로서 상호 모순되는 이념을 내면화하여 선택적으로 활용하여 상황에 적응한다는 것이다.

이러한 가족주의는 의식과 가치의 측면에서만 한국인을 지배한 것이 아니라 다양한 제도를 통해서 한국사회를 지배하고 있다. 장경섭(2011)은 가족주의가 정책, 관행 등 사회제도 속에 깊이 침투되어 작동하는 것을 제도적 가족주의로 개념화하였는데, 곧 "사회제도들의 형성과 운용에서 시민들에게 직·간접적 그리고 명시적·묵시적으로 가족적 차원의 책임, 의무, 권리를 강화하고 가족 중심적인 생활을 영위하도록 하는 효과"를 발휘하는 것을 의미한다. 예를 들어, 한국의 가장 기초적인 사회보장제도인 국민기초생활보장제도는 부모자녀 간에 부양의무를 엄격하게 규정함으로써 가족책임 우선원칙을 적용하고 있다. 수급권자의 1촌 이내의 직계혈족, 1촌의 직계혈종의 배우자(며느리, 사위)는 법적 부양의무자이며, 실질적인 부양능력이 있는지 여부에 관계없이 부양이 전제된다. 즉 법적 부양의무자가 있는 경우 실제 부양을 받고 있지 않아도 국민기초생활수급권자가 될 수 없기 때문에 생계급여를 받을 수 없다.

그런데 최근 사회조사 결과들을 보면 노부모에 대한 자녀들의 부양책임에 대해 부모세대나 자녀세대 모두 동의 정도가 낮아지고 있다. 부모 부양의 책임에 대한 사회조사 결과를 요약한 〈표1〉에서 알 수 있듯이, 부모에 대한 부양 책임이 부모 스스로에게 있다는 한 응답 비율은 1998년 8.1%에서 2012년 13.9%로 5.8%p 증가하였다. 그 책임이 가족에게 있다는 비율은 1998년 89.9%에서 2012년 33.2%로 56.7%p 감소하였다. 이러한 통계는 유교적, 전통적 가족주의 의식이 약화되고 있는 것으로 해석할 수 있다. 이렇듯 개인의 생애과정에 영향을 미치는 유교적, 이념적 가족주의가 약화되고 있는 반면, 제도적 가족주의는 아직 작동하고 있어서 개인의 생애과정과 사회적 제도 사이에 부정합성과 불안정성이 존재한다(장경섭, 진미정, 성미애, 이재림, 2013). OECD 국가 중에서도 특별히 높은 노인 빈곤율은 국민기초생활보장제도의 한계를 보여주는 증거이며, 곧 이념적 가족주의와 제도적 가족주의 간의 불협화음이 빚어낸 제도의 실패를 의미한다.

표 1 부모 부양에 대한 견해

(단위: %)

	1998년	2002년	2006년	2008년	2010년	2012년
부모 스스로	8.1	9.6	7.8	11.9	12.7	13.9
가족	89.9	70.7	63.4	40.7	36.0	33.2
장남/맏며느리	22.4	21.4	19.5	17.3	13.8	7.0[3]
아들/며느리	7.0	19.7	8.1	6.7	7.7	3.9
딸/사위	0.5	1.4	0.9	0.9	1.8	0.8
모든 자녀	14.5	27.6	49.2	58.6	62.4	74.5
능력 있는 자식	45.5	30.0	22.2	16.4	14.3	13.9
가족과 정부·사회	–[1]	18.2	26.4	43.6	47.4	48.7
정부·사회	2.0[2]	1.3	2.3	3.8	3.9	4.2
기타	0.0	0.2	0.1	0.0	0.0	0.0

① 1998년 조사에는 해당문항 없음.
② 1998년 조사에는 '사회 및 기타' 문항에 대한 응답임.
③ 2012년 조사에서는 부모의 노후생계를 '가족', '가족과 정부·사회'가 돌보아야 한다고 응답한
　사람만을 대상으로 후속질문을 함.
출처: 통계청(2012). 사회조사.

4. 가족의 변화와 돌봄의 공공성

가족의 변화, 특히 가족주의에 토대했던 제도성의 약화는 돌봄의 공백이라는 사회문제를 동반한다. 돌봄은 사적 영역으로 간주되어 온 가족이 사실은 공공적 기능을 수행해온 제도라는 점을 보여주는 대표적인 영역이다. 돌봄은 종종 자녀양육, 가족원 간호, 노인 수발과 같이 가족구성원에 대한 신체적 활동이나 직접적인 지원이라는 좁은 의미로 통용되지만, 넓은 의미로는 가족이 수행해 온 사회재생산 활동 전체를 포괄한다. 사회재생산(social reproduction)이란 "사람들이 부양, 살림 능력을 갖추고, 결혼을 하고, 자녀를 출산 양육하고, 본인이나 자녀의 사회참여와 직업 활동 능력을 배양하고, 배우자나 부모를 부양 수발하는 일련의 활동(Laslett & Brenner, 1989, 장경섭, 2011에서 재인용)을 의미한다. 생물학적 존재로서의 인간은 태어나면서부터 다른 사람의 돌봄을 통해서만 생존할 수 있으며, 전 생애에 걸쳐 크고 작은 돌봄의 교환을 통해 생활하는 존재이기 때문에 돌봄은 사회재생산의 핵심이다. 돌봄은 인간 삶의 기본적 조건이며, 오랫동안 가족의 제도성에 의존해 수행되어온 노동이자 생활임에도 불구하고 사적인 것으로 간주되어왔다.

가족의 구조적 변화와 제도성 약화는 가족이 수행해 온 돌봄이 가족 외부로 이양될 수밖에 없는 조건을 만들어낸다. 돌봄의 사회화는 노인 돌봄에서 먼저 본격화되었다. 수명의 연장으로 노년기가 장기화되고, 부모를 돌볼 자녀수가 감소하게 되면서 만성질환이나 치매를 가진 노인을 가족 내에서 부양하기 어려운 상황이 되었으며 가족의 돌봄을 대체할 서비스에 대한 요구가 증가하였다. 실제 가족이 노부모를 부양했던 시대를 돌아볼 때, 자녀가 부모를 돌볼 수 있었던 것은 양자제도를 비롯하여 자녀의 대체자를 마련할 수 있는 제도적 장치를 이중 삼중으로 가지고 있었기 때문이다(오치아이, 2000). 지금은 그런 가족의 제도성이 약화되고 있을 뿐 아니라 자녀수가 감소하고 노년기가 길어져서 자녀가 노부모를 부양하는 것이 훨씬 더 어려운 일이 되었다. 노인 돌봄에 이어 아동 돌봄 역시 중요한 사회적 과제가 되었다. 여성의 경제활동참여율이 증가하는 것이 하나의 원인이기는 하지만, 아동 돌봄의 성격 자체가 변화하는 것도 중요한 원인이 된다. 평균 자녀수가 감소함에도 불구하고 아동 돌봄의 부담이 증가하는 것은 돌봄이 교육과 접맥되면서 조기교육에 대한 욕구, 질 높은 보육 서비스와 교육적 프로그램에 대한 욕구를 내포하고 이에 따라 아동 돌봄의 시간적, 경제적 비용이 증가하기 때문이다.

돌봄의 사회화는 돌봄의 재정적, 정서적 비용문제, 즉 돌봄과 관련된 책임을 공적 영역과 사적 영역이 어떻게 분담할 것인가의 문제를 야기하는데 이는 결국 공적 영역과 사적 영역 간 구분을 어떻게 재구조화할 것인가의 쟁점과 관련된다(Daly & Lewis, 2000, 남찬섭, 2012에서 재인용). 돌봄의 공공성에 대한 기존의 논의는 국가가 공공성의 주체로서 가족 영역에서 이루어지던 돌봄을 보완하거나 대체할 수 있는 공공서비스를 제공하여 돌봄을 탈가족화하는 것에 초점을 맞추고 있다. 즉, 돌봄이 창출하는 공익성(혹은 공공재로서의 외부효과)을 보호하기 위해 시장이 개입하지 못하도록 국가가 직접 돌봄의 공공서비스를 제공해야 한다는 것이다.

그런데 돌봄의 공적 탈가족화에만 초점을 맞추는 접근은 가족 돌봄의 특성을 반영하지 못하는 한계를 가지고 있다. 돌봄 혹은 돌봄노동은 본질적으로 관계성을 내포하고 있으며, 이러한 관계성은 돌보는 사람과 돌봄을 받는 사람과의 상호인정에 기초한다(Fine, 2007). Tronto(1993)은 돌봄을 받는 사람과 주는 사람이 서로의 욕구를 민감하게 존중하는 것에서 돌봄이 시작된다고 하였다. 인간을 독립적인 추상적 존재로 전제하는 정의(justice)의 윤리와 달리 돌봄 윤리는 특수한 맥락에서의 특정한 개인에 주목한다. 이러한 맥락감수성(contextual sensitivity)은 인간이 상호의존적 관계의 일부라는 점을 명시적으로 인정하는 도덕원칙이다(Hankivsky, 2005, 남찬섭, 2012에서 재인용). 가족 돌봄은 돌봄을 받는 사람의 상태에 대한 전적인 정서적 개입과 동일시, 즉 sympathy를 동반한다는 점에서 누가 누구를 돌보는가라는 관계적인 맥락이 중요한 의미를 갖는다

(Bradley & Edinberg, 1986).

돌봄은 단지 가족에서 수행해 온 기능이나 노동일 뿐 아니라 가족의 존재 의미이기도 하다. 가족의 호혜성이 가족구성원들이 전 생애에 걸쳐 일상생활을 공유하면서 반복적으로 상호작용하는 가운데 발달시켜 온 사회자본이라고 할 때 그 핵심은 돌봄이다. 가족구성원들은 돌봄을 통해 가족으로서의 생활과 정체감을 공유한다. 이러한 돌봄의 특성을 고려할 때, 공공서비스나 시장서비스를 통해 돌봄을 탈가족화하는 것에만 초점을 맞추면 가족이 그동안 기꺼이 수행해 온 돌봄의 가치를 훼손할 수 있는 위험성이 있을 뿐 아니라 가족의 토대 그 자체를 위협할 수도 있다. 가족정책은 단순히 국가와 시장 중 어떤 주체가 어떤 서비스를 어떤 방식으로 공급할 것인가의 문제가 아니라 돌봄으로 대표되는 가족이라는 영역을 어떻게 평가할 것인가의 문제를 담고 있으며, 국가-가족-개인의 근대적 구도를 어떻게 재구성할 것인지를 성찰하는 문제이다.

가족은 국가와 개인을 연결하는 중간적 지위를 점유한다. 가족-개인의 관계를 분석하는 것과 가족-국가(사회)의 관계를 분석하는 것이 분리되지 않으면 가족정책의 과제가 모호해진다. 가족에 대한 이념적 지향의 차이는 국가-가족-개인 간 관계의 서로 다른 접점에 대해 주목할 때 발생한다. 가족의 변화를 가족의 쇠퇴로 해석한 Popenoe(1988)는 가족의 제도성 약화라는 현상을 적확하게 진단하였음에도 불구하고 이를 가족의 위기와 등치하여 많은 논쟁을 불러일으켰다. 특히 여성주의 학자들은 1960년대 이후 나타난 미국 가족의 변화들이 가족의 위기를 의미하는 것이 아니라 오히려 특정한 가족 형태(핵가족)와 특정한 이념(성별분업의 젠더이데올로기)의 해체를 의미하는 것이며 이는 곧 가족의 적응적 변화라고 해석하였다. 가족과 사회의 접점에 주목한다면, 가족의 변화는 사회자본과 공공성의 약화, 그리고 공동체성의 약화로 해석될 수 있다. 반면 가족과 개인의 접점에 주목한다면 가족의 변화는 미시 민주주의의 확대와 자기실현의 확장으로 해석될 수 있다. 가족의 변화를 한 가지 각도에서만 조명하는 접근법은 가족 변화가 초래할 미래를 전체적으로 조망하는 데 방해가 된다.

공공성 혹은 공동체성이란 연구자에 따라 행위주체(국가, 시장, 시민사회), 실현하는 방법이나 절차(민주주의나 사회적 연대), 추구하는 내용(자유, 평등, 정의) 등 다양한 측면에서 개념화되지만, 간단하게 "공동체가 민주적 절차에 따라 구현하고자 하는 평등주의적 가치(소영진, 2008: 62)"로 정의할 수 있다. 최근 학자들은 공공성의 위기에 대해 자주 언급한다. 조대엽(2012)은 공공성 위기의 핵심 요인을 신자유주의 시장화, 탈냉전의 사회변동, 현대성(근대성)의 전환이라는 거시적 사회변동에서 찾고 있다. 전 지구적 수준에서 나타나는 시장의 팽창과 시장규범의 확대가 공익성이라는 비시장규범을 침식하고, 국가정체성과 정당성을 부여하는 이념적 축이 탈냉전구도로 재구조화되며, 경직되고 관료적인 구조와 문화에 도전하는 대안적 문화가 팽창하는 것이 동시에 공공성을 약화시키는 힘으로 작용한다는 것이다. 공공성의 위기에 대한 우려는 '돈으로 살 수 없는 것들'까지 시장에 종속시키는 '정의롭지 못한' 신자유주의 시장화와 탈근대적 문화에 대한 경고로 나타난다.[4] 국가공공성의 위기는 거시 정치경제질서의 해체(조대엽, 2012)나 공·사 분리 규범의 해체(남찬섭, 2012)를 의미한다. 그리고 이러한 위기는 새로운 공공성의 추구, 즉 공공성의 재구성과 맞닿아있다. 예를 들어, 조대엽(2012)은 거시 담론이 간과해온 미시적이고 한계적인 현상들인 차이, 다원성, 이질성 등에 주목하는 사회 구성적 공공성인 미시공공성을 논하면서 이를 공공성의 재구성이라고 하였다. 미시공공성은 참여, 소통, 공감이라는 미시적 가치를 통한 자아실현과 자기확장을 가능하게 하는 공공성이다. 남찬섭(2012)은 자본주의 방식으로 규정된 공·사 영역의 규범과 그에 토대한 공공성 개념은 자유주의자들이 주장하는 보편적 정의(justice) 원칙에서 자유로울 수 없다는 점을 지적하며, 인

---

[4] 최근 우리나라에서 베스트셀러가 된 마이클 샌델의 저서 '정의란 무엇인가(2010)'와 '돈으로 살수 없는 것들: 무엇이 가치를 결정하는가(2012)'는 공공성 혹은 그 위기에 대한 관심과 우려를 반영한다.

정(recognition)이라는 돌봄의 도덕원칙에서 그 대안을 모색하였다.

학자들이 주장하듯이 국가공공성의 대안적 형태가 생활정치를 가능하게 하는 미시공공성이라면 가족은 그 핵심적인 자리에 있으며, 가족의 일상적 상호작용 안에 민주성, 자유, 공평, 정의라는 공공적 가치가 실현되는 것이 미시공공성 구축의 출발점이어야 한다. 오랫동안 가족은 공공성의 행위주체가 아니라 사유성의 행위주체로 간주되어왔지만, 실제 가족생활과 관계에서도 미시적 단위에서의 공공성이 작동한다. 가족은 젠더관계와 세대관계의 두 축으로 이루어진 최소의 공동체이며, 가족 내부적인 공공성에 대한 규범이 존재한다. 흔히 가족 내의 인간관계는 민주성, 자유, 정의, 공평과 같은 공적 영역에서의 규범과 구별되는 사랑, 헌신, 무조건적 신뢰와 같은 사적 영역의 규범이 적용되는 관계, 즉 일차 집단, 원초적 관계로 규정되었다. 그러나 가족이 사랑, 헌신, 무조건적 신뢰의 단위일 수 있었던 것은 가족이 생물학적 유대관계에 기초하고 있기 때문만은 아니며, 규범과 제도성에 종속된 장기적이면서도 밀착된 인간관계이기 때문이기도 하다.

가족구성원 간의 교환관계나 사적 이전에 대한 연구들은 세대 간 호혜성이 복잡한 기제를 통해 발달한다는 점을 보여준다. 세대 간 금전적, 시간적 자원의 교환은 받는 사람의 필요에 의해 먼저 촉발된다. 부모세대든 자녀세대든 필요가 있는 쪽으로 사적 이전이 이루어진다. 이런 점에서 가족 간 이전은 이타적이라고 할 수 있다.[5]

그러나 부모가 성인자녀에게 제공했던 금전적 지원은 현재 자녀가 부모에게 제공하는 돌봄 혹은 시간 제공을 촉진시킨다는 연구결과(고선강, 2005)는 가족의 교환이 전적으로 이타적이거나 일방적인 것이 아니라 상호 호혜적이라는 점을 뒷받침한다. 시장에서의 교환과 달리 가족 안에서

[5] 가족행동을 경제학적으로 풀이한 Becker(1981)는 부모자녀세대 간의 사적 이전의 이타주의를 출발점으로 가정하였다.

이루어지는 교환은 좀 더 장기적인 시간 전망 속에서 제공자와 수혜자의 필요와 욕구에 따라 다양한 방식으로 이루어진다는 점이 다를 뿐이다.

서구의 이론가들은 호혜성은 상대방과 내가 서로 동일한 혹은 유사한 자아를 가지고 있다고 전제하는 것이며, 그것은 상대방과 내가 모두 독립적이고 자율적인 존재라는 전제에 입각한 것이라고 해석한다(Tronto, 1993, 남찬섭, 2012에서 재인용). 이 지점에서 한국가족의 특수성이 발견된다. 한국가족은 강한 가족주의, 즉 가족구성원을 독립적이고 자율적인 존재로 인식하지 않는 특성을 가지고 있으면서도 장기적이고 일반화된 호혜성을 가지고 있었다. 개인보다 가족을 우선시하는 규범이 오히려 호혜성의 근간이 되었다. 적어도 한국가족에서 호혜성이란 가족구성원들이 전 생애에 걸쳐 일상생활을 공유하면서 반복적으로 상호작용하는 가운데 발달해 온 사회자본이라는 것을 의미한다.

이렇게 볼 때 한국사회의 가족 변화는 두 가지 의미를 담고 있다. 첫 번째는 가족의 제도성으로부터 개인을 해방시키며 개인과 가족 사이의 새롭고 자유로운 관계성을 구축해 가는 과정이다. 근대가족이 서로 비슷비슷한 모습으로 표준화된 가족이었다면, 후기근대사회의 가족은 개인의 선택과 기획에 따라 다양한 모습으로 존재할 것이다. 가족을 형성하는 방식, 가족생활을 영위하는 장소와 양식, 가족관계의 범위와 가족관계가 해체되는 방식에 있어서 다양성은 증가할 것이며 각각의 가족이 개인에게 가져다 줄 충족감과 만족도 달라질 것이다. 근대가족론 연구자인 오차아이 에미코(2000)는 20세기가 가족의 세기였다면, 21세기는 개인의 세기가 될 것이라고 전망하였다. 유럽의 가족학자인 Beck-Gernsheim(1998)은 '가족'이 사라진 이후 등장하는 것은 개인적 선택에 기초한 다양한 '가족들'이라고 전망하였다. 가족의 제도성이 약화된 사회에서 가족에 대한 선택권을 발휘하는 것은 개인이다.

그러나 다른 한편, 가족의 변화는 사회자본과 호혜성을 약화시킨다. 호혜성의 토대가 되는 가족의 장기적 안정성이 약화되고 있기 때문이다. 가족이 장기적으로 유지될 것이라는 기대가 없으면, 헌신도, 장기적 호혜성도 형성되기 어려워진다. 가족의 안정성은 제도성에 근거한다. 전근대가족은 사망력이 높았던 대신 다양한 친족관계, 양자제도 등이 세대관계를 보완하는 장치로 기능했던 제도였고, 근대가족은 낮아진 사망력에서 비롯된 결혼의 안정성이 세대관계나 돌봄을 가능하게 했던 제도였다(오치아이, 2000: 33). 그러나 지금은 세대관계를 보완하는 장치나 결혼의 안정성을 담보한 제도성이 둘 다 약화되고 있다.

이러한 상황에서 개인과 사회는 어떤 선택을 해야 할까? 진정한 개인화와 신뢰할 수 있는 공동체성이라는 두 가지 목표를 둘 다 충족하기 위해서는 타인에 대한 인정과 상호호혜적인 관계를 만들어가야 한다는 것, 그리고 이를 위해서 생애과정에 대한 장기적인 조망을 견지해야 한다는 것을 받아들여야 한다. 가족을 통해 친밀감, 애정, 유대의 관계를 누리고자 한다면, 돌봄이라는 헌신적 노동도 때로 기꺼이 감수해야 한다. Giddens(1991)는 미래 가족이 돌봄과 의무에서 벗어나 진정한 친밀성을 향유할 수 있는 관계로 진화할 것이라고 예측하였지만, 필자는 돌봄의 수고 없이 이러한 관계는 만들어지기도, 유지되기도 힘들다고 생각한다. 또한 생애과정에 걸쳐 신뢰할 수 있는 사회자본을 축적하고자 한다면 단기적으로 발생하는 비용을 감수해야 한다. 전통적으로 이러한 비용은 여성만 혹은 부모세대만 혹은 자녀세대만 감수하였다는 점에서 미시적 공공성을 결여하였다. 이러한 비용은 남성과 여성 모두가 감수해야 할 비용이며, 부모세대와 자녀세대가 동시에 감수해야 할 비용이다.[6]

이를 위해서는 사회적 차원에서 약화된 제도성을 보완할 혹은 대체할 새로운 개입이나 지원이 필요하다. 바로 가족정책이 요청되는 지점이다.

---

[6] Tronto(1993)나 Hankivsky(2004)와 같은 돌봄 윤리 연구자들은 돌봄이 개인적이고 독립적인 존재들 간의 호혜성에 기초하는 것이 아니라 상대방의 입장에서 상대방을 이해하는 반응성(responsiveness)에 기초한다고 주장한다. 반응성은 관계에 참여하는 당사자들이 각자의 타자성을 표현할 수 있는 권력을 가져야 하며, 그러한 임파워먼트가 가능한 상호관계가 전제되어야 한다는 것이다(Hankivsky, 2004: 35, 남찬섭, 2012에서 재인용). 그러나 가족 돌봄에 호혜성에 대한 기대가 없다고 보는 것은 근대가족을 낭만화하는 오류와 마찬가지로 돌봄을 또다시 낭만화하는 오류의 가능성을 내포한다.

5. 한국가족정책을 위한 제언

가족의 변화에 대응하기 위한 정부의 노력은 가족정책을 통해 이루어진다. 인구문제 해결과 일·가족 양립이라는 목표를 가지고 있다는 점에서 한국의 가족정책도 서구의 가족정책과 크게 다르지 않다. 그러나 서구와 다른 근대화의 과정을 거친 한국가족은 또 다른 가족정책의 목표를 가지고 있다. 한국사회는 전통적 가족주의가 더 이상 구속력을 발휘하지 못하는 상태이지만 제도적으로는 가족주의를 기대하는 사회이다. 근대적 의미의 개인화가 이루어지지 않은 상태이면서 동시에 개인주의적 삶의 양식을 추구하는 사회이다. 이러한 상황에서 가족정책의 목표는 가족 내의 미시공공성의 토대를 마련하고, 가족의 공동체성을 지원하는 것이어야 한다. 이러한 접근이 바로 한국가족이 가진 강점을 계승하는 동시에 시대에 맞지 않는 문제점을 극복하는 방안이다. 가족정책은 가족 형성과 유지에 대한 개인의 선택을 인정하여 다양한 생활방식의 가족이 사회적으로 수용되고 통합되도록 지원하는 것이어야 한다. 또한 가족정책은 돌봄의 공공성에 기초하여 가족이 수행하는 돌봄을 실질적으로 보상하고 가족의 사회자본이 발달할 수 있도록 가족의 장기적 안정성을 보장해야 한다.

가족 내부적으로 젠더관계와 세대관계에서 새로운 미시공공성이 구축될 수 있도록 지원하는 것이 중요한 과제이다. 지난 십 여 년 사이에 이루어진 호주제 폐지나 가족관계등록제와 같은 제도적 변화는 가족관계에 새로운 젠더관계를 구축할 수 있는 토대를 마련하였다. 근대적 질서가 재편되는 과정에서 젠더관계는 상대적으로 많은 주목을 받았으며 사적 영역에 종속된 여성의 활동 영역이 확장되고 이중부양자 규범이 확대된 긍정적인 변화가 있었다. 이에 비해 세대관계를 새롭게 구성할 제도적 토대나 개입이 거의 이루어진 바 없다. 왜곡된 입시제도나 고용시장의 침체로 인해 자녀세대의 의존성은 오히려 장기화되고 부모세대의 영향력은 점점 더 증가한다. 부모세대의 자원이 자녀세대의 성취 수준을 결정짓는 요인이 되면서 민주적이고 평등한 인간관계로서의 세대관계를 형성할 전망이 보이지 않는다. 성인기로의 전이를 수월하게 하는 교육제도, 주택정책, 노동시장 구조가 마련되지 않는다면 가족 내의 개인화 또는 개별화의 과정은 왜곡된 방식으로 이루어지기 쉬우며 미시공공성의 구축도 어려울 것이다. 교육제도, 주택정책, 노동시장 안에 내포된 제도적 가족주의의 잔영을 파악하고 이를 극복하기 위한 시도가 필요하다(장경섭 외, 2013).

가족의 변화는 사회자본의 토대가 되는 가족관계의 장기적 전망을 불가능하게 함으로써 공동체성의 약화를 초래하는 원인이 되었다. 이러한 변화는 가치관의 변화에 의해 추동되는 것도 있지만 신자유주의 질서에서 가족을 형성하고 유지하는 비용과 위험가능성의 증가에 의해 추동되는 경향이 크다(김혜영, 2008). 가족을 형성하고 유지하는 비용이 개인에게 귀속되는 사회에서 경제적 불안정성은 가족의 불안정성으로 직결된다. 소득 보장을 통한 가족에 대한 경제적 지원, 아동 및 노인 돌봄에 대한 실질적 지원, 선택 가능한 서비스의 구비 등은 가족의 안정성을 확보하는 가장 중요한 조건이며 우선적으로 시행되어야 하는 국가적 개입이다. 가족의 안정성은 사회자본, 즉 신뢰할 수 있는 관계와 장기적 호혜관계의 가장 기초적인 토대이다. 어떤 유형의 가족이든 기본적인 안정성이 보장되지 못한다면 사회적 불안정성은 증폭될 수밖에 없다.

한국사회에서 가족은 언제나 뜨거운 논쟁을 불러일으키는 주제어이다. 저출산, 고령화 담론의 중심에 있으며, 아동 돌봄과 노인 부양 문제의 핵심에 있고, 교육 문제와 양극화의 기저로 간주된다. 이렇게 가족은 한편으로는 문제의 원인으로 또 다른 한편으로는 문제의 해결책으로 지목된다. 가족에 대한 이중적 관점의 배경에는 다양한 가족주의의 채색이 있고, 이를 정확하게 진단하고 대응하는 것이 바로 한국가족정책의 과업이다. 한국가족의 현재를 정확하게 진단하는 것, 한국가족주의의 다양한 성격을 규명하는 것, 한국가족의 강점을 파악하는 것, 한국가족의 문제점을 분석하는 것, 가족정책을 통해 가족의 미시공공성과 공동체성을 지원하여 궁극적으로 한국가족과 나아가 한국사회의 행복과 건강에 기여하는 것, 그것이 가족을 연구하는 우리에게 주어진 과제라고 믿는다.

최새은

한국가족의 의미와 세대관계에 관심이 있으며, 부모됨과 교육, 세대 간 지원과 관계와 관련된 연구를 주로 수행하고 있다. 이 글은 다양한 문학 및 미디어매체에서 반영하고 구성하는 가족의 모습을 비판적으로 읽어내고자 하는 목적을 가지고, 우리가 머물고 있는 집이 어떠한 공간인지 질문을 던져봄으로써 현 시점의 한국가족의 모습을 일별해 보고자 한다.

4장.

집을 통해 본 가족의 모습:
우리는 어디에 머물고 있는가?

I. 집-가족의 얼굴

이 글은 '지금 우리는 어디에 머물고 있는가?'라는 질문에서 출발하였다. 우리가 머물고 있는 곳이라면 우선 '집'을 떠올리게 된다. 집은 우리의 육신이 머무는 곳이고, 가족이라는 이름으로 묶인 생명들이 모여 앉아, 울고 웃고 싸우고 달래는 그런 곳이다. 그래서 바슐라르(2003: 77)는 집에 대하여 내밀함의 가치를 가장 잘 담고 있고, 다양한 애착의 장소들의 모둠이며 우리들이 만드는 '최초의 세계'라고 하였다. 그런데 현재의 우리에게는 내밀하고 친밀한 장소로서의 집의 이미지만큼이나 '빈집'의 이미지도 꾸준히 생산되고 있다.[1] 그래서 이 글은 '현재 당신이 머물고 있는 곳은 어디인가? 어떠한 모습을 하고 있는 공간인가? 당신은 누구와, 어떻게, 살고 있는가?'와 같은 질문을 던져보고자 한다.

이러한 질문에 대한 답을 찾기 위하여, 이 글은 미디어나 문학작품 등의 다양한 텍스트에서 재현되는 집의 모습에 관심을 두었다. 특히 집을 집답게 만드는 두 가지 요소-'경계'와 '불·빛'-에 주목하였다. '경계'는 다른 공간으로부터 집을 구분짓는 물리적 요소로서, '불·빛'은 집에 안락한 공간으로서의 이미지를 부여하는 감응적 요소로서 집을 집답게 만든다. 따라서 본 연구에서는 '문'과 '지붕'과 같이 집의 경계 역할을 하는 구조물과 집의 불·빛을 담아내는 '창'과 '부엌'이 다양한 텍스트 속에서 어떻게 형상화 되고 있는지 분석해 보고자 한다. 이를 위하여 최근 5년 내에 발표된 문학 작품이나 최근 2년 내에 방영된 드라마, 예능 프로그램을 주된 텍스트로 삼고,[2] 우리의 가족이 머물고 있는 집이라는 공간에서 '문'과 '지붕', '창'과 '부엌'이라는 기표들이 담고 있는 의미를 읽어내는 해석학적 텍스트 분석을 실시하고자 한다. 이러한 시도는 우리의 가족이 가진 얼굴의 일면을 보여줄 수 있으리라 기대한다.

---

[1] 김인숙의 단편 「빈집」(2012)을 비롯하여 장은진의 단편집 『빈집을 두드리다』(2012), 김기덕의 영화(2004) 〈빈집〉, 신경숙의 단편집 『빈집』(1997) 등에서 빈집의 상징은 반복해서 원용되고 있다. 또한 해방촌의 게스트하우스(guesthouse)는 '손님들의 집'이라는 의미에서 누구나 손님과 주인, 그리고 가족이 될 수 있다는 의미로 '빈집'의 외연을 확장시키는 실험이 이루어지기도 하였다(강내영, 윤수종, 2011).

[2] TV 매체를 통해 전달되는 드라마나 예능 프로그램 등은 시청자에게 메시지를 전달하는 방식이 훨씬 즉각적이고 직접적이라 생각하여 최근의 기준을 2년으로 잡았다. 반면 문학텍스트는 창작과 소비에 걸리는 시간 자체가 더 길기 때문에 최근의 기준을 5년으로 잡았다. 그러나 2년과 5년이라는 수치는 최근을 반영하기 위한 편의적인 설정이라는 한계가 있음을 밝힌다.

II. 집과 경계

1. 문(門)

집의 안과 밖을 구분 짓는 경계로는 무엇이 있을까? 담의 사전적인 의미가 '집의 둘레를 막기 위해 쌓아올린 것'이니 집의 경계라고 하면 일단 담이 있을 터이다. 하지만 아파트가 대중적인 주거형태가 된 지도 근 40년에 이르니,[3] 아파트의 확산과 함께 마당이 사라진 집에서는 담 또한 사라져버렸다. 담이 없는 집에서 집의 안과 밖을 구분시킬 수 있는 유일한 경계는 문(門)이 된다. 호수(戶數)가 적힌 문은 집의 안과 밖을 가른다. 문 밖에 있는 외부인은 집 안에 벗어놓은 신발조차 볼 수 없으니 그 집에 몇 명의 가족이 사는지도 가늠하기 어렵다. 그러하니 문이 집의 안과 밖을 구분하는 것은 분명한 듯하다.

아파트로 표상되는 현대의 집들[4]이 보여주는 이러한 확실한 경계는 일차적으로 조부모 세대에게 위협적이다. 1970년대 중반에 발표된 박완서의 「닮은 방들」은 내 집 마련 때까지 친정부모 집에서 신세를 지던 주인공이 처음으로 아파트로 이사를 하게 되며 겪는 단상을 그리고 있다. 여기에서 딸과 함께 살던 노부모들은 아파트라는 공간에 대한 막연한 두려움을

[3] 1970년대 새로운 주거형태로서의 아파트 단지가 확산되었고, 적어도 서울을 비롯한 중소도시에서는 대중적인 주거형태로 자리잡아간다(박철수, 2014). 하지만 이러한 주거형태의 변화가 전국에 걸쳐 균형 있게 이루어진 것이 아니었고 도시와 농촌 간의 격차는 오히려 증가하고 있음을 분명히 할 필요가 있다.

[4] 앞서 말한 바와 같이, 현대 한국사회의 집이 아파트로 단일하게 표상되는 것은 물론 아니다. 예를 들어, 농촌 지역에서는 오히려 빈집들이 늘어나고 있는 실정이고, 산촌에는 '집보다 무덤보다 펜션이 더 많은' 실정이다(이문재(2014), 「산촌」). 이 글에서는 농촌의 빈집이나 다른 형태의 집에 관한 논의는 제외하고, 도시의 아파트로 이야기를 한정하여 전개시키고자 한다.

표현한다. 노부모들은 신문지상에 오르내리는 아파트 내의 살인사건 같은 것이 바로 '냉정하고 철저한', '이웃과의 완전한 독립성'이라는 아파트의 속성에서 비롯된 것이라고 생각한다. 그래서 노부모는 딸의 집이 아파트가 아닌 단독주택이기를 바란다. 하지만 이사 날이 다가오면서 노부모가 털어놓은 속마음은 이웃으로부터의 완전한 독립성에 대한 근심이 아니라, 노부모 자신들로부터의 완전한 독립에 대한 두려움이었다. 다시 말해서, 확실한 집의 경계로 인하여 더 이상 당신들이 자녀와 한 가족으로 묶이지 못하고, 공간을 공유하지 못하고, 경계 밖으로 밀려나버릴지도 모른다는 두려움이 존재하였던 것이다.

집은 가족이 머무는 곳이므로, 집의 경계는 곧 가족의 경계로 환치시킬 수 있다. 문이 유일한 경계가 되어 버린 상황에서 집의 안과 밖, 가족과 외부인을 나누는 경계의 문제는 결국 누가 문을 열고 들어올 수 있는가, 하는 점으로 귀결된다. 어둠 속에서 아군과 적군을 구분하는 암호처럼, 집의 문을 열고 들어갈 수 있는 비밀번호를 아는 사람은 가족이고 그렇지 않은 사람은 외부인이다. 이러한 확실한 경계 구분에 따라 시부모님께 비밀번호를 알려주지 않는다든지,[5] 반찬거리를 챙겨줄 때에도 경비실에 맡기고 가야 예의를 아는 시어머니라든지, 시부모가 찾아오지 못하도록 아파트의 이름을 영어로 어렵게 짓는다는 등의 항간의 우스갯소리들은 닫힌 문 앞에서, 집의 경계에서, 서성이는 윗세대의 모습을 희화화한다. 그렇다고 해서 호들갑스럽게 세대 간의 단절을 운운하는 것은 그것 또한 비약인지 모른다. 이러한 세대 간의 단절에 대한 두려움은 단지 노부모들이 생각하는 자녀와의 경계가 자녀가 원하는 경계와 다르기 때문에 생기는 일일 수 있기 때문이다. 1970년대부터 근 40년이 지난 현재까지 노부모 세대가 집 근처에서 서성이는 모습을 보인다는 것은 오히려 변하지 않는 우리 가

5   〈무자식상팔자〉(김수현 극본, 정을영 연출), JTBC 2012.10.–2013.03 방영) 6회에서는 시어머니가 며느리에게 '너 아파트 현관번호 가르쳐주면서도 마지못해였잖아'라고 말하자, 며느리가 '예고 없이 시어머님이 들이닥치는 것은 며느리입장에서는 테러예요'라고 대꾸하는 대화가 그려진다.

족의 얼굴일 수 있다.

집의 경계가 담과 대문이었던 시대에서 현관문으로 옮겨진 아파트 시대까지만 해도 좋은 시절이었는지 모른다. 아파트 한 칸, 내 집 마련을 목표로 애면글면 돈을 모으며 젊은 시절을 보낼 수 있었던 세대는 행복하였는지 모른다. 가장 내밀한 공간으로서 집을 말하기가 이제는 너무 무색한 시대가 되었다. 집의 안과 밖을 가르는 것이 대문도 현관문도 아닌 '방문'이 되어버렸기 때문이다.[6] 이렇게 방문이 경계가 되어버린 집이란 어떠한 모습일까? 우리의 젊은이들은 어떠한 곳에서 머물고 있는가? 일례로, 김애란의 소설집에 등장한 젊은 주인공들이 사는 곳을 살펴보면[7] '나의 하늘은 당신의 천장보다 낮다는 생각'이 드는 도시의 반지하방이거나, 오빠와 여동생과 함께 살아야 하는 단칸방이고, K-59라는 번호로만 기억되는 여성전용 독서실의 책상 한 칸이거나, 신림동 고시원에서 사는 언니가 깊은 잠을 한 번씩 자게 할 수 있을 정도의 작은 원룸이다.[8] 이러하니, 방문 하나로 구분 짓는 집의 경계라는 것은 그저 눈 가리고 아웅 식이다.

김애란의 「노크하지 않는 집」에 살고 있는 다섯 여자는 매일 아침, 같은 변기를 쓰고, 나란히 칫솔을 걸어두며, 서로의 남자친구가 있는지와 속옷 사이즈까지 아는 사이이다. 그런데 그들은 철저하게 '남'이다. 얼굴 한 번 정면으로 본 적이 없고 이름도 알지 못한다. 그저 1번방이나 5번방이라 부르고 불릴 뿐이다. 가장 내밀한 습관과 취향과 일상을 알고 있지만 그들은 가족이 아니다. 그렇기 때문에 그들은 경계가 없는 공간에서 시간을 구획화하는 방식으로라도 경계를 만드는 안쓰러운 수고를 한다. 얇은 베니어

---

[6] 방을 통해 드러난 청년들의 실재에 관한 논의는 최새은(2013) 참조.

[7] 김애란(2007)의 『침이 고인다』 단편집에 실린 8편의 단편 중에서, 섬에서 할아버지와 삼촌과 사는 아이가 주인공인 경우와(「플라이데이터리코더」)과 갈 곳 없는 후배에게 자기 집에서 같이 살자고 말할 수 있는 학원강사가 주인공인 (「침이 고인다」) 두 편을 제외하고는, 젊은 등장인물들이 모두 방 한 칸에서 살고 있는 것으로 그려진다.

[8] 해당 작품은 「도도한 생활」, 「성탄특선」, 「자오선을 지나갈 때」, 「기도」 순(順)이다.

합판을 사이에 둔 각자의 방에서 숨죽이고 앉아 세탁기 돌아가는 소리나 빨래 너는 소리, 화장실에서 나오는 소리에 귀를 기울이고 서로가 마주치지 않도록 재빨리 움직이는 시간의 구획화를 도모한다. 경계가 사라져버린 곳에서 애써 경계를 만들려는 노력에서 그들이 꿈꾸는 집의 윤곽이 희미하게나마 드러난다.

김애란(2007), 「성탄특선」, pp. 85-86.

아파트 한 칸의 내 집 마련이라는 꿈 속에는 아이들의 방이나 자신의 서재, 베란다에 꾸민 작은 정원과 같이 구체적인 공간에 대한 꿈이 포함되어있다. 자신의 '뜻대로' 공간을 구성하는, 즉 공간의 통제가능성에 대한 욕망이 존재한다. 그런데 방 한 칸을 꿈꾸는 지금의 젊은이들에게 통제가능성은 차후의 문제로 보인다. 그들은 좋아하는 사람과 소소한 잡담을 나누며 함께 있을 수 있는, 누군가 나가라고 할까봐 긴장하지 않고 '오래 머물 수 있는' 작은 방 하나를 갈망한다. 그저 오래 오래 머물 수 있는 '안정성'이 그들이 꿈꾸는 집의 얼굴이다. 지금 그들이 살고 있는 곳은 '정거장 같은 곳'(김영하, 2007)이어서 차만 오면 언제라도 떠나야하는 곳이기에 더욱 그러하다. 그래서 그들이 지금 머무는 곳은 실상 사는 '곳'이 아니라 그저 사용하는 '것'이다.

나는 방을 둘러보았다. 아무것도 없었다. 의자에 걸쳐놓았던 내 재킷도, 구석에 놓아둔 짐가방도, 책상 위에 놓아둔 노트북 컴퓨터까지, 내 것은 아무것도 없었다. "이 방에 있던 물건들 다 어디 갔어요?" 수염 난 남자는 비로소 상황을 짐작한 눈치였다. "제가 어제 들어올 때는 빈방이었는데요. 혹시 전에 이 방 사용하던 분이세요?"

나는 '사용하다'라는 동사의 사용에 놀랐다. 그러나 듣고 보니 맞는 말이었다. 나는 그 방에 '살'고 있었던 게 아니라 그 방을 '사용하'고 있었던 것이다.

김영하(2007), 『퀴즈쇼』, p. 282.

지금까지 살펴본 바와 같이, 안과 밖을 구분하여 집의 경계가 되는 문(門)을 보면 가족 간의 경계와 거리에 대한 의미를 읽어낼 수 있다. 누가 집의 문을 편히 열고 들어올 수 있느냐가 가족과 외부인을 가르는 기준이 되고, 가족 간의 거리를 가늠하게 한다. 조부모 세대가 수이 자녀 집의 문을 열 수 없다면 그들은 그 가족의 경계 밖에 위치하는 것이다. 아내나 남편의 집, 어머니나 아버지의 집이 다른 주말부부나 기러기가족이라면 자유로이 문을 열고 들어갈 수 있는 집이 어디인가를 생각해봄으로써 자신이 집의 경계 어디쯤에 위치하고 있는지를 알 수 있을 것이다. 이처럼 문이 가족의 경계라는 기의(譏議)를 갖는다고 할 때에 집의 경계가 '대문'에서 '현관문'을 지나 '방문'이 되어 버린 현재 청년들의 상황은 보다 복잡하고 위협적이기까지 하다. 방문이 경계가 되어버린 상황에서 주인과 외부인을 가르는 유일한 기준은 방에 노크를 하고 들어오는지 여부 정도이다. 방에 노크를 하는지는 바깥에 있는 사람의 에티켓에 속하는 문제이지 내부인이 바깥으로부터 자신을 보호하고 자기만의 영역을 확보할 수 있도록 하는 것이 아니다.[9] 이처럼 방문이 유일한 경계라고 한다면 가족의 물리적인 보호 기능이

---

[9] 똑같이 생긴 다섯 개의 방에 사는 다섯 여자의 모습을 그린 김애란(2005)의 「노크하지 않는 집」에서는 열쇠아저씨에게 '열쇠를 방에 두고 잠갔어요'라는 말 한마디만 하면 어느 방의 문이든 열릴 수 있음을 문득 깨닫고 화자는 두려움을 갖기 시작한다. 방문이 자신만의 공간을 보장해주거나 타인의 시선이나 침범으로부터 보호해주는 기본적인 기능조차 해 줄 수 없는 허울뿐인 경계임을 깨닫는 것이다. 화자는 혹시나 하는 마음에 다른 방들의 열쇠구멍에 자신의 열쇠를 넣어보고 놀랍게도 다섯 방 모두 철커덕 쉽게 문이 열림을 확인한다.

작동하지 않음을 보여준다고 하겠다. 또한, 그러한 경계로는 자기만의 영역이 확보될 수 없는 것이므로 생식 및 양육, 애정적 관계와 같은 가족 고유의 기능이 작동할 기회 자체가 차단되어 있음을 방증해준다. 이와 같이 최근에 등장한 텍스트에서 그려진 집의 경계가 '방문'으로 전환되고 있다는 사실에는 앞으로의 가족의 얼굴이 좀처럼 그려지지 않는다는 막막함이 있다.

2. 지붕

집 없이 떠돌이 생활을 하는 것을 '하늘을 지붕삼아' 살아간다고 표현하는 것처럼, 집이 꼴을 갖추기 위해서는 전체를 아울러 덮어주는 지붕이 필요하다. 머물만한 곳이 되기 위해서는 눈과 비로부터, 뜨거운 햇살과 바람으로부터 막아주는 최소한의 보호 기능을 담당하는 공간이 되어야 한다. 이를 가능하게 하는 것이 지붕이다. 따라서 담장이나 대문처럼 외부와의 경계를 짓는 것은 아니지만, 집으로서의 모양새를 갖추게 한다는 점에서, 그리고 가장 기본적인 집의 보호기능을 수행한다는 점에서 지붕은 집의 경계와 깊은 관련이 있다. 그러나 수직적 팽창이 이루어진 도시의 집이란 고층의 아파트와 빌라, 오피스텔이고 그 곳에는 더 이상 지붕이 없다. 이러한 지붕의 부재는 집의 경계가 헐거워지고 있는 것과 맥을 같이한다. 요즘 우리 사회에서 관찰되는 다음의 두 가지 현상은 지붕의 부재가 집의 경계를 허물어 가족이 무방비 상태에 노출되어 보호의 기능을 상실하고 있는지 모른다는 생각을 하게 한다.

첫 번째, 지붕이 없어진 집에는 천장(天障)만이 남았다. 그리고 천장은 한국에서 심각한 사회 문제가 되어 버린 위층과 아래층 간의 소음, 층간소음이 발생하는 전장(戰場)이 되었다. 이것이 일면 흥미로운 이유는 확고한 경계, 완전한 독립성이라는 위엄을 내세우며 노부모들에게 막연한 두려움까지 안겨주었던 그 아파트가 드러낸 맨얼굴이기 때문이다. 층간 소음이라는 말에는 아무리 선을 긋고자 해도 넘게 되는, 실패한 경계선으로서의 역설이 존재한다. 문을 아무리 굳게 닫고 창문에 암막을 친다고 해도 소리는 경계를 넘는다.

부모는 자식이 궁금하고 아내는 남편이 궁금하다. 내 가족이 언제 출근하고 언제 퇴근하는지 궁금하고, 밥은 제 때 잘 챙겨 먹는지, 속이 불편하지는 않은지가 궁금하며, 요즘 어떤 노래를 좋아하고 무슨 TV프로그램을 보며 낄낄대는지, 가족의 일상과 기분이 궁금하다. 그런데 엉뚱하게도 이러한 일상과 기분들은 전혀 궁금해 하지 않은 아래층 사람들에게만 알려진다. 결국 천장은 지붕을 대신하여 외부로부터 기본적인 보호기능을 하는 덮개가 아니라 외부인이 침범할 수밖에 없게 하는 경계가 됨으로써 집의 안식처로서의 기능을 상실케 한다. 즉, 집이란 불가침의 성역이 아니라 침범 불가피한 장소로 전락해버린다.

두 번째 흥미로운 현상은 처음부터 외부인들이 들여다 볼 수 있도록 지붕을 아예 떼어버리는 양상이 관찰된다는 점이다. 소위 육아예능이라고 일컬어지는 관찰형 예능 프로그램이 대거 등장하면서 카메라, 곧 외부인의 시선이 집 안까지 밀고 들어왔다.[10] 이러한 육아예능 프로그램에서는 천장 구석구석에 카메라를 설치하여 시청자들로 하여금 마치 뚫린 지붕을 통하여 집 안을 들여다보는 기분이 들도록 한다. 이러한 육아예능 프로그램, 특히 아버지의 육아에 초점을 둔 프로그램들이 주말 프라임타임을 차지하여 담론의 중심에 놓인다는 것은 매우 반가운 일이다.[11] 하지만 한 걸음 더 들어가서 조금 다르게 생각해볼 만한 문제도 분명 있다. 프로그램에서 보이는 아이들이 귀엽고, 부모의 성장이 흐뭇하고, 제공되는 육아팁이 유용하기는 하지만, 우리가 보고 있는 것은 실상 지붕이 뚫린 집, 집의

---

[10] 주말 프라임 타임에 공중파 3사는 모두 '아빠! 어디가?'(MBC), '슈퍼맨이 돌아왔다'(KBS), '오! 마이 베이비'(SBS)라는 육아 관련 관찰형 예능을 방영하고 있다. 특히, KBS의 '슈퍼맨이 돌아왔다'는 다양한 연령대의 아동을 설정하여 연령대별로 기대되어지는 아버지 역할이나 과제에 초점을 두고 있으며, 집 안에서의 부모-자녀 간의 상호작용을 많이 보여주므로, 시청자가 집 안을 들여다보는 기분이 들도록 카메라를 설정하는 경우가 상대적으로 많다. 그리고 부모와 아이의 상호작용을 보이는 것을 중심으로 진행하는 다른 프로그램 역시도 부모와 자녀 간, 혹은 부모가 된 부부 간의 내밀한 상호작용을 지켜보도록 하므로 지붕을 걷어낸다는 상징에 있어서는 큰 차이가 없다.

꼴을 갖추지 못한 공간이다. 이게 무슨 의미일까?

　40년 전 새로운 주거 형태로서의 아파트의 실상을 그린 박완서의 「닮은 방들」로 다시 돌아가 보자. 화자는 '고사떡 찌는 냄새'와 '지짐질 하는 소리'가 넘나드는 구식 집이 싫었다. 그래서 이웃과는 냄새와 소리까지도 '완전히 차단된 독립성'의 얼굴을 한 아파트로 이사를 간다. 하지만 막상 아파트에 살고 보니 '남보다 잘살기 위해, 그러나 결과적으론 겨우 남과 닮기 위해' 살고 있음을 깨닫게 된다. 이것은 40년이 지난 현재에도 별반 다르지 않은 것 같다. 같은 아파트에 사는 사람들은 비슷한 평수에서 비슷한 수준으로 사는 만큼 서로의 집을 복제한다. 동일한 위치에 동일한 크기의 냉장고와 세탁기가 놓이고, 전집시리즈가 꽂히고, 운동기구가 놓인다. 그리고 이러한 복제의 욕구는 살림살이나 생활패턴을 복제하는 것을 넘어, 육아예능 프로그램과 같은 대중매체를 통해서 이제는 가장 친밀하고 내밀한 가족관계에까지 확대되고 있는 것이다. 똑같은 캠핑도구를 사서 똑같은 장소에 놀러가고, 똑같은 놀이를 함으로써 똑같은 종류의 재미나 감동을 받기를 원한다. 이제는 연애도 사랑도 애착도 모두 매뉴얼이 필요한 시대가 되었다. '이 시대 최후의 식민지는 일상인가'[12]라는 시인의 탄식은 그러한 의미에서 울림이 있다.

　육아예능 프로그램은 남의 지붕 밑에서 세상에서 가장 훌륭한 스승을 찾고자 하는 것이고, 축약된 재미와 감동만을 배우고 싶어 하는 것이다. 하지만 관계란 매뉴얼화하거나 축약적으로 제시할 수 있는 것이 아니

---

[11] 자녀의 발달 전반에 있어서 어머니의 보조자를 넘어서는 아버지 역할이 존재한다는 국내외의 연구결과들은 아버지 역할에 대한 관심이 무엇보다도 필요하고 시의적절함을 방증해준다. 그러므로 장자중심의 가부장적 문화에서 아버지 역할을 했던 자신들의 아버지 세대와는 달리, 젊은 아버지은 '좋은 부모', '친구 같은 아버지'의 모습을 갖추고자 하는 욕망을 가지고 있다(ebs 다큐프라임 〈파더쇼크〉 2013. 10. 30). 따라서 '좋은 부모'란 무엇일지, 아버지 역할은 어떤 것일지를 생각해보게 하고 미숙한 부모들에게 유용한 팁을 제공하여 부모의 성장을 도모하는 프로그램이 주말 프라임타임에 제공되고 있다는 것은 매우 의미심장하고 긍정적인 것은 분명하다.

[12] 박노해(2010). "탈주와 저항". 『그러니 그대 사라지지 말아라』 p. 47.

다. 다섯 살짜리 아이와 부모가 50분 동안 보여주는 역동은 5년간 아이와 부모가 쌓아온 관계의 경험에서 나오는 재미이고 감동이다. 혼내고, 삐지고, 보듬고, 붙어 앉아 멍하게 TV를 보는 모든 시간들이 축적되고 역사가 되어 결국 관계가 형성되는 것이다. 매뉴얼대로 습득하여 관계의 기술을 배우는 것이[13] 아니다.

지금까지 집의 덮개로서 가장 일차적인 보호기능을 수행하는 구조물, '지붕'이 최근의 소설과 TV 예능 프로그램에서 형상화된 모습 및 내포된 의미를 살펴보았다. 본 연구에서 읽어 낸 첫 번째는 지붕이 천장으로 대체되면서 외부인이 침범할 수밖에 없게 하는 경계가 됨으로써 집이 불가침의 성역이 아니라 침범 불가피한 장소로 전락해버린 역설을 드러냈다. 다음으로 육아예능프로그램에서 뚫린 지붕을 통해 부자간의 관계 맺기를 관찰하고 배우는 구도가 생산되고 있음에 주목하여, 관찰을 통해 관계 맺기의 정수를 배우고자 하는 태도는 지붕이 뚫린 집처럼 허황된 것임을 환기시켰다. 사실 관계의 기술이란 훌륭한 스승에게 배워서 아는 것이 아니라, 각자의 상대와 부대끼면서 직접 경험해서 얻는 것이다. 관계(關係)란 모양대로 자르면 되는 천이 아니라 한 코 한 코 직접 짜야지만 만들어지는 편물(編物) 같은 것이어서 그렇다. 그런데 우리는 이러한 경험까지도 매뉴얼화하려는 경향을 보인다는 점에서 집의 경계가 흐릿해지고 있음을 보여준다고 하겠다.

[13] 물론 프로그램에서 매뉴얼을 제시한다는 의미는 아니다. 여러 명의 아이들과 부모 쌍이 등장하여 커플마다 다른 상호작용이 일어나고 있음이 드러나고, 어떠한 부모-자녀 간의 상호작용 형태가 바람직한 지에 관한 논쟁도 온라인 상에서 이루어지고 있으므로 획일적인 이상적 부모-자녀 관계를 제시하는 것은 분명 아니다. 여기에서는 직접적으로 제시하는 내용에 관한 것이 아니라 관찰형 육아 예능이라는 '형식'이 내재하고 있는 숨겨진 의미를 지적하고자 한다.

Ⅲ. 집과 불빛

1. 창(窓)

집이 있다는 것은 어떻게 알 수 있을까? 길을 잃은 과객이 하루 머물고 갈 집을 애타고 찾고 있을 때, 집이 어디 쯤 있는지는 어떻게 아는가? 많은 전래동화에서는 과객이 칠흑 같은 어둠 속에서 만난 '불빛'을 보고 집을 찾게 된다고 말하고 있다. 집이 '있다'는 것을 알게 해 주는 지표가 바로 불빛이니, 이는 불빛은 집이라는 공간에 생명을 불어넣어주는 것이고 집의 정체성과 맞닿아 있는 요소이다.

과객, 집 밖에 위치한 사람의 입장에서 보면, 길이 아닌 집에서 머물 수 있도록 해주는 것이 바로 불빛이다. 그래서 집 밖의 사람은 불빛이 새어나오는 집을 선망하게 된다. 고전적인 성냥팔이 소녀의 이야기를 보자. 성냥팔이 소녀의 상황을 더욱 비참하게 만드는 것은 따뜻한 불빛이 새어나오는 창문 너머 보이는 가족의 모습을 통해서이다. 설사 그것이 신화라 할지라도, 가족의 이미지에는 따스하고 안정적인 스위트 홈, 마지막 보루, 안식처로서의 모습이 분명 있다. 적어도 창밖의 외부인의 눈에는 추위를 녹이고, 주린 배를 불리고, 어두운 마음을 밝힐 '불빛'이 집 안에 존재하는 것이다. 불빛은 가족을 가장 가족답게 만들어주는 고유한 그 무엇이다. 그리고 이러한 가족의 정수를 확인시켜 주는 매개물이 바로 집의 창(窓)이다.

이제 시선을 창 밖에서 창 안쪽으로 옮겨보자. 외부인에게 창이란 따스한 집의 불빛과 온기를 전하여 집 안에서의 삶을 동경하게 만드는 것이었다. 그렇다면 집 안의 사람들에게 창은 무슨 의미일까? 창 또한 창'문'이다. 그래서 창은 일차적으로 집의 안과 밖을 구분해주는 경계의 의미를 갖는다. 하지만 창은 안팎의 경계인 동시에 바깥세상과 연결을 가능하게 하는 소통의 지점이기도 하다. 세상을 향한 창구(窓口)인 것이다. 미술치료에서는 아이들이 그린 집의 창문을 보면서 환경과의 소통의 정도와 방식을 가늠한다. 예를 들어, 창문을 아예 그리지 않은 경우에 비해 창문이 있고 커튼이 젖혀져 있는 경우 세상과의 소통이 보다 건강하게 이루어지고 있다고 파악한다.[14]

집 안의 가족들에게 창문은 다음의 두 가지의 이유에서 중요하고 의미가 있다. 첫 번째로 창문은 외부의 잠재적 감시자를 상정하게 한다. 누군가가 볼지도 모른다는 생각을 하게 된다는 것이다. 누군가가 볼까봐 두려운 상황이 생긴다면, 그래서 항상 커텐을 치고 가리고 싶어 한다면, 이는 그 집에는 무언가 문제가 있음을 알려주는 신호가 될 수 있다. 따라서 창문은 갈등이나 폭력, 학대와 같은 부정적인 가족 문제가 곪기 전에 외부의 도움이나 치료를 받을 수 있도록 가능성을 열어주는 기능을 한다. 두 번째로 창문의 존재는 세상의 속도를 가늠하고 변화에 유연하게 반응하고 적응할 수 있게 만든다. 창밖으로 잔뜩 찌푸린 하늘을 아침에 보았다면 우산을 챙겨나가기 마련이고, 열어놓은 창으로 쌀쌀한 공기를 느꼈다면 옷을 한 벌 더 걸치기 마련이다. 세상의 시간과 온도를 가늠하고 조화롭게 반응하는 가족만이 급변하는 사회 속에서 건강한 삶을 누릴 수 있을 터이다. 예를 들어, 자녀의 결혼이나 남편의 은퇴, 부모님의 사망과 같이 대부분 사람들이 겪는 변곡점에 서게 되었을 때, 어떤 사람은 유독 어려움을 겪고 다른 사람은 쉽게 그 변화에 적응한다. 이러한 차이는 그 가족이 얼마나 변화에 적응할 수 있는 개방적인 구조를 가지고 있는가에서 비롯되는 것이다. 적절한 개방성을 갖춘 가족은 삶에서 만나는 장애물에 걸려 넘어지기 보다는 엇박자를 즐기며 훌쩍 뛰어 넘을 것이다.

그런데 세상과 소통하게 하는 창이 점점 낮아지고, 작아져서, 마침내 벽으로 메워버리는 모습이 다양한 텍스트에서 등장하고 있다는 사실은 매우 우려스럽다. 김미월(2010)의 소설의 한 주인공은 친척집 문간방에서

---

14 Cathy A. Malchiodi(1998). 김동연, 이재연, 홍은주 공역(2010). 『미술치료사를 위한 아동미술심리의 이해』. 학지사.

시작하여 이미 여덟 번 째 방으로 옮겨 다니며 보낸 자신의 이십대를 '청춘의 계단을 밟고 이사를 다닐 때마다 조금씩 좁아지고 낮아지고 어두워졌던 방들'로 기억한다. 창이 낮아지고, 작아지고, 없어진다는 것은 집에서 창의 존재란 필수적인 것이 아니라 그저 옵션이 되어 버렸다는 것을 의미한다. 세상과 소통을 하는 창구가 경제적 능력에 따라 차별적으로 주어지는 옵션이 되어 버렸다. 하여 멋진 풍광을 담은 커다란 창을 가질 능력이 있는 사람은 멋진 세상과 연결되고, 경제적 능력이 일천한 사람은 분주히 걸어가는 발들만이 떠다니는 낮은 하늘과 연결된다.

> 이불을 펴고 자리에 누웠다. 방바닥엔 두 사람이 겨우 몸을 뉠 만한 자리밖에 없었다. ..중략.. 창 밖으로 지상의 길들이 전신주처럼 길게 드리워져 있는 모습이 보였다. 그 길은 행인들의 발굽이 닿을 때마다, 새가 앉았다 날아간 자리처럼 가볍게 출렁였다. 문득 나의 하늘은 당신의 천장보다도 낮다는 생각이 들었다.
>
> 김애란(2005), 「도도한 생활」, p. 28.

김영하의 소설 속 주인공 민수는 할머니와 함께 단독주택에서 살다가 할머니가 돌아가신 후 처음으로 1.5평짜리 고시원으로 이사를 들어가게 된다. 고시원 주인이 처음 묻는 말은 창이 필요하냐는 것이었다.

> "창, 필요해요?"
> 처음에는 그가 뭘 묻는지조차 몰랐다. 그러나 그는 손으로 네모난 창 모양을 만들어 보였다.
> "창문 몰라요, 창문? 이렇게 네모난 거."
> "아, 창이요? 있으면 좋은 거 아닌가요?"
> "창문 있으면 이만 원 추갑니다.
>
> 김영하(2007), 「퀴즈쇼」, pp. 71-72.

세상과 소통을 하는 창구가 경제적 능력에 따라 차별적으로 주어지는 '옵션'이 되어 버린 상황에서, 1.5평짜리 방이 집인 사람들에게 창은 사치이다. 그래서 주인공은 2만 원 추가되는 '현실의 창' 대신에 1만 원이 추가되는 '빌 게이츠의 창'인 인터넷 사용을 선택한다. 그리고는 '막상 지내보니 햇볕이 2만 원을 투자할 만큼 소중한 것임을 깨닫는다(김영하, 2007: 71). 창이 외부의 시선을 허용하게 하므로 보다 건강한 생활을 담보해주고, 세상의 변화에 보다 적응적으로 반응할 수 있게 만든다는 의미가 있다고 하였을 때, '창이 없다'는 것을 어떻게 받아들여야 할 것인가?

> 그것은 방이 아니라 상자 속이라고 하는 편이 더 어울릴 법한 공간이었다. ...(중략).. 원래 사람들은 평소 방에 있을 때 자신이 어떤 방에 있는지를 자각하지 않는다. 할 필요가 없다. 그냥 방이니까. 그러나 이 방은 시시각각 끊임없이 그가 어떤 방에 있는지를 환기시켜 주었다. 내가 이렇게 좁고 어두운 방에 살고 있구나 하고. ..(중략).. 지하 방은 하루 종일 컴컴해서 낮과 밤의 경계가 없었다. 낮에는 지금이 밤인가 싶어 몸이 축 늘어졌다. 밤에는 낮 동안 한 일도 없는데 극도로 피로하여 꼼짝도 하기 싫었다.
>
> 김미월(2010), 「여덟 번 째 방」, p. 12.

창이 없다면 마치 상자처럼 어둡고 그래서 한낮에도 관(棺)에 누운 시체처럼 있어야 한다. 그리고 결국 시체가 된다 한들 창이 없는 한 그 누구도 알아차릴 수가 없다. 자연스러운 변화인 밤과 낮조차 구분할 수 없고 인공적으로 불을 켜지 않는 한 세상으로 향한 창구가 완전히 닫혀버린 형국이다. 이렇듯, 경제적 능력에 따라 창의 존재는 차별적으로 주어지는 것이고 경제적 능력이 부족한 이들에게는 세상과의 소통의 창구가 영영 닫혀버린다는 사실은 참담한 일이다.

지금까지 집의 구조물 중에서 창(窓)이 가지는 상징적인 의미와 소설 텍스트에서 구현된 창의 모습을 살펴보았다. 창은 가족을 가장 가족답게 만들어주는 고유한 불빛의 존재를 확인시켜준다는 의미와 함께, 외부와의 창구 역할을 함으로써 부정적인 가족 문제가 심화되는 것을 차단하고 변화하는 세상에 적응할 수 있게 하는 소통의 역할을 내포하고 있음을 드러냈다.

하지만 최근 소설에서 드러난 창의 모습은 점점 낮아지고, 작아져서, 마침내 창 없이 벽만이 존재하는 모습을 보이고 있기에, 가족의 고유함을 내재한 창문의 상징을 환기해본다면 더욱 우려스러운 상황임을 알 수 있었다.

2. 부엌

다시 성냥팔이소녀의 이야기로 돌아가 보자. 창을 통해 새어나오던 불빛은 가족들이 모여앉아 저녁식사를 하는 식탁에서 나온 것이었다.[15] 가족들 간의 소통이 가능한 식탁이 불빛의 근원이 된다는 것은 꽤나 의미심장하다. 앞서 집을 집답게 만드는 것이 불빛이라고 하였는데, 집에서 불이 있는 곳은 부엌이다. 부엌에서 불을 사용하여 가족들을 먹여 살리는 음식을 만들고, 온 가족이 둘러 앉아 서로의 안부를 살필 수 있는 저녁 식탁에 불이 켜진다. 그래서 집의 정체성과 관련된 불빛을 살피는 데에 있어서 가장 중요한 장소는 부엌이고 식탁이다.

창이 세상과의 소통을 가능하게 하였다면, 부엌과 식탁에서 불(빛)을 통해 음식을 만들고 나누는 것은 가족 내에서 구성원 간의 소통을 이끄는 상징이기도 하다. 전통적인 교육 방식으로서 현재 다시 각광받는 '밥상머리교육'은 가족들이 함께 식사하는 시간을 통해 가장 값진 교육이 이루어진다고 보는 입장이며, 실증적으로 부모와 자녀의 두뇌발달과 정서발달, 사회성 발달 등에 긍정적인 효과를 보이고 있다는 연구결과가 축적되고 있다.[16]

---

[15] 전통적인 가옥구조에서 부엌은 외부에 별도로 위치해 있었고, 가족이 모두 둘러앉아 먹는 식탁 대신에 위계적으로 올리고 물리는 상이 있었기에, 이 글에서는 아파트와 같은 현대적 가옥구조에서의 부엌과 식탁으로 제한하고 있음을 밝힌다. 또한, 편의상 불이 있는 부엌과 불빛이 있는 식탁으로 도식화하여 서술하고자 한다.

[16] 서울대학교 학부모정책연구센터(http://family-school.snu.ac.kr/) 및 전국학부모지원센터 (http://allparents.go.kr/www/eduinfo/edudt/bbs/bbsList.do?bbs_cd_n=8&cate_n=12) 참조.

불과 부엌, 식탁으로 이어진 가족의 생명력, 근원적인 힘의 상징은 세상이 각박하고 힘이 들수록 빛을 발한다. 천명관의 소설『고령화 가족』은 엄마의 집과 엄마의 밥상에 관한 이야기이다. 실패한 영화감독인 주인공과 형제자매는 집을 떠난 지 이삼십 년 만에 '후즐근한 중년이 되어' 엄마의 집으로 돌아와 앉는다. 이 집 구성원들의 평균 나이가 49세이다. 패잔병의 모습으로 돌아 온 중년의 삼남매에게 칠순 노모는 '거의 한 끼도 빠짐없이 고기를 상 위에 올렸다.' 특히 '낭떠러지 끝에서 몸을 날리는 것'밖에 방법이 없다고 생각할 정도로 벼랑 끝에 몰렸던 화자는 엄마의 집에 돌아와 '누에처럼 엄마가 차려놓은 밥을 먹고 다시 방으로 기어들어가 잠'을 자며 지낸다. 칠순 노모에게 식탁은 쉴을 바라보는 중년의 아이를 다시 먹여 살리는 공간이 되었다.

> 삼겹살은 기본이고 돼지갈비나 제육볶음도 하루가 멀다 하고 상에 올라왔다. 이따금씩 닭도리탕이나 닭백숙, 또는 소불고기가 올라올 때도 있었지만 주로 올라오는 것은 역시 돼지고기였다. 집에서 매일같이 아침부터 뭔가 지지고 볶는 냄새가 났고 잔칫집처럼 하루 종일 고기 굽는 냄새가 가시질 않았다. 나중엔 급기야 커다란 소의 사골을 구해와 들통에 넣고 한나절씩 고아대는 바람에 온 집 안에 누린내가 가득찼다.
>
> 천명관(2010),『고령화가족』, p. 59.

이렇게 장황하게 매일매일 칠순의 노모가 만들고 먹여댄 고기를 열거하는 것은 요즘 TV매체에서 보여주는 양상과 다르지 않다. '맨발의 친구들-집밥 프로젝트'(SBS), '집밥의 여왕'(JTBC), '밥상의 신'(KBS2)과 같은 프로그램들이 계속 만들어지고 늘어난다. 소위 '먹방'이라고 하여 어린 아이들을 비롯하여 맛있게 음식을 먹는 장면을 오랫동안 보여주고, 그것이 전부인 프로그램을 구성한다. 왜 이렇게 음식을 열거하는 상황이 빚어지는 것일까?『고령화 가족』을 영화화 한 송해성 감독의 인터뷰에서 한 가지 가능한 답을 찾을 수 있다. 감독은 자신의 영화가 "관객들에게 엄마의 '밥심' 같은 영화가 되기를 기대"[17]한다고 말했다. 부엌과 식탁이 불빛이 있는 곳이고, 가족의 근원적인 힘을 담은 장소라는 상징을 떠올릴 때, 각박하고 힘든 세상살이에서 힘을 찾을 수 있는 곳이 엄마의 밥상임을 보여주고자 하는 것이다.

또 하나의 흥미로운 부분은 이러한 먹방이 인터넷 방송국에서 특히 기승을 부린다는 점이다.[18] 주로 10대에서 30대의 청년층이 주로 많이 시청하는 인터넷 방송에서 먹방이 인기를 끌고 있는 것은 그들에게는 부엌이 없기 때문인지도 모른다. 김미월의 소설에 등장하는 20대 청년들의 집은 모두 '방'이었고, 집을 굳이 방이라 일컫는 이유는 부엌이 없기 때문이기도 하다.

> '잠만 자는 방'. 전단의 문구는 그러했다. ..잠만 자는 방이라니. 이게 무슨 뜻일까. ..(중략).. "잠만 자는 방이 뭐고 하니 그 방에선 잠만 잘 수 있단 거요. 밥 해먹고 볼일 보고 그런 건 못해요. 부엌이랑 화장실이 방 밖에 따로 있거든."
>
> 김미월(2010), 「여덟번째 방」, p. 7.

> 고시원생들이 공동으로 사용하는 주방은 늘 한산했다. 물을 마실 때나 들를까. 원생들은 대부분 밖에서 끼니를 해결했다. 국도 반찬도 없이 달랑 제공되는 밥도, 칠 벗겨진 프라이팬이나 찌그러진 냄비 몇 개가 전부인 조리 기구들도, 정작 이곳의 입주자들에겐 불필요한 옵션들이었다.
>
> 김미월(2007), 「서울 동굴 가이드」, p. 72.

'밥 해먹는 그런 건 못'하는 집에서는 산다는 것은 불씨가 금지된 집에서 살고 있다는 의미일 것이다. 2만 원의 추가 옵션인 창문과 1만 원의 추

---

17   송해성 감독과의 인터뷰. 『씨네21』, 2013. 5. 10.

18   인터넷 개인방송 '아프리카 TV'의 방송숫자는 시간당 평균 5천 개 정도인데 그 중에서 10~15%가 먹방이다. (심하늘, 먹방을 찾는 사람들, 주간조선(2241호), 2013. 01. 21.)

116

가 옵션인 인터넷 사용 중에서 '현실의 창 대신에 빌 게이츠의 창'을 선택한 청년들은 먹방을 보면서 가상현실 속의 식사를 함께하고자 하는 지도 모른다. 하지만 현실 속 식탁에 켜진 불빛이란 컴퓨터 책상 위에 모니터가 내뿜는 파란 불빛이다. 이것은 바로 청년들의 집이 드러내는 창백한 얼굴이기도 하다.

지금까지 '부엌'이라는 공간이 다양한 텍스트에서 어떠한 상징으로 어떻게 그려지는지를 살펴보았다. 부엌은 불이 있는 곳으로서 가족들을 먹여 살리는 음식을 만들고, 식탁에 온 가족이 둘러 앉아 음식을 나누며 서로의 안부를 확인하고 위로하고 격려할 수 있는 공간이다. 즉, 집을 가장 집답게 할 수 있는 불씨를 가진 공간이다. 최근 『고령화 가족』(천명관, 2010)을 비롯하여 TV 프로그램에서 '집밥'을 주요 콘텐츠로 다루고 무언가를 함께 먹는 먹방이 대거 만들어지고 있는 것은 불씨가 금지된 집에서 불, 부엌, 식탁으로 이어진 가족의 생명력, 근원적인 힘에 대한 갈구가 반영되었다는 해석을 하였다.

Ⅳ. 희미한 경계와 불빛, 그리고 옥상

집의 경계는 점차 희미해지고 있다. 마당이 사라진 집에서는 경계인 담도 사라졌고, 마루가 사라진 집에서는 경계인 문도 사라졌다. 남아있는 경계는 복도 사이로 늘어선 방 번호가 전부이다. 햇빛과 눈비를 막던 지붕도 사라졌다. 지붕 대신 남아있던 천장이라는 허울 좋은 경계는 오히려 침범을 부추긴다. 천장이 만드는 경계란 층간소음이라는 외부의 침범을 오히려 더 극명히 느끼게 할 뿐인 것이다. 나아가 TV매체에서는 지붕을 걷고 집의 경계를 허물어 가족마다 가지는 고유한 색깔이나 냄새, 몸짓들을 모두 비슷해지도록 만든다. 모든 것이 닮아 간다. 집의 생김새가 닮고, 집에 놓인 냉장고, 세탁기, 소파가 닮고, 부자지간, 부부지간 살아가는 모습까지 닮아 구분이 쉽게 되지 않는다. 이렇게 집의 경계는 점차 희미해지고 사라지고 있다. 가족학에서 경계(boundary) 개념은 가족 체계 내의 구성원 간의 응집성을 이해하고 체계 외부와의 투과성과 개방성/폐쇄성 등을 이해하는 데에 주로 사용되어 왔다(Boss et al., 1993). 아파트시대의 집은 폐쇄적이고 경직된 가족의 경계에 대한 우려가 있었다면, 지금 청년세대들이 머물고 있는 집에서는 경계가 명확하지 않은 희미한 가족의 얼굴밖에 그릴 수 없다.

경계가 희미하므로 외부로부터의 침범이 불가피하다. 안식처로서의 정체성을 가지고 있던 집은 경계를 잃고 외부로부터의 침범이 불가피한 장소로 변하고 있다. 희미해진 경계는 결국 불(빛)으로 상징되는 집의 근원을 꺼트릴 위험을 갖는다. 창문이 사라지면 불빛이 사라진다. 창문의 부재는 밤낮을 구분하지 못하는 것처럼 가장 기본적이고 자연스러운 변화도 감지하지 못하게 하는 버거운 세상살이와 관련이 있다. 마찬가지로 부엌이 사라지면 불이 사라진다. 부엌의 부재는 집에서 먹고사는 가장 기본적인 생존의 문제를 해결할 수 없다는 점과 관련이 있다. 이러한 창문과 부엌의 부재는 가장 근원적인 지지나 보호조차 경제적인 능력에 따라 차별적으로 주어진다는 점에서 문제가 더욱 심각하다. 이렇듯 집의 경계와 가족의 정체성(즉, 불·빛)이 희미해지고 있다는 현실을 이문재의 다음의 두 시(詩)는 함축적이고도 직설적으로 드러낸다.

손님이 오지 않는 집은
천사도 오지 않는다.
이슬람 속담이다.

천사 같은 손님
손님 같은 천사

문이란 문 다 열어놓아도
지붕까지 뜯어버려도
두 손 모아 중얼거려도
애간장 다 타들어가도
오지 않았다.

별빛 이우는
신새벽에 알았다.

나는 집이 없었다.
너도 없었다.
우리는 집이 없었다.

이문재(2014), 「집」 中, p. 126.

집이
집에 없다
집이 집을 나갔다.
안방이
제일 먼저 나갔다.
안방이 안방을 나가자
출산이 밖으로 나갔다.

윗목이 방을 나가자
마루가 밖으로 나가자
손님이 찾아오지 않았다.
마당이 마당 밖으로 나가자
잔치가 사라졌다.

이문재(2014), 「집이 집에 없다」 中, p. 134.

집에 찾아오는 손님이 없다. 문을 열어놓고, 지붕을 뜯어버리면서까지 찾아도 손님은 오지 않는다. 왜냐하면 '집의 경계'가 사라졌기 때문이다. '문을 다 열어놓'고 '지붕까지 뜯어버'린 집이란 결국 집이 아니다. 손님은 집의 경계 밖에 있는 존재인데 집의 경계가 사라지고 있기 상황에서 손님은 아무리 애써도 들어갈 수 없고 단지 침범할 수밖에 없게 된다. '집의 경계' 뿐만 아니라 '안방'과 '윗목'과 '마루'와 '마당'이 차례로 나가버린 집이란 '집의 불·빛'이 모두 꺼져버린, 빈 공간이 되어버린 공허한 가족의 모습을 보여준다.

이와 같이 최근의 문학작품 및 TV매체에서 '문', '지붕', '창'과 '부엌'이라는 집의 구조물이 사라지고 있다는 자각이 드러나고 있다. 이와 함께 주목해야할 점은 집의 경계와 불·빛이 사라지는 지점에서 사람들은 경계와 불빛을 더욱 간절하게 원하고 있음이 드러난다는 점이다. 고시원이나 원룸에서 살고 있는 청년들은 가족이 아닌 외부인과 함께 공간을 사용하면서 시간을 구획화시켜서라도 경계선을 긋고자하는 노력을 한다. 그리하여 가족이 아닌 타인과 경계를 짓고자 하는 데에는 성공하였을지 모르나, 공간을 시간으로 대체함으로써 버려지는 시간들이 있다는 사실도 간과해서는 안 된다. 공간이 마련만 되어 있었다면 자신이 온전히 사용할 수 있었던 시간을 절반이나 그 이하로 줄여서 생활하고 있기 때문이다. 특히 이러한 시간의 구획화를 도모하는 자들이 대부분 청년들이기에 공간을 대체해버린 시간이 더욱 아쉽고 안타까운 것이다.

'엄마의 집'이나 '집밥'과 같은 표현이 많이 등장하고 소비되는 것은 역설적으로 사람들이 가장 그리워하고 결핍감을 느끼는 곳이 불이 켜진 부엌이기 때문이다. 세상에서 낙오자가 되어 중년의 나이에 돌아온 엄마의 집에서 칠순 노모가 조석으로 음식을 해 먹이는 이야기는 서글프다. 하지만 노모의 작은 밥상이라도 돌아갈 곳이 있는 지금의 중년은 그래도 따뜻하다. 그들의 자녀세대는 작은 밥상을 차려줄 부모 또한 없어서 먹방을 보며 가상현실에서라도 함께 음식을 나누는 식탁을 갈망하고 있기 때문이다. 푸른 모니터 불빛 앞에서 먹방을 보며 식사를 때우는 청년들의 집의 불빛은 그래서 서늘하다.

집의 경계와 불·빛이 사라진다는 것은 단순히 물리적인 장소로서의 집의 역할이 약화된다는 의미를 넘어선다. 고시원에서의 주거경험을 토대로 청년들의 집의 의미를 살펴본 연구에 따르면,[19] 자신이 머물고 있는 곳을 취향대로 꾸미고 싶은 욕구를 참으며, 살다보니 어쩔 수 없이 생기는 장소에 대한 정(情)을 거부하려고 노력한다. 그들은 "책도 전 안사요. 고시원에서는 책 한 권 한 권도 짐인 거에요"라고 말하여 어떠한 소유물도 늘리지 않고 흔적도 남기지 않으려는 태도를 보이고 있음을 알 수 있다. 자의든 타의든 그들의 머무는 곳에는 어떠한 기억도 남지 않는다. 집의 문과 지붕과 창문과 부엌이 사라지고 있다는 것은 기억들이 숨어들 장소들이 사라지고 있다는 의미이기도 하다. 할머니의 시골집이 푸근한 것은 아랫목에 누워 할머니가 쓰다듬어주는 손에 잠이 들어본 기억이나 어스름한 새벽녘에 맡은 밥 냄새의 기억들이 오래토록 남아있기 때문이다. 에드워드 렐프는 '인간답다는 것은 의미 있는 장소로 가득한 세상에서 산다는 것이다'라고 하였다.[20] 다시 말해서, 마음이 푸근해지는 기억의 장소를 많이 가지고 있는 사람들의 삶은 각박하기 보다는 풍요로울 것이다. 그런데 집이 희미한 경계와 꺼져가는 불빛으로 요약되는 현실은 기억의 장소들이 사라지고 있으며 앞으로 만들어 갈 기회조차 빼앗겨 인간다운 삶이 위협당하고 있음을 보여준다고 하겠다.

이렇게 우리가 머무는 곳, 집이 희미한 경계와 불빛으로 요약되는 현실에서 지붕 대신 등장하는 '옥상'이라는 공간을 재조명해볼 필요가 있다. 마당과 마루, 그리고 부엌마저 사라진 집에서 옥상은 유일하게 사람들이 모일 수 있는 장소가 될 수 있기 때문이다. 0.5평에서 1평 사이의 동자동

---

[19] 정민우, 이나영, 2011. "청년세대, '집'의 의미를 묻다: 고시원 주거 경험을 중심으로". 『한국사회학』, 45(2): 130-175.

[20] 에드워드 렐프, 1976. 김덕현, 김현주, 심승희 역(2005), 『장소와 장소 상실』. 논형.

쪽방에서 사는 잠재적 노숙인들의 삶을 연구한 바에 따르면,[21] 벼랑 끝에 선 삶들임에도 불구하고 사랑방이라는 주민공동체에서 강한 희망을 찾고 신뢰를 보이며 지내고 있었다. 극빈곤층에 속하는 사람들조차 사랑방을 통해 공동체의 희망을 안고 있는 데에 반하여, 문학텍스트나 TV매체에서 그려진 청년들에게는 지지가 될 만한 이웃공동체 혹은 유사(類似)가족이 없다.[22] 지붕이 사라지고 옥상이 남은 상태에서, 옥상은 공동체를 향한 마지막 장소가 될 수 있을지 모른다. 『퀴즈쇼』(김영하, 2007)에서 '703호 옆방녀'로만 불렸던 익명의 타자가 '수희씨'라는 이름을 가지고 세상에 나올 수 있었던 것은 주인공과 옥상에서 삼겹살 회합을 하였기 때문이다. 가진 것 없는 청춘을 대변하는 노래로 알려지기 시작한 여성듀오 밴드 〈옥상달빛〉[23]은 '수고했어, 오늘도'라는 노래로 옥상에서의 소박한 위로를 전한다. 가족의 가장 일차적인 안전과 보호를 목표로 하는 지붕이 사라진 자리에 공동체를 향한 마지막 장소로서의 가능성을 가진 옥상이 자리하고 있다는 것은 매우 흥미롭다. 옥상에 정원이나 텃밭을 가꾸고 바비큐 파티나 공연을 하려는 움직임은(KBS뉴스, 2014. 8. 19) 옥상이 소통과 공동체적 삶에 대한 가능성의 여지를 담고 있는 것을 반영한다고 할 수 있다. 이렇게 옥상은 이웃과의 소통을 가능하게 하는 물리적 장소로서의 의미뿐만 아니라 공동체적 삶에 대한 갈망, 가족의 (재)탄생을 보여주는 가능성의 장

---

21 이은정, 이현옥, 조승화, 2013. "쪽방, 주거공간에 대한 탐색적 의미". 『복지동향』

22 근 10년 간 인기를 끈 〈한지붕 세가족〉(김진숙, 박찬홍 극본, 오현창 연출. MBC 1986. 11.–1994. 11)이나 복고코드로 인기를 끈 〈응답하라 1994〉 (이우정 극본, 신원호 연출, tvN 2013.10-2013,12)에서 보면, 하나의 지붕 아래 사는 사람들은 자연스레 유사 가족의 형태를 보인다. 90년대 중반까지만 해도 원룸이나 고시원보다 하숙집이 더 일반적이었고, 위층 아래층에서 셋방살이를 하는 경우가 많았다. 그리고 하나의 지붕 아래에서는 남끼리 모여 살아도, 그 안에서 엄마이고, 아빠이고, 동생이고, 아들, 딸의 역할을 하며 유사가족을 만드는 것이 일반적이다. 즉, 한 지붕 아래 산다는 것은 자연히 유사가족을 만들어서 서로 의지하면서 사는 것이 20여년 전만해도 일반적이었다. 그러나 복도식 방으로만 연결된 고시원이나 원룸의 집형태에서는 이러한 유사가족의 모습이 사라졌다.

23 〈옥상달빛〉이 대중적으로 알려진 첫 번째 앨범의 타이틀 곡이 '없는 것이 메리트'이다.

소로서의 의미도 있다.[24] 이제 우리 시대에 가장 절실한 것은 기본적인 안전과 보호를 보장하는 지붕과 같은 가족이 아니라 옥상에서 만들어지는 화합, 공동체의 힘을 반영하는 가족일지 모른다

[24] 옥상은 공동체적 삶에 대한 가능성의 장소라는 의미 외에도 전체를 굽어보는 시야를 제공해주는 장소로서 갖는 의미를 갖는다. 그렇기 때문에 옥상이 공동체를 지향하는 열린 공간이 아니라 특정한 사람들이 전체적인 상황을 파악하고 통제하는 도구로도 사용할 수 있다. 옥상의 시야가 '구글의 눈으로 독점되고 있다'(조정환, 2014: 44)는 우려는 그러한 점에서 일면 설득력이 있다. 공동체를 향한 공간마저 통제의 공간으로 빼앗기고 만다면 경계와 불빛을 잃어가는 집이 재건될 가능성은 더 희박해진다. 또한 옥상은 삶의 극한까지 몰아가는 일에 대해 생명을 담보로 하는 절박한 외침의 장소로서 의미를 갖기도 한다. 그래서 잉여의 공간으로서의 옥상은 투쟁과 새로운 종류의 사유가 탄생하는 장소가 된다.

제Ⅱ부
세계화와 한국가족

성미애

전통성과 근대성의 맥락에서 한국가족의 변화 수준을 파악하여 향후 변화 경향을 진단하는 것에 관심이 있으며, 구체적으로 가족주의가치, 가족 및 친족 개념, 양계화 현상, 은퇴, 빈곤가족, 이혼가족, 다문화가족, 무자녀가족, 비혼 여성 등에 대한 연구를 주로 수행하고 있다. 이 글은 한국가족의 중심부에 놓여있는 핏줄 의식이 다문화가족 내에서 어떻게 고착 또는 변용되는지 아니면 극복되고 있는지를 살펴보면서 한국가족의 역동적인 변화 방향을 진단해 보는 것에 목적이 있다. 이 글을 통해 사회통합 맥락에서 한국가족이 나아가야 할 방향을 논의해 보고자 한다.

5장

핏줄 의식과 다문화 사회

1. 들어가기

한국에서 10년 넘게 산 외국인 친구가 한국에서 가장 공포를 느꼈던 순간은 북한의 도발로 인한 전쟁 위협이 아닌 참가자 모두가 붉은 색 옷을 입고 월드컵 경기를 응원하는 장면이라고 했다. 우리 사회에 만연해 있는 배타적인 구분과 차별을 떠나 '우리는 하나'라는 통합감을 느낄 수 있는, 우리로서는 실로 감격스럽기 이를 데 없는 붉은 악마의 응원 장면이, 한국 생활에 만족하고 있는 외국인에게조차도 거대한 집단적 배타성으로 다가온다는 말을 듣고 놀랐던 기억이 있다.

이 말을 듣고 붉은 악마가 응원하는 모습을 인터넷에서 다시 찾아보았다. 그 속에 속한 사람이 아니라 관찰자의 시각에서 보니 외국인 친구의 말대로 모두 붉은 색 옷을 입고 '대한민국'을 응원하는 장면은 우리가 의

도했든 의도하지 않았든 '대한민국'에 포함되지 않은 사람들에게는 배타성을 전제로 한 종교적인 의식으로 보일 수 있겠다는 생각이 들었다. 응원을 위해 입은 붉은 색상의 티셔츠에서 불편한 우리의 핏줄 의식이 느껴졌으며, 하나됨을 느끼게 하는 거대한 '대한민국'이라는 함성에서 민족 집단성이 느껴졌다.

대부분의 우리나라 사람들은 '우리는 한민족'이라는 핏줄 의식에서 벗어나기 힘들다. 학창 시절 내내 이 말을 수없이 듣고 자랐으며, 이러한 단일 민족 정서는 민족과 국가를 일치시키면서 우리에게 자긍심으로 작용하였다. 이러한 우리의 민족 개념은 일제강점시대에는 우리에게 일제 식민지 통치를 견뎌내게 한 힘이 되었으며, 근대화 시기에는 한 치의 낙오 없이 일사분란하게 산업 역군이 될 수 있는 원동력으로 작용하였다. 우리는 '피는 물보다 진하다'는 논리 속에서 다른 민족과 섞이지 않은 우리의 순수 혈통에 대해 알게 모르게 자부심을 갖고 있었다.

몇 년 전에 전공 관련 학회가 있어 말레이시아에 갔다. 공교육을 통해 민족적 자긍심을 철저하게 교육받은 필자가 제일 먼저 찾아보고 싶었던 곳은 말레이시아의 수도 쿠알라룸푸르에 우뚝 솟아 있다는 쌍둥이 빌딩이었다. 그 이유는 다름 아닌 쌍둥이 빌딩 중 하나가 우리나라 노동자에 의해 건설되었다는 사실 때문이었다. 외국에 나가면 누구나 애국자가 된다는 말처럼 다른 무엇보다 우리 민족의 근면성과 우수성의 결과물을 눈으로 확인하고 싶은 마음에서 쌍둥이 빌딩을 찾았다.

그러나 그곳에서 발견한 것은 우리나라 건설 노동자들의 근면성과 우수성의 결과물뿐만 아니라 다양한 인종, 민족이 활기차게 공존하고 있는 모습이었다. 머리 색상부터 옷차림에 이르기까지 너무나 다양한 사람들이, 그리고 너무나 다양한 언어를 구사하는 사람들이 자유롭게 한 공간에서 살아가는 모습이 생경하면서도 보기 좋았다. 이 경험 후 인천공항에 도착했을 때 제일 먼저 눈에 들어온 것은 이전에는 의식하지 못했던 우리의 단조로운 검은색 머리였다. 천편일률적인 검은 색상이 그 순간에는 참 답답하게 느껴졌다. 그리고 이 단조로운 머리 색상은 내 사고도 답답하게 만들어 남과 나를 구분 짓고, 나와 다른 사람들을 무조건 배척하는 것은 아닐까 하는 생각이 스쳐지나갔다.

그 이후로는 개성을 표현하기 위해 하는 염색이나 검은 색이 아니어서 한없이 불편하기만 했던 나의 흰머리도 단조로운 우리 사회에 조그마한 숨통이 되지 않을까 하는 착각도 하면서 기꺼이 받아들이게 되었다.

우리 사회는 더 이상 단일성으로 포섭하기 힘든 차이와 다양성이 가시화된 사회가 되었다. 1990년대 초부터 결혼을 위한 이주자나 노동을 위한 이주자가 증가하면서 우리를 통합시켜 주었던 단일 민족, 순수 혈통 담론은 더 이상 설득력을 잃어가고 있다. 즉 단일 민족이라는 동질성에 대한 상상과 신념을 더 이상 유지하기 어렵게 된 것이다(김이선, 황정미, 이진영, 2007). 이로 인하여 '국민'과 '민족'을 동일시하던 사회적 통념에도 변화가 불가피하게 되었으며(장미혜, 김혜영, 정승화, 김효정, 2008), '국민'과 '국가'를 하나라고 보는 단일모델도 중대한 도전에 직면하게 되었다(Kymlicka, 2007). 우리가 아무 의식 없이 사용하였던 '살색'[1]이라는 말도 더 이상 한국인의 피부색을 대변하지 못하는, 세상에 존재하지 않는 색상이 되었듯이, 우리 사회는 급격하게 다문화 사회로 전환되고 있다. 이러한 다문화 과정은 단조로운 우리 사회를 문화적으로 다양하고 풍부하게 만들 것이며, 그만큼 우리의 사고도 융통성 있게 하리라 믿어 의심치 않는다.

그런데 우리 사회의 다문화 현상은 다른 사회의 다문화주의와는 많이 다르다는 점이 지적되고 있다. 즉 한국의 다문화 현상은 이민족 집단이 형성되어 이루어진 다른 나라의 다문화 현상과는 달리, 혼인을 통해 사적인 가족의 '내부로' 진입한다는 점에서 차이가 있다는 것이다. 특히 결혼이민자의 70% 이상이 여성이라는 점에서 한국의 다문화 현상은 민족적 현상일 뿐만 아니라 강력한 젠더 현상이라는 주장도 제기된다(양현아, 2013).

---

[1] '살색', 피부색에 대한 편견을 정책적으로 없애기 위해 한국으로 이주 온 노동자(아프리카 가나의 커피딕슨 등 4명)와 그들을 돕는 성남외국인노동자의 집 김해성 목사는 2001년 11월 "특정 인종의 피부색과 유사한 색을 '살색'으로 표기한 것은 "차별"이라며 기술표준원장과 크레파스 제조업체를 상대로 진정까지 냈고, 국가인권위원회는 이를 받아들였다(동아일보 2002년 8월 1일 기사).

그리고 일반적으로 다문화에 대한 인식을 살펴본 연구(정기선, 2004)를 보면, 남성이 여성보다, 연령이 젊을수록, 교육수준이 높을수록, 주관적 계층의식이 높을수록, 이념성향이 진보적일수록, 다문화 지향성이 증가하는 것으로 나타난다. 즉 다문화 사회는 기존의 사회 전반에 변화를 가져오기 때문에 상대적으로 전통적 가치를 지향하는 사람이나 지역에서는 거부감이 클 수 있다.

그러나 실제 우리나라의 다문화 현상은 상대적으로 전통적 가치를 지향하는 지역인 농촌에서 시작되었다. 가족관련 가치를 도시와 농촌으로 나누어 살펴본 연구(옥선화, 성미애, 신기영, 2000)에 따르면, 우리나라 농촌은 도시에 비해 상대적으로 전통적 가치를 지지하는 것으로 나타나는데, 우리나라 다문화 현상은 이런 농촌 지역에서 시작되었다. 더욱이 대중매체를 통해서 보면, 젊은층에 비해 보수적인 고령층에서 아들의 국제결혼을 권유하고 실제 결혼 과정에도 깊이 개입하고 있는 것으로 나타난다.

이러한 차원에서 본다면, 다문화 현상에 대한 인식과 국제결혼의 현실적인 필요성이 다문화가족 내에서는 충돌할 수도 있음을 예측해 볼 수 있다. 그리고 이러한 과정 속에서 우리의 전통적 핏줄 의식은 어떻게 정리되고 있는지 의문이 제기된다.

이 장에서는 이러한 문제의식 속에서 핏줄 의식과 다문화 사회라는 제목에 나타나 있듯이, 한국 가부장제 체제를 지탱하는 핵심 가치 중 하나인 핏줄 의식이 다문화가족 내에서 어떻게 고착 또는 변용되는지 아니면 극복되고 있는지, 기존의. 연구결과들을 통해서 살펴보고자 한다.

이러한 문제의식의 중심부에는 우리 사회의 다문화 현상이 다문화가족 내 한국인과 일반 한국인의 의식을 다문화주의로 변화시키는 하나의 기폭제가 될 것인지 아니면 핏줄을 유지하기 위한 도구적 측면에서 진행된 다문화 현상으로 인해 전통적 가족가치는 결혼이민여성에 의해 오히려 지속되고 유지될 것인지에 대한 궁금증이 자리 잡고 있다. 나아가 이러한 다문화 현상 속에서 한국가족은 과연 어떤 모습으로 변화될 것인지 예측해 보고자 하는 의도도 담겨있다.

이러한 맥락에서 이 장에서는 우리의 핏줄 의식이 다문화가족 내에서 어떻게 변용되고 있는지 알아보고자 우리 사회의 다문화 현상에 대해 학계에서 연구한 결과들을 중심으로 문헌고찰을 하였다.

한편, 이러한 문제의식에서 논의를 시작한 장이기 때문에, 다문화가족 범주에 당연히 포함되어야 하는 이주노동자 가족이나 한국인 여성과 외국인 남성이 결혼한 국제결혼은 제외하고 외국인 여성과 한국인 남성으로 이루어진 다문화가족을 중심으로 살펴보고자 한다. 따라서 여기서 언급하는 다문화 현상은 결혼이민자에 의해 촉발된 현상에 한정된 것임을 먼저 밝힌다.

2. 한국 사회의 다문화 사회로의 진입

우리나라에서 다문화 현상은 농촌 총각의 결혼을 위해 지방자치단체가 나서면서 시작되었다. 즉 농촌 지역의 인구 및 노동력 확보에 강한 관심을 가진 지방자치단체가 농촌 총각의 결혼을 지원하면서 이루어졌다(김현미, 2006; 김현순, 2008; 소라미, 2007). 이전에도 통일교의 집단 결혼이 국제결혼의 성격을 띠고 있었지만, 오늘날 우리 사회를 다문화 사회로 진입하게 한 기폭제는 1992년 우리나라와 중국이 수교한 후 지방자치단체에 의해 농촌 남성과 조선족 여성의 결혼이 이루어지면서 시작하였다. 그 이후 조선족 외에도 동남아시아의 여러 국가에서 결혼이민자가 들어오면서 우리 사회도 이민을 가는 나라가 아니라 이민을 오는 나라가 되었다.

이러한 배경에서 한국 정부는 2006년 다문화 다민족 사회로의 전환을 선언하였고, 〈여성 이민자 가족 및 혼혈인, 이주자 사회통합 지원방안〉을 중심으로 다문화 정책을 시작하였다. 이후 2008년 다문화가족지원법이 제정되었고, 2010년부터 2012년까지 제1차 다문화가족지원기본정책(2010~2012)이 시행되었으며, 지금은 제2차 다문화가족지원기본정책(2013~2017)이 시행되고 있다.

이처럼 한국 사회의 경우 불과 20년이라는 짧은 시간에 결혼을 통해서 다문화 사회에 진입하였다. 이러한 상황은 통계에도 잘 드러난다. 우리나라 국제결혼 현황을 살펴보면, 〈표 1〉에 제시되어 있듯이 총 혼인건수 중 국제결혼이 차지하는 비율은 2005년에는 13.5%로, 당해 연도에 결혼한 부부 100쌍 중 약 13쌍 정도는 국제결혼을 하였음을 알 수 있다. 2013년의 경우 이전에 비해 비율이 조금 줄어들고 있기는 하지만, 여전히 이 해에 결혼한 부부 100쌍 중 8쌍은 국제결혼을 하는 등, 국제결혼이 결혼의 한 형태로 우리 사회에 자리 잡고 있음을 알 수 있다. 국제결혼의 양상을 살펴보면, 한국 여성과 외국인 남성의 결혼이 2013년 기준으로 29.7%인 데 비해, 한국 남성과 외국인 여성의 결혼은 70.4%를 차지할 정도로 높다.

표 1 국제결혼 현황

(단위: 천 건, %)

	총결혼	국제결혼		외국인 아내		외국인 남편	
		혼인건수	총혼인건수의 구성비	혼인건수	구성비	혼인건수	구성비
1991	416.9	5.0	1.2	0.7	13.0	4.4	87.0
1995	398.5	13.5	3.3	10.3	76.8	3.1	23.2
2000	332.1	11.6	3.5	6.9	59.8	4.6	40.2
2005	314.3	42.4	13.5	30.7	72.5	11.6	27.5
2006	330.6	38.8	11.7	29.7	76.5	9.1	23.5
2007	343.6	37.6	10.9	28.6	76.1	9.0	23.9
2008	327.7	36.2	11.0	28.2	77.8	8.0	22.2
2009	309.8	33.3	10.8	25.1	75.5	8.2	24.5
2010	326.1	34.2	10.5	26.3	76.7	8.0	23.3
2011	329.1	29.8	9.1	22.3	74.8	7.5	25.2
2012	327.1	28.3	8.7	20.6	73.5	7.7	27.2
2013	322.8	26.0	8.0	18.3	70.4	7.7	29.7

자료: 통계청 홈페이지, 「인구동태통계연보」

한국인과 결혼하는 외국인의 국적을 살펴보면, 〈표 2〉에 제시되어 있듯이 2013년을 기준으로 볼 때, 한국 남성과 결혼한 외국인 여성의 경우 중국, 베트남, 필리핀, 일본 순으로 많다. 이 중 한국 남성과 결혼하는 중국 여성의 수는 줄어들고 있으며, 그에 비해 베트남과 필리핀 여성의 수는 증가하고 있다. 한국 여성과 결혼하는 외국인 남성의 경우 2013년 기준으로 미국, 중국, 일본 순으로 많다.

표 2 **국적별 외국인과의 혼인**

(단위: 건)

	2003	2004	2005	2006	2007	2008	2009	2010	2011	2012	2013
한국 남자+ 외국 여자	19,214	25,594	31,180	30,208	29,140	28,163	25,142	26,274	22,265	20,637	18,307
중국	13,373	18,527	20.635	14,608	14,526	13,203	11,364	9,623	7,549	7,036	6,058
베트남	1,403	2,462	5,822	10,131	6,611	8,282	7,249	9,623	7,636	6,586	5,770
캄보디아	19	72	157	394	1,804	659	851	1,205	961	525	735
일본	1,242	1,224	1,255	1,484	1,665	1,162	1,140	1,193	1,124	1,309	1,218
필리핀	944	964	997	1,157	1,531	1,857	1,643	1,906	2,072	2,216	1,692
태국	346	326	270	273	524	633	496	438	354	323	291
미국	323	344	285	334	376	344	416	428	507	526	637
한국 여자+ 외국 남자	6,444	9,853	11,941	9,482	8,980	8,041	8,158	7,961	7,497	7,688	7,656
일본	2,613	3,378	3,672	3,756	3,349	2,743	2,422	2,090	1,709	1,582	1,366
중국	1,199	3,621	5,042	2,597	2,486	2,101	2,617	2,293	1,869	1,997	1,727
미국	1,237	1,348	1,413	1,455	1,334	1,347	1,312	1,516	1,632	1,593	1,755
캐나다	223	230	285	308	376	371	332	403	488	505	475
호주	108	136	102	139	158	164	159	194	216	220	308

자료: 통계청 홈페이지, 인구동향조사

이처럼 우리나라에서 다문화 현상이 보편적 사회 현상으로 인식된 것은 농촌 남성의 결혼 문제를 해결하기 위한 결혼 이민에서 시작되었다. 즉 우리 사회의 다문화 현상은 가장 전통적인 가치 및 생활양식이 지속되고 있는 농촌에서, 결혼을 통해 외국인 여성이 가족원으로 편입되면서 가족 내에서 문화적 교류가 이루어지고 있는 양상이라고 할 수 있다(양현아, 2013).

이러한 우리사회의 다문화 현상은 법에도 반영되어 2008년에 제정된 다문화가족지원법에서도 "다문화가족 구성원이 안정적인 가족생활을 영위할 수 있도록 함으로써 이들의 삶의 질 향상과 사회통합에 이바지함을 목적" (제1조)으로 한다고 법의 제정 목적을 명시하였다. 이 법에서 규정하는 다문화가족은 「재한외국인 처우 기본법」 제2조 제3호의 결혼이민자와 「국적법」 제2조에 따라 출생 시부터 대한민국 국적을 취득한 자로 이루어진 가족, 「국적법」 제4조에 따라 귀화허가를 받은 자로 이루어진 가족으로, 이주 노동자 가족은 포함되지 않고 결혼이민자 가족으로 한정하고 있다.

3. 다문화 현상에 대한 사회적 인식

새로운 사회적 현상은 사람들에게 익숙하지 않기 때문에 수용하고 익숙해지기 위해서는 시간이 필요하다. 특히 순혈주의적 민족주의가 강한 우리 사회에서 다문화 현상을 받아들이는 것은 생각만큼 쉽지는 않을 것이다. 그러나 새로운 현상에 자주 노출되고, 상호작용도 하다 보면 인식도 변화하게 마련이다. 새로운 현상이 일시에 나타났다 사라지는 것이라면 몰라도 이것이 트렌드라면 시간이 걸릴 뿐 결국은 사람들의 인식도 변화하게 된다.

그런데 변화가 일어난다는 것은 기정사실이지만, 그 변화가 어떤 방향으로 이루어질 지에 대해서는 예측하기 어렵다. 남편은 직장에 나가서 일하고 아내는 가정 내에서 자녀를 돌보고 가사노동을 한다는 전통적인 성역할 분담이 아내의 취업으로 인해 변화될 수밖에 없는 상황에 놓였을 때, 많은 사람들은 아내가 취업을 했기 때문에 부부가 가정 내 역할을 공유하는 평등한 성역할 분담이 이루어질 것이라고 예측했다. 그러나 지금 현재에도 남편의 가사노동 시간은 아내의 취업 여부에 크게 영향을 받지 않으면서 여전히 아내에 비해 짧은 것으로 나타나고 있으며, 그로 인해 아내는 이중 역할 부담을 갖게 되듯이, 어떤 사회적 현상이 나타났을 때 그것의 변화 방향을 예측하는 것은 쉬운 일이 아니다.

다문화 현상에 있어서도 마찬가지이다. 논리적으로 예측해 보면, 당연히 다문화가족이 많아지면 다문화에 대한 인식도 수용적으로 변화하며, 이로 인해 우리의 순혈주의는 옅어질 것으로 예측할 수 있다. 실제 우리나라 사람들이 우리 사회의 다문화 현상을 어떻게 인식하고 있는지 살펴본 연구결과(윤진호, 송영호, 2007)를 보면, 한국인의 외국인에 대한 태도가 관용적이고 개방적인 방향으로 변하는 것으로 확인되었다.

그러나 전반적인 외국인에 대한 태도는 개선되었지만 정서적인 측면에서는 여전히 배타적인 것으로 보인다. 보가더스(Bogardus)의 사회적 거리감 척도를 사용하여 한국인의 이주자에 대한 태도를 측정한 연구결과를 보면, 우리나라 사람들은 이주자를 동료나 친구, 이웃으로 받아들이는 데에는 긍정적이지만, 혈연이나 가족관계로 받아들이는 것에는 소극적인 태도로 일관하고 있는 것으로 나타났다(김상학, 2004; 황정미, 김이선, 이명진, 최현, 이동주, 2007). 또한 코엔더스(Coenders)의 종족배제주의 척도를 사용하여 한국인의 다문화 수용성을 측정한 연구결과를 보면, 한국사회가 문화적 다양성을 수용하는 능력에는 한계가 있다고 보며, 이주민을 본국으로 송환해야 한다고 생각하는 사람들의 비율이 높은 것으로 나타났다(맹진학, 2009).

다문화 현상이 심화되던 2005년에 한국인의 정체성을 살펴본 연구(한국리서치, 2005)에 따르면, 한국인은 진정한 한국인(국민)이 되기 위한 조건으로 '대한민국에서 출생(81.9%)' 하거나 '한국인의 혈통(80.9%)'을 가지거나 '평생 대한민국에서 거주'(64.6%) 하는 것보다 '대한민국 국적을 유지(88.2%)' 하는 것을 중시하였다. 그러나 '대한민국 국적을 취득한 외국사람'을 한국인으로 본다는 응답에서는 28.1%만이 동의하였다. 또한 결혼이민자 자녀가 한국 국적을 가진 자, 즉 한국인이라는 점은 대부분 인정(68.0%)하였으나 한민족 구성원이라는 점에 대해서는 54.4%만 동의하는 것으로 나타났다. 이처럼 정치공동체의 성원 자격인 '국민'(한국인)과 혈통, 문화공동체의 성원 자격인 '민족'(한민족)이 거의 일치하는 환경에서 생활하는 한국인들은 국민과 민족 정체성의 혼동을 가지고 있으며, 순혈주의를 강조하면서 결혼이민자 자녀를 한민족으로 받아들이지 못하고 있는 것으로 나타났다(설동훈, 2006).

한편, 학교 교육을 통해 사회통합의 가치를 배우고 있는 중·고등학교에 재학중인 학생을 대상으로 설문조사를 한 결과(김경은, 윤노아, 2012)를 보면, 중·고등학생들은 다문화 사회에 대해서 개방적인 태도를 보이고, 다양한 인종과 종교, 문화적 다양성의 확대가 중요하다고 생각하는 것으로 나타났다. 그러나 동시에 이들은 이러한 다문화주의와 함께 한국이 단일 민족 혈통을 유지해 온 것에 대해서는 자부심을 느끼는 것으로 나타났다. 이러한 인식은 어떻게 보면 다문화 사회를 살아가는 데 필요한 건강한 생각이라고 할 수 있다. 하지만, 이러한 순수 혈통 의식은 우리 사회의 여러 가지 상황이 양호할 때는 건강하게 병존이 가능하겠지만, 우리 사회의 상황이 좋지 않을 때는 어떻게 작용할 지 걱정이 되는 측면도 있다.

그리고 어느 세대보다 비교적 개방적이고 유연한 가치를 보인다고 평가되는 대학생을 대상으로 국제결혼이라는 현상을 어떻게 인식하며, 다문화 가족에 대해 어떠한 태도를 갖는지 살펴본 연구(양성은, 2008)에 따르면, 대학생들은 결혼이민자를 철저하게 한국인의 입장에서만 바라보며, 이주여성 개인의 행복추구권이나 존엄성에 대한 인식이 없는 것으로 나타났다. 또한 출신국의 사회, 경제, 문화적 맥락에 대한 이해나 이해하려는 노력이 없고 자녀 출산, 가사노동 및 노동력 제공자라는 도구적인 존재로 인식하는 등 가족주의에 입각한 결혼관, 인종적 편견, 이중적 차별 등이 작용하고 있는 것으로 나타났다.

이처럼 순수 혈통주의의 자긍심이 전제되어 있는 다문화에 대한 개방적인 태도는 삶의 현실에서 차별로 표현되기도 한다. 2012년 전국 다문화가족을 대상으로 여성가족부가 실태조사한 결과(여성가족부, 2013)를 보면, 다문화가족 구성원이 사회적 차별을 경험한 비율이 2009년에는 36.4%에서 2012년에는 41.3%로 증가한 것으로 나타났다. 그리고 이러한 차별을 경험한 장소도 직장, 상점이나 음식점, 거리나 동네, 공공기관, 학교나 보육시설 등 일상적인 상호작용을 통해 통합이 이루어져야 하는 장소였다. 또한 다문화 사회에서 중요한 사회적 통합의 장(場)이 되어야 하는 학교에서도 다문화가족의 자녀 36.5%가 친구들로부터 차별을 받는다고 응답했고, 학업을 중단하게 되는 사유의 23.8%가 친구나 선생님과의 관계 문제로 나타나는 등 다문화 사회로의 진입이 수월하지 않음을 보여주고 있다.

이와 같이 우리나라 사람들은 다문화 사회로의 변화가 문화의 다양성을 확대하고 국가 경쟁력을 강화한다고 생각하는 동시에 단일 민족에 대한 자부심과 신뢰도가 높다. 이러한 우리나라 사람들의 가치 양상은 다문화 현상을 위협적인 것으로 인식하지 않을 때에는 다문화주의와 민족주의가 상충되지 않고 인식될 수 있다. 하지만, 다문화 현상을 위협적인 것으로 인식할 때는 다문화주의보다 민족주의가 우선하면서 이주자에 대해서 강한 배타성을 보일 수 있음을 예측해볼 수 있다. 또한 사회통합의 장이 되어야 하는 일상적인 상호작용이 이루어지는 장소가 그 역할을 못하고 있는 현실에서 볼 때 가까운 미래에 사회통합을 위한 사회적 비용이 발생될 수 있음을 예측해 볼 수 있다.

4. 가족을 중심으로 본 다문화 현상: 문화 및 민족의 가족 내 통합인가? 결혼이민여성의 일방적 동화인가?

여기서는 사회 전반의 다문화 사회에 대한 한국인의 인식 외에 실제 다문화가족 내에서는 다문화 현상이 다문화주의에 입각해서 두 문화가

통합되고 있는지 아니면 결혼을 위해 이주해 온 여성이 일방적으로 한국 문화에 동화되고 있는지 살펴보고자 한다.

결혼 이민을 통해 이루어진 다문화가족은 결혼의 동기부터 도구적인 요소가 작용하고 있었다. 농촌에 거주하는 필리핀 국적의 결혼이민여성과 이들의 남편이나 시어머니를 면접한 연구결과(김민정, 2007)에 따르면, 남편은 한국 국민이라는 위치와 경제력, 아내의 이주를 통한 혼입과 가사 노동 수행이 교환되는 암묵적인 계약을 기반으로 하여 결혼을 한 것으로 나타났다. 필리핀 여성들은 한국처럼 잘 사는 나라에서 새로운 삶을 시작하고 싶거나, 돈 벌 기회를 더 많이 가질 수 있다는 점이 유인이 되어 결혼을 한 것으로 나타나는 등 국제결혼을 자국의 가난으로부터 벗어날 수 있는 탈출구로 인식하고 있었다.

다문화가족 내 시가와의 관계를 살펴본 연구들(구차순, 2007; 김현미, 2006; 조윤주, 2012)에 따르면, 외국인 며느리에 대한 시부모의 편견과 이해 부족의 대표적인 예는 '가난한 나라에서 왔다'는 생각으로, 며느리의 모국 문화에 대한 지식은 거의 없는 것으로 나타났다. 그리고 시부모는 의지할 곳 없이 먼 타국으로 시집 온 며느리가 안쓰럽고, 부모가 보기에 '좀 모자란' 아들이 가정을 이루었기 때문에 외국인 며느리와 잘 살기를 바라는 마음에서 며느리를 보살피는 경우도 있었다.

이런 연유로 결혼 후 원가족으로부터의 분화를 강조하는 일반 가족과는 달리, 다문화가족의 경우 주거부터 시부모와 동거하는 경우가 많았고, 이러한 동거는 시부모의 전통적인 가치나 생활문화가 외국인 며느리에게 고스란히 전수되는 메카니즘으로 작용하고 있었다. 따라서 시어머니는 며느리의 의견과는 상관없이 함께 데리고 살면서 가르쳐야 한다는 생각을 강하게 가지고 있었다. 실제로 한국인 시어머니는 어린 외국인 며느리에게 자신의 생각을 일방적으로 주입하는 경우가 많았으며, 이러한 경향은 결혼 기간이 짧을수록 더 강하였다. 그리고 자신의 뜻을 따르지 않는 며느리는 고집이 세다고 단정 짓기도 하였다.

남편 역시 배우자가 한국 문화를 배워야 하며, 분가할 경제력도 없기 때문에 부모와의 동거를 당연하게 받아들이고 있었으며, 배우자에게 어머니의 의견을 그대로 따르도록 충고하는 것으로 나타났다. 외국인 며느리 또한 자신이 한국에 대해 잘 모르기 때문에 시어머니가 시키고 알려 주는 대로 따르고 있었으며, 한국에 온 이상 한국의 방식에 맞추는 것을 당연한 것으로 수긍하고 있었다.

이처럼 다문화가족의 경우, 아들이 노총각으로 늙는 것보다 외국인과 결혼해서 손자를 낳고 사는 것이 훨씬 좋다고 인식하는 시어머니(조윤주, 2012), 내 집 사람으로 만들고자 하는 시어머니(윤명숙, 이해경, 2010)에 의해 우리나라 전통적인 가치관이나 핏줄 의식은 가족 내에서 견고하게 유지되고 있었다. 즉 외국인 며느리는 다문화가족 내에서 새로운 문화적 자극을 주면서 가족을 변화시키는 존재가 아니라 전통적인 한국가족을 지탱하는 역할을 담당하고 있음을 알 수 있다. 특히 이들은 손자를 출산하면서 단절될 위기에 놓인 한국가족의 대를 이어주면서 불안정한 한국가족을 지탱하고 있었다. 이 접점에서 외국인 며느리는 외국인이 아니라 '며느리'로 수용되고 있었다.

이러한 양상은 실제 가족의례와 가족 가치관을 중심으로 한국인 기혼 남녀와 한국-베트남 다문화가족의 가족생활문화를 비교한 연구(옥선화, 진미정, 그레이스정, 김지애, 2014)에서도 잘 나타나고 있다. 이 연구에 따르면, 제사를 유지한다는 측면에서나 명절을 보내는 방식, 상속의 측면에서도 한국-베트남 다문화가족과 한국인 부부 가족이 별로 다르지 않게 나타났다. 오히려 부모님 생신은 한국-베트남 다문화가족이 한국인 부부 가족보다 더 전통적인 방식으로 지내는 것으로 나타났다. 또한 다문화가족 내 베트남 아내가 다른 나라에서 온 결혼이민자보다 더 전통적인 부계 중심적 성향을 보인 것으로 나타났다.

이처럼 도시에 비해 보다 전통적인 가치를 보이는 보수적인 농촌에서조차도 다문화 현상은 '농촌 가족의 변화' 맥락이 아니라 '농촌 가족의 유지' 맥락에서 지속되고 있었다. 이러한 측면에서 농촌지역에 살고 있는 사람의 절반 이상은 다문화가족이 미혼 남성의 결혼문제를 해결하고 부모 부양 등에도 기여하는 등 다문화가족을 긍정적으로 인식하는 것으로 나타났다(양순미, 2013).

이와 같이 다문화가족의 형성과 유지에는 다문화주의가 아니라 전통적인 가족가치나 대를 잇고자 하는 핏줄 의식이 그대로 남아있었다. 다문화가족의 시어머니나 남편들은 혼입한 며느리 혹은 아내의 국적보다는 한국 여성과 유사한 외모를 우선시 하며, 이런 연유로 베트남 여성을 며느리로 선호하는 경우가 많다는 연구결과들(조하나, 박은혜, 2013; 채옥희, 홍달아기, 2007)이 보고된다. 즉 베트남 여성의 경우 2세를 출생했을 때 피부색 및 외모가 부모가 모두 한국인인 아이들과 흡사하여 국제결혼에서 선호되고 있다는 것이다. 이는 일종의 생체 정치학(bio-politics)으로, 한국인 남성들의 혈통을 연속하고자 하는 욕망과 자신의 자녀들이 인종적으로 동질적인 한국에서 살아야 한다는 현실을 감안한 선택이라고 해석할 수 있다(양현아, 2013).

한국 전쟁 이후의 혼혈인이 한국인 어머니와 외국인 아버지를 둔 모계 중심의 혼혈이었으며, 이 가족에 대해서는 정부 차원의 지원이나 관심이 없었던 것에 반해, 2000년 이후 다문화가족이 증가되면서 늘어난 혼혈인의 대다수는 외국계 어머니와 한국인 아버지를 둔 부계 중심의 혼혈이다. 그 결과 다문화가족에서 태어난 혼혈 아이들은 출생과 동시에 대한민국의 국적을 얻고, 사회구성원으로써 잘 적응할 수 있도록 지원과 수용에 좀 더 많은 정책적 관심이 부여되었다는 분석(조하나, 박은혜, 2013)도 있다.

이와 같이 여성이 혼입해 들어와서 이룬 다문화가족의 경우 핏줄로 볼 때는 부계 혈통이 유지되기 때문에 문제가 없는 것으로 인식되고 있음을 알 수 있다. 이는 적어도 아버지가 한국인인 다문화가족 내에서는 다문화주의보다 부계혈통 의식, 즉 전통적 핏줄 의식이 아무런 문제없이 지속되고 있음을 알 수 있다.

5. 한국가족의 미래:
핏줄 의식의 지속, 그러나 변화는 시작

앞에서 살펴보았듯이 우리 사회의 다문화 현상은 부계 가부장적 한국가족을 변화시키고, 한민족의 획일화된 문화를 다양한 문화로 교류하게 만드는 새로운 현상으로 작용하지는 않는 모습이 보인다. 오히려 우리 사회의 다문화 현상은 부계 가부장 제도를 유지하고자 하는 도구적인 목적에서 시작된 현상인 만큼, 한국가족의 전통적 전형성이 강화되는 방향으로 작용하고 있는 듯하다.

사회적으로 볼 때, 다문화 사회로 진입했음에도 불구하고 우리의 순혈주의에 입각한 핏줄 의식이 그대로 남아있다. 이로 인해 다문화 정책 역시 다문화주의에 입각한 사회 통합에 방점을 두기 보다는 여전히 부계혈통에 근거한 국민 재생산에 초점을 두고 임신과 출산에 국한된 의료서비스를 지원하며, 여성을 여전히 양육 전담자로 전제하고 있는 시각을 견지하고 있다(김영주, 2009).

또한 관념적인 수준에서는 다문화주의와 민족주의를 충돌되는 개념으로 인식하는 것이 아니라 병렬적으로 인식하면서 수용적인 태도를 보인다. 하지만 구체적인 상황에서는 여전히 다문화가족이나 결혼이민여성, 그리고 그 자녀에 대해서 편견의 시선을 가지고 있으며, 상황이 좋지 않을 때는 차별까지 감행하고 있다. 다문화가족 내에서도 다문화 현상은 가족을 외국 문화에 대한 이해를 높이면서 우리 사회 내에서 다양한 문화를 통합하는 교두보가 되게 하는 것이 아니라 전통적 가족 가치를 일방적으로 강조하는 주체가 되며, 이런 연유로 외국인 며느리에 의해 전통 한국가족의 가치나 의례가 유지되는 역설을 보여주고 있다. 즉 지금은 시어머니가 주도적으로 관여하면서 다문화가족이 이루어지며, 외국계 며느리가 한국가족의 전통성을 확대 재생산하는 역할을 담당하고 있다.

이로 인해 우리의 핏줄 의식은 다문화 사회에서도, 다문화가족 내에서도 해체되지 않고 그대로 유지되고 있다고 할 수 있다. 그리고 어떤 시점에서는, 특히 다문화 사회에서 사회적 위협을 느끼는 시점이 되었을 때는 핏줄 의식과 다문화주의가 충돌하면서 핏줄 의식이 강화될 수도 있음을 예측해 볼 수 있다.

그러나 장기적인 관점에서 본다면 상황은 달라질 수밖에 없다. 사회 변화의 가장 큰 힘은 전체 구성원 수에서 차지하는 비율일 것이다. 사회 내에서 소수로 있을 때는 변화의 큰 흐름을 주도하지 못하지만, 다수를 점하게 될 때에는 변화의 주도 세력이 된다. 통계에 따르면, 다문화가족은 2013년을 기준으로 볼 때, 75만 명 내외이며, 매년 지속적으로 증가하여 2020년에는 100만 명을 예상하고 있다(여성가족부, 2014). 이러한 수치는 다문화가족이 의도하든 의도하지 않든 우리 사회를 변화시킬 수 있는 세력이 될 수 있다는 것을 보여준다.

또한 지금은 외국계 며느리에 의해 다문화가족 내 부계 가부장성이 지속되고 있지만, 이들의 의식이 지금 상태로 정체되어 있지는 않을 것이다. 조만간 우리 사회를 변화시키는 한 주체가 될 것이다. 즉 이질적인 문화권에 이주해 온 초창기에는 새로운 사회에 대한 적응이 최우선의 가치가 되면서 동화의 움직임만 보일 것이다. 그러나 어느 정도 새로운 사회나 가족에 익숙해지고, 지나온 삶을 돌아보는 연령에 이르게 되면 상황은 달라진다. 중년기가 되면, 우리가 어린 시절 먹었던 음식이나 문화에 대한 향수를 갖고 그 음식이나 문화를 재현하듯이, 결혼 이주자 역시 중년이 되면 본국의 생활문화를 찾고 재현하게 마련이다.

그리고 이주 초창기에는 적응의 구심점이 가족으로 한정되며, 생활세계의 중심이 가족이 되지만, 시간이 경과할수록 생활세계는 가족을 벗어나 지역사회로 확대된다. 이 시점이 되면 결혼이민여성은 가족원으로서의 존재 의미뿐만 아니라 우리 사회의 시민으로 존재하고 싶어 할 것이다. 실제 경인지역에 거주하는 이주한 지 10년 이상이 된 결혼이민여성을 심층면접한 결과(민가영, 2011)에 따르면, 결혼이민여성들은 아내와 엄마의 역할에 갇히지 않고 한국 사회의 시민으로서 여러 영역에 참여하면서 자신들을 시민으로 통합시켜가고 있다고 한다. 이들은 남편과 자녀를 빼고도 자신이 한국 사회에서 의미 있는 존재라는 것을 확인받을 수 있는 연결 고리를 필요로 하고 있는 것으로 나타났다. 특히 한국 사회의 공적 장에 진입해서 다양한 한국인뿐만 아니라 외국인들과 관계를 맺기 시작한 결혼이민여성들은 다양한 방식의 모임을 형성하거나 일을 시작하면서 자신들을 향한 한국 사회의 시각에 대한 비판적 집단의식을 형성하고 있는 것으로 나타났다. 다른 연구에서도 결혼이민여성은 자신을 우리 문화에 동화해야 하는 대상으로 규정짓지 않고 한국 사회의 사회적 관계망과 상호작용함으로써 자신을 임파워링시키는 주체로 인식하고 있다는 것을 밝혀냈다(김정선, 2009; 이형하, 2010). 또한 우리와 유사한 외모 때문에 외국인 배우자로 선호되는 베트남 여성의 경우도 전통적인 가치를 보이고 있긴 하지만, 성역할 태도에 있어서는 전통적이지 않은 근대적인 태도를 보였다(옥선화, 진미정, 그레이스정, 김지애, 2014). 결국 이러한 성역할 태도는 다문화가족 내에서도 부계 가부장성에 균열을 일으킬 수 있으며, 변화의 단초로 작용할 수 있을 것이다.

따라서 핏줄 의식을 지속시키고자 하는 도구적인 목적에서 이루어진 다문화가족, 다문화 사회를 그대로 지속하면서 외국계 며느리에게 일방적 동화를 요구하는 지금의 방식은, 가까운 미래에 가족 내에서는 관계상의 갈등을 일으키며, 이 갈등이 심각할 경우에는 가족 해체로까지 이어질 수 있음을 알 수 있다. 실제 1996년 국제결혼을 한 부부의 이혼건수는 1,649건으로 총 이혼건수 79,895건 중 2.1%에 불과했으나 2004년부터 서서히 증가하여 2013년에는 9.0%를 차지하였다. 총 이혼건수 중 국제결혼을 한 부부의 이혼이 차지하는 비중이 증가된 원인은 한국 남성과 외국 여성의 이혼 증가에 따른 것으로 나타났다(통계청, 2014).

프랑스의 경우 공화주의적 전통에 입각하여 문화적, 민족적, 종교적 다양성을 기존의 다수 집단이 채택하고 있는 '공화주의적 동질성'의 틀 안에 융합시켜 버렸다. 이런 정책 기조에서 이민자들은 자신들만의 고유한 특징과 문화적 정체성을 잃어버리거나, 아니면 사적인 영역에서만 이러한 특성과 정체성을 보존하는 수준이었다(박단, 2009). 이민자에 대한 프랑스 사회로의 철저한 동화정책은 결국 2005년 프랑스 이민자 폭동으로 이어졌으며, 이러한 사태는 프랑스 사회에 경제적으로나 사회통합적으로나 엄청난 사회적 비용을 물게 하였다. 이같은 상황은 우리 사회에서도 재현될 수 있다. 즉 사회적으로 외국계 한국인에 대한 문화적 감수성 없이, 문화적 다양성을 차별과 구분지음의 대상으로 인식한다면 가까운 미래에 사회적 분열을 봉합해야 하는 사회적 비용이 발생될 것이다.

다문화 사회는 문화적 이질성을 수용하는 사회이다. 상이한 민족적, 종교적 배경을 갖는 이주민들은 각자의 고유한 생활방식을 유지할 수 있고, 이와 함께 전통, 언어, 문화를 다양한 방식으로 지속시킬 수 있어야 한다(박명선, 2007). 그러므로 우리의 핏줄 의식에 도구적으로 이용되는 다문화 사회가 아니라 참된 다문화 사회가 되기 위해서는 순수 혈통을 이데올로기화하는 우리들에게도 다문화 수용성이 생겨야 한다. 다문화 수용성은 우리와 다른 문화를 인정하고 존중하려는 다문화 지향적인 태도이며, 우리 문화만이 옳고 가치 있다고 생각하지 않는 열린 사고이며, 다문화 사회의 구성원인 이주민들을 경쟁자가 아니라 공존의 대상으로 인정하는 태도로 이해할 수 있다(양현아, 2013).

따라서 다문화가족 내에서도 이제는 외국인 아내, 며느리에게 전통적인 부계 가부장적 가치만 강요할 것이 아니라 평등성과 민주성에 입각하여 관계를 변화시킬 필요가 있다. 또한 무엇보다 먼저 아내, 며느리가 살아온 문화에 대해 이해하고자 하는 노력이 필요하다. 그리고 사회적으로도 다문화가족이 고립된 섬으로 존재해서는 안 되며, 일반 한국가족 간 통합이 이루어질 수 있도록 통합 정책을 시행해야 한다. 또한 다문화가족 내 자녀에게 일방적으로 부계 혈통만 인식하도록 강요해서는 안 되며, 어머니 나라에 대한 정체감도 유지하면서 한국인으로서의 정체성을 갖도록 해야 할 것이다.

이러한 진정한 다문화주의의 발현 속에서 우리 사회는 풍요로워질 것이며, 인적 자원 역시 풍부해 질 것이다. 이러한 변화는 무엇보다 경직된 우리 사회를 변화시키면서 다양한 욕구를 가진 우리 사회의 구성원들에게도 자신의 개성을 잃지 않고 행복을 추구할 수 있도록 하는 긍정적 효과를 가져올 것이다.

조은숙

부부 및 가족상담, 위기 청소년, 중독과 가족관계 등에 관심을 가지고 임상과 연구를 수행하고 있다. 이 글은 전 세계적 추세인 '세계가족'의 흐름 속에서 나타난 기러기가족 현상이 한국가족의 특성과 어떤 상호작용을 하는지를 보여준다. 저자는 가족관계의 상당한 왜곡을 보여주고 있는 기러기가족 현상이 사실은 한국인의 전통 가족주의가치관과 역할중심의 가족특성에서 촉진된 측면이 있다는 역설에 주목한다.

6장.

기러기가족을 통해 본 한국가족

1. 들어가는 말

　　영희 씨는 초등생이던 외아들을 데리고 캐나다로 이주하여 올해로 13년째 기러기가족으로 있다. 미국에 있는 대학으로 진학하여 그 곳에 일자리를 잡은 아들과는 일 년에 한 번 정도 만난 지 벌써 오 년째다. 대학교수인 남편은 여전히 한국에 있고 방학이면 캐나다에 와서 몇 주를 지낸다. 아들이 대학에 들어가면 한국으로 돌아갈 것이라는 주변사람들의 기대와 달리 영희씨는 작년에 캐나다에 단독주택을 샀다. 이제 은퇴를 바라보는 남편은 은퇴 후에 캐나다에 와서 살겠다고 한다. 13년 전, 캐나다 이민으로 영주권을 취득할 때 이미 남편은 한국에 남기로 계획이 되어있던 터였다. 영희씨는 이제 캐나다 시민권을 가지고 있고, 미국에서 터를 잡은 아들은 곧 미국 시민권을 가지게 될 것이다. 남편은 여전히 한국시민이다.…이 가족은 남편이 퇴직하기 전까지 최소 10년 동안은 더 한국, 미국,

1990년대 말 IMF의 경제위기를 경험하면서 그리고 2000년대 들어 더욱 양극화되는 부의 편중과 무한경쟁의 시장경제, 언제 해고될지 모르는 불안정한 직장환경을 경험한 베이비붐 세대 부모들은 "내 자식만은 나와 같은 고통을 겪게 하지 않겠다"는 마음으로 어린자녀의 해외유학을 선택하게 되었다. 그러나 부모 없이 홀로 떠나는 조기유학이 미성숙한 아동 및 청소년들에게 심리적·학업적인 면에서 부정적인 영향을 나타내는 경우가 다수 보고되었다(조은숙, 2011). 이러한 맥락에서 어머니가 자녀 뒷바라지를 위해 동행하고 조기유학의 비용마련 및 가족의 경제적 안정을 위해 아버지는 한국에 남아 경제활동을 지속하는 형태의 기러기가족이 사회적 현상으로 드러나게 되었다.

한편 한국의 기러기가족 현상은 신자유주의 경제체제와 세계화의 물결, 교통과 통신의 발달 등에 의해 점차 증가되는 초국적가족(transnational family)(조은, 2008) 혹은 세계가족(global family)(Beck & Beck-Gernsheim, 2011: 36-37)이라는 거대한 흐름의 한 부분으로 보인다. 초국적 가족 혹은 세계가족은 21세기 이후 등장한 세계사회의 중요한 현상으로서 이와 관련한 시민권이나 영주권개념의 변화, 지리적 이동 및 세계적인 부의 재분배에 있어서의 함의 등이 사회학, 경제학, 지리학, 인구학 등의 학문분야에서 활발하게 논의되고 있다. 기러기가족은 이러한 세계가족화의 흐름 속에서 한국 중산층가족에 의해 주도된 새로운 가족양태라 할 수 있다. 본 장에서는 이 기러기가족현상을 한국가족의 특성과 관련하여 가족관계적 측면에서 고찰하고자 한다.

기러기가족을 선택하게 만드는 맥락적 요인들과 동기들은 무엇인가? 그것은 한국가족의 어떠한 속성 때문에 더욱 용이해지는가? 장기간의 분거는 이들의 가족관계를 어떻게 변화시키는가? 한 지붕아래에 동일한 문화권을 가진 부모와 자녀가 동거했던 "그 가족"(the family)이 사라진 이후 그들에게 남은 "가족"은 어떤 가족인가? 본고는 기러기가족에 대한 가족학분야의 기존연구들을 검토하되 기러기가족에서 일어나는 가족관계 변화라는 측면에 초점을 두고자 한다. 나아가 이를 통해 기러기가족 현상이 한국가족에 미치는 영향과 함의에 대해 생각해보고자 한다.

2. 세계가족의 일종, 기러기가족

기러기가족과 같이 부부나 가족이 두 개 이상의 국가에 떨어져 지내며 가족단위의 자원과 기회를 극대화하고자 하는 가족형태를 초국적 가족 혹은 다국적 가족(multi-national family)이라 한다. 이들은 두 개 이상의 시민권 혹은 영주권을 유지하면서 교육을 받고 직업을 찾고 세금을 내고 필요에 맞게 주거지를 선택하는 가족전략을 구사하면서 이전과는 다른 방식의 가족생활을 통해 세계화 시대에 대처하고 있다.

기러기가족이 등장하기 전부터 북미지역 가족학자들의 눈에 띄는 초국적 가족들이 있었다. 이들은 미국 중산층의 자녀들을 돌보아주는 보모나 저임금 노동자로 취업한 남미출신 엄마, 아빠들과 본국에 떨어져 있는 그들의 가족들이었다. 이들이 미국에 자리를 잡게 되면 본국의 가족들을 미국으로 이민시켜 미국인으로 살게 되는 경우가 상당수 있었기 때문에 이들 가족들의 복지는 미국의 장래와도 관련이 되었다.

학자들은 이들 초국적 가족들의 자녀와 부모의 장기적인 분거가 이후 재결합 시 가족원의 정신건강이나 문제행동, 가족역기능 등에 어떤 영향을 미치는지에 관심을 가졌다. 초기 애착을 채 형성하기도 전에 돈을 벌러 자신을 떠나 다른 아이의 "내니(nanny)"가 되어있는 엄마에 대한 자녀의 양가적 감정과 정서적 거리감 등은 정신건강문제 혹은 청소년 비행 등으로 나타나는 경우가 있었다(Smith et al., 2004; Suarez-Orozco et al., 2002). 그러나 적응력이 있는 가족들은 이민 이전의 긍정적 경험들, 개인적 특성 그리고 자기 삶에 대한 의미부여 등의 자원을 활용하여 상황에 탄력적으로 적응해나가(Goyos, 1996) 장기간에 걸친 국제이주를 성공적으로 마치기도 하였다.

홍콩, 대만, 중국 등에서 온 중국계 가족들이 취하는 초국적 가족형태는 "우주인가족(astronaut family)과 위성자녀(satellite kids)"[1](Waters, 2002)라는 별칭으로 북미지역 학자들에 의해 연구되었다. 이들은 한국의 기러기가족이 사회현상으로 드러나기 이전인 1990년대부터 북미지역 언론과 학자들의 관심을 받았다. 이들은 한국의 기러기가족과 어떤 면에서는 유사하나 아이를 돌보기 위해 외국현지에 남는 사람이 반드시 엄마가 아니라는 점에서 기러기가족과는 차이를 나타낸다. 많은 경우 엄마가 아이들을 돌보지만 부부 모두 본국으로 경제활동을 하러 돌아가고 조부모나 연장의 형제자매 혹은 아버지가 자녀를 돌보기 위해 현지에 남는다(Waters, 2010). 이 가족형태는 여성의 경제활동이 활발하고 남녀의 성역할분업이 엄격하지 않은 중국가족의 특성을 반영하고 있다.

초국적 가족들은 원래 하나의 핵가족이었던 사람들이 둘 이상의 국가 혹은 문화로 흩어져서 장기적으로 분거한다는 특징을 가진다. 그러나 반대로 원래 다른 나라와 문화에 소속되어 있던 사람들이 하나의 가족으로 만들어지는 '다문화' '다국적' 가족들도 있다. 예를 들어 '22살 베트남 농촌 아가씨가 한국의 45세 노총각과 결혼하여 한국 국적을 가진 아이들을 낳아 생활하면서 베트남으로 돈을 부치는 한국의 결혼이민자가족', '영국 유학을 간 이슬람교도 이란인 남성이 영국국교도인 영국인 여성과 결혼하여 이란 혹은 영국에서 사는 경우', '스페인산 난자와 독일인 아빠의 정자를 결

---

[1] 1990년대 들어 1997년으로 예정된 홍콩의 중국반환을 앞두고 다수의 홍콩주민들이 자신들의 생활에 미칠 파급효과를 두려워하며 캐나다나 뉴질랜드, 호주 등으로 이민하였다. 그러나 홍콩이 중국에 반환된 이후에도 경제나 정치 등 여러 면에서 극심한 변화를 겪지 않게 되었고 또한 홍콩의 역동적인 경제를 통해 돈을 버는 일에 익숙했던 이들 중 상당수는 이민국 현지에 (아내와) 자녀들을 남겨두고 수년 내에 홍콩 등지로 귀환하여 경제활동을 하게 된다. 이러한 현상에 대해 북미지역 학자들은 동거하지 않으면서 부모역할을 하는 우주인부모, 우주인 부모와 지리적으로 떨어져 있으나 그 영향권 안에 있다는 의미에서 위성자녀라는 별칭을 붙였다.

합시켜 인도의 대리모에게서 낳아 독일인 아빠의 부부에게 입양시킨 아이로 이루어진 가족'과 같은 형태로 존재하고 있다. 결혼이나 입양과 같은 형태로 매우 이질적이고 공존할 수 없을 듯한 민족과 문화와 나라와 종교가 친밀성의 단위인 핵가족 안으로 침투해 들어오는 형태이다.

초국적 가족과 후자에서 언급한 형태의 다문화, 다국가, 다민족, 다종교 가족들을 통틀어 일컫는 개념이 '세계가족' 이라는 개념이다. 세계가족이란 가족원들이 서로 다른 나라나 대륙에 흩어져서 거주하거나 혹은 서로 다른 나라나 대륙에서 온 타문화, 타인종, 타국적의 사람들이 한 가족이나 친척으로 묶이게 되는 현상을 말한다(Beck & Beck-Gernsheim, 2011: 36-37). 신자유주의 경제체제 하에서 가속화되는 세계화(globalization) 추세, 정보 및 통신기술의 발달 등으로 인한 문화 간 교류 및 국가 간 교류의 급속한 확대는 세계가족의 흐름을 만든 거시적 맥락이다. 이러한 세계가족은 그것이 어떤 동기로 시작되었든지 간에 이전 사회에서 상정하던 '일국적 정상가족(national-normative family)(Beck & Beck-Gernsheim, 2011: 13) 에서의 이탈을 의미하며, 일국적 정상가족을 경험하였던 세계가족 1세대의 사람들에게 '가족이란 무엇인지' 에 대해 상당한 혼란을 주며 사적 영역의 혁명을 일으키고 있다. 세계가족 형태를 선택하는 사람들에 대한 주변 사람들의 의문의 눈초리와 비난의 목소리는 차치하고라도, 세계가족 당사자들 또한 진정한 '관계' 란 무엇이며 과연 '가족'이란 무엇인지에 대한 근본적인 회의를 경험하며 '가족' 안에 머물러 있다. 이와 같은 세계가족의 확산되는 흐름 속에 한국의 기러기가족이 위치하고 있다면 기러기가족과 같은 초국적 가족현상은 쉬이 사라질 것 같지는 않다.

3. 한국가족의 특성과 기러기가족 선택의 맥락

이 절에서는 한국 중산층가족들이 장기간의 초국적 분거를 선택하면서까지 이루고자 했던 목적이 무엇이었으며 그것이 한국가족의 특성과는 어떤 관련이 있는지, 또한 그 중요한 목적에 비해 가족의 함께함과 관계의 가치는 어찌 그리 쉽게 포기될 수 있었는지에 대하여 생각해보고자 한다. 즉, 기러기가족을 선택하게 된 동기와 그러한 선택을 용이하게 한 맥락으로서의 한국가족의 특성에 대해 살펴볼 것이다.

1) 분거의 동기

가족은 일반적으로 한 지붕 아래에서 일상생활을 공유하는 집단으로 이해되고 있지만 실상 가족들이 동거하지 못하는 이유들은 역사적으로, 상황적으로 다양하게 존재해왔다. 한국의 현대사에서 대규모의 분거가족이 사회현상으로 나타났던 때가 중동지역의 건설노동자 파견을 하던 1970~80년대였으며, 지금도 많은 가족들이 주말부부의 형태로 살고 있다. 가족으로서 포기할 수 없는 가치들을 한 지역에서 모두 확보할 수 없을 때 그리고 그것이 함께 사는 것보다 더 중요하다고 여길 때 가족들은 분거를 선택한다. 이들이 포기할 수 없는 가치란 무엇인가?

남편을 중동의 건설현장으로 보낸 아내들, 남편의 지방근무에도 불구하고 자녀의 교육을 위해 서울이나 살던 지역을 떠나지 못하는 아내들이 말하는 분거의 주된 이유는 경제적 안정과 자녀교육이었다(김태현, 박숙자, 1992). 기러기가족들이 말하는 국제적 분거의 목적 또한 자녀교육이었으며 동시에 경제적 안정을 포기할 수 없기에 돈벌이를 하는 아빠는 한국에 남은 것이다(최양숙, 2006). 분거를 선택하는 한국가족들이 가장 중요하게 생각하는 가치관은 매우 일관되게 경제적 안정과 자녀교육이었으며, 둘 중 어느 것도 포기할 수 없기에 가족의 함께함이 포기되었다.

최양숙(2006)은 가족단위의 생존과 성공의 이상을 지향하는 욕구가 부부의 관계성보다 우선하는 것이 기러기가족이라 보았고, 조은(2008; Cho, 2005)은 기러기가족이 글로벌 세계경제 하에서 자본축적의 극대화를 위한 가족의 대처전략이라고 보았다. 세계 모든 민족들에게 자녀의 복지는 소중한 가치이겠지만 굳이 초국적 분거가족이라는 초유의 방법을 통하여 세계화시대에 열린 기회들을 선점하고자 하는 대열에는 중국과 한국의 가족들이 두각을 나타내고 있다. 이 두 나라가 공유하고 있는 그 어떤 것이 이와 같은 가족전략의 유사성을 띄게 하는지 생각해볼 일이다.

2) 분거를 용이하게 하는 가족적 맥락

자녀교육과 경제적 안정이라는 가치가 아무리 크다 하더라도 이보다 더 큰 가치가 포기되어야 한다면 장기적 분거는 선택되기 힘들다. 분거를 위해 포기되는 것은 가족의 '함께함' 혹은 '대면적 관계'라는 가치이다. 기러기가족을 선택한 사람들에게서 발견되는 놀라운 점 중의 하나는 이들이 가족관계에 영구적인 변화를 가져오는 초국적 장기분거의 생활양식을 선택하는 일을 '우연찮은 기회에', '순식간에', '어쩌다가' 선택하게 된다는 것이다(조은숙, 2010). 이렇게 빠른 의사결정을 하게 만드는 이들의 가족적 맥락은 무엇일까?

약화된 정서성과 강한 도구적 특성

우선적으로 꼽을 수 있는 기러기가족 선택의 배경에는 한국가족의 약화된 정서성과 강한 도구적 특성(최양숙, 2006)이 있다. 이들이 경험한 가족은 관계나 정서적 공동체이기 보다는 기능과 역할을 통해 가족원의 생존과 번영을 유지시키는 생존을 위한 터전으로 존재했기 때문에 장기적 분거를 통해 그리 잃을 것이 없었다는 것이다. 어차피 잠만 자고 나오는 곳이 가족이고 함께 살아도 대화다운 대화, 관계다운 관계가 없기 때문에 따로 떨어져 사는 것이 그리 큰 상실이 되지 않을 것이라고 믿었다는 것이다.

부부보다 자녀가 우선

부부관계보다 자녀의 복지를 더 우선시 하는 한국인들의 가족의식은 기러기가족 선택의 또 다른 중요한 맥락이다. 기러기가족은 아이들이 우선인 자식중심 부부들(조은, 2004)의 선택이다. 부부별거의 대가를 치르더라도 자녀를 잘 교육시키겠다는 의식은 자녀우선의 전통적 가족주의와 관련된다. 부모의 책임감이 부부의 정서적·성적 기능보다 우선하는 가족 특성을 나타낸다. 한국가족에게 서구식의 부부중심 가족의식이 정착하고 있는지에 대해 논란이 있는 가운데 (문선희, 2012; 백진아, 2007), 자녀를 위해 부부분거를 선택한 기러기엄마들은 남편보다 자녀가 중요하다는 가치관을 분명하게 표현한다.

그래도 자식이다. 그건 엄마의 모성 때문에 그래요, 책임 때문에. 남편이 오면 너무 좋아요. 그래도 선택을 다시 하라면, 애하고 있을래, 남편하고 있을래? 그러면 애하고 있어요.

기러기엄마 인터뷰 자료(최양숙, 2006: 46)

부부의 성역할분업체계

1990년대 말부터 2000년대 초에 급증한 기러기가족들은 소위 베이비붐세대의 중산층 가족들이었다. 이들은 남편의 부양자역할, 아내의 양육자 및 가사수행역할이라는 성역할분업이념이 보다 강한 세대의 사람들이었다. 남편이 가족소득(family income)을 벌어오는 동안 치열한 경쟁의 장으로 나가는 남편과 자녀들을 위한 기능적·정서적 지원군 역할은 중산층 전업주부들의 몫이었다. 이러한 성역할분업을 통한 가족의 이익을 극대화시킨 형태가 기러기가족이라고 볼 수 있다.

부부간 혹은 시댁과의 갈등

부부갈등 혹은 시댁과의 갈등이 심한 경우 이를 해결하기 위한 우회로로 기러기가족을 선택하는 경우들이 연구참여 가족들 가운데 드물지 않게 나타나고 있다(김양호, 김태현, 2009; 조은숙, 2010; 최양숙, 2006). 자녀교육은 가족갈등으로 인한 별거 선택을 포장해줄 수 있는 명분 있는 구실로 기능한다. 기러기가족의 다양한 사례들을 관찰한 캐나다교육청의 한 한국인 코디네이터는 부부갈등으로 기러기가족을 선택한 사람들의 사례를 다음과 같이 언급하였다.

> (무슨이유로 분거를 시작했는지) 그 속을 우리가 어떻게 알겠습니까만 그런 불손한 동기를 갖고 separation(별거)이 시작된 사람들은 결국 문제가 생기고 가정이 깨지는 경우가 훨씬 많고...... 아주 처음부터 예견한 건데 결국은 그런 식으로 가더라고요. 그런데 많이 cover up (감추어짐) 되지. 아무 일 없었던 것처럼 가고. 그런데 결국은 아니고.
>
> (조은숙, 2010: 110)

한국가족에서 외형상은 상당히 핵가족화 되었으나 연구에서 나타나는 결과들을 볼 때 여전히 시집관계를 무시할 수 없다. 최양숙(2006)의 연구에서는 심층면접대상 기러기아빠의 경우에 고부갈등을 언급하는 경우가 상당히 되고 장남인 경우도 20명 중 9명으로 나타났으며 장남이 아닌 경우에도 분거를 결정하는 과정에 고부갈등 문제가 얽혀 있었다. 기러기엄마의 경우 시집과의 갈등은 인식과 실제 경험에서 중요한 부분을 차지하였다.

> (시집갈등 때문에) 나는 너무 지옥이었어요! 처음에 (따로) 가서 사는데 천국이더라고(중략) 그런데 그전부터도 남자가 줏대 있게 좀 했었으면, 그걸 못해! 못했어요. 엄마편도 아니고 내편도 아니고
>
> 기러기엄마 인터뷰 자료(최양숙, 2006: 47)

이혼을 생각할만큼 해결되지 않던 가족갈등의 우회로로 선택되는 기러기가족, 이로 인해 결혼의 안정성이 확보되는 상태. 이는 가족관계의 질과는 관계없이 가족의 안정성을 추구하던, 그래서 낮은 이혼율이 유지되던 2000년 이전 한국가족의 모습과 닮아있다. 결국 한국가족은 경제적 기반이 약화될 때만 이혼을 하는 것일까? 결혼을 통해 서로가 얻고자 하는 것-남편은 자녀와 안정된 가정을, 아내는 경제적 안정을-을 확보하게 되면 별로 이혼하지 않는 것일까?

한국가족은 친밀감의 공동체인가 도구적 공동체인가? 한국가족은 자녀중심에서 부부관계중심으로 바뀌었는가? 한국가족의 성역할분업이나 역할공유에 대한 의식은 어떻게 변화하고 있는가? 한국가족의 의식변화를 이야기할 때 자주 등장하는 질문들이다. 연구들은 한국가족이 전통과 현대의 모습이 혼재하는 형태를 띠고 있다고 보고한다(장혜경 외, 2005; 조희금 외, 2010). 이 와중에 기러기가족을 선택하는 가족들은 '과거로의 회귀'를 명백하게 보여준다. 한국의 중산층가족들이 자녀교육이라는 가족적 과제 앞에서 위기감을 느끼며 선택한 기러기가족은 한국인들의 내면 깊숙이 자리한 가족의식이 무엇인지를 보여주는 것은 아닐까. 현대 한국인들이 보여주는 가족관계에 대한 관심, 부부중심의 가치지향, 성별분업보다는 역할공유에 대한 추구 등의 모습은 겉모습일 뿐이고 위기감을 느낄 때 의사결정을 통해 드러나는 속마음에는 도구적 가족, 자녀중심의 가치, 성별분업의 기능성 등 전통 가족주의에서 나타나는 가치관들이 여전히 강력한 힘을 발휘하고 있는 것으로 보인다.

4. 기러기가족에서 일어나는 가족관계의 변화

기러기가족은 짧게는 1~2년, 길게는 10년 이상의 분거를 하게 되고, 분거하던 아빠 혹은 남편과의 대면접촉은 1년에 한두 번, 1회에 일주일 혹은 길게는 한두 달 정도에 불과하다. 대부분의 의사소통은 인터넷이나 전화를 활용한 교신이며, 대면접촉에서만 가능한 신체적이고 비언어적 의사소통이나 신체적 접촉이 대체로 결여되어 있다. 대면접촉의 결여만 문제가 되는 것이 아니다. 미국, 캐나다, 뉴질랜드 등 영어권의 서구문화 속에서 영어공부라는 지상명령을 수행하고 있는 아이들은 영어와 함께 서구문화를 급속도로 흡수하게 되며 가족 안에서는 두 개의 다른 문화권이 묘한 갈등기류를 형성하며 존재하게 된다. 이 절에서는 기러기가족 안에서 일어나는 가족관계의 변화에 대한 실증연구 결과들을 정리해보고자 한다.

1) 분거상태 가족원 간의 갈등의 감소 및 친밀감 감소

기러기가족은 분거 가족원 간의 일상적 상호작용의 부재로 인한 갈등 및 친밀감의 감소 즉 관계의 소원함이 두드러진다. 가족정체감을 공유한 가족원들 간에 대면적 상호작용의 부재를 보완하기 위해 이메일, 화상채팅, 전화와 같은 대안적 방법이 동원되지만 이런 방법들은 언어화되고 요약된 커뮤니케이션이라는 한계를 지닌다. '저녁식사를 준비하면서 나누는 잡담'과 같은 식의 편안한 일상적 상호작용의 부재(Gerstel & Gross, 1984: 55-57)는 이들이 다시 만났을 때 서먹하고 이상한 느낌을 만들어낸다. 김광기(2009)는 이러한 현상을 '가족이라는 추상과 구체성을 연결하는 대면적 상호작용의 부재가 가족이라는 사회적 현실을 사라지게 만든다'고 논하고 있다. 가족 간의 상호작용 부재는 가족원 서로의 삶에 대한 세밀한 이해를 불가능하게 한다(Lam, 1994). 한 기러기가족 아내의 이야기이다.

> 공유할 수 있는 게 없어요. 일단은 몸이 떨어져 있으니까 그래서 더하구……
> 그래도 한국에 있을 때는 드라마라도 보면서 쟤가 어떻다느니 하면서 말이라도
> 섞잖아요. 근데 이제는 전혀 알 수가 없죠. 그 사람이 뭘 하는지……내가 어디에
> 있는지……그래도 처음 한 일년은 궁금해 하고 묻기도 하고 했는데 그게 길어지
> 고 타성화되니까……
>
> 기러기엄마 인터뷰 자료(김양호, 김태현, 2009: 315)

자녀와 아빠와의 관계도 소원해진다. 아이들은 아빠가 자신들을 위해 수고한다는 것을 알지만 오랜만에 방문한 아빠에 대해 거리감을 느끼고, 한국식으로 자신들을 훈육하려는 아빠에 대해 불편함을 쉽게 느끼게 되며, 이러한 자신들의 마음에 대해 자책하거나 죄의식도 가진다(김희정, 최연실, 2012). 아이들은 심지어 오랜만에 방문한 아빠에게 아빠가 결여된 시간 동안의 아빠의 희생을 생각하기 보다는 '아빠는 우리에 대해 아무것도 모른다'는 식의 반응을 보이기도 한다(조은, 2004). 아빠는 분거 이전보

다 한층 긴밀해진 모-자녀 간의 유대를 느끼며 상대적으로 서운함과 소외감을 느끼게 된다. 모-자녀, 그리고 한국에 있는 아빠 간에는 하나의 가족체계인지 분리된 체계인지 구분하기 힘든 어중간한 경계선이 그어진다(조은숙, 2010). 엄마와 아이 간의 이 유대감은 오랜만에 만난 아빠라는 존재를 '외부 침입자'라고 인식하게 만든다.

기러기엄마 인터뷰 자료(조은숙, 2010: 104)

북미지역 통근가족의 가족생활에 대한 십년간의 연구결과를 검토한 Rhodes(2002)는 가족체계가 변형되지 않고 유지될 수 있는 만남의 간격은 한 달이 최대라고 보았다. 한국가족이 이런 서구가족의 연구결과에 그대로 적용이 될지는 의문이지만, 만남의 간격이 친밀감의 유지에 중요한 역할을 하는 것은 사실인 듯하다. 베이비붐 세대의 국내 분거가족을 연구한 한 연구(윤경자, 임주영, 2011)에 따르면 분거가족의 만남의 빈도가 1-2주에 한번인 경우와 그보다 뜸한 경우에 통계적으로 유의미하게 결혼만족도에 차이가 나타나는 것으로 보고된다. 만남의 간격과 친밀감은 여전히 상관이 있다는 뜻이다.

먼 거리를 뛰어넘어 가족의 정체성을 유지하기 위해서는 특별하고 의도적인 가족원의 노력이 필수적이다. '세계가족'이 하는 '장거리사랑'이 가지는 취약성에 대해 Beck과 Beck-Gernsheim(2011: 93)은 '장거리 사랑을 하는 사람들은 서로 간의 먼 거리를 뛰어넘어 가까움을 느낄 수 있는 것으로 만들기 위해 친밀성의 기술을 자유롭게 구사할 줄 알아야 한다'고 하면서 다음과 같이 충고하고 있다.

장거리의 친밀함이라는 것은 낭만적으로 들릴 수도 있지만 그러한 낭만주의는 규칙성, 신뢰, 장기적 계획이라는 냉철한 미덕들이 있어야 유지될 수 있다. 장

(Beck & Beck-Gernsheim, 2011: 93)

감정적 교류가 적어지게 되면서 긍정적인 효과도 있다. 갈등이 심하던 부부들의 경우 갈등의 우회로로서 기러기가족, 즉 분거를 선택한 후로 갈등이 감소하고 부부의 법적관계를 무난하게 유지해내는 모습을 볼 수 있다(최양숙, 2006). 자녀교육으로 인한 별거라는 타당한 이유가 갈등으로 위기에 있는 부부관계의 안정화를 가져오고 있다. 그러나 이 갈등의 소강상태는 갈등에 대한 단순한 회피에 불과하기 때문에 갈등이 해결되지 않을 경우 기러기가족이 장기화되어 아이의 교육이 끝난 후에도 아내가 남편이나 시댁이 있는 한국으로 돌아가지 않으려하는 경향을 낳게 된다(김양호, 김태현, 2009).

2) 남녀경험의 차이: 행복한 기러기엄마, 불행한 기러기아빠

기러기가족의 가족관계에서 가장 두드러지는 특징 중의 하나가 남편과 아내의 분거경험이 매우 상이하다는 점이다. 초기에는 분거로 인한 불편함과 홀가분함을 부부가 공히 느끼다가 점차 분거가 길어지면서 남편은 외로움과 그리움, 처자로부터 느끼는 소외감 등 부정적 감정을 호소하지만 아내는 남편 없이 지내는 외국생활에서 누리는 독립성과 자율성, 홀가분함 등으로 인해 분거생활을 즐기게 된다. 대체로 아내들은 분거를 연장하고 싶어하고 남편들은 계속 연장될 수밖에 없는 분거의 현실 앞에 불안과 초조를 경험한다(엄명용, 2002; 이두휴, 2008; 최양숙, 2005; 최양숙, 2006).

기러기남편이 되면서 남성들은 다시 미혼자로 돌아간 것 같은 홀가분함과 자유를 느끼기도 하는 것으로 보인다. 그러나 얼마 지나지 않아 대부분의 남편들은 일상생활을 공유할 가족이 없음으로 인한 외로움과 떨어져 있는 처자들에 대한 그리움, 그리고 성적인 어려움을 호소한다(김양희, 장은정, 2004; 엄명용, 2002; 이두휴, 2008; 최양숙, 2006). 이 외로움으로 인해 남편들은 이 시기가 가족의 소중함, 아내의 소중함에 대해 다시 생각할 수 있는 '철이 드는 시기'였다고 표현하기도 하였고, 외로움의 대안으로 아내 이외의 성적인 대안을 찾게 되기도 한다(조은숙, 2010).

반면 아내들은 처음 1년 정도는 현지생활 적응과정에서 어려움을 겪으면서 남편의 빈자리를 많이 느끼게 되지만 초기 적응이 끝나면 '혼자서 살아낼 수 있다'는 자신감을 얻게 된다. 한국에서는 남편에 의해 도움을 받던 대외적인 기능, 예를 들면 자동차나 집을 사고파는 일, 이사 같은 일에서도 아내에 의해 결정이 이루어지며 아내는 가정의 실질적인 '보스'가 된다. 남편과 시댁의 구속으로부터의 자유롭고 홀가분한 기분, 영어공부와 취미생활, 친구관계 등으로 찾은 삶의 여유 등으로 인해 외국생활을 즐기게 된다(조은숙, 2010; 최양숙, 2006).

이와 같은 분거에 대한 남녀 경험의 차이로 인해 기러기가족이 다시 결합하게 되면 최소한 초기에는 대체로 부부갈등을 경험하게 된다. 남편 없는 자유로운 삶을 일정기간 경험해본 아내들은 남편과 함께 사는 것 자체에 어려움을 겪는다. 함께 살게 된 남편에 대한 아내들의 감정은 놀랍게도 '귀찮음' '짜증' '답답함' '캄캄함'과 같은 단어로 표현된다(조은숙, 2010). 아이들과 뉴질랜드 조기유학 2년을 마치고 한국의 남편과 재결합했다가 1년 반 후에 다시 캐나다로 아이들을 데리고 온 한 기러기 엄마의 이야기다.

> 정작 기러기가족은 떨어져있을 때는 괜찮아요. 다시 합쳤을 때 문제가 생겨. 우리집 같은 경우는 그런 걸 느꼈어. 근데 저뿐만이 아니라 모든 사람들이 열이면 열 다 똑같은 소리를 해. 이게 딱 떨어져 있으면서 오는 그 괴리랄까. 뭐 이런 거 때문에 처음에 다시 만났을 때, 아, 캄캄해. 한 공간에서 다시 같이 산다는 거 자체가 캄캄해. 한국가면 다 좋아질 줄 알았는데... 그걸 조율하는데 6개월 이상 걸렸어요. 힘들었어요. 근데 어떤 엄마는 일년 이상 걸린다...... 그래가지고 이혼하는 거잖아요. 결국은.
>
> 기러기엄마 포커스집단 인터뷰 자료(조은숙, 2010: 102)

부부가 서로 떨어져 산다는 경험은 동일하고, 아내 또한 외국 현지에서 자녀들 뒷바라지로 마음고생, 몸고생을 하는 것은 사실인데 어떤 연유로 아내들은 남편들에 비해 기러기가족생활을 더 긍정적으로 경험하는 것일까? 원래 살던 나라를 떠나는 것은 기득권을 가진 사람들에게는 상실이지만 주변화된 삶을 살던 사람에게는 새로운 기회가될 수도 있다. 사회적으로 주변화된 존재였던 여성들은 세계의 동에서 서로 이동할 경우 새로운 삶의 기회를 만날 수 있기에(Beck & Beck-Gernsheim, 2011: 224) 이들에게 세계가족의 경험은 가끔 자아의 성장과 자율성의 실현을 가져온다. 현지에 적응한 여성들은 본국으로 돌아갈 가능성이 보이면 갑자기 주저하고 보류하고 일정을 연기하기 위해 중요한 이유들을 만들어낸다. 이런저런 현실적인 이유를 대면서 가족을 고향으로 데려가려는 남편의 시도를 막는다(Beck & Beck-Gernsheim, 2011: 225). 기러기가족 아내들도 이와 같은 맥락에서 한국 귀환을 늦추는 경우를 쉽게 발견할 수 있다(김양호, 김태현, 2009).

3) 기능 중심으로 유지되는 가족관계

성애가 포함된 친밀한 부부관계를 중시하는 서구인들의 눈에 장기적인 부부의 분거에도 불구하고 이혼하지 않고 잘 살아나가는 아시아인 부부는 '신기한' 대상이다. "어떻게 그것이 가능한가요?" 라고 그들은 묻는다. 성과 친밀감 없는 기러기부부의 결혼안정성이 어떻게 가능한지에 초점을 맞춘 한 연구(조은숙, 남영주, 2011)에 따르면 이들 기러기부부들은 자신들의 부부관계를 동업자의 관계로, 남편의 외도는 '몸만 나가는' 것으로 과소평가함으로써 외도의 위협 속에서도 가족의 안정성을 유지해나가고 있었다.

이들은 대체로 장기분거로 인한 성적인 거리감과 친밀감의 부재, 외로움으로 인한 고통 그리고 성적 욕구의 미해결로 인하여 특히 남편 쪽의 외도 및 이로 인한 가정해체의 위협을 느끼고 있는 것으로 나타났다. 배우자의 외도에 대해서는 '봐줘야 하는 필요악'이라는 시각으로 이해하고 있었다(조은숙, 남영주, 2010). 즉, 남성의 매매춘이나 외도를 '몸만 가는 것'이므로 봐줄 수 있으며, 그로 인해 '돈이 나가거나' 가정이 파괴된다면 큰

일 난다는 입장을 취한다. 기러기가족 아내와 남편으로 이루어진 한 포커스그룹(조은숙, 남영주, 2010)에서는 기러기엄마들 사이에 '외도를 모르는 척 해주는 것이 더 현명한 대처'라는 견해, 심각한 외도로 인한 이혼의 위기가 닥치면 '내가 최대한 가질 수 있는 재산이 얼마인지를 생각'하는데 주력해야 한다는 시나리오가 존재한다는 것도 확인할 수 있었다. 원래 성과 사랑, 결혼에 대한 근대적인 각본(이성은, 2006)을 수용하였던 세대인 기러기가족 연구 참여자들은 장기분거가족이라는 현실에 적응하기 위해 그 각본을 포기하고 있었다. 그리고 남편, 아내 각자가 맡은 가족역할에 더욱 충실히 하여 자녀교육이라는 과업을 성공적으로 성취함으로써 부부관계의 안정성을 꾀하는 태도를 취하고 있었다(조은숙, 남영주, 2010).

전통적 성역할분업체계에 따라 남편은 부양자역할을 아내는 양육자의 역할을 각각 분담하고 있는 기러기부부는 기능적인 면에서 극도로 상호의존적이다. 외국현지에서 기러기엄마가 취업을 하거나 할 수 있는 경우가 거의 없기 때문에 아내들의 남편에 대한 경제적 의존도는 한국에서보다 더 크다. 한편 자녀교육과 관련된 대부분의 결정과 세부적인 관리는 엄마의 역할이다. 이에 대해 기러기엄마들은 자녀교육이라는 지상과제 수행을 위한 '남편과의 동역'(김선미, 2007)이라 이해하며, 자신과 남편은 부부 이전에 '동업자'(조은숙, 2010)라고 개념화한다. 기러기가족 부부들의 관계는 한국에 살고 있는 일반 부부들에 비해 친밀감보다는 역할수행에 치중된 동업자의 모습을 띠고 있으며, 이러한 부부역할의 개념화는 성과 친밀감이 결여된 부부가 안정성을 확보하는 중요한 대처기제로 보인다.

부-자녀의 관계 또한, 일상적 친밀감이 희박해져가는 빈자리를 결국은 기능이 채우게 된다. 기러기가족 안에는 "아빠가 우리들을 위해 희생하고 계시니 우리는 돈을 아껴 써야 하고, 그리고 너희들은 공부를 열심히 하고 바르게 행동해야 한다" 라는 가족규칙이 발견된다(김희정, 최연실, 2012). 기러기엄마들은 아빠의 희생을 내세워 자유분방한 현지 교육에서 아이들의 행동을 규제하고 있었다. 그러나 아이들은 자신들의 교육을 위해 부모들이 희생했다는 것이 자신들에게 큰 부담으로 작용한다고 느낀다(Lam,

1994: 176). 학업적 성취를 제대로 이뤄내지 못한 자녀들은 매우 큰 심리적 압박감과 부담감을 느낄 수밖에 없다. 필자도 기러기가족들을 인터뷰하면서 '오랜만에 방문한 아빠가 아이의 성적표를 보고 노트북컴퓨터를 던져서 부숴버렸다'는 등의 아이의 성적과 행실에 지나친 기대를 하는 아빠들과 이로 인한 부-자녀관계의 극심한 갈등 사례들을 자주 관찰할 수 있었다.

아빠는 부양자역할, 엄마는 양육자역할, 그리고 아이는 공부 잘해서 부모 기대에 부응하는 역할 이 삼박자가 맞아떨어질 때 기러기가족은 친밀감이라는 접착제가 없어도 순항한다. 그러나 이 셋 중 어느 하나라도 어긋나면 가족이 겪는 갈등은 더욱 심각해진다. 친밀감이라는 윤활유가 없기 때문이다.

4) 현지문화 동화 속도의 세대 간 차이

기러기가족의 또 다른 특징은 가족 안에 두 개 이상의 문화권이 존재하기 시작하면서 이질적 문화 간의 충돌이 가족갈등으로 이어진다는 점이다. 기러기엄마와 아이들의 외국적응과정은 현지문화에 대한 문화변용(acculturation)의 과정이다(김경화, 2010). 한국문화와 현지문화 사이의 접변으로 인해 일어나는 문화변용과정에서 가장 빠른 속도로 현지문화화 되는 쪽은 아이들이다. 성인이 되어 한국을 떠난 엄마의 경우와 달리 아이들은 현지풍습과 언어를 습득하는 만큼 한국어와 한국문화에서 멀어지게 된다. 현지문화와 언어에 잘 적응하지 못하는 엄마에 대해 아이들은 무시하거나 창피해하는 등의 반응을 보이기도 하고, 엄마가 못해내는 영어 의사소통 등을 대신해주면서 가족 안에 부모자녀의 위계전도현상까지 일어난다(김희정, 최연실, 2012). 문화화과정에서 아이와 엄마의 속도 및 질적 차이는 이로 인한 세대간 갈등의 가능성까지 엿보게 한다(김영희 외, 2005; Cho & Shin, 2008).

그러나 이 문화화 과정에서 가장 문제가 되는 부분은 현지문화에 거의 적응하지 못하는 아빠이다. 영어권의 우월한 교육 속에서 한국의 예의범절을 갖추고 멋있게 자라날 자녀를 기대했던 아빠들은 한국인과 외국인의 중간지대에 서있는 자녀의 모습을 보면서 미래에 대한 불확실성과 불안감, 희생의 가치에 대한 의구심을 가지게 된다(이두휴, 2008). 오랜만에 아이들을 만난 아빠들이 현지화된 아이들에 의해 현지문화의 잣대로 자신의 (훈육)행동을 평가받으면서 아빠다운 대접을 받지 못한다고 느낄 때가 많다. 초등학생이었던 아이가 어느새 사춘기 청소년이 되어 아빠에게 대들기 시작하는데, 그 사이 자녀의 성장을 날마다 경험하지 못했던 아빠는 문화의 충격과 더불어 자녀의 달라진 발달단계에 적응하는데도 실패한다. 이 때 아빠들이 느끼는 좌절감과 분노는 가끔 가정폭력이라는 문제로 비화된다. 캐나다 교육청의 한국인 코디네이터는 다음과 같은 사례를 언급하였다.

> 아빠가 나중에 드디어 왔는데, 5년도 넘게 있다가, 어린이가 청소년이 된 거였는데, 그 아이가 아빠를 못 보는거야. 예를 들어서 언성이라도 높이면 정식으로 claim(문제제기) 하고 그러니까, 경찰까지는 연루가 안됐는데, 아이가 (캐나다 시스템을) 다 아니까 '(아빠가 집에) 들어오면 신고하겠다'까지 상황이 간 것 같아.
>
> (조은숙, 2010: 107)

가족 안에 존재하는 두 개의 문화권, 그리고 각각의 문화에 대한 문화화 정도의 차별성, 아이의 성장과정에 함께 하지 못했기 때문에 아이가 보여주는 청소년문화를 납득하기 힘든 아빠, 이런 것들은 여전히 잠재적인 가족갈등의 원인으로 남게 된다.

5. 마치며: 기러기가족에서 나타난 한국가족의 특성과 미래 전망

기러기가족은 신자유주의 경제체제 하에서 가속화되는 세계화의 흐름 가운데 한국중산층 가족이 선택한 가족전략으로 이해된다. 또한 기러기가족은 허락되는 최대한의 기회를 자식에게 부여하고 싶은 부모애와 자녀교육이 가족에게 가장 중요하다는 가족이념이 결합되어 만들어진 한국형 초국적 가족이며 세계가족의 한 형태이다. 기러기가족의 양태를 통해 드러난 한국가족의 특성들과 기러기가족현상에 내포된 가족적, 사회적 함의를 짚어보면서 글을 마무리하고자 한다.

첫째, 오늘날 한국가족은 그 가족의식이나 가족관계의 특성에서 전통성과 근대성의 양면적 모습을 다 보여주고 있지만 가족의 이익을 위하여 결정적인 선택을 해야 하는 상황에서는 전통가족주의 가치관에 가까운 방식으로 사고하고 행동한다는 점을 발견하게 된다. 그간 한국가족에 대한 실태조사 결과들(장혜경 외, 2005; 조희금 외, 2010)은 특히 청장년층이나 교육 및 경제수준이 높은 가족들을 중심으로 부부중심, 관계중심, 성역할공유 지향성, 핵가족 중심의 근대적이고 서구적인 가족가치관이나 행동양식들이 점차 수용되어가고 있는 것으로 보고하였다. 그러나 기러기가족들이 취하는 의사결정과 대처전략들은 근대성보다는 전통가족주의와 더 가까이 맞닿아 있다.

기러기가족은 자녀의 교육과 경제적 안정이라는 도구적 가치가 친밀감이나 함께함의 가치보다 우위에 있는 가족들의 선택이다. 그리고 이 선택은 이미 한국가족에 존재하고 있었던 낮은 정서성과 높은 도구성, 부부보다 자녀를 우선하는 가치관, 성역할분업의 가치관, 가족관계의 질보다는 이혼하지 않는 안정성을 추구하고자 하는 특성과 결합하면서 타당성을 확보하였다. 기러기가족을 선택하는 한국의 중산층들이 자녀교육과 관련하여 느끼는 위기감은 이들에게 가장 익숙한 것-도구적 가족주의가치관-으로의 회귀를 하도록 만든 것은 아니었을까? 그렇다면 오늘날 보통의 한국인들에게서 보이는 관계회복에 대한 강한 욕구는 무엇인가? 건강가정지원센터의 가족생활교육과 상담, 가족문화프로그램에 참여하는 가족들이 추구하는 친밀하고 서로 사랑하는 가족의 모습은 한국가족의 모습이 아닌 것인가? 현대 한국가족이 가진 다층적인 면모들을 발견하게 되는 부분이다.

둘째, 가족에 대한 가치관이 도구적, 기능적이며, 낮은 정서성에도 불구하고 높은 안정성을 추구하는 한국의 전통가족주의는 세계화시대 경쟁의 소용돌이에서 살아남기에 매우 기능적인 모습을 띠고 있다는 점이다. 기러기가족을 비롯한 아시아의 교육이민가족들은 가족의 '관계성'을 상대적으로 더 추구하는 서구인들은 감히 상상할 수 없는 모습으로 초국적 분거를 통해 때로는 높은 성취를 이루며 선진국의 좋은 일자리들을 점유해 나가고 있다. 보수적인 가족관을 가진 한국인에게 기러기가족은 심정적으로는 선뜻 수용하기 힘든 가족생활양태이다. 그러나 그것이 바로 한국의 가족주의적 가치관에 근거하여 선택되고 유지되고 있다는 점은 상당한 역설이다. 구시대의 것이라 치부하였던 가족주의 가치관이 21세기 신자유주의 경제체제에서 경쟁력을 가진다는 것도 흥미로운 점이다.

셋째는 분거의 경험을 통해 기러기가족들은 다른 형태의 가족을 경험하였고, 이러한 세계가족의 경험은 점차 다른 한국인들의 가족개념에 영향을 미칠 것으로 예상한다. 기러기가족을 선택한 가족원들은 분거가 장기화되어갈수록 분명하게 나타나는 가족관계의 변화에 당황하면서도, 그 변화를 담담히 받아들이고 자신들의 선택을 합리화시키는 반응을 나타낸다. 분거의 경험은 긍정적 혹은 부정적으로 다양하게 나타나지만 결국 이들의 이야기는 보통의 한국인들에게 '저렇게도 살 수 있구나', '저것도 가족이 살아가는 하나의 방법이구나'라는 가족개념인식의 확장을 가져올 것이다.

많은 기러기가족들은 분거의 경험을 통해 가족은 함께 살아야 한다는 관념이 때로는 포기될 수 있으며, 포기된다 해도 가족이 여전히 가족일 수 있다는 경험을 한다. 물론 분거이후의 가족은 분거이전의 그 가족(the family)과는 결코 같지 않다. 자녀의 더 나은 교육이라는 꿈은 실패로 끝나고, 분거는 장기화되고, 남편은 경제적인 핍절을 경험하며, 끝내 재결합에 성공하지 못하고 가족이 해체되는 불행을 맞이하는 가족도 드물지 않다. 반면 분거를 통해 자녀의 높은 성취를 경험하고 부모들도 이주 현지의 문화와 변화들을 잘 수용하여 통합되고 더 나은 가족생활을 영위하는 기러기가족들도 있다. 보통의 가족들의 삶의 질이 다양하듯이 기러기가족들의 삶의 질도 다양하다. 결국 분거라는 것이 문제가 되는 것이 아니라 그런 상황에 어떻게 대처해 나가는가 하는 것이 문제가 된다고도 볼 수 있다.

　기러기가족들에게 가장 힘든 것 중의 하나는 '다른 사람들의 부정적인 시선'이다. 그것만 없다면 기러기가족생활 그 자체는 견딜만하다(김선미, 2007; 조은숙, 2010)고 말하는 경우가 대부분이다. 즉, '일국형 정상가족'을 고집하는 사람들이 보내는 비판적인 시각만 없다면 기러기가족이라는 것도 하나의 가족으로 받아들일만 하다는 것이 그 가족을 경험한 이들의 대체적인 목소리이다. 필자는 기러기가족에 대한 사람들의 곱지않은 시선을 알고 있지만, 사람들이 도시화와 산업화의 폐해를 알면서도 경제성장에 대한 끝없는 욕구를 멈출 수 없듯이 기러기가족과 같은 초국적 가족으로의 추세 또한 이미 멈출 수 없는 세계적 추세가 된 것이 아닌가 하는 생각을 한다. 그리고 이들의 이와 같은 세계가족경험은 서서히 한국사회에 스며들 것이고, 이로 인한 가족개념의 확장은 불가피하지 않을까 조심스럽게 전망해본다.

　기러기가족에 대한 논의는 결국 가족의 본질이 무엇인지에 대한 논의로 귀결된다. 가족이란 무엇일가? 우리는 왜 결혼을 하고 아이를 낳으며 가족으로 함께 있는 것일까? 세계 반대편 어디에라도 나와 가족이라는 정체감으로만 묶여있다면 함께 산다는 것은 포기되어도 될까? 함께 살지 않더라도 나와 가족이라는 유대감을 가진 사람이 존재한다는 것은 그렇지 않은 것에 비해 더 살만 한 것인가? 기러기가족으로 인해 결국 가장 큰 피해를 입는 사람들인 기러기아빠들은 왜 자발적으로 그러한 희생을 감수하게 되는가? 좋은 가족이란 어떤 가족을 말하는가? 기러기가족은 이런 질문들을 우리에게 던져준다. 어떤 형태의 가족생활이 좋은 가족생활인지에 대한 대답은 이제 각자가 찾아내야만 하는 것일까?

이소영

가족 및 지역 공동체의 다양성 및 이들의 유기적 관계에 관심이 있으며, 가족의 다양성, 한국 이민자 가족, 한국가족, 비교가족연구, 지역공동체연구, 가족생활교육 프로그램 개발 및 평가, 초기 성인들의 결정과정 등에 관한 연구를 주로 수행하고 있다. 이 글은 미국 내 한국 이민자들의 문화적응에 대한 태도를 이차원적 접근법으로 살펴봄으로써, 복잡하고 유동적인 한국 이민자 가족의 문화적응 과정을 현재 시점에 맞게 재해석해보고자 하는 데 목적이 있다.

7장.

변화하는 한국 이민자 가족:
이차원적 문화적응 태도를 중심으로

　　미국에 온지 어느덧 10년이 훌쩍 넘은 이 시점에서 내가 한국인이라는 점을 가장 절실하게 인식하고 가장 강하게 강조할 때 중의 하나는 바로 "Are you Chinese?" 또는 "Are you Japanese?"라는 질문을 받고 "No, I am Korean."이라고 대답할 때이다. 미국 사회에 진출한 한국인들의 수가 지속적으로 증가하고 있으며, 미국 내 한국인 또는 한국계 미국인의 지위가 많이 향상되었음에도 불구하고, 한국인은 항상 중국인과 일본인 다음으로 아니면 또 다른 국가들이 언급된 후에나 나오는 경우가 많다. "Are you Korean?"하고 한방에 묻거나, 외국식 발음이 섞인 "안녕하세요?"를 듣게 되면 정말 반갑고, 엄지손가락을 번쩍 치켜 올리며 미소라도 한번 더 지어주게 된다. 내가 한국인임이 밝혀지면, 다음으로 많이 받는 질문은 "Are you North Korean or South Korean?"이다. 여기서 한국은 조금 더 아는 사람들은 나에게 "I love Kimchi." 또는 "I love Bulgogi."를

169

외친다. 나를 비롯한 많은 한국 사람들이 맨날 김치만 먹고 불고기만 먹는 것도 아닌데, 참 신기하게도 김치와 불고기(또는 갈비)의 언급은 백발백중이다. 우리나라는 예로부터 채식 문화도 잘 발달해 있다고 넌지시 알려주면, 모두 깜짝 놀란다. 이러한 가장 기본적인 질문들과 상황들에 열정적으로 대답하고 나면 - 역사적, 문화적, 개인적인 상황에 대한 부가 설명까지 곁들여 가며 - 나의 한국인으로서의 정체성이 마구 상승하는 가운데 또한 내가 한국을 참 모른다는 자각심도 함께 들면서 이런저런 생각을 하게 된다.

미국에서 한국임을 잊지 않고 살아가지만, 미국에서 생활한 시간이 점점 길어져 가면서, 이제는 종종 어른들이 "쟤가 미국 사람이 다 되었네..." 하신다. 미국에서 생활하면서 내가 그렇게 많이 변한 것일까? 나는 정말 미국 사람이 되어가는 것일까? 미국에서 살면서 과연 내가 변하지 않는 것이 가능할까? 어떤 한국적인 면이 아직 나에게 남아있을까? 나의 생각과 행동의 어떤 면들이 미국적인 특색을 띄고 있는 것일까? 이런 저런 생각 속에, 이젠 한국인도 미국인도 아닌 과도기에 머물고 있는 나라고 생각이 들 때도 많이 있다. 그러나 그보다는 나는 미국에서 생활하고 있는 한국인의 한 사람으로서 한국과 미국의 여러 특성들을 나만의 방식대로 이해하고 살아가고 있다고 주장하고 싶다. 그렇다면 미국 내 다른 한국인들은 어떻게 살아가고 있을까? 나와 비슷한 상황일까? 아니면 그들 나름대로의 또 다른 모습으로 적응해 가고 있을까?

1. 미국내 거주하는 한국인들의 인구학적 분포

1965년 미국 이민법이 대대적으로 바뀐 이래 2010년 현재 미국에 거주하는 한국인 및 한국계 미국인은 1,463,474명으로 2000년 1,099,422명에 비해서 33.1%나 증가하였다. 이러한 숫자는 미국에서 태어난 한국계 혼혈인들과 미국 내 이민 이외의 이유로 단/장기간 거주 중인 한국인들, 그리고 불법이민의 경우까지 합하면 더욱 많아진다(Hoeffel, Rastogi,

Kim, & Shahid, 2012; Yoon, Pan, & Lubkemann, 2012). 미국에 거주하고 있는 한국인 또는 한국계 미국인들은 소위 "모델 마이너러티[1]"라 불리며 최근 미국 내에서 경제적, 사회적, 정치적으로 중요한 자리를 잡아가며 미국 내에서 핵심적인 소수민족으로서의 지위를 확보해 나가고 있다. 예를 들면, 최근에는 한국이민자들 대다수가 소규모 가족단위 자영업(세탁소, 델리 등)을 영위하던 예전의 추세에서 벗어나 이들이 종사하는 직업의 종류가 다양화 되어가고 있다. 뉴욕 월가에서 각종 펀드매니저로 활약하고, 변호사로 활약하고, 다양한 교육·연구 분야에 종사하는 한국인들의 수가 늘고 있다. 이들의 직업의 다양화로 인한 미국 내 경제적·사회적 지위가 상승하면서 한국계 미국인들의 비영리 단체 후원이 커져간다는 기사도 나오고 있으며, 예전과 달리 미국내 정치권에도 활발하게 참여하고 있다. 또한 이들의 지역 공동체 및 한인 공동체의 위상을 높이고자 하는 노력도 늘어나고 있다. 이러한 현상은 한국인들의 최근 이민 동향과도 잘 맞물리고 있다고 볼 수 있겠다. 과거 6·25 전쟁 이후 소수의 한국인이 전쟁 고아, 전쟁 난민, 미군의 부인으로 이민하던 시기(1951-1964), 정치적·경제적 이유로 American Dream을 이루고자 모든 것을 버리고 미국에 와서 처음부터 다시 시작하는 마음으로 미국 이민 생활을 영위하던 세대(1970-1980)와는 달리, 현재에는 자녀의 교육을 위해 이주하거나, 한국 내에서의 안정된 기반을 바탕으로 좀 더 나은 생활을 영위하고자 하는 고학력의 한국 지식인들의 이민 추구 현상이 증가하고 있다. 또한 기러기가족으로 잘 알려진 조기 유학생 및 그들의 부 또는 모의 장기 거주가 늘어남으로써 미국 내 한국인의 수가 증가하고 있다(Kang & Larson, 2014; Yoon et al., 2012). 게다가 제 2·3 세대 한국계 미국인들의 수가 증가함으로써 비

[1] 모델 마이너러티는 1960-80년대에 미국 내 정치, 사회적 상황과 맞물려 성립된 용어로서, 미국 내 아시안 이민자들의 성공 사례를 빗대어 이들의 근면성, 인내심을 다른 소수민족 이민자들이 본받아야 한다고 강조하기 위해서 이용되어 왔다. 이 용어는 표면적으로는 긍정적인 의미를 지닌 듯하나, 미국 주류 사회에서 인종 차별 및 인종 관련 고정 관념(stereotype)을 전파하는 데 이용하여왔다는 점에서 비판을 받아 왔다(Osajima, 2005; Wu, 2014).

교적 문화적, 언어적 적응에 어려움이 덜한 이민자 자녀들의 미국 사회의 진출도가 높아짐으로써 이러한 현상은 더욱 박차를 가하게 되었다(Ryan, 2013).

이렇게 미국 내 한국인 및 한국계 미국인들의 생활 무대가 점점 넓어져 가고 있는 상황에서, 나는 미국에서 살고 있는 한국인 및 한국계 미국인들이 갖고 있는 가치관과 그들의 적응 양상에 관심을 갖게 되었다. 한국인이라는 민족성이 과연 이들의 삶에서 중요한 것일까? 한국인으로 미국 사회에서 살아간다는 것은 무엇을 의미하는가? 또한 이들에게 미국 내에서 가족을 이루고 유지해 나간다는 것은 어떤 의미를 지니는 것일까? 우리의 삶을 영위해 나가는데 있어서 가장 원초적인 질문이기에 깊게 생각하지 않고 쉽게 넘어가는 질문들일 수도 있겠다. 그러나 이민이라는 특수 상황 속에 처하면 본인이 의도하든, 의도하지 않든 또는 긍정적이든, 부정적이든 내가 한국인임을 자각하고 이러한 질문에 의식적으로 대답해야 할 상황에 직면하는 경우가 많이 생긴다. 예전에 다른 나라를 여행하던 때이다. 누군가 어디서 왔냐고 묻기에 아무 생각 없이 미국에서 왔다고 대답했다. 질문을 했던 그 사람이 잠시 의아한 표정을 짓더니, 아버지가 어느 나라 사람이냐고 다시 물었다. 내가 한국인이라고 했더니, 그 사람이 매우 만족한 표정을 지었다. 만약 내가 아닌 미국인 국적을 가진 부모 밑에서 자란 제 2·3세대 한국계 미국인이 이러한 질문을 받았다면 어떠한 느낌이 들었을까? 미국 내에서 나름 중요한 소수민족으로 자리 가고 있는 한국인과 한국계 미국인들이지만, 이민자 가족에 속했다는 이유로, 아직도 이들이 개인으로서, 가족원으로서, 그리고 사회원으로서 가지는 가치관을 성립할 때 - 아니면 남들을 이해시키기에 - 어려움에 직면하는 경우가 많다.

따라서 본 장에서는 미국에 거주하고 있는 한국인 및 한국계 미국인이 처한 특수한 상황에 대한 이해를 조금이나마 높여 보고자, 이들이 어떻게 한국인으로 또한 미국인으로서 살아가야 한다고 생각하고 있는지 살펴보았다. 이에 대한 궁금증을 조금이나마 해소하고자, 나는 미국 이민자 연구에서 많이 사용되고 있는 John Berry(2003)의 이민자 적응 태도에 대한 이차원적 접근법을 바탕으로 하여 미국 내 거주하고 있는 한국인들과 한국계 미국인들에 대한 선행연구들을 고찰하고, 내가 박사과정 논문을 쓰기위해 수집했던 설문자료 중 일부[2]를 보조 자료로 이용하였다.

2. John Berry의 이민자 문화 적응태도에 관한 이차원적 접근법이란 무엇인가?

기존에 발표된 이민자 연구들을 살펴보면 크게 두 가지 접근법을 이용하여 이들의 미국 생활 내 적응을 살펴보고 있다. 첫 번째는, 이민 연구 초기에 주로 사용되던 이민자 적응에 관한 일차원적 접근법이다. 이는 이민자들의 이주국가로의 완벽한 문화적 동화(assimilation)를 강조하는 접근법으로서, 이주 전 국가에서의 민족적 성향을 유지하는 행위들은 -즉, 모국어의 사용, 민족적 생활양식의 유지, 또는 동포들과의 어울림 등- 이민자들의 새로운 국가로의 문화적 동화에 방해가 되는 요소들로 인식되었다. 일차원적 접근법은 이민자들이 이전의 자신의 문화를 완벽하게 버리고 이민 사회의 문화에 전적으로 참여할 때 이민사회에서 소외되지 않고, 새로운 문화로의 적응이 용이하다고 강조하였다(Zhou, 1997). 특히, 미국에서는 주로 서부유럽의 이민자들이 많았던 시기였던 1920-50년대 사이에 이러한 일차원적 접근법이 사회 전반적으로 널리 수용되었다. 이 시기에는 이러한 일차원적 문화적응 접근법을 바탕으로 하여, 이민자들의 적응을 돕기 위한 방편으로 각종 직업 교육, 영어 교육, 미국 문화에 대한 교육 등이 실시되었다. 그러나 1960년대 이후 아시아인 등 비서구권에서의

---

[2] 박사 학위 논문을 쓰기 위한 설문 자료는 2006년 한국인 및 한국계 미국인들이 많이 거주하는 Northern Virginia, Washington D.C., Maryland, Northern New Jersey, 그리고 New York City 를 중심으로 수집되었다. 본 장에서는 총 483명의 제 1세대 한국 이민자 또는 미국 내 거주 한국인들의 자료 중 논의 전개상 필요한 자료만 선택적으로 소개하였다.

이민이 급속히 증가하면서, 이러한 일방적 동화의 강조 및 일차원적 지원 체계는 이민자 적응을 돕는데 한계가 있음이 밝혀졌다. 최근 미국 내 이민 자들에 관한 연구들은 민족성, 종교, 사회계층, 이민과정, 이민 전 국가에서의 상황 등 다양한 요소들이 이들의 적응에 다양한 방식으로 영향을 미치는 것을 속속 밝혀내고 있다. 이러한 연구결과들을 바탕으로 최근 이민 학자들은 문화적응에 대한 다차원적 접근법이 강조하기 시작하였다. 이민 자들의 문화적응에 대한 다차원적 접근법은 이민자들이 자신만의 고유의 민족성과 문화를 유지하는 것이 이들의 적응을 제약하지 않으며, 오히려 이들의 적응을 도울 수 있는 중요한 인적·문화적 자원이라고 본다. 즉, 다차원적 접근법에 의하면, 이민자들이 이민 사회의 주요 문화를 배우고 수용하는 것도 중요하지만, 이러한 과정에서 자신의 고유문화, 정체성, 생활방식도 이해하고 유지함으로써 민족적 정체성과 자신만의 고유한 문화적 특성을 함께 살리는 문화 적응 방식을 개발하는 것이 매우 중요함을 강조한다(Zhou, 1997).

특히 Berry(2003)는 이러한 다차원적 접근법을 바탕으로 하여 문화적응에 대한 이차원적 문화적응 태도 및 적응방식 유형에 관한 이론 및 모델을 개발하였다. Berry는 이민자들이 자신만의 고유 문화적 유산 및 정체성을 유지하는 것을 중시하는 정도와 이들이 이민국가의 새로운 문화를 수용하고 실천하는 것을 중시하는 정도는 하나의 연속선상에서 양쪽 끝을 장식하는 상호 배타적인 태도가 아니라(문화적응의 일차원적 접근법), 이 두 가지 태도가 문화적응 태도의 두 축을 구성하면서 독립적으로 존재가 가능한 동시에 서로에게 영향을 미칠 수도 있는 상호 연관적인 태도의 조합이라고 규정하였다(Berry, 2003). 즉, 이민자들의 문화 적응에 대해서 좀 더 잘 이해하기 위해서는 이민 생활과 관련된 여러 가지 특성들에 대해서 모국적 특성과 이민국 내에서의 상황을 모두 대입하여 이해하는 것이 현명하다는 입장이다.

현재 Berry(2003)의 문화적응 태도에 관한 이차원적 이론을 적극적으로 수용하는 이민학자들 사이에서는 이러한 독립적이면서도 상호 연관적인 이차원적 문화적응 태도를 측정하기 위한 연구방법에 관한 논의가 활발하게 이뤄지고 있다. 그러나 사회연구 방법론적으로 신뢰할 수 있으면서도, 이민자들이 경험하는 모국 및 이민국의 다양한 문화적 특색을 잘 살릴 수 있는 내용이어야 하기에, 아직까지 문화적응태도에 관한 질문들의 내용과 연구 방식에 이렇다한 동의가 이뤄지고 있지는 않다(Berry, Phinney, Sam, & Vedder, 2006a). 그러나 최근 발표된 이민 연구들을 살펴보면, 연구자들 별로 연구 내용과 목적에 따라 차이가 있긴 하지만, 대체로 다음과 같은 사항들을 적당히 혼합하여 이민자들의 이차원적 문화적응 태도에 관해 묻고 있다. 예를 들면, 먼저 이민자들이 자신의 모국 문화 및 정체성을 유지하는 것이 얼마나 중요하다고 생각하는지에 대해 알아보기 위해서 다음과 같은 질문들을 하게 된다. 동포들로 구성된 공동체 활동에 참여하는 것이 얼마나 중요하다고 생각하는가? 동포들을 위한 공동체를 형성하는 것이 얼마나 중요하다고 생각하는가? 동포들과 교류하는 것이 얼마나 중요하다고 생각하는가? 자신의 모국 문화 특성을 잘 보여주는 의,식,주 생활을 영위하는 것이 얼마나 중요하다고 생각하는가? 전통적인 모국적 자녀 양식 방식을 고수하는 것이 얼마나 중요하다고 생각하는가? 모국어를 사용하는 것이 얼마나 중요하다고 생각하는가? 모국어로 발행 된 미디어(TV, 신문, 웹사이트 등등)를 접하는 것이 얼마나 중요하다고 생각하는가? 모국인과 결혼하거나 모국어로 된 이름을 유지하는 것이 얼마나 중요하다고 생각하는가?

다음으로 이민국의 새로운 문화를 수용하고 실천하는 것에 대한 태도를 알아보기 위해서는 다음과 같은 질문들을 하게 된다. 이민 국가 내 타 민족들과 교류하거나 이들이 구성한 단체 활동에 참여하는 것이 얼마나 중요하다고 생각하는가? 이민국가의 문화적 특성을 잘 보여주는 의,식,주 생활을 수용/실천하는 것이 얼마나 중요하다고 생각하는가? 이민국가의 공식어를 사용하는 것이 얼마나 중요하다고 생각하는가? 이민국가의 공식어로 발행된 미디어(TV, 신문, 웹사이트 등등)를 접하는 것이 얼마나 중요하다고 생각하는가? 이민국가내 타 민족과 결혼하거나 이민국가에서 자

주 사용되는 이름을 사용하는 것이 얼마나 중요하다고 생각하는가? 등등
이다 (Ataca & Berry, 2002; Berry, 2003, 2006; Berry, Kim, Minde, &
Mok, 1987; Donà & Berry, 1994).

　문화적응의 이차원적 접근에 대한 일반적 개념에서 좀 더 발전하여,
Berry(2003, 2006)는 위에서 설명한 고유한 모국 문화의 유지 및 새로운
이민국 문화의 수용이라는 문화 적응 태도의 두 축을 조합하여, 문화적응
방식을 4가지 종류로 유형화하였다.[3] 첫 번째는 통합유형(integration)이
다. 이는 이민자가 모국에서 습득한 자신의 고유한 문화, 생활양식 및 정
체성을 유지하는 것을 소홀히 하지 않으면서, 또한 현 이민 국가의 새로
운 문화 및 생활양식을 적극적으로 수용함으로써 두 나라의 문화와 생활
양식을 조화롭게 실천 해 나가는 방식을 의미한다. 두 번째는 동화유형
(assimilation)이다. 이는 이민자가 자신의 고유한 문화와 생활양식은 배
제하고, 현 이민 국가의 새로운 문화와 생활양식만을 적극적으로 수용하
여 자신의 이민자로서의 정체성을 개발해나가고 이민 생활을 영위해 가
는 유형을 의미한다. 이와는 반대로 현 이민국가의 새로운 문화와 생활양
식을 수용하는 것을 거부한 체 자신이 떠나온 모국의 문화와 생활양식만
을 고집하는 유형은 분리유형(separation)이라고 볼 수 있겠다. 마지막으
로, 고립유형(marginalization)은 모국 및 이민 온 국가의 모든 문화 유형
과 생활양식을 유지 및 수용하기를 거부한 채 사회에서 고립되어 살아가
는 유형으로 볼 수 있겠다. 하지만 현재 이민 학자들은 이러한 고립유형의
존재는 논리적으로 맞지 않다고 보고 있다. 즉, 기본적으로 자신이 살아온
모국의 문화를 완전히 배제하기 어려우며, 또한 이민 온 이후로 이민 국가
의 문화와 체제에서 완전히 고립된 채 살아가기도 어렵다고 보는 것이다.
또한 실제 연구에서 이에 해당하는 유형의 이민자들을 찾기도 어려우므로

---

[3]　John Berry(2006)는 자신의 이민자 문화 적응태도에 관한 이차원적 접근법을 좀 더 쉽게 설명하기
　　위해 자신의 글 35쪽에 "Figure 3.3 Acculturation strategies in ethnocultural groups and the
　　larger society."을 제시하였다.

이러한 유형이 진실로 존재하는지에 대한 의문점도 제기되고 있다. 따라서 고립유형은 개념 정의 및 연구 방법론적으로도 모순이 있다는 비판에 따라 Berry 및 그의 동료들은(2006a, 2006b) 고립유형 대신 정체성 혼란기 유형(diffuse)이라는 새로운 유형으로 이들을 규명하고자 하였다. 즉, 이들은 두 문화 모두에서 자신을 고립시키는 것이 아니라 아직 어느 쪽을 선택할지 결정하지 못한 상태인 것이다.

이러한 이차원적 문화적응 태도를 바탕으로 한 문화적응 방식에 관한 최근 미국 연구 결과들을 살펴보면, 두 가지 내용에 주목할 필요가 있다. 첫 번째는, 대체로 통합 유형에 속하는 이민자들이 이민 생활 적응에 가장 긍정적인 결과를 보인다고 한다(Berry, 2003, 2006; Berry et al., 2006a; 2006b). 그러나 또 다른 주목할 점은 이민자들은 이러한 문화적응 태도 및 방식 중 하나만을 지속적으로 유지하는 것이 아니라, 각종 생활영역에 따라 이러한 태도 및 적응 방식을 상황에 맞게 동시 다발적으로 이용한다는 점이다(Berry, 2003; Berry et al., 2006b; Kim & Kim, 1998; Lee, 2007). 그렇다면 미국에 거주하는 한국인들이나 한국계 미국인들의 경우는 어떠할까? 다음 장에서는 이민자들의 문화적응 태도를 측정하는 내용 중 몇 가지 중요 내용을 바탕으로 해서 이에 대해 좀 더 자세히 살펴보고자 한다.

3. 영어는 어렵다!?

미국 내 거주 한국인들 또는 한국계 미국인들 사이에서 통합적 문화적응 양상이 가장 잘 나타나는 생활영역은 경제, 사회적 자원과 관련된 영역들이다. 소득 수준, 직업, 직장 내에서 직위, 교육 수준, 지역 사회 내 사회관계망 형성 및 유지 등이 대표적인 경제, 사회적 자원과 관련된 영역의 예이다. 이들 중 언어의 사용에 대한 가치관은 미국 내 한국인 또는 한국계 이민자들의 통합적 문화적응 양상을 지향하는 태도를 가장 잘 보여주는 예이다.

미국 내 가정에서 한국어 사용율은 실로 매우 높은 편이다. 2010년 실시한 미국 통계청 조사에 따르면 한국어가 미국 가정에서 가장 많이 사용되는 10대 언어중의 하나로 꼽혔다. 특히, 한국어는 미국 내 가정에서 백만 명 이상이 사용하는 8가지 언어 중 8위를 차지하였다[4](Ryan, 2013). 1980년에 비해 2010년에는 미국 내 가정에서의 한국어 사용이 327.1%나 증가하였다는 점은 매우 놀랍다. 이는 미국 내 한국인의 수가 지속적으로 증가하고 있는 현상 및 이들이 다른 민족에 비해 이민 기간이나 미국 내 거주 기간이 짧다는 특성에 의한 것으로 추측되고 있다(Ryan, 2013). 이와 함께 미국 내 거주하는 한국인들 또는 한국계 미국인들은 대체로 영어를 잘 사용하는 것도 중요하다고 생각한다.[5] 이러한 결과는 미국 내 한국 이민자들은 한국어의 사용을 한국민의 정체성을 유지하는 중요한 도구로서 인식하고, 한국어를 능통하게 사용하는 것이 매우 중요하다고 생각하는 한편(Yoo, Ok, Baik, & Lee, 2000), 미국 내 거주하기 위해서는 영어를 능통하게 사용하는 것도 매우 중요하다고 생각한다는(Min, 1998) 언어 사용과 관련한 통합적 문화적응 태도를 잘 보여주는 결과라고 할 수 있겠다.

그러나 한 가지 주의 깊게 생각해 볼 점은, 미국 내 한국인들 또는 한국계 미국인들이 원활한 한국어와 영어의 사용 모두를 중시하고 있음에도 불구하고, 여전히 미국에 거주하고 있는 한국인들이 가장 어렵다고 느끼는 점은 바로 전반적인 영어의 사용 - 말하기, 듣기, 읽기, 쓰기 - 이

---

[4] 2013 통계청 분석 자료에 의하면 (Ryan, 2013), 영어이외에 스페니쉬 (3천7백6십만명), 중국어 (2백9십만명), 따갈로그 (1백6십만명), 베트남어(1백 4십만명), 불어(1백3십만명), 독어(1백1십만명) 한국어 (1백1십만명) 순이다.

[5] 필자의 박사학위 논문 자료에 의하면, 설문에 응답한 483명의 제 1세대 한국인 이민자 또는 미국 내 거주 한국인들 중 오직 소수의 응답자만이 한국어(14.5%) 와 영어(9.7%)를 능통하게 사용하는 것이 중요하지 않다고 생각하였다.

다.[6] 즉, 언어에 관한 이차원적 문화적응 태도 및 이들의 실질적 적응 행태에 차이가 나는 것이다. 나의 경우를 살펴보자. 어렸을 적부터 대학 입시를 위한 문법 위주의 영어 공부만을 해 오다보니 읽기는 그럭저럭 잘한다. 그러나 말을 하려면 이게 영 어려운 것이 아니다. 왜 문장에서 주어가 분명해야 하며, 동사는 주어 다음에 바로 시제를 맞춰서 와야 하는데, 생각과는 달리 말을 하려면 쉽게 입이 떨어지지 않는다. 그냥 손가락으로 가리키며 "그거 거기 있잖아!" 하면 될 것을 왜 "The book that you are looking for is right next to the computer monitor."라고 조목조목 밝혀야 하는지…. 평조의 한국어와는 달리 문장 및 단어의 강세도 만만치 않다. 처음 미국에서 교수직에 임용되어 가족학 개론 강의를 하던 때다. 교수 초창기에 가족학 개론 강의를 처음 시작할 무렵, Everlyn Duvall(1957)의 8단계 가족주기에 대한 설명을 하게 되었다. Duvall을 소개하면서 나름 영어식으로 굴려서 어려운 "V"와 "L" 발음을 잘 소화해 냈다고 생각하고 있는데, 학생들의 반응이 영 시원치 않았다. 교과서를 살펴보라고 해도 멀뚱멀뚱 반응이 없다. 혹시나 해서 Duvall이라고 크게 칠판에 썼다. 그제서야 모두들 '아하' 소리를 내며 '[duh-VAHL]'이라고 외치는 것이다. 나의 강세가 전혀 엉뚱한데 붙여진 탓이었다. 영어를 쓰다보면 표현이 낯선 경우도 많다. 우리나라에서는 '입천장'인데, 영어로는 'roof of mouth'이라한다. 나의 한국식 영어로는 -그리고 해부학적으로 생각해도- 나는 아직도 'mouth ceiling'이 더 맞는 표현 인 듯하다. 'goosebumps'와 '닭살' 또한 비슷한 맥락에서 볼 수 있겠다. 문장 구조가 달라서이건, 강세를 제대로 주지 못해서

---

[6] 필자의 박사학위논문 설문에 응답한 483명의 제 1세대 이민자 또는 미국 내 거주 한국인들은 4점 라이커트 척도 기준를 기준으로 했을 때 (1점 언어 사용이 매우 불편하다-4점 언어 사용이 매우 편하다), 영어에서 읽기가 가장 쉽다고 느꼈으며 (평균 2.65), 듣기 (평균 2.54), 쓰기 (평균2.42), 말하기 (평균 2.40) 순으로 영어사용이 어렵다고 밝혔다. 이에 반해 이들의 한국어 사용 능력은 모든 항목의 평균이 3.85점을 넘어서 한국어 사용에 전반적으로 매우 능통함을 알 수 있다.

이건, 표현방식이 달라서건 미국에서 산지 10년이 넘었지만, 여전히 영어를 사용하는 것이 쉽지만은 않다.[7] 다른 연구 결과들을 살펴봐도 기본적인 대화는 가능하지만, 깊이 있는 대화를 나누기가 어렵다는 의견이 많다(Yoo et al., 2000). 특히, 이민생활 초기에 생활비 마련을 위해서 장시간 일해야 했던 이민자들의 경우에 장시간의 노동으로 인한 피로와 제한 된 시간적 여건 때문 영어를 배울 기회가 많지 않거나, 또는 외로움을 달래고 이민 생활에 도움이 되는 정보를 얻고자 주로 다른 한국인들과의 교류한 경우에는(예를 들면, 분리유형에 속하는 경우) 영어 사용에 더욱 어려움을 겪는 경우가 많다(Min, 1998). 다행히, 2011년 미국 통계청 조사 결과에 따르면(Ryan, 2013), 집에서 한국어를 사용한다고 밝힌 이들의 70% 이상이 영어 회화 능력이 아주 좋거나(44.5%) 좋다고(27.0%) 평가함으로써, 미국 내 거주 한국인 및 한국계 미국인의 이중언어 사용 능력이 급격히 증가하고 있음을 시사하고 있다. 이는 이전에 이민 온 이들의 거주기간이 늘어나면서 영어 회화 능력이 향상되고, 최근 이민 온 이들의 교육 및 경제 수준이 높아져서 이민 전·후로 영어를 배울 기회가 많아졌으며, 또한 제 2·3세대 한국계 미국인의 수가 늘어나면서, 이들의 한국어와 영어 회화 능력이 좋아지는 경우가 늘어나고 있는 듯하다.

4. 며느리는 한국 사람이어야 한다!?

위에서 살펴본 바와 같이 미국 내 거주하는 한국인 또는 한국계 미국인들이 경제·사회적 생활과 관련된 영역에서는 통합적 문화적응 양상을

---

[7] 필자의 박사학위논문 설문에 응답한 483명의 제 1세대 이민자 또는 미국 내 거주 한국인들은 외국인들과의 의사소통을 얼마나 편하게 느끼는가에 대한 질문에 대한 평균 응답수준은 2.37점으로(4점 라이커트 척도 기준; 1점: 매우 불편하다-4점: 매우 편하다), 절반 이상의 응답자가(58.7%) 약간 불편하다고 대답하였다.

보이는 것과는 달리, 가족생활영역 - 즉, 자녀양육 및 결혼 생활[8] 등 - 에서는 이들의 분리적 문화적응 태도를 더 잘 확인할 수 있다.

최근 미국으로 이민 온 한국인들 대다수가 미국 이민을 결정한 중요한 이유 중의 하나로 자녀의 교육을 꼽는다[9](Kang & Larson, 2014). 이는 경제적 또는 정치적 망명을 이유로 미국에 이민 오던 과거 이민 세대에 비해서 확연히 다른 추세를 보여 준다(Min, 1998; Ok, Nam, Sung, & Shin, 2001). 이렇듯이 자녀를 위해 고생을 감수하고 이민 온 경우가 많은 탓에 미국 내 한국인 또는 한국계 미국인 부모들의 자녀양육 방식과 자녀에 대한 그들의 사랑은 남다르다. 또한, 한국계 부모들은 자신의 자녀들이 한국식으로 자라는 것을 매우 중시한다. 많은 부모들이 자녀에게 한국어를 가르치고, 한국식 문화 및 예절을 가르치며, 한국인으로서 긍지를 갖도록 강조한다(Yoo et al., 2000). 한국식으로 자녀들이 가족 규칙에 따라 절제 있게 행동하고, 어른을 공경하며, 부모의 말을 잘 듣는 것을 강조 한다. 한국식으로 성인 자녀들과 함께 사는 것도 오히려 자랑스럽게 여긴다 (Lee, 2007). 유교에 바탕을 둔 효와 예를 중시하는 한국인으로서 생각한다면 어쩌면 이는 당연한 일일 것이다. 또한 이런 저런 사정으로 미국에 살긴 하지만, 부모의 입장에서 대대로 가족 내에서 한국인의 정체성을 살리고, 노후에는 부모로서의 대접도 받고, 가족관계를 유지할 때의 편리함 때문에 자식들이 한국계 배우자를 고르는 것을 원하는 것 또한 당연한 일일 것이다.

그러나 문제는 이들의 자녀들이 이러한 제 1세대 부모의 생각과 자녀양식 방식에 항상 동의하지 않는다는 점에 있다. 특히, 미국에 이민 온 후,

---

8   필자의 박사학위논문 설문에 응답한 483명의 제 1세대 이민자 또는 미국 내 거주 한국인의 경우, 다시 배우자를 선택할 기회가 생긴다면 한국인이었으면 좋겠다는 비율(85.8%)이 외국인이었으면 좋겠다는 비율 (13%)에 비해서 현저히 높았다.

9   필자의 박사학위논문 설문에 응답한 483명의 제 1세대 이민자 또는 미국 내 거주 한국인의 경우, 미국으로의 이민을 결정한 이유의 1순위로 자녀교육을 꼽았다 (26.4%). 다음으로 경제적 이유 (24.1%), 본인의 유학 (18.9%), 미국에 먼저 이민 온 가족들과 같이 살기 위해서 (8.5%) 등의 순이었다.

언어 및 문화적 양식에 대한 적응이 부모보다 더 빠른 자녀 세대의 경우, 개인의 권리를 강조하고 합리성에 바탕을 둔 개인주의적 미국인의 잣대로 자신들의 부모들을 판단하게 된다. 한국에서 살더라도, 부모와 자녀들은 자연스럽게 발달적 특성으로 인한 갈등을 겪게 될 수밖에 없다. 그러나 미국에 이민 온 후, 부모는 한국적 방식으로, 그리고 자녀는 미국식 방식으로, 기본적으로 다른 문화적 가치관 및 생활양식에 바탕을 두고 서로를 비교 판단하게 된다면, 부모 자녀간의 갈등은 점점 더 심화될 것이고, 가족 생활이 평안하기 힘들 수 있다. 안타깝게도 최근에 발표된 미국인 2세 및 1.5세대[10]의 적응에 관한 연구들을 살펴보면, 전반적으로 이민 1세대 부모들의 자녀에 대한 과잉 기대, 엄격한 전통적인 모국적 생활양식 및 가치관의 고수, 제한적 영어 능력의 한계, 장시간 고용시간으로 인한 자녀와의 대화 단절 등의 이유로 인해서 자녀와의 세대 차이가 극대화 되고, 이들 자녀들의 정신적 건강 및 사회 적응에 부정적 영향을 미친다는 발표가 많다(Zhou, 1997). 즉, 이러한 이민자 가족 내의 부모-자녀간의 갈등이 미국에 이민 온 한국가족의 특성만은 아닌 것이다.

이러한 연구들은 부모가 통합적 또는 동화적 문화적응 태도를 보일 때, 자녀들의 긍정적 적응이 촉진될 수 있다고 강조한다(Farver & Lee-Shin, 2000). 또한 이러한 통합적 또는 동화적 문화적응 태도는 부모들 자신의 자녀양육 만족도에도 긍정적으로 영향을 미친다고 본다(Lee, 2012). 급속한 경제 성장 및 경제 위기, 과학 기술의 발달 및 세계화로 인한 서구 문명의 급속한 전파, 그리고 최근 다문화가족의 급속한 증가 등으로 한국 내 한국가족의 특성이 많이 변화하였다(Chin, Lee, Lee, Son, & Sung, 2014; Sung, Chin, Lee, & Lee, 2013). 그렇다면, 미국 내 거주하

---

[10] 1.5세대는 주로 이민 1세대 가족의 자녀들을 의미하는데, 특히 아동 발달기 전반부는 한국에서 후반부는 미국에서 보낸 세대를 의미한다. 정확한 기준은 없으나, 주로 사회성, 지적 발달 및 문화와 언어적 습득이 현저하게 발생하는 6-13세경에 미국으로 이민 온 이민자 자녀들을 대상으로 한 연구들이 최근 많이 이뤄졌다.

는 한국인들 및 한국계 미국인들의 생각도 조금은 바뀌지 않았을까? 최근 연구 결과들을 살펴보면, 이들의 자녀 양육 방식에 대한 가치관이 통합적 양상으로 바뀌어 가고 있는 듯하다.[11] 또한, 최근에 1.5세대 또는 2세대 한국계 미국인 자녀들이 자신의 부모들과의 관계에 대해 돌아보는 연구가 발표되었는데, 이 연구는 중고등학교 때의 사춘기를 지나 대학교에 진입한 초기 성인들이 이민 1세대 부모들이 얼마나 자신의 교육과 성공을 위해 희생하였는지 새삼 절실하게 느끼면서, 자신의 부모에 대한 이해가 높아져 가는 과정과 이를 도와주는 요소들에 관해 설명하였다(Kang & Larson, 2014). 이러한 연구 결과들은 미국 내 한국인들 또는 한국계 미국인들의 부모들의 자녀 양육에 대한 가치관 발달은 고정적이지 않으며, 이민가족 특유의 가족 발달의 한 과정으로서 시대적 상황에 맞게 유동적으로 변하여 통합적 양상을 띄게 될 확률이 높아질 수도 있음을 시사한다.

5. 한국인은 한국 드라마를 봐야만 한다!?

위에서 살펴봤듯이, 미국 내 한국인들 또는 한국계 미국인들의 문화적응 태도는 각 생활 영역에 따라 달라질 수 있으며, 결과적으로 이들이 동시 다발적으로 다른 문화적응 유형을 사용 할 수 있음을 시사한다. 그렇다면, 문화적응 유형 태도를 유형화 하는 것만으로 이들의 문화적응 태도를 이해하는 것이 가능할까? 최근 이민자 문화적응 태도 및 유형에 관한 연구들을 살펴보면, 문화적응 유형 태도의 정립 및 유형화는 이민자들이 모국 및 이주국 모두에 속하는 사회 구성원의 한 사람으로서 독특한 자신들

---

[11] 필자의 박사학위논문 설문에 응답한 483명의 제 1세대 이민자 또는 미국 내 거주 한국인의 경우, 응답자의 67.4%가 미국식 자녀 양육 방식에 대해 우호적인 태도를 보였으며, 63.7%는 한국식 자녀 양육 방식에 대해 우호적인 태도를 보였다.

만의 정체성을 확립해 가는 과정의 일부로서 생각해 봐야 한다는 논의가 이뤄지고 있다. 따라서 이러한 논의를 뒷받침 하는 예의 하나로 미국 내 거주하는 한국인 또는 한국계 미국인들의 미디어 사용을 살펴보고자 한다.

최근 십년간 '한류' 붐을 타고 한국 드라마 및 연예인들의 인기가 급상 승하고 있다. 미국에 있는 외국인 친구들이 '겨울소나타'의 줄거리를 얘기 해주거나, 새로운 드라마에 '김태희'가 나왔다며 신나하거나, 싸이의 '강 남스타일'을 부르며 강남이 어디인가를 물을 때면, 신기할 때가 많다. 김윤 진, 배두나, 비, 이병헌 등의 한국인 연예인들이 미국 주류 영화 및 드라마 에 등장하는 것을 보면 이 또한 신나는 일이 아닐 수 없다. 내가 한국인이 기 때문일 것이다. 이런 저런 사정으로 10년 넘게 한국 TV를 잘 접하지 못 했던 나는, 한국 코메디 쇼를 보면 참 재밌다고 생각하면서도, 동시에 한 국 드라마를 보거나 한국 토크쇼를 보면 어색한 경우도 많다. 방송인들 의 태도(연기력, 대화법, 분장 등)와 방송 내 상황 설정(드라마 내용, 토크 쇼 주제 등)이 익숙하지 않은 것이다. 처음에 미국에 와서 TV를 볼 때면, 10-15분마다 광고를 하는 것이 드라마의 내용을 끊는 듯하여 짜증이 낫 건만, 이제 한국에 방문하여 TV를 볼 때면, 50분 동안 내리 한 드라마를 보는 것이 힘들게 느껴질 때도 있다. 이는 나의 미국식 태도를 가장 잘 느 낄 수 있는 경우들이다.

Phinney(1996)의 민족적/문화적 정체성 발달 이론에 바탕을 한 제 2 세대 한국계 미국인 청소년들의 미디어 사용 유형에 관한 최근 연구를 살 펴보면(Oh, 2012), 이들의 한국 미디어 사용은 한국 문화에 대한 친숙함 을 높이고, 다른 한국계 미국인 또는 한국인 친구들과 교류할 수 있는 중 요한 연결고리임을 알 수 있다. 즉, 한국 미디어의 사용은 이들이 한국인 으로서 정체성을 확립하고, 한국인들 사이에서 한국인으로 인식될 수 있 도록 도와주는 중요한 역할을 한다. 그러나 이와 동시에 한국 미디어의 사 용은 이들의 다른 미국인 친구들과의 민족/문화적 차이를 극대화하는 매 개체가 되기도 한다. 한국인이 아닌 미국인 친구들은 한국 미디어 사용에 관심이 없거나, 한국 문화에 대한 이해 부족으로 미디어 방영 내용이 이

상하다고 생각할 때가 많다. 미국 미디어에서 방영된 내용을 얘기할 때는 이러한 불편함이 전혀 없다. 이러한 반응들은 제 2세대 한국계 미국인 청소년들의 한국 미디어 사용에 대한 필요성을 약화 시키거나 부정적인 생각을 갖도록 만든다. 이에 반해, 한국인 그룹에 속하기 위해서는 한국 미디어 사용이 필수적이다. 오히려 미국 미디어에만 익숙하고 한국 미디어를 잘 모르는 경우에는 이러한 점이 약점으로 작용하기도 한다. 이렇게 친구들과의 교류를 통해서 한국 및 미국 미디어에 대한 다양한 반응을 경험하면서, 이러한 경험을 자신의 한국인으로 또는 미국인으로서의 가치 평가에 반영하게 되고, 그 결과 제 2세대 한국계 미국인들은 독특한 자신만의 정체성을 개발해 가게 된다(Oh, 2012). 이러한 연구 결과는 미국 내 거주 한국인들 또는 한국계 미국인들의 미디어 사용에 대한 가치관의 차이[12]가 이차원적 문화 적응 태도 유형과 관계가 있을 뿐만 아니라, 이러한 이차원적 문화적응 태도를 개발해 가는 과정과도 밀접한 관계가 있음을 시사한다.

6. 한국 이민자 가족 연구를 위한 제언

한국인으로서 또한 한국계 미국인으로서 미국에서 살아가는 일은 쉬운 일이 아니다. 지금까지 살펴봤듯이, 언어적 어려움도 겪게 되고, 문화적·사회적 가치관의 차이로 인해서 개인의 정체성 발달에 혼란도 겪게 되며, 또한 가족원간에 세대 차이가 발생하기도 한다. 이러한 혼란과 갈등을 극복해 가면서 미국 이민 생활에 적응해 가는 과정을 살펴보니, 그 과정이 참으로 복잡하다. 한국인임을 자랑스럽게 여기지만, 딱히 한국 사람이라

[12] 필자의 박사학위논문 설문에 응답한 483명의 제 1세대 이민자 또는 미국 내 거주 한국인의 경우, 미국 TV 및 영화를 보는 것이 중요하다고 생각하는 경우가 (64.2%)가 한국 TV 및 영화를 보는 것이 중요하다고 생각하는 경우 (54.2%)보다 조금 더 많았다. 이와는 반대로, 신문의 경우에는 한국 신문을 보는 것이 중요하다고 생각하는 경우 (66.0%)가 미국 신문을 보는 것이 중요하다고 생각하는 사람(58.5%)보다 조금 더 많았다. 마지막으로 인터넷 웹사이트의 경우에는 비슷한 수의 응답자가 한국 (52.2%)과 미국 (54.2%) 웹사이트를 방문하는 것이 중요하다고 생각하였다.

고 하기엔 뭔가 다르다. 미국에서 생활하면서 미국식으로 생활하지만, 딱히 미국인이라고 하기에도 뭔가 어색하다. 이러한 과도기적 과정을 겪으면서 이들은 이들만의 독특한 정체성을 개발해 간다. 한국인의 특성도 살리면서, 미국인의 특성도 살리는 방식으로 말이다. 가족을 생각할 때면, 한국식이 좋다. 사회생활을 유지할 때는 미국식 태도가 유리하다. 시간이 지남에 따라, 경험이 누적되면서, 이러한 문화적응 태도는 자신의 생활양식에 더 잘 맞게 바뀌어 간다. 이러한 적응기를 살펴보니, 미국 내 거주하는 한국인들 및 한국계 미국인들에 대한 연구를 할 때 John Berry(2003)가 주장한 문화 적응 방식 태도에 대한 이차원적 접근법이 더욱 이치에 맞는 듯하다. 이렇게 문화적응 태도에 관한 이차원적 접근법을 논의하다 보니, 미국 생활 10여 년에 변화된 나의 모습과 그 과정에 대한 이해도 더 잘 된다. 이러한 이차원적 문화적응에 대한 태도 및 그 과정에 대한 이해를 바탕으로 몇 가지 한국 이민자 가족 연구에 대한 제언을 하고자 한다.

미국 내 이민자들의 모국어와 영어사용에 대한 가치관은 제 2·3세대 이민자 자녀들의 교육과 민족적/문화적 가치관 발달에 중요한 영향을 미치는 요소로 간주되어서 지속적인 연구가 이뤄지고 있다. 미국 내 한국어 사용이 증가하고 이들의 영어 사용 능력도 증가해 가고 있는 현 시점에서, 한국인 이민자 가족들의 언어 사용에 대한 이차원적 가치관 발달이 개인적으로 한국 이민자 자녀들의 발달과 이들의 미국 생활 내 적응에 어떠한 영향을 미치는지, 또한 한국 이민자들이 지역 사회 및 미국 내에서의 정치적·사회적 활동 범위를 넓혀가는데 어떠한 영향을 미치는지 지속적으로 주목해야 할 것이다. 또한 이중 언어의 사용능력은 중요한 인적 자원이다. 따라서 이민 초기 가족들의 영어 적응력을 높이거나 이민자 가족들의 자녀들의 한국어 사용 능력을 높이는 등 이민가족 특성에 맞는 이중 언어 사용 능력을 향상시키기 위한 지원 체계도 마련되어야 할 것이다.

자녀세대에 비해서 부모 세대는 항상 보수적인 태도를 지니기 마련이다. 자녀들도 나이가 들어감에 따라 자신의 부모들에 대한 이해가 높아져 간다. 따라서 미국 내 한국계 부모들이 유교의 영향을 강하게 받아 보수적으로 자녀양육을 한다거나, 단기 청소년기 연구 결과만을 바탕으로, 이러한 한국계 부모들의 전통적인 자녀양육 방식이 자녀들을 고통스럽게 만든다고 일반화하기 보다는 앞으로의 한국 이민자 가족 연구에서는 장기 종단 연구들을 통해서 가족 세대 간의 부모-자녀 관계, 자녀 양육 가치관 및 부모됨에 대한 태도가 시간이 지남에 따라 어떻게 변화해 가는지 그 과정을 좀 더 자세히 살펴보는 것이 중요할 듯하다.

마지막으로 세계가 지구촌으로 변해가면서 각종 미디어 및 테크놀러지의 사용이 일상화 되어가고 있다. 따라서 이러한 미디어 및 테크놀러지의 사용이 한국 이민자 가족들의 생활 및 적응에 어떠한 영향을 미치는지 더욱 자세히 살펴볼 필요가 있겠다. 과거 각종 미디어 및 테크놀러지가 발달하지 못했던 시기에는 많은 한국 이민자 가족들은 자신이 정착한 지역 사회 내에서 소수의 한국 사람들과 똘똘 뭉쳐 서로 도와가며 힘든 초기 이민 생활에 적응해 갔다. 그러나 지금은 한국과 미국을 오가는 것이 훨씬 용이하다. 스카이프, 카카오톡, 페이스 타임으로 한국과 미국에 있는 가족들의 얼굴도 매일 볼 수 있다. MissyUSA.com에 접촉하면 엄청난 양의 정보교환이 가능하다. 이러한 생활의 변화는 과거 한국 이민자 가족에 비해 최근 한국 이민자들의 이민 경험에 많은 차이를 유발하였으나, 이에 대한 연구는 아직도 미비한 상태이다. 따라서 이러한 미디어 사용과 테크놀러지 사용이 한국 이민자 가족들의 이민 시기별로 어떻게 변해 왔으며, 또한 이러한 경험의 차이가 한국 이민자 가족들의 문화적응 태도 및 이민 생활 적응에 어떠한 영향을 미쳐왔는지 살펴보는 것이 시대의 변화에 맞춘 적절한 이민자 적응 지원 체계를 마련하기 위해서 중요하겠다.

제Ⅲ부
부부: 역할과 친밀성

정정기

고교시절 서울대 가정관리학과를 졸업한 가정선생님의 진로지도에 힘입어 가족관계 카운셀링에 뜻을 두고 소비자아동학과에 진학하였다. 대학과 대학원에서 공부하면서, 역사적 접근을 통해서 우리 현실을 파악하고 음식남녀에 대한 연구와 교육을 제대로 한다면, 가족이 건강하고 사람마다 잘 살 수 있으리라는 전망을 갖게 되었다. 조선후기 생활백과사전인 『임원경제지』를 번역하고 활용하면서 전통 가족에서의 음식과 남녀, 경제와 관계에 대한 연구와 교육을 진행하고 있다. 이 글은 진로를 결정할 때부터 이어져온 부부관계에 대한 관심을 풀어낸 석·박사논문을 압축한 것이다. 현재의 우리 부부관계를 형성하는 역사적 요소인 부부유별에 대한 접근을 통해서 가족의 변화를 살펴보고, 건강한 관계를 위한 지혜는 과연 무엇인지 고민할 거리를 제시하고자 했다.

8장.

부부유별과 한국가족의 변화

삼강오륜(三綱五倫)의 부위부강(夫爲婦綱)·부부유별(夫婦有別)은 조선의 부부관계에 대한 이해를 어떻게 변화시켰는가?

1. 서론

20세기 들어와서 한국가족은 많은 변화를 겪었다. 결과적으로 봤을 때 그 변화의 주류는 유교적인 색채의 약화에 있다. 유교를 자연의 바탕위에 당위의 질서를 구축하려는 시도라고 이해할 때 20세기 가족의 변화는 당위가 약화된 곳에 자연의 순류가 물꼬를 튼 사건이다. 자본주의 경제체제의 형성과 민주적인 정치질서의 쟁취 및 국민교육의 강화 속에서 유교적인 가족질서가 강화되기도 하였으나 끝내 사랑, 자유, 평등, 효율을 내세우는 도회적인 가족상이 대세로 정착되기에 이르렀다.

지금 우리는 부위부강(夫爲婦綱)-부부유별(夫婦有別)의 시대에서 부부평등(夫婦平等)-부부유애(夫婦有愛)의 시대를 살고 있다. 『주역』에서는 "아버지는 아버지답고 아들은 아들다우며, 형은 형답고 아우는 아우다

우며, 지아비는 지아비답고 지어미는 지어미다우면 가족의 길이 바르게 된다."[1]고 하였다. 가도(家道)라는 말은 의구한데 "다움"의 실내용은 격변하였다. 한국가족은 20세기에 우리가 겪은 이러한 변화의 강도를 조선시대를 통하여 경험한 적이 있다. 물론 그때는 부위부강-부부유별의 시대에서 벗어나는 방향성이 아니라 부위부강-부부유별의 시대로 진입하는 유교화의 흐름이었다. 이 글에서는 유교화의 큰 흐름 속에서 오륜(五倫)의 도입 혹은 강화가 가족질서를 어떻게 변화시켰는지를 검토하고자 한다.

전통적으로 가족관계의 핵심 축은 부부와 부자였다. 부부는 가족의 근원이요 부자는 가족의 질서이다. 근원이 없이 질서는 불가능하지만 근원은 당연시되고 질서는 지나치리만큼 강조되었다. 주역-도가적 사유는 근원을 중시했지만 맹자-유가적 사유는 질서를 강조했다. 한국가족은 조선시대로 접어들면서 근원의 중시에서 질서의 강조로 그 축이 이동되었고 20세기에 접어들면서 질서에 대한 집착에서 벗어나 근원을 되돌아볼 수 있는 여유를 가지게 되었다.

조선이 성리학적 사회로 변화하면서 유교적 질서의 핵심이라 할 수 있는 삼강오륜을 국시로 받아들였다면 한국은 민주적 사회로 혁명되면서 민주적 질서의 핵심이라고 할 수 있는 자유와 평등을 모든 가치의 정점으로 자리매김 하였다. 본고에서는 삼강오륜의 질서에서 부부관계의 핵을 이루는 부위부강·부부유별을 중심으로 조선시대 가족의 변화를 살펴보며 자유와 평등의 질서에서 부부관계의 핵을 이루는 사랑과 평등을 중심으로 현대가족의 변화를 모색해보고자 한다. 두 시대의 변화 방향을 유교화와 민주화라고 크게 규정한다면 그 방향성을 어떤 방식으로 드러냈는지 어느 정도의 성취를 이뤄냈는지 검토해보고자 한다. 우선 한국가족의 변화를 삼강오륜의 부부 덕목인 부위부강·부부유별의 도입이 부부관계를 변화시킨 과정의 규명을 통해서 살펴본다.

1 　父父子子, 兄兄弟弟, 夫夫婦婦, 而家道正.(『周易』 家人)

2. 삼강오륜

　삼강(三綱)은 군위신강(君爲臣綱), 부위자강(父爲子綱), 부위부강(夫爲婦綱)으로 이루어진 수직적 사회질서의 주축이며 오륜(五倫)은 군신유의(君臣有義), 부자유친(父子有親), 부부유별(夫婦有別), 장유유서(長幼有序), 붕우유신(朋友有信)의 수평적 사회질서의 근간이다. 어떤 사회에서든 수직적 질서와 수평적 질서의 조화 없이는 사회의 유지가 불가능하다. 조선은 성리학을 기반으로 성립된 유교국가이다. 사회를 구성하고 운영하는 기본적인 원리가 삼강오륜에 있으며 이를 확립해 나가는 과정이 조선의 유교화 과정이라고 해도 과언이 아니다. 인간사이의 관계를 규정하는 이들 대강(大綱)중에서 군신과 부자와 부부는 수직적이면서 수평적인 관계를 동시에 추구하는 묘한 관계이다.

　전국시대의 사상가 맹자(孟子, 371~289 B.C.)에 의하면 요임금은 사람이 배불리 먹고 따스하게 입으며 편안히 살기만 하고 가르침이 없으면 금수에 가깝게 된다는 근심에 따라 설(契)을 사도로 삼아 백성들에게 부자유친(父子有親), 군신유의(君臣有義), 부부유별(夫婦有別), 장유유서(長幼有序), 붕우유신(朋友有信)의 오륜을 가르쳤다고 한다.[2] 제국문명이 개화한 전한 시기의 동중서(董仲舒, 197~104 B.C.)는 "군신, 부자, 부부의 도리는 모두 음양의 도에서 취한 것이다. 임금은 양 신하는 음이고, 아버지는 양 아들은 음이며, 남편은 양 아내는 음이다."[3]라는 '삼강설(三綱說)'을 도출하였다. 『한서』를 지은 후한 시기의 반고(班固, 32~92 A.D.)는 '삼강'을 처음으로 구체화하였다.[4] 한 제국문명에서 삼강오륜은 음양설에 의하여

2　人之有道也, 飽食暖衣, 逸居而無敎, 則近於禽獸. 聖人有憂之, 使契爲司徒, 敎以人倫, 父子有親, 君臣有義, 夫婦有別, 長幼有序, 朋友有信.(『孟子』滕文公上)

3　君臣父子夫婦之義, 皆取諸陰陽之道. 君爲陽臣爲陰, 父爲陽子爲陰, 夫爲陽妻爲陰.(『春秋繁露』基義)

4　三綱者何謂也? 謂君臣父子夫婦也. 六紀者, 謂諸父兄弟族人, 謂舅師長朋友也.(『白虎通義』三綱六紀)

이론화 되고 교조화 된다.

몽고족의 압박 속에서 한족의 생존을 위협받던 남송의 주희(朱熹, 1130~1200)는 『소학』을 통해서 삼강오륜의 윤리를 세우려고 하였다. 조선의 유교화에서 주자가 지닌 압도적인 지위로 인해서 삼강오륜은 『소학』을 통해서 소개되었고 정착되어갔다. 삼강오륜을 통해서 조선시대를 이끌어가려는 사대부들에게 가장 중요하고 효과적인 무기는 『소학』이었다. 성리학의 집대성자인 주자의 저술로 알려진 『소학』은 교육의 기본원리, 인간관계의 기본, 바른 몸가짐에 대하여 옛 고사, 좋은 말씀, 좋은 행실을 통해서 체화해나가도록 구성된 아동용 수신 교과서이다. 조광조 등의 급진 사대부들의 몰락을 가져온 기묘사화 이후 한때 금서로 지정되기도 했지만 조선시대 내내 중시되었으며 한말에는 집집마다 한권씩 소장할 정도로 널리 퍼졌다.

3. 부위부강과 부부유별

부위부강은 '지아비가 지어미의 벼리가 되어야 한다.'는 남편의 아내에 대한 선도성, 주도성을 명확하게 드러내고 있으며, 부부유별은 '지아비와 지어미 사이에는 뭔가 분별이 있어야 한다.'는 부부 사이와 부부와 부부이외의 사람의 관계에 있어서의 분별과 차별을 드러내고 있다. 유교적 부부관이 도입되기 전의 부부관계는 일부다처제적인 성격, 자유로운 혼인과 재혼, 부부간의 동등한 권리와 의무를 특징으로 하였는데, 도입 이후에는 일부일처원칙의 고수, 혼인과 재혼에 대한 규제, 남편의 부인에 대한 우위로 변모한다.

조선시대 남녀관계와 부부관계에 대한 교육의 기본인 『소학』의 핵심은 남녀유별과 부부유별이며 그 세부적인 내용을 분석하면 강유지의(剛柔之義), 부창부수(夫唱婦隨), 남존여비(男尊女卑), 여필종부(女必從夫), 부위부강(夫爲婦綱), 남경여직(男耕女織), 엄부자모(嚴父慈母), 부의모자(父義母慈), 부화부순(夫和婦順), 부화처유(夫和妻柔), 상경여빈(相敬如賓) 등의 다양한 개념으로 표현할 수 있다. 또한 부부유별은 부부의 지위관계, 물리적 관계, 역할관계, 예의관계, 성적 관계, 제도적 관계의 여섯 가지 범주를 다루고 있는 것으로 보인다(정정기 2000).

또한 『소학』 「명륜」의 명부부지별(明夫婦之別)에 나타난 부부유별의 의미를 크게 세 가지로 대별해보면 첫째는 남녀관계를 바르게 하는 것, 즉 문란한 성생활을 방지하는 것이고, 둘째는 남녀가 담당한 직무의 구별을 밝히는 것이고, 셋째는 예경(禮敬)으로 서로 만나 친압하지 않는 것이라는 결론에 도달하였다(정정기 2000). 이를 다시 크게 둘로 나누면 첫 번째는 부부유별의 불상란(不相亂)의 측면을 강조하였고, 둘째와 셋째는 불상압(不相狎)의 측면을 강조하여 내외(內外)의 관념을 확립한 것으로 보인다. 이 두 가지 입장에 유의하여 조신시대 부부유별을 중심으로 한 부부의 예절교육을 검토하고자 할 때, 조선시대를 통틀어 부부유별에 대한 가장 포괄적이고 균형잡힌 논설로 꼽히는 것이 간재 이덕홍의 부부유별도이다. 이를 통해서 부부유별에 대한 이해를 심화시키고자 한다.

4. 「부부유별도」와 부부유별

16세기 후반기의 학자인 간재(艮齋) 이덕홍(李德弘, 1541~1596)은 퇴계(退溪) 이황(李滉, 1501~1570)의 제자이다. 간재는 자신의 역학사상에 근거하여 「부부유별도夫婦有別圖」를 저술하여 천지의 수가 짝을 이루어 배치되는 방위가 '부부유별'에 비유할 수 있는 것으로 보았으며 부부유별에 대한 오해를 바로잡고자 노력하였다.

이덕홍은 『부부유별도』에서 별(別)의 두 가지 의미를 파악하였다. 하나는 남편과 아내가 공동의 영역을 가지며 이는 타인으로부터 배타적인 영역인 것이고, 다른 하나는 비록 부부가 공동의 영역을 공유하나 일상생활은 남자는 밖에서 여자는 안에서 생활하면서 안과 밖이 구분되는 생활을 하는 것이다.

이덕홍은 당대의 유자들이 모두 부부유별이 부부간의 내외를 말한다는 설을 따르고 있을 때 홀로 두 가지 의미를 지적해낸 까닭을 『소학』의 본문과 『예기』 가운데서 근거를 찾았다. 또한 사람에 있어서는 정절을 지키는 지어미가 있으며 동물에 있어서는 『시경』에 등장하는 관저(關雎)의 아름다운 모습이 있고, 경서와 사서에서도 근거가 있으며 특히 「하도」에 적용해보아도 그 상이 명백하다고 하였다. 그는 별이 부부간의 내외에 머무를 수 없는 이유를 오륜의 여타 항목과의 관련 하에 설명하고 있다. 분별이라는 것이 부부에게만 필요한 덕목이 아니라 부자·군신·형제·붕우 관계에서도 절실한 것이며, 비록 네 가지 관계에서 각기 상하와 선후의 분별이 있지만 나의 부자·군신·형제·붕우와 남의 부자·군신·형제·붕우가 구별되어야 인륜이 확립되는 것으로 보았다. 그렇지 않으면 신하와 자식은 임금과 아버지를 분별하여 충효의 진실한 마음을 다할 수 없으므로 별은 단연코 두 가지 의미를 가질 수밖에 없다고 보았다.

부부유별에 대한 이해를 크게 분류하면 부부간의 내외를 강조하는 불상압(不相狎)의 입장과 다른 부부나 다른 남녀와의 부적절한 관계에 빠지지 않는 것을 강조하는 불상란(不相亂)의 입장, 그리고 두 가지 입장의 균형을 강조하는 제삼의 입장을 들 수 있다. 이덕홍은 불상란의 의미를 발견해낸 학자이지만 기본적으로 둘 사이의 균형도 강조하는 입장이다.

이덕홍의 논의로 부부유별에 대한 이해의 가닥을 잡았으니 이제 소학에 대한 주석의 변화를 통해서 부부유별에 대한 이해의 변화를 살펴보고자 한다.

5. 부위부강·부부유별에 대한 이해는 어떻게 심화 혹은 변화되었는가?

1) 주자의 『소학』

『소학』은 주자(朱子)가 1187년에 편찬한 책이라는 설에 이견을 제기하는 사람도 있지만 주자의 이름을 내걸고 있는 책이고 그가 서문을 썼으며 책이 나오는 과정에 깊이 개입했음은 부인할 수 없다. 주자가 직접 편찬하지는 않았다 하더라도, 편찬 과정에서 자신의 의견을 적극적으로 개진하였음이 문집에서 드러나고, 수제자인 진순(陳淳)도 '주자『소학』서(朱子小學書)'라는 표현을 하고 있다[5]는 점에서 『소학』을 주자가 직접 지은 책으로 보아도 무방할 것으로 생각된다.

『소학』을 사람 만드는 틀(做人底樣子)[6]이라고 말한 것에서도 알 수 있듯이 『소학』은 '사람 만드는 책'으로 지어졌다. 당시 훈고학이나 글짓기 위주인 학문 풍토의 문제와 폐단을 극복하기 위하여, 상고시대의 '예악사어서수(禮樂射御書數)'와 '효제충신(孝悌忠信)'의 일로서 가르쳤던 『소학』의 전통을 되살려서,[7] 기본 생활도덕에 해당되는 '쇄소응대진퇴(灑掃應對進退)'의 예절과 '애친경장융사친우(愛親敬長隆師親友)'의 윤리를 우선시하고 행동과 실천을 중시해서 가르치고자 하는데 편찬 의도가 있었다.[8]

주자가 1155년 25세의 나이에 복건성 동안현 주부로 부임했을 때 그는 일부 지역의 타락한 도덕성에 매우 놀랐다고 한다. 『연보』의 기록에 의하면 "남자들은 공공연히 부인이나 첩이 아닌 여자와 살거나" 아니면 "중매쟁이를 세우거나 결혼식도 하지 않은 채 누군가와 몰래 달아났다."고 한다. 이런 비도덕적 사건들은 가난한 일반 백성에서 부자, 심지어 학자들에 의해서도 저질러졌다(王懋竑, 1998). 주자는 그 당시의 사회는 잘못된 것이고 이는 옛 성인의 교법이 없어져서 사람들이 도덕적으로 타락했기 때

5　朱子小學書.(소학집주 소학집주총론, 23쪽)

6　朱子曰: 後生初學, 且看小學書, 那箇是做人底樣子.(소학집주 소학집주총론, 16쪽)

7　古者初年入小學, 只是敎之以事, 如禮樂射御書數及孝悌忠信之事. 自十六七入大學, 然後敎之以理, 如致知·格物及所以爲忠信孝弟者.(『朱子語類』卷七, 學一, 小學)

8　古者小學, 敎人以灑掃應對進退之節, 愛親敬長隆師親友之道, 皆所以爲修身·;齊家·;治國·;平天下之本.(소학집주 소학서제, 49쪽)

문이라고 봤다. 바람직한 사회가 되기 위해서는 그 성인의 교법을 다시 회복해야 한다고 생각하고 『소학』과 『대학』을 편찬한 것이다. 즉 어릴 때부터 유학적 소양을 주지시켜 자신이 생각하는 이상사회를 건설하려는 목적하에 저술한 것이다.

　　『소학』은 소학서제(小學書題)와 소학제사(小學題辭), 내편4권과 외편 2권으로 이루어져 있으며 소학서제는 서문, 소학제사는 통론의 성격을 띠고, 내편은 입교(立教), 명륜(明倫), 경신(敬身), 계고(稽古), 외편은 가언(嘉言), 선행(善行) 순으로 되어 있다. 내편은 『서경』, 『의례』, 『주례』, 『예기』, 『효경』, 『좌전』, 『논어』, 『맹자』, 『제자직』, 『전국책』, 『설원』, 『공자가어』, 『중용』, 『국어』, 『사기』, 『열녀전』, 『순자』, 『양자』, 『관자』, 『회남자』 등의 문헌에서 인용하여 편집한 것이고, 외편은 주로 송대 제유(諸儒)의 언행을 기록한 것이다. 내편에서는 근본을 확립했고, 외편에서는 실례를 들었다. 전편을 통하여 유교의 효와 경을 중심으로 이상적인 인간상과 아울러 수기·치인의 군자를 기르기 위한 계몽 교훈을 주요 내용으로 하고 있다. 입교는 교육의 원칙을 말한 것이고 명륜은 오륜을 밝힌 것이고 경신은 몸을 공경하는 것이다. 이 세 가지가 기본강령으로 『소학』 전체의 기본 골격을 이룬다. 계고는 춘추시대 이전의 사료에서 입교, 명륜, 경신에 부합되는 실례를 든 것이며, 가언은 한대이후 명현의 격언과 명가의 가훈을 모은 것으로 입교, 명륜, 경신을 넓혔다. 선행은 역시 한대이후 명현의 격언과 명가의 가훈을 모은 것으로 입교, 명륜, 경신을 실증했다. 이와 같이 『소학』의 구성은 입교, 명륜, 경신을 기본 축으로 해서 절목사이에 긴밀하고도 정연한 관련체계를 세우고 있어 마치 어느 한 구석이라도 빼거나 보텔 수 없이 주밀하게 영조된 건축물이라 해도 과언이 아닐 것이다.

2) 율곡 이이의 『소학집주』

　　이이(李珥, 1536~1584)가 1579년(선조12년) 탈고하고 1694년(숙종20년)에 간행된 『소학집주』의 발문을 쓴 성혼(成渾)은 "내 친구 율곡이…주해한 학설의 종류가 많아 바른 데로 귀착할 수 없음을 병으로 여겼다. 이에 여러 학자들의 학설을 취하여 번잡함을 삭제하고 요점을 모으며, 장점을 취하고 단점을 제거하되, 한결같이 경전의 뜻에 위반되지 않고 명백하면서도 평이하고 진실하게 하였다."고 했다. 이것으로 미루어 율곡은 중국에서 『소학』에 대한 각종 주석서가 들어오자 그것을 정리할 필요를 느껴서 『집주』를 편찬한 것으로 보인다.

송환기(宋煥基)는 소학집주의 서문에서 『소학』은 여러 책에서 인용했기 때문에 자구와 어의가 애매한 곳이 많아 상세한 주석이 없으면 어린이들이 이해하기 어려우므로 명유들이 많은 주석을 내었고, 조선에서는 여러 선비들이 『소학』을 높이고 믿어 논변이 많았는데 율곡이 여러 주석을 취해다가 절충하고 분류하여 집주를 만들어 그 뜻을 남김없이 풀었다고 했다.[9] 율곡이 직접 주석을 단 『소학집주』는 이후 조선에서 『소학』의 기본서가 되어 소학집주에 이르기까지 『소학』을 통해서 부부관이 형성되는 기초를 제공하였다고 할 수 있다.

부부를 이루기 위해서는 남녀가 전제되므로 『소학』에서 부부유별을 밝힌다는 명륜의 명부부지별에서는 남녀유별에 대해서도 많은 부분을 할애하고 있다. 이는 『소학』의 모든 교육 방법이 조기교육으로 몸에 배게 하여 자연스럽게 습득하게 하는 것과 관련이 있다. 남녀관계의 규범을 자연스럽게 몸에 익히게 하여 부부관계에서도 그대로 시행되게 하려는 전략인 것이다. 따라서 남녀유별은 부부유별로 자연스럽게 이어지는 측면이 많다. 남녀유별은 강유지의(剛柔之義)를 현실 생활에 적용했을 때의 남녀 간의 공간적 분리와 역할의 구별을 말한다.

강유지의를 현실생활에 적용하면 남과 여에게 딱딱함과 부드러움의 이미지가 각각 투사되어 모든 측면에서 그것을 기준으로 분별을 두게 되어 남녀 간의 공간적 분리와 역할의 구별도 이루어지는 것이다. 남녀 간의 공

9　小學之書雜引傳記, 字句語義自多疑晦. 苟無註解之精博, 尤非穉蒙所易領悟. 此明儒所以有集解增註集成等諸說之作也. 我東輦賢實皆尊信此篇, 而亦多論辨. 栗谷李文成公乃就諸註說, 而折其衷類編, 而成名以集註. 然後此書之旨極其躍如殆無餘蘊矣. 然而未有疏釋則亦安保其終無蹉駁也.(『소학집주』, 1쪽)

간적 분리라는 물리적 관계를 중시하는 것은 부계혈통의 순수성을 지키기 위해서 결혼 전의 여성의 동정을 유지하는데 초점이 있다. 그리고 역할의 구별은 강유에 따라 각자의 할 일이 따로 있으므로 자신의 본분에 충실하면 사회의 질서가 유지되고 그것을 어기면 혼란이 온다는 생각을 내포하고 있다.

남녀가 일곱 살이 되면 자리를 함께 하지 않고 음식을 함께 먹지도 않아서[10] 남녀 간을 공간적으로 분리시킨다. 일곱 살 때부터 시작된 이러한 남녀유별의 관념은 결혼 적령기가 되어도 그대로 유지된다. 자라서 결혼 적령기를 전후해서는 중매가 오고가기 전에는 이름을 알지 않고, 폐백이 오지 않으면 사귀거나 친하지 않는다[11]고 하여 예를 갖추기 전의 남녀 간의 교제를 극히 제한하였다.

이는 예를 갖추었는지의 여부에 따라서 처와 첩의 구분을 둠을[12] 말한 것으로 남녀유별의 물리적 관계에 충실하면 응분의 사회적 보상이 주어진다는 것으로 해석할 수 있다. 주에서는 처란 말은 가지런하다는 뜻으로 예로 빙문하여 남편과 대등한 몸이 되는 것을 말한다고 했고, 분은 따라감이요 접이란 말은 접한다는 뜻으로 군자를 접견할 수는 있으나 대등한 짝은 될 수 없는 것이라고 했다.[13] 이는 예를 갖추어야만 대등한 짝이 됨을 말한 것이다.

내외분별의 측면에서 부부의 공간적 분리는 가부장권을 수호하고 부자관계를 친하게 유지하기 위해서 부부간의 성적 관계에 제약을 가하는 측면이 있다. 그러므로 일단 예를 갖추어 혼인한 후에도 몸에 밴 남녀유별

10 　立敎2 內則日, …… 七年男女不同席, 不共食.(『소학집주』, 80쪽)

11 　明倫60 曲禮日, 男女非有行媒, 不相知名. 非受幣, 不交不親.(『소학집주』, 262쪽)

12 　立敎2 內則日, …… 聘則爲妻, 奔則爲妾.(『소학집주』, 96쪽)

13 　妻之爲言齊也, 以禮聘問而得與夫敵體也. 奔趣也. 妾之爲言接也, 得接見君子而不得亢儷也.(『소학집주』 입교2 주, 96쪽)

의 습관에 따라서 부부간에도 공간적으로 분리된 생활을 지향하였다. 내외간의 거처구별을 포함한 공간분리는 성적 문란을 방지하기 위한 의미를 갖는 것이다. 부부가 되더라도 잠자리를 항상 함께하는 것이 아니라 거처를 안과 밖으로 구분하고 옷걸이와 상자, 욕실도 함께하지 않는 엄격한 분리를 지향하였다.[14]

주에서 임천 오씨는 "내외의 분별은 비단 남녀만이 그런 것이 아니라, 비록 부부로서 서로 친할 수 있는 자라도 또한 그렇게 해야 함을 말한 것이다."라고 하여 좁은 의미의 남녀유별이 부부관계에까지 확대되어 부부유별이 확립되었음을 보여주고 있다. 부부는 서로 친할 수 있는 관계이지만 그 친밀한 관계에서도 삼갈 수 있어야 예가 시작될 수 있는 것이다.

남녀 간에는 그릇도 직접 주고받지 않다가 제사나 상사 때는 예외를 두었다. 제사는 엄숙하고 상사는 급하여 혐의하지 않는다고 한다. 우물을 함께 사용하지 않고 서로 빌려주지 않고 옷을 함께 입지 않고 길에서는 남녀의 길을 달리하는[15] 것으로 발전하게 된다. 진씨는 덕을 좋아하는 실상이 없으면 여색을 좋아한다는 혐의를 피하기 어렵기 때문에 특별히 뛰어난 친구가 아니면 과부의 아들을 사귀지 않는다[16]고 하였다. 이것은 남녀 간의 내외가 어디까지 이르렀는지 보여주는 좋은 예가 되는 심한 표현이다.[17] 공보문백의 어머니는 경강인데 종조모라는 높은 위치에서 종손과 서로 만나봄에도 문지방을 넘지 않아서 남녀 간의 구별을 잘했다고 칭찬을 받은

---

[14] 明倫65 內則曰, 禮始於謹夫婦, 爲宮室, 辨內外, 男子居外, 女子居內, 深宮固門, 閽寺守之, 男不入, 女不出. 男女不同椸枷, 不敢縣於夫之楎椸, 不敢藏於夫之篋笥, 不敢共湢浴,……(『소학집주』, 274쪽)

[15] 明倫66 男不言內, 女不言外. 非祭非喪, 不相授器. 其相授則女受以篚, 其無篚則皆坐奠之, 而後取之. 外內不共井, 不共湢浴, 不通寢席, 不通乞假, 男女不通衣裳. 男子入內, 不嘯不指, 夜行以燭, 無燭則止. 女子出門, 必擁蔽其面, 夜行以燭, 無燭則止. 道路男子由右, 女子由左.(『소학집주』, 278쪽)

[16] 明倫68 曲禮曰, 寡婦之子, 非有見焉, 弗與爲友.(『소학집주』, 290쪽)

[17] 창계 임영은 이 부분에 대해서 너무 드러내었다고 지적하고 있다.(『창계집』, 1995, 503쪽)

것이다.[18] 이제까지 살펴본 결과에 의하면 남녀 간의 내외는 보통의 남녀 뿐만 아니라 부부, 친족에 이르기까지 광범위하게 적용되는 원리임을 알 수 있다.

상경여빈은 부부간에 손님과 같이 서로 공경하여 상호존중을 확보하기 위한 장치로, 『소학』에 인용된 상경여빈의 고사는 다음과 같다. 기땅의 극결(郤缺)은 김매는데, 그의 아내가 들밥을 내오되 공경하여 서로 대하기를 손님과 같이 하는 것이 구계(臼季)에게 목격되어, "경(敬)은 덕의 모임이니, 능히 공경하면 반드시 덕이 있다 하여 문공에게 발탁되었다.[19]

상경여빈의 주안점은 손님과 같이 대한다는데 있는 것이 아니라 경에 있다. 『소학』의 핵심사상이 경이라고 할 수 있을 정도로 『소학』에서는 경이 중심개념으로 등장하여 강조되고 있다. 『소학』은 명륜에서 우선 오륜을 중심으로 한 인간의 행위규범들을 싣고 경신에서 그의 실천방법으로 경을 제시하고 있다(김기현, 1986). 경은 성리학에서 주일무적(主一無適)[20]이라는 숙어로 풀이되고 있다. 이에 근거해서 경을 풀이하면 하나에 집중해서 심신이 흐트러지지 않는 것을 말한다고 할 수 있다. 그러므로 인간관계에서 경의 의미는 상대방에 주의를 기울이고 관심을 가지고 집중하는 것이 된다.

자식의 도리는 소리가 없는 데에서도 듣는 듯이 하며, 형체가 없는 데에서도 보는 듯이 하는 것이라고 하였다.[21] 이는 부모가 말씀하지 않으시

18 　稽古28 公父文伯之母季康子之從祖叔母也. 康子往焉(門+爲)門而與之言, 皆不踰閾. 仲尼聞之, 以爲別於男女之禮矣.(『소학집주』,下58쪽) 소학집주는 상하 두권으로 되어있다. 앞으로 하의 경우만 下로 표시하기로 한다.

19 　稽古28 公父文伯之母季康子之從祖叔母也. 康子往焉(門+爲)門而與之言, 皆不踰閾. 仲尼聞之, 以爲別於男女之禮矣.(『소학집주』,下58쪽) 소학집주는 상하 두권으로 되어있다. 앞으로 하의 경우만 下로 표시하기로 한다.

20 　子曰:道千乘之國, 敬事而信, 節用而愛人, 使民以時.朱子注)敬者, 主一無適之謂. 敬事而信者, 敬其事而信於民也.(『論語』學而五)

21 　倫7 曲禮曰, …… 聽於無聲, 視於無形.(『소학집주』, 169쪽)

고 안색에 드러내지 않아도 부모의 뜻을 헤아리는 것이다. 진씨가 주에서 부모의 뜻에 앞서 뜻을 받드는 것이니, 항상 마음속에 상상하여 마치 부모의 모습을 보는 듯이 하며 부모의 소리를 듣는 듯이 하는 것이니, 부모가 장차 자신을 가르치거나 시킴이 있는 듯이 여김을 이른다고 했으니 자식이 부모에 대해서 경하다고 하는 것은 지극한 집중의 상태인 것이다. 그러나 부부유별에서 말하는 상경여빈은 이러한 상대방에 대한 관심의 집중이라기 보다는 부부간의 분별을 유지하면서 인격적 독립성을 인정하는 측면이 더 강하다. 예는 부부를 삼가는데서 시작된다[22]고 하였듯이 집주에서 상경여빈의 경(敬)은 근(謹)이라는 말로 풀이되는 것이 더 적절하다고 생각된다.

이렇게 경을 상대방에 대한 집중이 아니라 삼간다는 의미로 풀었을 때는 상경여빈이 윤리적 한계로서의 별을 표현한 말이 된다. 부부간은 더 할 수 없이 가까운 사이일 수 있으므로, 말이나 행동에 있어서 한계를 지키지 못하고 함부로 하기 쉽다.[23] 한계를 인식하지 못하면 상대방의 인격적 독립성을 간과하기 쉽고 그럴 때에는 부부의 관계는 건전성을 보장받을 수 없다.

아들을 장가들일 때나 딸을 시집보낼 때나 공통적으로 경을 강조한다.[24]

여기서의 경은 대인관계에도 적용되지만 주로 삶에 대한 집중성, 진지성을 이야기하고 있는 것이다. 주에서 진씨가 말하기를 남편의 도리는 몸을 공경하여 그 아내를 선도함에 있고, 아내의 도리는 몸을 공경하여 그 남편을 받듦에 있다. 그러므로 아버지가 아들에게 초례할 적에 '힘써 선도하기를 공경으로써 하라' 하였고, 어버이가 딸을 시집보낼 적에 '경계하고 공경하라.' 한 것이니, 부부의 도가 이에 다하였다고 했다. 남편이나 아내

---

22 明倫65 內則曰, 禮始於謹夫婦.(『소학집주』, 274쪽)

23 대개 부부의 사랑은 점유욕을 가지고 있는데 사랑이 심하면 잡아당기는 힘이 너무 과대하여 줄이 끊어지기 쉽다. 그런데 만일 존경을 거기다 더하면 소유욕과 병존하여 조정하기 쉽다.(정인재, 1993)

24 明倫61 士昏禮曰, 父醮子, 命之曰, 往迎爾相, 承我宗事, 勗帥以敬, 先妣之嗣. 若則有常. 子曰, 諾. 唯恐不堪, 不敢忘命. 父送女, 命之曰, 戒之敬之, 夙夜無違命. 母施衿結帨曰, 勉之敬之, 夙夜無違宮事. 庶母及門內, 施鞶, 申之以父母之命, 命之曰, 敬恭聽, 宗爾父母之言, 夙夜無愆, 視諸衿鞶.(『소학집주』, 265쪽)

나 모두 자기 몸을 공경하는 것으로 근본을 삼으니 삶의 집중성이나 진지성이 자기 몸을 공경하는 것에서 시작하는 것이지 배우자나 부모나 시부모를 공경하는 데에서 시작하는 것이 아님이 명백하다.

군신, 부부, 붕우의 경우는 부자, 형제의 경우와 달리, 관계를 맺음에 있어서 반드시 폐백을 가지고 만나보아야 하는 인위적인 관계이다. 부부가 되기 위해서는 공경을 행하여 그 분별을 밝혀야 하는 것이다.[25]

부부는 천륜이 아니므로 상경여빈에 의해서 서로 공경하지 않는다면 유지될 수 없는 것이다. 하지만 자식이 있을 때는 이러한 논법은 도전을 받게 된다. 자식은 부모와 천륜으로 맺어진 사이이므로 자식이 개입되었을 때 부부가 천륜이 아닌 순수한 인륜의 관계라고 고집할 수도 없기 때문이다.

『소학』에서는 부부유별을 통해서 부부 사이의 성과 그 외의 성을 동시에 규제하고자 한다. 학자에 따라서 둘 중의 한 입장을 취하기도 한다.

남녀가 분별이 있은 뒤에 부자가 친하고, 부자가 친한 뒤에 의가 생기고, 의가 생긴 뒤에 예가 일어나고, 예가 일어난 뒤에 만물이 편안하니, 남녀의 분별이 없고, 부자의 의가 없음은 금수의 도이다.[26]

여기서 남녀를 부부로 보느냐? 아니면 그냥 남녀로 보느냐에 따라 의미가 크게 달라진다. 마씨는 부부로 보았고 진씨는 남녀로 본 경우이다. 마씨는 "부자는 천성에서 나왔는데 남녀가 분별이 있은 뒤에 부자가 친해진다고 말함은 어째서인가?"라고 질문을 던지고는 "남녀가 안에서 분별이 없으면 부부의 도리가 상실되어 음란한 죄가 많아지니, 비록 부자간의 친함이라도 또한 친할 수가 없다. 남녀가 분별이 있은 뒤에 부자가 서로 친하는 은혜가 있으니 부자가 서로 친하는 은혜가 있으면 반드시 서로 친하는

25　明倫62 禮記曰, …… 執摯以相見, 敬章別也.(『소학집주』, 271쪽)

26　明倫62 禮記曰, …… 男女有別, 然後父子親, 父子親, 然後義生, 義生, 然後禮作, 禮作, 然後萬物安. 無別無義, 禽獸之道也.(『소학집주』, 271쪽)

의가 있다. 그러므로 의가 생기는 것이니, 이로 말미암아 미루어서 군신과 형제와 장유와 붕우의 사이에 이르기까지 모두 의가 있으면 찬란히 문이 있어 서로 접할 수 있다. 그러므로 '의가 생긴 뒤에 예가 일어난다.'고 한 것이다. 예가 일어나면 귀천에 등급이 있고 상하에 분수가 있으니, 이는 만물이 편안해 지는 것이다."라고 답하고 있다. 이는 부부유별을 부부 간 또는 가족 내의 문제로 본 입장이다. 반면 진씨(陳氏)는 "금수가 어미가 있음만 알고 아비가 있음을 알지 못함은 분별이 없기 때문이다."라고 하였다. 이는 부부유별을 부부와 다른 남녀와의 관계에서의 문제로 본 입장이다.

마씨의 입장은 부부 사이의 성의 절제가 전제되어야만 부자사이의 관계가 서로 친할 수 있다는 것이고 진씨의 입장은 일부일처적인 성의 독점만이 부자관계의 확립을 가져올 수 있다는 입장이다. 어느 입장을 취해도 이러한 분별이 인간과 짐승을 분별하는 것이다. 동물의 세계에서와 같이 문란한 성생활을 하면 어머니는 알 수 있지만 아버지는 알 수가 없는 것이다. 문란한 성생활을 부정하는 것이 바로 부부유별의 내용에 들어 있는 것이다. 이러한 의미의 부부유별이 없으면 혈연을 기반으로 하는 종법사회가 무너지며 부자유친의 일륜(一倫)도 성립할 수 없다.

즉 부부는 가정을 이루는 최소 단위이며 인륜이 처음 시작하는 단계이므로 다른 남녀와 뚜렷이 구별할 필요가 있다는 것이다. 그렇지 않은 다른 이성과의 문란한 성생활은 부부관계의 파멸뿐 아니라 인륜의 시작이 무너지고 가정의 해체까지 가져오게 된다. 뒤에 가면 성호와 다산의 견해에서도 드러나듯이 남편은 아내와 다른 여인을 분별하고 아내는 남편과 다른 남자를 분별하여 부부와 다른 이성을 분별하는 것이 성적 관계로서의 부부유별이다(정인재, 1993).

결혼식을 올리는 원초적인 이유는 임금과 조상귀신에게 알리고 친구와 동네 사람을 모두 모아놓고 잔치하여 우리가 부부가 되었으니, 다른 남녀들은 그 사실을 명심하고 접근을 하지 말라는 의미가 들어 있는 것이다. 여기서 분별을 두터이 한다는 것은 부부와 다른 이성간의 분별을 두텁게

한다는 의미이다.[27]

3) 진암 이수호의 소학집주증해

이수호(李遂浩, 1744~1797)는 호가 진암(進菴)이고 자가 양오(養吾)이
며 처음의 자는 자화(子和)이다. 아버지는 재춘(再春)이고 어머니는 거창
신씨로 수검(守儉)의 딸이다. 성담 송환기[28]가 묘갈명[29]과 서문[30]을 남기
고 있고, 명성당(明誠堂) 이침랑(李寢郞)이 행장을 썼다고 한다.

송환기에 따르면 "『소학집주』가 절충하여 적절하게 밝혔다고는 하나 배우
는 자들은 그래도 요점을 얻기 어려움을 근심하였다. 이수호가 여러 설을 널
리 모아 조목마다 편입하여, 그 의문을 풀고 오류를 바로잡아 『증해』라고 이
름 하였다. 군이 홀로 고심한 것을 더욱 볼 수 있으니, 어린 선비를 가르치는
데 크게 도움이 될 것이다."[31]라고 했고, 또 그 서문에서 율곡이 편찬한 『소학
집주』에 대해서 소를 붙여서 풀지 않으면 결국에는 잘못되어 혼란하게 되지
말라는 법이 없다고 하면서 『증해』가 『집주』의 애매한 부분을 확실히 밝히기
위해서 지어졌음을 명백히 하고 있다.[32] 내외분별의 측면에서 이수호는 별을

---

27 明倫60 曲禮日, 男女非有行媒, 不相知名. 非受幣, 不交不親. 故日月以告君, 齊戒以告鬼神, 爲酒食以
    召鄕黨僚友. 以厚其別也.(『소학집주』, 262쪽)

28 소학집주의 서문을 쓴 송환기(1728-1807)는 우암(尤菴) 송시열(宋時烈)의 오대손으로 『성담집』
    을 남겼다.

29 『성담선생문집』 4권, 94-99쪽.

30 『성담선생문집』 2권, 424-426쪽.

31 小學集註折衷已明, 而學者猶患其難得領會. 君乃博采衆說逐條編入, 釋其疑而訂其誤, 名之以增
    解. 尤可見君獨苦之心, 而其有補於蒙士之訓大矣.(『성담선생문집』 4권, 96쪽)

32 小學之書雜引傳記, 字句語義自多疑晦. 苟無註解之精博, 尤非釋蒙所易領悟. 此明儒所以有集解
    增註集成等諸說之作也. 我東羣賢實皆尊信此篇, 而亦多論辨. 栗谷李文成公乃就諸註說, 而折其
    衷類編, 而成名以集註. 然後此書之旨極其躍如殆無餘蘊矣. 然而未有疏釋則亦安保其終無蹐駁
    也.(『소학집주』, 1쪽)

분별이라고 봐서 부부유별을 내외분별로 보는 윤리적 입장을 명확히 했다. 음양으로서의 남녀는 서로 끌리게 되어있기 때문에 분별이 있어야 한다는 것이다. 부부로서 마땅히 합해야하는 관계라도 또다시 분별하는 것이 필요하다고 하여 역시 분별의 필요성을 끝까지 놓지 않고 있다. 여기서 우리는 부부가 다르지만 본질적으로 같음을 추구하게 되어 있음을 알 수 있다.[33]

예가 부부를 삼가는 데서 비롯된다는 논리(명륜65장)에서 내외의 분별이 불가피함을 예견할 수 있다. 유가의 예악(禮樂)사상에 의하면 예는 '다름'의 인식에서 발생한다고 한다. 따라서 예의 근원은 당연히 부자가 아닌 부부관계에서 찾아질 수 있다. 부자관계는 천성적으로 '다름'이 아니라 '같음'의 관계이기 때문이다(금장태, 1987).

부부를 삼가기 때문에, 거처를 함께 하는 것이 아니라 엄격하게 안팎을 분별하여 생활을 영위하게 된다.[34] 그러나 말미의 '집이 깊으면 바깥사람들이 들어올 수 없고 문이 견고하면 강포한 사람이 열 수 없다.'는 말은 부부간의 내외에 대한 발언이라기보다는 부인을 외부의 강포한 사람으로부터 보호하기 위한 조치라는 생각이 들게 만든다. 이런 의미에서라면 내외분별이 부부만이 아니라 외간 남녀에 대한 것까지도 포함하는 것이 된다. 여기에 대해서는 이수호도 긍정하고 있다.[35] 계속해서 『집주』와 마찬가지로 부부간에는 일반적인 남녀보다 친밀하여 함부로 하기 쉽기 때문에 더욱 분별을 강조해야 한다고 주장하고 있다.[36]

---

[33] 陶菴曰: 別是分別之謂. 盖男女陰陽也. 陰之於陽, 自有相感之理, 一或近焉則易爲感召得來. 故男女之際, 遠而不可近, 辨而不可混, 此別之義也. 至於夫婦, 則陰陽之當合, 而合者也. 然合之中, 又有別之之理.(『소학집주』, 144쪽)

[34] 嚴陵方氏曰: 天下之本在國, 國之本在家, 故禮始於謹夫婦. 易基乾坤, 詩首關雎, 皆始於謹夫婦之意也. 謹夫婦, 故爲宮室以居之, 辨內外以防之. 男子居外女子居內, 陰陽之分也. 深宮則外人不得而入, 固門則强者不得而啓.(『소학집주』, 275쪽)

[35] 問:男不入; 女不出, 此男女非止夫婦, 通者衆男女如何? 陶菴曰:是.(『소학집주』, 275쪽)

[36] 問:旣曰, 男女不同椸枷, 又曰不敢縣於夫之楎椸云云, 何也? 陶菴曰:男女通衆男女而言也. 至於夫婦則, 至親至密, 易乎褻狎. 故雖椸枷之縣, 篋笥之藏, 亦不無混雜之患. 故旣泛論衆男女, 而復加一夫字者, 所以明夫尊卑之分, 而別字之義, 亦在其中矣.(『소학집주』, 276쪽)

그리고는 부부간의 존비의 나뉨이 부부유별의 중요한 의미중의 하나임을 분명히 하고 있다. 또 여자가 안에 자리하고 남자가 밖에 자리하는 것이 천지의 대의라고 하여 내외분별을 형이상학적으로 정당화하고 있다.[37] 이러한 정당화 속에서도 실제적인 측면에서는 여러 가지 의문이 제기되기 마련인 것이다. 분별을 위해서 우물을 여러 곳에 팔 수도 없는 문제이니 적절한 선에서 합리적인 방안을 찾아내야만 했다. 우물을 달리하여 물을 길면 정말 좋지만 집집마다 반드시 우물을 둘 수는 없으므로 물을 긷되 같은 때가 아니라면 또한 분별하는 뜻이라고 했다.[38] 이와 같이 『증해』에서는 사소하지만 생활에 밀접한 문제들을 많이 다루고 있다.

상경여빈의 측면에서는 부부유별을 부부 사이에 예경으로 서로 접하고 서로 친압하지 않는다는 뜻으로 푸는 경우가 있다.[39] 창계의 말은 상경여빈 으로서의 부부유별을 가장 잘 나타내주는 것이다. 성리학에서 부부간의 예의관계를 중시하는 이유는 성적관계가 부부간의 공경을 해치는 데까지 발전할 가능성이 높기 때문이다. 성적관계는 육체적 합일을 지향하는 경향성이 있어 둘이 하나가 되는 것을 지향하게 되고 그렇게 되다보면 예가 설자리를 잃게 되는 것이다.

마씨가 사람이 사사로이 함부로 하는 것은 침실에서보다 심한 것이 없으므로 남녀의 관계는 바르지 않을 수 없다고 하였다. 그러므로 폐백을 잡고 서로 만나서 공경하여 분별을 밝히는 것이다.[40]

---

37 女正位乎內; 男正位乎外, 男女正, 天地之大義也.(『소학집주』, 278쪽)

36 陶菴曰: 異井而汲則固好, 然家家未必有井, 汲不同時, 亦別之之義.(『소학집주』, 280쪽)

37 『성담선생문집』 4권, 94-99쪽.

38 『성담선생문집』 2권, 424-426쪽.

39 滄溪曰: …… 或謂: 夫婦之間禮敬相接, 不相混狎之義.(『소학집주』, 144쪽)

40 馬氏曰: 人之私褻, 莫甚於衽席之上. 男女之際, 不可不正. 故執贄相見, 所以敬章別也.(『소학집주』, 272쪽)

마씨와 마찬가지로 쌍봉요씨도 부부간에는 함부로 할 수 있는 가능성이 있기 때문에 그것을 경계하였다. 분별이 없으면 친하게 되는 것이 문제가 아니라 부부 사이가 틀어진다는 것이다.[41] 여기서 특기할 만한 것은 분별이 있다는 것과 친할 수 있다는 것을 대적적으로 파악했다는 것이다. 부부가 친하다는 것은 분별이 있는 것만큼이나 중요한 것이다. 유가에서는 부부가 친하지 말아야 한다고 주장하는 것이 아니라 친함이 함부로 하는 것과 동격으로 인식되는 것을 경계했을 뿐이다. 따라서 부부유별에서 부부유애로 발전했다는 풍우란의 부부유애와 부부유별의 대비도 본질적으로는 유용성을 상실하는 것이다.

전통적인 예악사상에 의하면 예는 '다름'을 지향하고 악은 '같음'을 지향하게 되어 있는데 성적인 관계를 통해서 같아지기만을 추구한다면 부부유별은 설자리를 잃게 된다. 부부관계는 다른 어떤 관계보다도 본질적으로 같음을 추구하게 되어있는 관계라는 점과 그 반대급부로써의 다름의 확보가 인간관계의 예의 확보와 직결되는 문제임을 알 수 있는 대목이다.

『증해』에서도 성적관계는 부부간의 성과 그 외의 성으로 나누어 살펴볼 수 있다. 부부간의 성은 앞의 상경여빈에서 충분히 설명되었고 여기서는 그 외의 성적 관계를 방지하고자하는 남녀유별적인 측면의 예를 살펴보기로 한다.

마씨에 따르면 예는 백성들을 방비하는 것이다. 매파를 통하지 않으면 서로 이름을 알지 아니하는 것은 혐의를 피하기 위해서이고, 폐백을 받지 않으면 사귀지도 친하지도 않는 것은 공경을 다하는 것이다. 혐의를 멀리하고 공경을 다하면 어찌 상중(桑中)에 나타나는 야반도주나 진유(溱洧)에 나타나는 음행이 있겠는가? 분명하고 존귀하기로는 군서만한 것이 없으니 일월을 조서로 내리는 것이고, 그윽하고 엄하기로는 귀신만한 것이 없으므로 재계를 다하여 고하는 것이고, 가깝고 친하기로는 향당의 친구만한 것이 없으므로 음식을 만들어 명하는 것이다. 예를 갖추는 까닭은

그 분별을 두터이 하기 위해서이다.[42]

유교 종법사회에서 결혼하기 전에는 어떠한 남녀도 성적인 관계를 가져서는 안 되기 때문에 혼례가 완성되기 직전까지도 경계의 자세를 늦추지 않고 있음을 볼 수 있다. 특히 야반도주나 음행을 읊은 시경의 상중과 진유의 시로 경계를 삼고 있는 점으로 보아서 그와 같은 일들은 특히 경계하고 있음을 알 수 있다.

마씨의 주에 비해서 이재의 설명은 여러 사람에게 잔치를 베풀어 혼인을 알리는 이유가 더욱 분명하다. 누가 누구에게 장가들어 부인으로 삼는다는 사실을 알리기 위한 것이라는 설명이다. "시집가고 장가드는 것은 사람의 큰일이다. 예를 행할 때, 산사람이나 죽은 사람이나 윗사람이나 아랫사람이나 누가 누구에게 장가들어 부인으로 삼는다는 것을 알지 못하는 사람이 없도록 하는 것, 이것이 분별을 두텁게 하는 도가 아니고 무엇이겠는가?"[43]

혼인의 예가 남녀분별을 분명히 하고자 하는 것이므로 그것이 폐해지면 음란한 죄가 많아짐을 경계하고 있다.[44] 이와 같은 짐승의 예로는 어머니만 알고 아버지는 알지 못하는 개와 돼지가 그렇고,[45] 부자가 같은 암컷과 짝짓기를 하는 사슴이 있다.[46] 부자가 같은 암사슴과 짝짓기를 하기 때문에 부자간의 정이 있을 수 없고 경쟁관계로까지 발전하는 것이다. 여

---

42 馬氏曰: 禮者以爲民防也. 非行媒不相知名, 所以遠嫌也; 非受幣不交不親, 所以致敬也. 遠嫌致敬, 則安有桑中之奔, 溱洧之行乎? 明而尊者, 莫如君書, 日月以詔之; 幽而嚴者, 莫如鬼神, 致齊戒以告之; 近而親者, 莫如鄕黨僚友, 爲飮食以命之. 所以備禮以厚其別也.(『소학집주』, 264쪽)

43 問: 日月告君以下數事, 何以爲厚別之道? 陶菴曰: 別是男女有別之別. 嫁娶人之大事. 行禮之時, 使幽明上下無不知其某人娶某女爲婦, 此豈非厚別之道也.(『소학집주』, 264쪽)

44 婚姻之禮, 所以明男女之別也. 故婚姻之禮廢, 則夫婦之道苦, 而淫辟之罪多矣.(『소학집주』, 272쪽)

45 程子曰: 知母而不知父, 狗彘是也.(『소학집주』, 273쪽)

46 禽獸無禮, 故父子聚麀.(『소학집주』, 273쪽)

기서 부부간의 분별이 있은 다음에 부자간이 친할 수 있는 이유를 발견할 수 있는 것이다. 엄릉 방씨는 금수의 경우는 암수의 짝짓기만이 있고 내외의 분별이 없다하여 분별이 없는 것을 금수와 인간의 차이로 내세우고 있다.[47]

4) 성호 이익의 『소학질서』와 다산 정약용의 『소학지언』

이익(李翼, 1681~1763)의 『소학질서』에서 질서(疾書)는 '빨리 쓴 글'이라는 뜻이다. 『소학』을 읽으면서 그때그때 느낀 점을 적어, 포괄적이고 체계적인 저술을 이루기 위해 수시로 내용을 축적해나간 준비물이다. 개방적인 방식으로 주제를 배열하고 문제를 다루고 있다(안병학 외, 1999).

정약용(丁若鏞, 1762~1836)은 사상적으로 유형원과 이익의 주류를 계승하였고 퇴계를 사숙하였다. 경전 중에서 돈독하게 실천할 것이라고는 『소학』과 『심경』만이 특별히 뛰어난 것이라고 생각하여, 『소학』으로 몸을 다스리고 『심경』으로 마음을 다스린다고 했다. 신주를 중심으로 이루어진 주석작업에 대하여 구주를 보충하여 1815년에 『소학지언』을 지었다(정약용, 1985).

내외분별의 측면에서 성호는 장차 혼인할 사이라고 하더라고 혼인의 예가 진행되는 동안 허용되는 행위가 명확하게 정해져 있으므로 그 기준을 넘는 것은 비례(非禮)로 간주하였다.[48] 이것은 관계의 점진적 단계성을 중시하는 것이다. 도로만이 아니라 남녀가 긷는 우물의 종류가 다르다는 것을 말하여 증해와 마찬가지로 실생활과 밀접한 연관이 있는 사안을

---

[47] 嚴陵方氏曰: 禽獸有牝牡之合, 而無內外之別; 有生育之愛, 而無上下之義. 故曰: 無別無義, 禽獸之道也.(『소학집주』, 273쪽)

[48] 昏姻之禮, 必先使媒氏往來傳通, 然後始有六禮. 六禮者先納采; 次問名; 次納吉; 次納徵; 次請期; 次親迎. 旣納采擇之禮, 又問名而加諸卜, 則雖有行媒, 名不可遽相知也. 旣納幣, 又請期親迎, 而禮畢則雖受幣, 不可遽相交親也. 意者, 言行媒則凡媒价往來之禮, 皆擧之矣. 言受幣則凡男女相交之禮, 皆擧之矣.(『소학질서』 명륜 명부부지별, 854쪽)

다루고 있으며,[49] 의상은 특히 남녀의 형색이 달라서 의당 분변해야 함을 밝혔고 우물과 목간과 침대의 자리는 단지 내외만을 구분하면 됨을 말했다.[50] 휘파람과 몸짓은 뭔가 은밀한 자기들만의 의사소통을 의미하므로 유별의 정신에 어긋난다고 보았다. 그리고 남자는 도로의 오른쪽으로 다니고 여자는 도로의 왼쪽으로 다닌다고 하여 그냥 남자는 오른쪽으로 여자는 왼쪽으로 다닌다고 했을 때보다 분명하게 의미를 알 수 있게 했다.[51] 정약용은 남자는 도로의 오른쪽으로 가고 여자는 도로의 왼쪽으로 가는 것을 형이상학적으로 정당화하고 있다. 남자가 여자보다 높기 때문에 땅에서 높이는 오른쪽으로 다닌다는 것이다.[52]

상경여빈의 측면에서는 이익이 생업에 종사하는 어려운 상황과 부부라는 함부로 하기 쉬운 사이에서도 경을 유지할 수 있다면 마음속으로 경하다고 할 수 있다고 보았다.[53] 특히 경은 여자에게 필수적이라는 것을 강조[54]하여 상경여빈에서 상(相)의 의미를 약간 퇴색시키고 있다.

49 井者, 人之所聚也. 古者, 市道皆有男女之別, 則井亦宜然. 亦非家家有兩井, 卽男女所汲者, 各有定所也.(『소학질서』 명륜 명부부지별, 855쪽)

50 井湢寢席等, 非有異制, 只以在外在內別之. 惟衣裳則形色不同, 男女不可以相通者也. 故加男女字以戒之.(『소학질서』 명륜 명부부지별, 855쪽)

51 嘯者, 非常聲也. 或相與和應, 而不欲以言語者, 必以非常之聲. 又或喩物, 而不欲以言語者, 亦必以手指示而已. 此皆嫌其有私也. 今見隱暗和應之徒, 多以嘯指爲信, 可以見矣. 古人之嚴內外之防, 有如此者. 男子由道之右, 女子由道之左. 若但云: 女子之右, 男子之左, 則一去一來之際, 男女雜矣. (『소학질서』 명륜 명부부지별, 855쪽)

52 道路男女由右. 鄭玄曰: 地道尊右, 道路在地, 故言地道也. 男尊於女, 所以由右, 地之尊右以陰也. (『소학지언』, 126쪽)

53 人固有貌敬色莊者矣. 使居高顯處名譽, 則雖若儼然矜持, 而其心未可知, 是或爲人而敬也. 至於隴畝之間, 賤之極也. 夫婦之際, 褻之至也, 於此而敬, 是謂心敬. 如曰季可謂善觀德行矣.(『소학질서』, 864쪽)

54 男諡莫尙於文, 女諡莫尙於敬. 男女之別敬之大者也. 以敬姜帷殯(門+爲)門可見. 凡婦人之禮知所要矣.(『소학질서』, 864쪽)

이익은 오륜을 설명하면서 부부유별을 '사람마다 각기 정해진 짝이 있어서 서로 더럽히거나 어지러움이 없음'으로 명확하게 규정하고 있다.[55] 각기 정해진 짝이 없어서 서로 더럽히거나 어지러움이 있으면 아버지와 자식이 정해질 수가 없고 따라서 아비와 자식이 친해질 수 없다는 점을 분명히 하고 있다.

맹자가 '부부유별'이라고 말했을 때 별은 남편은 각자 아내를 두고 아내는 각자 남편을 두어 서로 혼란스럽지 않은 것이다. 대개 상고시대에는 남녀사이에 분별이 없어서 거의 앵무새나 성성이에 가까워 인륜이 어지러웠다. 그래서 성인이 그것을 걱정하여 분별을 두도록 가르쳤다. 부부관계가 정해지지 않으면 부자간의 친함이 분명해지지 않는다. 그러므로 아래 장에서 남녀 간에 분별이 있은 연후에 부자간이 친해지고 부자간이 친해진 연후에 올바름이 생기므로 분별이 없고 올바름이 없는 것은 금수의 길이라고 말하였다. 그러므로 분별이 있다는 것이 부부간에 서로 친압하지 않는 것을 말하는 것이 아님이 분명하다. 저 위로는 임금에게 고하고 사적으로는 조상에게 고하고 주위에는 향당료우에게 고하는 것은 모두 분별을 두터이 하는 것이다. 이성에게 장가드는 것 역시 분별을 두터이 하기 위해서이다. 여기에서 비록 친압하지 않는 뜻을 만들어 보이려고 하나 말이 되지 않는다. 고시에 '사군이 스스로 부인을 두니 나부도 스스로 지아비를 둔다.'고 했으니 이것이 이른바 분별이 있다는 것이다.[56]

이쯤 되면 이익의 주장은 부부유별이 문란한 성생활을 염두에 둔 주장이라는 점이 분명해 진다. 그리고 분별이 있다는 것이 부부간에 서로 친압하지 않는 것을 말하는 것이 아님이 분명하다고 명언하고 있다. 부부유

55　夫婦有別, 謂人各有定配, 無相瀆亂. 不然則父子靡定, 故曰: 夫婦別而後父子親也.(『소학질서』, 851쪽)

56　孟子曰: 夫婦有別. 別者, 謂夫各有婦婦各有夫, 不相混亂之也. 盖上古之時, 男女無別殆近鸚猩, 人倫亂矣. 故聖人有憂之, 教之有別, 夫婦之倫未定, 則父子之親未明. 故下章曰: 男女有別然後父子親, 父子親然後義生, 無別無義, 禽獸之道也. 然則有別者, 非謂夫婦之不相昵狎, 明矣. 夫上告於君, 私告於祖, 旁告於鄕黨僚友, 皆所以厚別也. 取於異姓, 亦所以厚別也. 於此, 雖欲看作不昵之意, 不成說矣. 古詩云: 使君自有婦, 羅敷自有夫. 是則所謂有別也.(『소학질서』, 854쪽)

별을 성적 관계를 규정하는 의미로 풀어내고 있다. 이점에 있어서는 정약용도 비슷한 의견[57]을 제시하고 있다. 하지만 『시전』을 인용[58]하여 정분이 지극하면서도 분별이 있는 것과 각기 일정한 배필이 있는 것을 동시에 말한 점으로 보아 윤리적 입장의 건전한 측면을 유지하고 있다고 생각된다.

이익도 '분별이 있다는 것이 부부간에 서로 친압하지 않는 것만을 말하는 것이 아님이 분명하다.'고 하고 있듯이 다산도 동시대 사람들이 내외의 분별을 엄히 하는 것을 부부유별이라고 하는 것이 잘못되었음[59]을 꼬집고 있다. 그가 이상으로 삼는 것은 정분이 지극하면서도 분별이 있는 상태라고 이해된다. 그러나 주된 흐름으로 볼 때는 부부유별은 부부간의 관계의 문제라기보다는 부부와 외부인과의 문제로 '부부는 아주 특별한 사이'라는 표현이 더 잘 어울리는 듯하다. 결론적으로 부부유별의 해석에 있어서 마씨의 설보다는 진씨의 설이 더 우수하다는 점을 분명히 하고 있다.

남녀가 분별이 있은 후에야 부자가 친하게 된다는 것에 대해서 마씨의 설은 분명하지 못하며 진씨 설이 더 낫다. 진씨는 "짐승이 길러준 암컷만을 알고 낳아준 수컷은 알지 못하는 것은 분별이 없기 때문이다."하니 이것이 경전의 뜻이다. 요즘의 창녀와 기생의 자식들이 대부분 타인을 부모라 부르고 있는 것은 일정한 배필이 없었던 까닭에 그런 것이다. 제각기 그 배필을 배필로 맞이하는 것이 유별이 아니겠는가?[60]

---

[57] 夫婦有別者, 各配其匹不相瀆亂也. 禮日, 取于異姓, 所以附遠厚別也. 禮日, 男女非有行媒, 不相知名. 非受幣, 不交不親. 故日月以告君, 齊戒以告鬼神, 爲酒食以召鄕黨僚友. 以厚其別也. 禮日, 執摯以相見, 敬章別也. 男女有別, 然後父子親, 父子親, 然後義生, 義生, 然後禮作, 禮作, 然後萬物安. 無別無義, 禽獸之道也. 又日章民之別 使民無嫌.(『소학지언』, 122쪽)

[58] 詩傳稱鴡鳩摯而有別, 亦謂其乘居而匹處, 各有定配也. 禮日:婚姻之禮, 所以分男女之別也.(『소학지언』, 122쪽)

[59] 今人, 以嚴內外之分, 爲夫婦有別, 誤.(『소학지언』, 122쪽)

[60] 男女有別, 然後父子親. 馬氏說糊塗不明, 陳氏說爲長. 陳氏日:禽獸知有母, 而不知有父, 無別故也. 斯經旨也. 今娼妓之子, 率多謂他人父者, 以無定配也. 各配其配, 非所謂有別乎.(『소학지언』, 126쪽)

6. 부위부강·부부유별의 도입과 조선 사회의 변화

성리학을 국시로 하는 조선의 건국은 남녀를 바라보는 인식 틀에 있어서 혁명적인 변화를 수반하며 뿌리 깊고도 격렬한 저항을 불러오는 것이었다. 『소학』과 『가례』의 유포로 대표되는 성리학적 교육에서 부침은 있지만 전반적으로 성리학적 체제가 공고화되는 방향으로 역사는 전개되는데 각 시기별로 이를 자세히 살펴보도록 한다.

1) 조선전기: 도입기

조선전기를 부위부강과 부부유별을 전파하는 성리학적 부부교육의 도입기라고 했을 때 주요한 이론가들로는 조선건국의 전 과정을 주도한 정도전과 국가 건설의 현실적인 영역에서 기반을 다진 세종과 세조, 남다른 수신의 경지를 보여주었고 성의 절제에 사상적 근거를 부여한 지지(知止)의 철학을 설파한 서경덕이 있다. 이들의 주장을 중심으로 조선전기의 변화를 정리하였다.

정도전의 조선 운영 청사진에 해당하는 『조선경국전』에서 부부교육에 대한 그의 입장을 정리해보면 우선 예전(禮典) 종묘(宗廟)조에서 국가적인 차원에서 종묘에 대한 제사를 규정하고 있는데, 종묘는 왕실의 조상에 대한 사당이므로 가장 상위의 구현체에게 바치는 제사를 수행하는 공간이며 이를 통해서 존중의 자세를 확립하였다. 이러한 흐름은 민간의 가묘(家廟) 설립운동으로 확산되어 제례문화의 변혁으로도 이어진다. 가묘의 설립과 제사의 도입은 불교사회에서 유교사회로의 전환을 의미하며 종교 뿐만이 아니라 가족관계에도 중요한 의미를 가진 전환이다.

또한 헌전(憲典) 범간(犯姦)조에서는 예(禮)와 형(刑)을 통해서 정욕을 절제하고, 음탕한 행동을 억제하고자 하는 바램을 담았다. 예에서 바로잡고 형에서 징계한다고도 하였는데 이는 예를 통해서 남녀의 문제를 사전에 방비하고 형을 통해서 사후적으로 처리하는 시스템을 완비하겠다는 의지의 표현이다. 또한 예전과 형전 모두에서 남녀 관계를 중시하였음도 볼 수 있다. 예전(禮典) 혼인(婚姻)조를 보면 '남귀여가(男歸女家) 하니 부인이 무지하여 그 부모의 사랑을 믿고 남편에게 경솔히 하고, 교만과 투기하는 마음이 생겨 부부가 반목하게 되니 가도가 무너진다.'[61]고 하여 남귀여가의 풍습에 의해서 선량한 풍습의 유지·확대에 문제가 많음을 지적하고 있다. 여말선초 신진사대부들의 이러한 인식이 조선의 유교화 과정에 많은 영향을 끼쳤으며 부부교육의 방향을 결정지은 것으로 보인다. 하지만 제사의 도입과는 달리 '남자가 장가드는' 풍습은 쉬 고쳐지지 않는다. 없던 제도를 도입하는 것과 있던 풍습을 뒤엎고 새로운 전통을 창조한다는 것은 완전히 차원이 다른 문제였던 것이다.

이러한 변화의 열망은 헌전(憲典) 의제(儀制)조에서 "우리나라 예의의 풍속은 기자(箕子)로부터 시작되었다. 고려시대에는 문장과 제도를 중화(中華)에서 본받았으나 토속(土俗)에는 오히려 아직 다 변하지 않은 게 있었다. 원나라를 섬긴 뒤로는 호례(胡禮)를 혼용하여 복식제도가 법도를 잃고, 서인(庶人)들이 분수에 넘치게 윗사람과 견주게 되었다. 명나라가 천하를 차지한 뒤에 조칙을 내려 의제는 본속(本俗)을 따르고, 법은 옛날의 전장(典章)을 준수하라고 하였으므로 그 폐습이 역시 갑자기 제거되지 못하였던 것이다."[62]라고 하여 본속(本俗)과 전장(典章) 혹은 토속(土俗)과 화속(華俗)의 대비를 통하여 조선의 사대부들이 가지고 있는 변혁의 열망을 읽을 수 있다. 하지만 조선의 토속은 이들의 열망처럼 쉽게 변하지는 않았다.

61　又親迎禮廢, 男歸女家, 婦人無知, 恃其父母之愛, 未有不輕其夫者, 驕妬之心, 隨日以長, 卒至反目, 家道陵替, 皆由始之不謹也, 不有上之人制禮以齊之, 何以一其風俗哉, 臣稽聖經謹本始, 作婚禮篇. (『三峯集』卷十四 朝鮮經國典 禮典 婚姻)

62　儀制, 所以明等威辨上下, 禮之大節也, 然其因革損益, 亦必隨時而有變焉, 故曰一代之興, 必有一代之制作, 我東方禮儀之風, 肇自箕子, 而王氏之世, 文章制度取法中華, 而其土俗猶有未盡變者, 事原以來, 雜用胡禮, 服飾無度, 庶人僭擬, 逮夫皇明有天下, 詔曰, 儀從本俗, 法守舊章, 故其弊習亦未遽除.(『三峯集』卷十四 朝鮮經國典 憲典 儀制)

조선초기에는 국가시스템을 정립하는 과정에서 교육의 방향을 결정짓는 중요한 제도들이 정착되는 동시에 실용지식을 집대성하여 새로운 왕조 개창 도덕성을 확보하려는 노력이 경주되었다. 『의방유취(醫方類聚)』에 수록된 수진비결(修眞祕訣) 방중보익 (房中補益)[63]과 같은 내용을 통해서 조선전기 한의학적인 남녀교육의 핵심을 접할 수 있으며 이곳에 수록된 내용은 성리학적인 냄새가 없고 도가적인 분위기가 물씬하며, 이후의 부부교육에도 꾸준히 영향을 미쳤다.

현실적인 요구에 대한 대응들과 더불어 부부교육에 있어서 사상적인 전개도 주목할 만하다. 부부관계나 가족문제와 밀접한 관련을 맺고 있는 기(氣)에 대한 친화성이 높은 철학체계를 정립한 서경덕은 식색에 구애됨이 없는 생활을 구가한 것으로 유명하며 음식에서는 담박한 맛을 즐기고 남녀에서도 황진이와의 모범적인 교유를 과시하였다. 특히 평생 황진이를 가까이하면서도 어지러운 지경에 이르지 않을 정도로 성인의 면모를 과시하였다.[64] 그는 인간의 구체적인 행위상의 멈춤에 대하여 인간의 자연스러운 신체적 욕구 자체가 이미 멈춤의 분별을 알고 있다고 설명한다(한국철학회 1987). 부자지간은 은혜에 머무르고 군신지간은 의리에 머무르는 것이 타고난 바의 세상 법칙이듯이 음식과 의복의 쓰임과 보고 듣고 말하고 움직임에 적당하지 않은 곳에 머무르는 경우가 없다고 하여, 매사에 멈춤의 중요성을 설파하는 그의 논의는 부부교육에 있어서 시사하는 바가 크다. 황진이와의 교유에서 서경덕이 보여준 모습은 인간관계에서의 지지의 측면을 깊이 성찰하게 하는 고사이며 조선시대를 관통하여 모범적인 사례로 꼽혀왔다.

---

[63] 房中補益. 素女曰, 交接之事, 卽聞之矣. 敢問服食藥物, 何者易得而有效? 彭祖曰, 使丁壯不老, 房室不勞損氣力, 顔色不衰者, 莫過麋角也.(『醫方類聚』養性門 修眞祕訣)

[64] 平生慕花潭爲人, 必携琴醞酒詣潭墅, 盡驩而去. 每言知足老禪, 三十年面壁, 亦爲我所壞. 唯花潭先生昵處累年, 終不及亂, 是眞聖人. 將死. 命家人曰, 愼勿哭. 出葬以鼓樂導之. 至今歌者能謳其所作, 亦異人也.(『惺所覆瓿稿』卷二十四 惺翁識小錄 眞娘工琴善歌)

2) 조선중기: 성숙기

　조선중기를 부위부강과 부부유별에 기반한 부부교육의 성숙기라고 하는 것은 성리학에 대한 이해의 심화를 거치면서 부부교육의 영역에서도 이해와 실천에 성과가 있었기 때문이다. 특히 이 시기에는 남녀의 양상이 이전 시기와는 확연하게 달라지는 전환기의 특성도 보이기 때문에 부부교육의 측면에서는 중요하다. 당시의 주요한 이론가로는 크게 보아 성리학적 부부교육의 정교화와 실천에 노력한 이황, 이이, 송시열, 박세채와 허균처럼 이러한 흐름에 반기를 든 드문 경우로 나누어 볼 수 있다. 특히 송시열은 전후(戰後)에 사회질서를 재건해야하는 어려운 시기에 정직(正直)의 철학을 기반으로 한 사상적 경직성과 저돌성을 가지고 부부교육에 대응하고 있는 점이 주목된다. 이들을 중심으로 조선중기의 변화를 정리하였다.

　부부교육의 영역에 있어서 이황과 이이는 그 사상적 경향에 따라서 대응 방식에 일정한 차이를 보이고 있다. 퇴계는 흔히 조선을 엄격한 유교 국가로 이끈 학자라고 알고 있으나, 열정적이고 정감이 있는 인물로도 그려지고 있으며 혼자된 며느리를 개가시켜 줄 정도로 도량이 넓었다고도 한다. 또한 죽기 전 '저기 매화나무에 물 주어라.'는 마지막 말[65]을 남길 정도로 소박하고 거친 음식, 절제된 생활과 학문 탐구로 일생을 보냈다. 두향(杜香)이라는 기생과의 연애사가 전해지고 있어 낭만의 여운을 남기기도 하지만, 퇴계가 여색(女色)을 좋아하지 않았다는 기록도 있다. 1541년 관서 지방에 출장을 갔다 오는 길에 평양에 머물렀는데 평안도 관찰사가 유명한 기생을 치장시켜 접대하려 했는데도 끝내 이를 거부했다는 것이다.[66]

　이러한 현실적인 인간상과는 달리 사상적으로 퇴계는 남녀와 부부에 대하여 남녀관계는 커다란 욕구가 존재하는 곳이며 부부관계는 인륜이 비

---

[65]　四年庚午[先生七十歲]. 十二月丙申. 辛丑酉時. 終于寢. [是日朝, 令侍人灌盆梅. 酉初. 命整臥席, 扶起而坐, 恬然而逝.](『退溪集』退溪先生年譜卷二)

[66]　關西素稱紛華, 士之落於坑塹者, 前後相望, 先生嘗爲咨文點馬, 以事留義州一月, 絶不近色, 行過平壤, 監司爲飾名妓以薦, 竟不之顧.(『鶴峯集』續集卷五 退溪先生言行錄)

롯되는 곳이므로 선왕의 가르침에서는 항상 그 근원을 틀어막아서 그 방비를 엄격히 하였다고 한다.[67] 또한 몸과 마음을 갈고 닦는데 남녀가 핵심이 되는 것은 남녀에 지극한 이치가 깃들어 있고 큰 욕구가 존재하기 때문이며, 군자가 인욕을 이기고 천리를 회복하는 것도 이로 말미암고 소인이 천리를 멸하고 인욕을 다하는 것도 이로 말미암는다고 했다.[68] 군자는 색을 통하여 인욕을 이기고 천리를 회복하는 데 반하여 소인은 색으로 인하여 천리를 잃어버리고 인욕을 다하기 때문에 색의 힘을 충분히 감지한 상태에서 리의 순수성을 확보하기 위해 노력하였다고 할 수 있다. 이황이 남녀의 문제를 주로 이러한 심의 문제로 접근한 반면 이이는 심에 대한 고려와 아울러 현실적인 여러 가지 방비책들을 강구하는 편이다.

율곡은 『격몽요결』 「거가장(居家章)」에서 색에 있어서 종욕(縱欲)의 문제를 지적하면서 상압(相狎)과 상경(相敬)을 대비시켰다. 종욕을 지양하고 절욕을 지향하는 것은 조선시대 부부교육의 대강(大綱)이기에 주목할 필요가 있다. "오늘날 학자들은, 밖으로는 비록 조심하는 기색이 있으나 안으로는 독실한 마음을 갖는 자가 적다. 부부 사이에 잠자리에서 흔히 정욕을 삼가지 않아 그 위의를 잃는다. 그러므로 부부가 친압하지 않고 서로 공경하는 일이 매우 적다. 이러고서 몸을 닦고 집안을 다스리려 하면 어렵지 않겠는가? 반드시 남편은 화순하면서 의리로 제어하고, 아내는 순종하면서 바른 도리로 받들어야만 집안일이 잘 다스려질 수 있다."[69]고 하여

---

67 男女, 大慾之所存; 夫婦, 人倫之所始. 故先王之敎, 每窒其源而謹其防. 今輩居談謔, 盡是慾坑之事. 穢念常在於襟裾, 媟語不憚於閨門, 甚至形於筆札. 轉相贊誦, 拍肩擊節, 嗢噱終日, 向非先生之彈厭. 此書遂傳於世矣. 其所以壞人心術, 瀆人大倫, 不亦甚乎? 此則尙氣之過也.(『退溪集』卷十二 擬與豐基郡守論書院事丁巳○郡守金慶言)

68 問, 治心修身, 以飮食男女爲切要, 亦何謂也. 先生曰, 以飮食男女爲切要. 飮食男女, 至理所寓, 而大欲存焉. 君子之勝人欲而復天理, 由此; 小人之滅天理而窮人欲, 亦由此. 故治心修身, 以是爲切要也.(『艮齋集』卷三 上退溪先生辛酉)

69 今之學者, 外雖矜持, 內鮮篤實. 夫婦之間, 衽席之上, 多縱情欲, 失其威儀. 故夫婦不相昵狎, 而能相敬者甚少. 如是而欲修身正家, 不亦難乎? 必須夫和而制以義, 妻順而承以正, 然后家事可治也. 若從前相狎, 而一朝遽欲相敬, 其勢難行. 須是與妻相戒, 必去前習, 漸入於禮, 可也. 妻若見我發言持身一出於正, 則必漸相信而順從矣.(『栗谷全書』卷二十七 擊蒙要訣 居家章第八)

평소의 나의 발언과 몸가짐을 한결같이 유지하여 서로 믿고 순종하는 가정의 분위기를 만들어 갈 것을 권하고 있다. 이는 단순한 부부지간의 문제가 아니라 자녀교육과 가정의 질서유지를 위해서 필수적으로 요청되는 모범의 정립이었다. 율곡은 교육의 장으로서의 가정의 중요성을 항상 의식하고 있었으며 이는 그가 지은 「동거계사(同居戒辭)」의 내용과 그 실행[70] 등을 통해서도 짐작할 수 있다.

『성학집요』「정가편(正家篇)」에서는 가(家)를 바로잡는 길은 윤리를 바로잡고 은의를 돈독하게 하는 것 밖에 없다고[71] 하였는데 임금을 향한 발언이기에 주색과 애정에 빠져 일을 그르친다는 것은 정치적인 문제로까지 확대될 수 있다는 점이 특히 고려되었으나 그 정도의 차이만 있을 뿐 모든 사람에게 적용될 수 있는 문제이기도 하다.

이황이 『성학십도』를 통해서 부부교육의 사상적 기반을 다졌다면 이이는 『소학집주』, 『성학집요』, 『격몽요결』 등의 서적을 집필하여 부부교육의 기틀을 다진 것으로 크게 평가할 수 있다. 두 사람의 성과가 상하와 표리를 이루면서 부부교육의 성숙기를 이끌어갔다고 해도 과언이 아닐 것이다.

허균은 정욕을 긍정하는 논리를 펼친 학자로 잘 알려져 있으며(진재교 2008), 안정복에 따르면 '남녀 간의 정욕은 하늘이 준 것이고, 윤리와 기강을 분별하는 일은 성인의 가르침이다. 하늘은 성인보다 높으니, 차라리

70 兄弟, 初從父母一體而分, 是無異於一體也, 宜相親愛, 少無彼此物我之心也, 古人有九族同居者, 況吾等早喪父母, 伯兄又早沒, 惟吾輩生存者, 務相友愛, 同財而居, 莫相分離, 可也, 若或分離, 則少無生存之樂矣, 故爲此同居之計, 雖離違鄕土而來, 一家團聚和樂, 以度歲月, 此豈偶然之事哉, 玆以略記存心修行之方, 每月初朔, 相會讀過, 使皆聞知焉.(『宋子大全』卷一百三十二 栗谷先生同居戒辭飜謄錄)

71 朱子曰, 人主之家齊, 則天下無不治, 人主之家不齊, 則未有能治其天下者也, 是以, 聖賢之君, 能修其政者, 莫不本於齊家, 蓋男正位乎外, 女正位乎內, 而夫婦之別嚴者, 家之齊也, 妻齊體於上, 妾接承於下, 而嫡庶之分定者, 家之齊也, 采有德, 戒聲色, 近嚴敬, 遠技能者, 家之齊也, 內言不出, 外言不入, 苞苴不達, 請謁不行者, 家之齊也, 然閨門之內, 恩常掩義, 是以, 雖以英雄之才, 尙有困於酒色, 溺於情愛, 而不能自克者, 苟非正心修身, 動由禮義, 使之有以服吾之德, 而畏吾之威, 則亦何以正其宮壼, 杜其請託, 檢其姻戚, 而防禍亂之萌哉. 臣按, 正家之道, 不出於正倫理篤恩義二者, 下文推此而爲說.(『栗谷全書』卷二十三 聖學輯要 正家第三)

성인의 가르침을 어길지언정 하늘이 준 본성을 거스를 수 없다.'[72]하였다. 본인의 기록이 아니라 전적으로 신뢰할 수는 없지만 허균은 조선사회에서 이렇게 인식되었고 정치적인 문제로 사사되기에 이른다. 허균에 비판적인 시각을 견지하는 사람들은 색을 추구하는 사람들은 천리를 빙자하여 인욕을 마음껏 누린다고 비판한다. 그 예로 식색은 본성인데 사람이 하루에 두 끼를 챙겨먹지 못하고 밤에 한 여자와 자지 못하면 사람의 직분을 다했다고 할 수 없다는 첫 번째 담론과 정욕은 마음에서 발하는 것인데 색을 절제하여 마음을 속이는 것이 가당치 않다는 두 번째 담론과 창기 중에서 떠도는 '부모가 준 몸을 팔아서 부모가 준 몸을 먹여 살리는 것은 가하다.' 는 세 번째 담론을 들 수 있다.[73] 이는 식색을 본성으로 인정할 때 부담하게 되는 것들을 비판적인 시각으로 제시하고 있는 것이다. 허균이 이러한 세 가지 유형의 담론에 동조했으리라고 생각하기는 힘들지만 반대파들에 의해서 이렇게 비판을 받을만한 단초는 충분히 제공했을 것으로 보이며 그것은 조선사회가 가지고 있던 이념적 경직성을 반영한다고 보여진다.

송시열은 양란이후에 피폐해진 조선사회의 재건을 주도하면서 성리학적 부부교육을 기반으로 사회를 변혁시킬 수 있는 기회를 잡았고 이를 적극적으로 완수하였다. 고난의 시기를 거치면서 형성된 정직의 철학을 기반으로 사람이 식색에 의해서 그 마음이 부려지지 않고 항상 창자 속에 간직할 수 있다면 해가 온 세계를 두루 비추는 것과 같을 것이라고 하였다.[74]

---

[72] 倡言曰, 男女情慾天也, 分別倫紀, 聖人之教也, 天尊於聖人, 則寧違於聖人, 而不敢違天稟之本性.(『順菴集』十七卷 天學問答)

[73] 許筠之言曰, 飮食男女, 天也, 設爲倫常, 聖人也, 天高於聖人一等, 我從天, 故不從聖人, 筠之陷亂逆, 由此言也, 慾謂之天, 則禽犢卽其伍也, 然猶置人天之別也, 今之殉色者, 專以天理濟人慾也, 或曰, 食色性也, 人而不日再食夜一姝, 則其可曰人職哉, 或曰, 情慾心之發也, 節色而欺心, 可乎, 娼流亦各有義理焉, 乃曰, 販父母之體, 飼父母之體, 不亦可乎, 世之强解經典, 曲成義理者, 皆此比也.(『靑城雜記』卷四 醒言)

[74] 兪生相基事契純篤者也. 一日來謂余曰, 小子築室于竹間, 以爲讀書藏修之所, 願賜之名而仍以一言以警之, 則其爲惠大矣. 余名之以祈招, 而且書朱先生詩, 使知其義. 其下又書一詩. 以爲人能不以食色役其心. 而使之常存於腔子之裏. 則常卓然如太一之中天以照萬國也. 生試歸而熟讀洛閩書於竹裏, 則宜可以知此矣. 崇禎乙卯八月日. 華陽老夫書.(『宋子大全』卷一百四十三 祈招齋記)

그는 색에 의해서 구애되는 삶을 경계하고 색에 대한 경계의 효용을 역설하고 있다. 또한 식색과 희노의 감정은 일용지간에 가장 잘 살피고 검속해야 할 곳이라고도 하였다.[75]

송시열이 보기에 인욕 중에서 식색보다 큰 것이 없는데 남의 집 담을 넘어 처자를 보쌈하는 것은 인욕이며 그 근원을 캐들어 가면 바로 정욕이 성하여 짝을 찾고자하는 인심인 것이다.[76] 짝을 구하는 것은 사랑의 이치에서 나온 자연스러운 것이며, 천리가 흘러서 인욕이 된 것인데 학자들이 잘못 생각하여 인욕을 천리로 오해할 수 있다는 우려를 제기하면서 인욕은 천리에 뿌리를 두고 있기 때문에 조금이라도 잘못되면 쉽게 인욕에 빠지게 되는 것이라고 했다. 그러므로 남녀는 천리이지만 남녀를 핑계로 색을 마음대로 하는 것은 인욕이라고 경계하였다.[77] 경연에서 행한 식색에 대한 논의에서 식색의 사이에서는 그 욕구가 더욱 심하기 때문에 항상 경계하고 잘 살펴야함을 강조하였고 남녀는 인류를 멸절시키지 않을 정도면 된다[78]는 성리학적 엄격주의에 충실한 입장을 견지하였다. 이상에서 살펴본 송시열의 식색에 대한 관점은 본성적 측면을 받아들이면서도, 천리에 기초하고 있기 때문에 잘못될 가능성이 크고 더욱 조심해야할 것이라는

75 顏子好學論, 不專論顏子, 蓋統說學問綱領, 其中約其情, 使合於中. 是緊切精要法. 食色喜怒, 最是日用省約照管處也.(『宋子大全』卷一百三十一 看書雜錄)

76 退溪所謂人心是人欲之本云者, 甚精. 凡物必有其本. 凡所謂人欲之大者, 莫如食色. 夫紾兄之臂而奪之食者, 是人欲, 而原其本則豈非由於飢欲食之人心乎? 踰東家墻而摟其處子, 是人欲, 而原其本則豈不由於精盛思室之人心乎? 然推而上之, 則人心雖曰生於形氣, 而其實亦本於性命. 所謂欲食思室之心, 實本於愛之理. 若無愛之之理, 則見食見色而亦邈然無所動矣.(『宋子大全』卷九十 與李汝九[壬子正月二十九日])

77 臣按:昏暴之君, 固以縱欲爲樂矣. 賢明之主, 則始嘗知戒, 而亦流於人欲者, 蓋人欲本於天理. 故由天理而少差, 則流於人欲矣. 故飮食者天理, 而因飮食而極口腹者, 人欲也;男女者天理, 而因男女而縱於色者, 人欲也.(『宋子大全』卷五 己丑封事[八月])

78 又曰, 飮食男女之閒, 其欲爲尤甚, 必常加警察.於飮食, 則僅使充腹而已; 於男女, 則不至減類而已, 可也.(『宋子大全』拾遺卷九 經筵講義)

엄격한 입장이 주를 이루고 있다.

3) 조선후기: 토착화기

조선후기를 부부교육의 토착화기라고 부를 수 있는 것은 성리학의 토착화와 부부교육의 영역에서 우리 것에 대한 관심의 증가가 문헌을 통해서 실증되는 얼핏 상반되어 보이는 두 가지 두드러진 경향 때문이다. 이 시기에는 남녀에 대한 지식이 유서(類書)의 편찬 작업들로 집대성되고 사상적으로 성리학과 패러다임을 달리하는 학문적 흐름도 형성된다. 이 시기를 대표하는 이론가들로는 『소학질서』의 이익, 『태교신기』의 사주당이씨, 『사소절』의 이덕무, 『소학지언』의 정약용, 『임원경제지』의 서유구, 『기측체의』의 최한기, 『동의수세보원』의 이제마 등을 들 수 있다. 이들의 주장을 중심으로 주된 흐름을 정리해 보도록 한다.

이익과 정약용은 부부유별에 대한 논의에서 빼놓을 수 없는 인물들이다. 성호는 『소학질서』에서 부부유별은 사람마다 각기 정해진 짝이 있어서 서로 더럽히거나 어지러움이 없음을 말한다고 하였다. 부부유별이 문란한 성생활의 방지를 염두에 둔 주장이라는 점을 분명히 했고, 분별이 있다는 것이 부부간에 서로 친압하지 않는 것을 말하는 것이 아니라고 분명하게 밝혔다. 그렇다고 이익이 부부유별에서 상경여빈이라는 전통적인 내외의 관념을 폐기한 것은 아니다. 매우 가까운 사이인 부부지간에 지극히 일상적인 상황인 밭에서 일하는 가운데에서도 서로 공경하는 자세가 지극한 것이 경의 자세로 높이 평가되고 있는 것이다. 하지만 그의 현실 인식은 이런 이상과는 달라 보인다. 그가 당시 사람들의 가정을 관찰해본 결과 대부분의 집안은 그 권세가 모두 안방에 있으므로, 남편이 강하고 아내가 부드러워 안과 밖이 그 정상을 유지한 가정은 열에 한둘도 없을 정도라고 하였다.[79] 아내가

---

[79] 余觀人家, 箇箇是權在閨閤. 其夫剛婦柔, 外內得其正者, 十無一二. 其婦健夫孱, 猶足以保家持門也.(『星湖僿說』十二卷 人事門 女多男小)

거세면 남편은 유약해도 오히려 그 가문을 보존한다는 다소 의외의 반응도 보인다. 이상과 현실의 이러한 차이는 이상의 변화나 현실 개변의 노력을 초래하게 되는데 이익의 경우는 현실의 개변을 위해서 매진한 것으로 판단된다.

정약용의 입장도 크게 다르지는 않다. 부부유별은 사람들이 각자 자기 배필을 맞이하여 다른 사람과 어지럽게 하지 않는 것이라고 이해하였고 내외의 분별을 엄히 하는 것 정도를 부부유별로 이해하는 것을 잘못이라고 지적하였다.[80] 그는 제각기 그 배필을 배필로 맞이하는 것이 부부유별이라 하여 남녀의 도를 세우는 데 노력하였다.[81] 정약용이 이상으로 삼는 부부관계는 정분이 지극하면서도 분별이 있는 상태라고 할 수 있다. 그러나 그의 사고과정의 주된 흐름에서 볼 때 부부유별은 부부간의 관계의 문제라기 보다는 부부와 외부인과의 문제로 보는 쪽에 강조점이 더 있는 정도로 판단할 수 있을 것이다.

이덕무는 성호나 다산의 『소학』 중심의 부부유별에 대한 철학적 논의와는 좀 다른 양상을 보인다. 『사소절』은 『소학』을 계승한 독자적인 우리의 문헌으로 부부교육의 영역에서 확고부동한 지위를 점하고 있다. 가장과 주부와 자녀 각자에 맞는 교육을 제시하고 있으며 구체적이고 친절하게 몸에 와 닿는 조목들이 특색이라고 할 수 있다. 부부관계에서의 방비처에 대해서 자세한 언급을 한 것들이 있는데 부부(夫婦) 사이에는 미세한 과실을 서로 잘 알기 때문에 꾸짖기가 쉽지만 부모의 걱정과 자녀의 상심

80 　夫婦有別者, 各配其匹不相瀆亂也.…今人以嚴內外之分, 爲夫婦有別, 誤.(『小學枝言』立敎5)

81 　男女有別, 然後父子親. 馬氏說糊塗不明, 陳氏說爲長. 陳氏曰, 禽獸知有母, 而不知有父, 無別故也. 斯經旨也. 今娼妓之子, 率多謂他人父者, 以無定配也. 各配其配, 非所謂有別乎?(『小學枝言』明倫62)

82 　夫婦之間, 微細之過, 皆所易知, 故督責易生, 然從容規戒, 不可厲聲暴色, 互相咎怨, 當此之時也, 父母爲之憂歎, 子女爲之傷恨, 須宜上念父母, 下憐子女, 各自悔悟, 以抵于和也.(『靑莊館全書』卷二十七 士小節 士典)

을 고려하여 화평하기를 노력해야 한다고[82] 주문하였고, 부부간에 화목하지 못하는 까닭은 남편은 '천존지비(天尊地卑)'의 설을 지키어 스스로 높은 체하여 아내를 억눌러 꼼짝 못하게 하고, 아내는 '제체(齊體)'의 의의를 지키어 '나나 저나 동등하는데 무슨 굽힐 일이 있겠는가.'라고 생각하여 대치하기 때문이라고 진단하였다.[83] 위의 두 사례에서 이덕무는 부부 사이의 대표적인 갈등의 원인을 적시하고 그에 대한 해결책을 제시하여 부부교육의 전범을 제시하고 있다. 결국은 일신의 좁은 시각으로 사태를 파악하지 말고 관계된 개인으로서의 자아에 대한 인식을 기반으로 하여 상대와의 바른 관계를 정립하도록 노력하는 것이 중요함을 강조하였다.

또한 부부교육의 시초인 부부관계를 잘 확립하기 위해서는 결혼이 건전한 방식으로 이루어져야 함을 강조하였다. 혼사에 재물을 논하면 결국에는 부부의 도리를 상실하고, 장사(葬事)에 복을 구하면 결국에는 부자의 은혜가 끊어진다던가[84] 혼인할 때 어떤 집안에서는 혹 재물을 탐하여 병든 사위나 며느리를 취하는 일이 있는데, 이것은 스스로 거세(去勢)하고 환관(宦官)이 되는 것과 같다는[85] 지적은 금전적인 이득을 보고 결혼하는 것은 결국은 불행을 초래하는 남녀관계를 이루게 됨을 경고한 것으로 부부교육의 지향점을 밝히고 있다고 판단된다. 이처럼 세세한 상황과 대의에서 부족함이 없는 저술로 부부교육의 토착화를 이룩하는 데 결정적인 역할을 한 것이 이덕무의 업적으로 평가된다.

---

[83] 夫婦之不和, 只緣夫守天尊地卑之說, 欲自高大而抑彼, 不使之容也, 婦人, 只持齊體之誼, 以爲吾與彼等也, 有何相屈之事哉, 平時諧好之際, 未必如此, 而少失和意, 則詬罵紛紛, 各自矜重, 俱失禮敬, 殊不知天地雖云高下, 其化育之功一也, 夫妻縱曰齊體, 剛柔之分, 不可違焉, 只是常時狎近, 不相敬憚之致也.(『靑莊館全書』卷二十八 士小節 士典)

[84] 謝肇淛曰, 婚而論財, 其究也夫婦之道喪, 葬而求福 其究也父子之恩絶, 此語切中時病, 予嘗擊節.(『靑莊館全書』卷二十九 士小節 士典)

[85] 人家婚姻, 或有貪其富饒, 而取殘疾之婿及婦者, 是與自宮而爲宦官, 同.(『靑莊館全書』卷二十九 士小節 士典)

태교는 자녀의 건강한 출생과 성장 및 부부유별을 전파하는데 매우 강력한 도구가 되며, 모성보호와 부성태교라는 순기능을 한다. 태교와 관련된 내용은 주자가 일상생활의 규제를 위해서 편찬한 『의례경전통해』과 『소학』 입교편 첫머리에서 『열녀전』을 인용하여 다루고 있다. 주자는 임신 중에는 느끼는 바를 조심해야 하는데 임신부에게 느낌이 일어나면 그 자녀는 형태와 소리를 닮게 되므로 임신부가 이를 조심하면 그 자녀는 모양새가 단정하고 재주가 남보다 뛰어날 것이라고 하였다.[86] 하지만 구체적인 내용이 소략하여 부족한 점이 많았다. 이를 안타깝게 여긴 사주당 이씨(師朱堂 李氏, 1739~1821)는 태교에 관한 방대한 문헌을 정리하여 『태교신기』를 저술하였다. 또한 대구서씨 집안에서 서유구의 형수인 빙허각 이씨(憑虛閣 李氏, 1759~1824)는 외삼촌이 유한규(柳漢奎)이며 외숙모가 사주당이씨이다. 『빙허각전서』의 목록에 『태교신기』의 발문이 포함되어 있고 『규합총서』에서도 태교관련 내용이 있어 둘의 학문적 교류 혹은 영향관계는 태교에까지 미치는 것으로 알려졌다(정해은 1997).

태교는 태아에 대한 교육인 동시에 임신부와 가족 모두에 대한 교육이기에 부부교육에서 차지하는 비중이 크다. 태교의 직접적인 주체인 태아의 부모만이 아니라 가족 전체가 태아의 정상적인 성장 발달을 위해서 노력하게 된다. 좋은 의사는 병이 나기 전에 고치고 좋은 선생은 태어나기도 전에 가르친다고 하였으며 스승의 십년 가르침이 열달의 태교만 못하며 열달의 태교가 수태 순간의 낳음만 못하다고 하였다.[87] 이런 측면들은 태교의 부부교육에서의 효용성을 높여준다. 태교를 근거로 한 다양하고 강력한 절제의 추동은 확고한 근거를 가지고 있기 때문에 어떤 논거보다도 확실하

---

[86] 姙子者, 寢不側, 坐不邊, 立不蹕, 不食邪味, 割不正不食, 席不正不坐, 目不視邪色, 耳不聽淫聲, 夜則令瞽誦詩道正事. 右胎教. 傳曰, 姙子之時, 必謹所感. 心感於物, 則其子形音肖之. 故姙者能謹於此, 則生子形容端正才識必過人矣. 此之謂胎教.(『儀禮經傳通解』卷三 家禮 內則)

[87] 父生之, 母育之, 師教之, 一也.善醫者治於未病, 善斁者斁於未生. 故師教十年, 未若母十月之育, 母育十月, 未若父一日之生.(『胎教新記章句大全』)

다. 이런 측면에서 태교와 관련된 자체적인 문헌을 확보한 것은 조선후기 부부교육의 그 나큰 성과이며 특징이라고 할 수 있다.

태교와 아울러 양생은 부부교육의 영역에서 절욕의 관념을 확립하는데 지대한 영향을 미친 또 다른 개념이라고 할 수 있다. 서유구의 『임원경제지』 「보양지」에는 양생의 방법들이 다수 수록되어있는데 양생을 위한 식색 접근은 보정(保精)과 같은 방법으로도 나타나서 욕정을 끊을 수는 없다, 욕정은 어린 나이에 발하면 안 된다, 욕정은 억지로 발하면 안 된다, 방사의 횟수, 부인의 상 보는 법, 교회법, 성교 때 꺼려야 할 일, 성교 때 피해야 할 날 등의 구체적인 정보를 종합적으로 다루고 있다.

또한 출산과 육아에 대한 내용을 구사육영(求嗣育嬰)에서 상세하게 다루고 있는데 출산에 대한 내용으로는 임신을 잘 하기 위한 방법, 임신을 위한 금기, 딸을 아들로 바꾸는 법, 태교법 등이 다뤄졌다. 『임원경제지』 「보양지」에서 종합하고 있는 부부교육의 내용은 출산과 육아에 대한 내용이 비중이 크다는 점에서 부부교육의 주된 목적이 어디에 있는지 짐작하게 한다.

태교와 양생을 제외하면 지금까지의 부부교육에 대한 접근은 성리학적 전통에 근거한 전통적인 접근법이었다. 다음의 최한기와 이제마의 접근법은 그 성격을 달리하는 과학적인 접근방법의 모색이라고 할 수 있다. 각각 기라는 개념과 체질이라는 개념을 가지고 부부교육에 접근하고 있기에 이전의 어떤 접근과도 직접적인 관련을 찾기는 힘들다.

최한기는 『기측체의』생통(生通)에서 생생대통(生生大通)에서 남자는 여자를 좋아하고 여자는 남자에게 감응(感應)하는 것이 있기 때문에 혹시 분별이 없을 염려가 있으므로 성인이 혼인의 예를 만들어 부부의 윤리를 정하고, 출산 양육하는 것에 모두 예를 준수하게 한 것으로 보았다. 색욕으로 말한다면 소장(小壯)과 남녀에 피차의 구별이 없으나, 인도(人道)로 말하면 법령을 엄하게 만들어 제 부부가 아닌 다른 남녀를 침해하는 것을 금단하고, 각자 한계를 지켜 출산 양육을 온전히 하게 하지 않아서는 안

된다[88]고 하여 전통적인 부부유별의 논리를 발전적으로 해석해내었다.

산육준적(産育準的)에서는 식욕(食欲)의 한계는 배를 채우는 것으로 준적을 삼고, 색욕(色慾)의 한계는 산육으로 준적을 삼는 것이기 때문에, 준적에 미치지 못하면 변통하여 보충하고 준적에 지나치면 억제하여 줄이는 것이라, 식색(食色)의 한계는 멈춰야 할 적당한 선(線)이 있다고 하여 전통적인 절욕의 관념을 수용한 것으로 보인다. 하지만 산육(産育)을 위하여 배우자(配偶者)를 선택하는 것에 대한 구체적인 논의에 들어가 보면 상당한 우생학의 과학적인 근거하에서 논의가 진행됨을 볼 수 있다. 하지만 결론은 남녀의 욕구를 발산하는 데에는 반드시 산육을 준적으로 삼아야 지나치지 않고 건강을 유지할 수 있음을 강조하였다.

생재천사재인(生在天事在人)에서는 권면(勸勉)과 징계(懲戒), 교화(敎化)와 법제(法制), 혹은 세력(勢力)과 재화(財貨)를 통하여 부부교육을 이루어 나갈 수 있음을 주장하여 부부교육의 방법에 대한 고민도 구체적이다.

형질신기상통(形質神氣相通)에서는 남녀의 분별과 내외의 한계가 있더라도, 남녀 단둘이서 있는 밀실(密室)에서는 설압(褻狎)하기가 쉽고, 이야기하는 사이에는 색정(色情) 어린 눈길이 오고 갈 것이므로 만약 예의와 염치로써 방비하지 않으면, 장차 음탕한 데 이르게 되어 정액이 누설(漏泄)됨을 수습할 수 없고 행동의 방자함을 단속할 수 없어, 드디어는 몸을 해치고 생명을 멸하게까지 되며 또한 손가락질 당하는 수치를 면하기 어렵다고 보았다. 결국 탕남(蕩男) 유녀(游女)는 항상 효도하는 자식을 두지 못하고 화순한 부부만이 훌륭한 자식을 둔다고 하여 남녀 간의 예의와 염치를 통한 방비함이 절실하며 결국 그것이 효순한 자식으로 이어짐을 강조하였다. 최한기의 논의를 정리하면 당시의 서구과학의 성과를 중원을 통

88 人類之生生繁殖, 自有天地氣之煦乳, 夫婦情之産育, 天地人物, 常久不息之大道, 惟在生生之通乎, 自己之平生經營事業, 不過百年之間, 子孫棉延, 可與天地久遠, 一身之精液, 注會於根, 待壯成而結實, 四肢耳目之衛護生氣, 發於自己, 成於種産, 自有衝發之眞氣, 難捨之至情, 本然之性, 氣質之稟, 則男悅乎女, 女感乎男, 慮有無別之患, 故聖人制作昏嫁之禮, 以定夫婦之倫, 使産育, 各逐遵守, 自其色慾言之, 少壯男女, 縱無分於彼此, 自其人道言之, 不可不嚴立科條, 禁斷侵害, 各有所守, 以全産育.(『神氣通』卷三 生通 生生大通)

해서 흡수하면서 기라는 전통적인 개념을 동원하여 부부교육의 대강을 설립하고 있지만 결론은 전통적인 원칙과 개념의 과학화라고 해석하는 것이 가능할 것이다.

이제마의 과학화는 성리학적인 개념들을 동원한 한의학적 사유를 거친 후에 오는 과학이므로 서구과학의 성과를 흡수하여 논의를 전개한 최한기와는 다른 방식의 과학화를 시도한 것으로 보인다. 『동의수세보원』「광제설(廣濟說)」에서 주색재권(酒色財權)의 위험성을 충분히 경고하였으며, 『격치고』에서도 사람의 마음이 주색화권(酒色貨權)에 사로잡혀서 욕심이 생기면 거짓을 행하게 된다고 하였다. 그는 기본적으로 색 자체에 선악이 있는 것이 아니라 그것을 부리는 사람의 행실여하에 따라서 건강에 선악의 영향을 끼칠 수 있다는 전통적인 관념을 계승하고 있다. 또한 여기서 말하는 건강은 개인뿐만 아니라 가정과 향당, 국가의 건강까지 동일한 선상에서 포괄하는 것이었다.[89]

주색이 사람을 죽인다고 해서 술독이 창자를 마르게 하고 색로가 정력을 말라붙게 하는 것만 생각할 것이 아니라 술주정뱅이는 그 몸이 힘써 일하는 것을 싫어하기 때문에 근심이 태산 같고 색에만 빠져 있는 사람들은 그 여자들을 너무 깊게 사랑하기 때문에 걱정이 칼날 같아서 만단의 비뚤어진 마음과 주독색로가 힘을 합쳐 공격해 들어가기 때문에 사람이 죽게 되는 것이다.[90] 즉 술과 색 자체가 인간의 창자를 마르게 하고 정액을 고갈시키는 것이 아니라 그 사람들의 사회생활과 생활 패턴 모든 것이 그러한 방향에서 어우러져 그 사람을 파멸로 이끈다고 본 것이다.

또 하나 부부교육이 중요한 것은 색이 개인의 건강에만 관계된 것이 아

---

[89] 酒色財權自古所戒, 謂之四堵墻而比之牢獄, 非但一身壽夭, 一家禍福之所繫也, 天下治亂, 亦在於此. 若使一天下酒色財權, 無乖戾之氣, 則庶幾近於堯舜周召南之世矣.(『東醫壽世保元』廣濟說)

[90] 酒色之殺人者, 人皆曰, "酒毒枯腸, 色勞竭精云." 此, 知其一, 未知其二也. 縱酒者, 厭勤其身, 憂患如山. 惑色者, 深愛其女, 憂患如刀, 萬端心曲, 與酒毒色勞幷力攻之, 而殺人也.(『東醫壽世保元』廣濟說)

니고 가정의 화목과 건강, 사회의 건전한 발전과도 직결되기 때문이다. 광제설(廣濟說)에 따르면, 광동은 반드시 음녀를 사랑하고 음녀 또한 광동을 사랑하며, 어리석은 남자는 반드시 질투하는 여자를 사랑하고 질투하는 여자는 어리석은 남자를 사랑한다.[91] 또한 주색재권이 지나친 집은 악인이 많이 모이므로 그 집안의 아들과 며느리가 병이 난다.[92] 이처럼 색의 균형을 잃은 사람들은 그들 사이의 친화성이 커 점점 더 모이고 화목과 건강을 해치는 일들을 하며 자신과 가정과 사회를 파괴하는데 이르게 된다.

조선시대 말기의 사회적인 말폐를 모두 경험한 이제마는 투현질능(妬賢嫉能)의 큰 병폐를 버리고 호현락선(好賢樂善)이라는 위대한 치유책[93]을 취하는데 부부교육이 개인의 몸과 마음 차원에만 관계되는 문제가 아니며 그렇다고 가족의 화목에 국한되는 문제는 더더욱 아니며 사회와 국가의 안위가 걸린 문제일 수도 있다는 유교적인 인식에 도달하게 된다.

7. 결론

『소학』의 적극적인 도입 이외에도 조선의 유교화와 삼강오륜의 정착을 위해서 교육적 시도(삼강행실도, 오륜행실도, 『소학』, 사소절, 해동『소

91 　狂童必愛淫女, 淫女亦愛狂童. 愚夫必愛妬婦, 妬婦亦愛愚夫. 以物理觀之, 則淫女斷合狂童之配也, 愚夫亦宜妬婦之匹也. 蓋淫女妬婦, 可以爲惡人賤人之配匹也, 不可爲君子貴人之配匹也. 七去惡中, 淫去妬去爲首惡, 而世俗不知妬字之義, 但以憎疾衆妾爲言. 貴人之繼嗣最重, 則婦人必不可憎疾貴人之有妾; 而亂家之本, 未嘗不在於衆妾, 則婦人之憎疾衆妾之邪媚者, 猶爲婦人之賢德也. 何所當於妬字之義乎! 詩云: "桃之夭夭, 其葉蓁蓁, 之子于歸, 宜其家人." 宜其家人者, 好賢樂善而宜於家人之謂也. 不宜其家人者, 妬賢嫉能而不宜於家人之謂也. 凡人家疾病連綿, 死亡相隨, 子孫遇蚩, 資産零落者, 莫非愚夫妬婦, 妬賢嫉能之所做出也.(『東醫壽世保元』廣濟說)

92 　酒色財權之家, 惡人多聚, 故其家孝男孝婦受病.(『東醫壽世保元』廣濟說)

93 　天下之惡, 莫多於妬賢嫉能, 天下之善, 莫大於好賢樂善. 不妬賢嫉能而爲惡, 則惡必不多也. 不好賢樂善而爲善, 則善必不大也. 歷稽往牒, 天下之受病, 都出於妬賢嫉能; 天下之救病, 都出於好賢樂善. 故曰, "妬賢嫉能, 天下之多病也, 好賢樂善, 天下之大藥也."(東醫壽世保元 廣濟說)

학』저술 및 보급과 관학에서의 교육 및 과거시험 과목으로 채택 등), 의례적 적용(가묘의 설치와 제사 봉행, 친영례의 수용 시도, 남귀여가혼에서 여귀남가혼으로의 변화), 구조적 변화(내외분리가 철저한 가옥구조 형성), 정책적 대응(부녀재가금지[禁婦女再嫁], 서얼금고법(庶孼禁錮法))으로 정리되는 다양한 시도들이 있어왔다.

이러한 다양한 시도들은 성리학 도입기와 그에 대한 이해의 심화와 경험의 축적에 따른 성숙기, 고유의 것이 접목 또는 도입되어 우리화하는 토착화기로 그 성격을 규정하는 것이 가능했다. 조선 후기에 접어들면 부부관계는 성리학의 고착화와 새로운 사상적 흐름의 대두로 상반되는 흐름들이 등장하여 성장하였다.

부위부강이나 부부유별의 도입과 정착과정을 보면 친영의 전개과정을 떠올리지 않을 수 없다. 조선시대 내내 도입하려고 했으나 원안의 관철을 이루지 못한 친영의 예에서 보듯이 부부유별도 오백년간 끊임없이 교육하고 포상하여 장려했지만 고래의 전통을 완전히 단절시키지 못했고 유교는 불교나 도교와 공존할 수밖에 없었다. 아니 성리학은 그 자체로 불교와 도교를 끌어안고 있는 사상체계였다.

그럼에도 불구하고 부위부강과 부부유별의 논리는 20세기를 거치면서 우리사회에 완벽한 정착과 제거의 과정을 거쳤고 여전히 그 영향이 강고하다. 부부유별은 자연과 당위의 영역으로 나누어 고찰해보면 그 옥석을 충분히 가릴 수 있는 것으로 일부의 돌 때문에 전체를 버릴 것이 아니라 부부관계 나아가서 가족관계와 사회를 건강하게 유지하는데 도움이 되는 측면은 적극적으로 활용할 필요가 있을 것이다. 부부 사이는 자연스럽게 그러한 측면을 인위적으로 조작하려 들거나 당연히 그리해야하는 측면이 분명히 존재하는 부부의 세계에 자연이라는 이름을 잘못 들이대서 일을 그르치는 경우가 없어야겠다. 부부가 서로 존중하면서도 사랑이 지극한 이상적인 부부상은 우리 시대에도 분명한 가치가 있는 아름다운 그림이 아닌가!

고선주

가족에 관한 연구와 이론이 현실에서 어떻게 적용되는가에 관심이 있다. 가족의 핵심 축은 부부라는 생각을 갖고, '지속적인 경제와 돌봄 공동체로서의 가족'이 부부를 중심으로 어떻게 사회에 반응하고 달라지는가를 고민해 왔다. 이 글에서는 역할이 축소된 이후 위기를 경험하는 한국의 부부 관계를 조명하고, 역할에서 관계로 무게중심을 옮겨갈 것을 제안하면서, 부부 모두에게 평등이 중요 요인임을 설명하였다. 학문적 연구 이외에 여성가족정책 개발 및 실천 기관에서 일한 경험에 기반하여 저출산, 여성가족정책, 외국인정책 관련 정부 위원회에서 활동하고 있고, 시민단체에서 연구와 이론이 접목된 실천을 노력하는 중이다.

9장.

부부관계 만족:
평등에 기반한 관계와 역할의 시소타기

1. 부부는 무엇으로 사는가?

1) 배우자와 함께 하는 기간은 점점 길어지고..

현대사회에서 가장 중요하고 또 오랜 시간을 함께 보내는 관계는 바로 부부관계이다. 비록 부모역할에 기반한 양육·교육 협력자로서의 중요성도 여전하며, 애정에 기반한 배우자 선택, 자녀수 축소 및 부부가족 증가 등에 따라 결국 배우자는 평생 가장 친밀하고 강력한 삶의 파트너가 된다. 이처럼 배우자와의 관계가 평생에 걸친 삶의 질을 좌우할 수 있는 중심 요인으로 부각되면서 부부관계에 관한 연구는 많은 주목을 받아왔다. 부부관계는 점점 길어지고 있고 앞으로도 더욱 연장될 것으로 기대되는데, 2010년 기준 초혼연령은 남성 31.84세, 여성 28.91세이며 기대여명은 남성 77.2세, 여성 84.1세로, 이혼하지 않을 경우 부부는 45.5년을 함께 할 것으로 예측된다. 또한 부부관계의 연장과 저출산으로 가족생활리듬이 변화하면서 부부만 남는 빈둥우리기도 과거에 비해 연장되고 있다(한경혜, 2011). 초혼연령이 늦어지면서 과거보다 다소 늦게 시작되고 있다고 해도, 평균수명이 증가하면서 전체적인 기간은 늘어난 것이다. 이러한 경향은 평균수명이 길어지고 있기 때문에 앞으로도 더욱 심화될 것이다.

자녀를 모두 출가시킨 후 배우자 사망 시까지 노인부부만의 생활기간은 1979년 이전 결혼코호트에서는 12.05년이었으나 2000년 이후 결혼코호트에서는 16.7년으로 약 4년 길어질 것으로 추정된다. 또한 자녀양육기간도 감소하여 1979년 이전 결혼코호트에서는 34.2년이 소요되었으나 2000년 이후 결혼코호트에서는 32.7년으로 약 2년 정도 짧아졌다(김유경, 진미정, 송유진, 김가희, 2013). 자녀양육기는 짧아지고 부부만 남는 기간은 점차 더 길어진 것이다.

표 1 가족주기 중 자녀양육기간, 노인부부만의 생활기간

(단위: 년)

초혼년도	자녀양육기간	노인부부만의 생활기간
1979년 이전	34.16	12.05
1980~1989년	33.09	14.63
1990~1999년	32.99	14.30
2000~2009년	32.68	16.70

자료: 김유경 외 2013.

따라서 부부관계 만족을 높이는 것은 삶의 질을 향상시키는 지름길이라고 볼 수 있다. 흔히 부부관계는 신혼기에 가장 높다가 자녀양육의 책임을 지는 시기에 만족도가 낮아지고 자녀가 독립하게 되면 다시금 증가한다는 U자형 패턴을 그린다고 여겨져 왔다(정현숙, 1996; 정현숙, 옥선화, 2008). 그러나 최근 한국사회에서 보여지는 여러 자료들은 노년기에 다시금 부부간의 만족도가 증가하는 패턴이 나타나는가를 의심하게 한다. 만약 점차 길어지

고 있는 부부만의 시간들이 만족스럽지 못하다면 행복하지 못한 개인적 삶이 지속된다는 의미이다. 따라서 부부로서 함께 산다는 것, 특히 점차 길어지고 있는 부부후기의 부부관계 만족도를 높이기 위한 고민이 필요하다.

2) 부부관계 만족은 노년기에 다시 증가하는 U자형 모습인가?

한국의 결혼만족도 연구를 보면 가족생활주기에 따라서 U자형 패턴이 나타나는지 의문이 든다. 설사 만족스럽지 못한 결혼이어도 부부관계를 해체하기보다 그대로 유지하려는 경향이 강한 한국의 경우 최근의 연구들을 보면 다른 모습을 보일 가능성이 있다. 더구나 최근에 여성의 사회진출이 늘어나고 평등한 부부관계에 대한 가치가 늘어나면서 상대적으로 권위적인 남성들과 함께 사는 여성들의 경우 더욱 불만을 느낄 수 있을 것이다. 실제로 지금까지 이루어진 대규모의 실태조사 자료를 감안하면 한국사회에서 중년기 이후의 부부관계는 U 자형 패턴에 대해 의문을 제기한다. 다음의 〈그림 1〉은 통계청에서 실시한 2012년의 사회조사 자료에 기반한 남성과 여성의 연령별 부부관계 만족도이다.

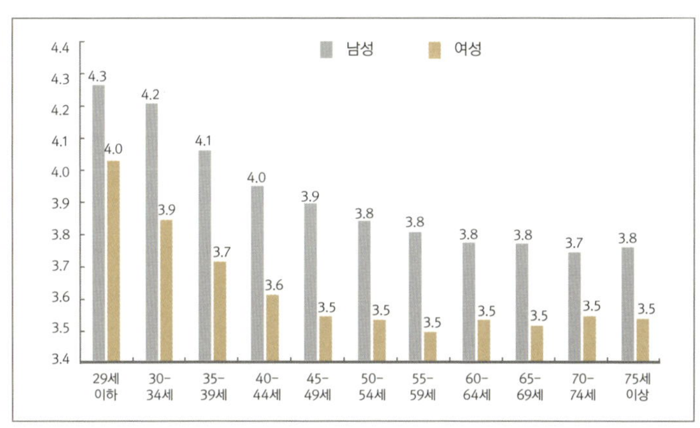

그림 1 성 및 연령집단별 부부관계 만족도

자료: 통계청, 2013. 한국의 사회동향 2012.

<그림 1>을 보면, 여성의 부부관계 만족도는 20대가 4.0점으로 가장 높다가 연령이 올라갈수록 만족도는 떨어져서 50대 후반에 3.5점으로 최하점을 기록하였다. 그 이후 60대 초반 3.5점, 70대 초반 3.5점으로 약간 반등했지만 크게 달라진 것은 아니다. 남성의 부부관계 만족도는 20대에서 4.3점으로 정점을 찍은 후 연령이 올라갈수록 떨어진다. 60대 초반에서 3.8점을 기록한 후 계속 그 수준을 유지하고 있어 배우자에 대한 만족도가 자녀들이 떠나간 노년 시기에 외국의 경우처럼 높아지지 않는다는 것을 보여주고 있다(통계청, 2012). 이처럼 낮아진 부부관계 만족도가 노년이 되어도 증가하지 않는다는 결과는 가족실태조사를 통해서도 확인할 수 있다. 2010년에 실시한 가족실태조사의 부부관계 만족도를 살펴보면, 부부관계 만족도는 남편 2.60, 아내 2.40(t=46.98, p<.001)로 남편의 만족도가 높은 편이지만 연령별로 보면, 전반적으로 저하되는 추세로 나타난다(조희금 외, 2010).

표 2 가족실태조사에 나타난 성, 연령별 부부관계 만족도

	연령	평균	사후검증(Sch)	F
남편	20대	4.13	a	
	30대	3.78	b	
	40대	3.72	bc	
	50대	3.60	c	13.42(p<.001)
	60대	3.64	d	
	70대	3.42	d	
아내	20대	3.58	ab	
	30대	3.60	a	
	40대	3.43	abc	
	50대	3.37	b	7.70(p<.001)
	60대	3.30	b	
	70대	3.22	c	

자료: 2010 제2차 가족실태조사(조희금 외, 2010)

실태조사 결과에서도 통계청 자료와 마찬가지로 남편과 아내의 부부관계 만족도 경향은 연령이 증가할수록 하락하는 경향을 보인다. 50대를 기점으로 계속해서 낮아지다가 60대에 다소 상승하는 경향이 있지만 70대에 다시 낮아지고 있으므로 이를 U자형이라고 보기는 역시 어렵다. 남성

의 경우 만족도의 하락경향이 더욱 뚜렷하다. 흥미로운 것은 남편과 아내의 부부관계 만족도 차이가 가장 큰 연령은 20대라는 점이다. 결혼한 20대 남성의 부부관계 만족도는 4.2점으로 매우 높은 수준이지만 아내의 경우는 30대 아내보다도 낮은 수준으로 이 연령층에서 남편과 아내의 부부관계 만족도 차이가 가장 크게 나타났다. 30대에 접어들어 남편의 만족도가 급격히 저하되는 것으로 그 차이가 좁혀지고, 70대에도 다시 부부관계 만족도가 낮아지는 것으로 그 차이가 줄어들고 있다. 상대적으로 부부관계 만족도의 급락을 크게 경험하는 것은 아내보다 남편인 것이다. 물론 이 자료가 종단적인 자료가 아니기 때문에 연령이 증가할수록 이렇게 변화한 것이라고 볼 수는 없지만 적어도 지금 이 시점에서 한국의 중년 이후의 부부관계는 만족스럽지 않아 보인다.

3) 위태로워진 중년 이후의 부부관계

과거 이혼이 신혼기에 집중되어 있던 것에 비해 최근에는 결혼생활을 오래 지속한 부부의 이혼이 가장 많은 비중을 차지한다. 2013년 기준으로 이혼연령은 남성 46.24세, 여성 42.42세로 40대 이상의 이혼률이 점차 증가하고 있으며(통계청, 2014), 〈표 3〉을 보면, 가장 큰 비중을 차지하는 집단은 20년 이상 결혼생활을 지속한 부부임을 알 수 있다.

표 3   결혼지속기간별 이혼 구성비

(단위 : %)

연 도	계*	0-4년	5-9년	10-14년	15-19년	20년 이상
1990	100.0	39.5	29.2	18.2	7.9	5.2
1995	100.0	32.6	25.2	20.6	13.1	8.2
2000	100.0	29.3	22.3	18.7	15.4	14.2
2005	100.0	25.9	22.3	18.4	14.8	18.6
2010	100.0	27.0	18.8	15.9	14.5	23.8
2011	100.0	26.9	19.0	15.2	14.2	24.8
2012	100.0	24.7	18.9	15.5	14.6	26.4
2013	100.0	23.7	18.7	14.6	14.9	28.1

* 혼인지속기간 미상 포함 (2013 혼인이혼통계)
자료: 통계청, 2014

　　1990년의 경우 4년 이하 이혼이 전체 이혼 중에서 차지하는 비율이 가장 높은 39.5%였고 20년 이상 혼인을 지속한 부부의 이혼이 전체 이혼의 5.2%를 차지하던 것에 비해 2012년부터는 역전되어 소위 황혼이혼이 차지하는 비중이 가장 크게 나타나고 있다. 2013년에는 20년 이상이 28.1%이며 4년 이하는 23.7%로 20년 이상 된 부부 이혼이 크게 증가하였다. 예전 보다 평균수명이 길어나서 혼인지속기간 연수 자체가 증가한 점을 감안하다고 하더라도 오래된 부부의 이혼율이 높아지고 있다는 것은 분명하다.

　　이처럼 증가하는 이혼에서 과연 이혼을 결정하는 사유는 무엇인지 알아보면 다음과 같다. 2000부터 2012년까지의 이혼사유를 살펴보면, 그 비중이 가장 크게 낮아진 것은 가족 간 불화로서 2000년 21.9%를 차지하던 것이 2012년 6.5%로 감소하였다. 이어 기타 사유가 21.9%로 많이 늘었고 성격차이가 40.2%에서 46.6%로 증가하였다. 배우자 부정이나 학대, 건강문제 등은 큰 차이가 없는 편이다. 경제문제의 경우 경제위기전후로 증가하였다가 최근 줄어드는 경향을 보인다. 결국 전반적으로 이혼사유는 다른 가족원의 영향력은 감소하고 과거에 비해 점점 부부만의 관계에 더 집중된 문제로 인해 이혼하고 있다.

　　한국가정법률상담소의 2013년도 이혼상담 분석을 보면, 가장 많은 비율이 40대의 이혼상담으로 통계청의 이혼통계결과와 일치하는 경향이다. 남녀 모두 40대(여 34.1%, 남 35.4%)의 비율이 가장 높아 중년에 부부관계위기를 겪고 있는 이들이 많음을 알 수 있었고 한해 전과 비교할 때도 40대의 이혼상담비율이 남녀 모두에서 증가한 것으로 나타나(한국가정법률상담소, 2013) 중년 이후의 부부관계가 안정적이지 않음을 보여준다.

표 4 이혼사유별 구성비

(단위 : %)

연도	계	배우자 부정	정신적 · 육체적 학대	가족 간 불화	경제문제	성격차이	건강문제	기 타*
2000	100.0	8.1	4.4	21.9	10.7	40.2	0.9	13.7
2001	100.0	8.7	4.7	17.6	11.6	43.1	0.7	13.5
2002	100.0	8.7	4.8	14.4	13.6	44.8	0.6	13.2
2003	100.0	7.4	4.3	13.0	16.4	45.4	0.6	12.9
2004	100.0	7.0	4.2	10.0	14.7	49.5	0.6	13.9
2005	100.0	7.6	4.5	9.5	14.9	49.2	0.6	13.7
2006	100.0	7.6	4.5	8.9	14.7	49.8	0.8	13.8
2007	100.0	7.8	4.8	8.0	13.7	46.9	0.7	18.0
2008	100.0	8.1	5.0	7.7	14.2	47.8	0.6	16.5
2009	100.0	8.3	5.0	7.4	14.4	46.6	0.6	17.6
2010	100.0	8.6	4.8	7.3	12.0	45.4	0.7	21.3
2011	100.0	8.1	4.7	7.1	12.3	44.9	0.7	22.3
2012	100.0	7.5	4.2	6.5	12.7	46.6	0.7	21.9

* 이혼사유 미상 포함
자료 : 통계청 2013. 2012 혼인이혼통계

4) 부부로 산다는 것: 관계와 역할의 시소타기

부부관계는 일생에서 오랫동안 친밀하고 중요한 관계로 삶의 질을 좌우하는 중요한 요인이지만 만족된 관계를 유지하기 위해서는 많은 노력이 필요하다. 이러한 노력은 결혼 전부터 시작하여 부부관계가 지속되는 평생 계속해서 이루어져야 한다. 서로 다른 배경의 가족에서 성장한 두 사람이 부부로서 잘 살아가기 위해서는 관계와 역할의 비중이 가족의 성장에 따라 달라진다는 것을 이해해야 한다.

만남으로 시작된 2인관계는 결혼 혹은 동거를 통해 역할이란 요소가 개입된다. 자녀가 태어나면 부모역할이 강화되면서 비중이 더욱 증가하다 자녀들이 독립하면서 다시 부부만 남게 되는 가족생활주기를 경험한다.

2인의 선택으로 시작된 관계지만 자녀가 태어나면서 자녀선이 추가되어 역할이 복잡해지다가 다시 2인관계 중심으로 돌아가게 되는 것이다.

결혼생활을 통해 관계와 역할의 상대적 비중이 달라지는 시기인 교차 지점은 각별한 부부의 노력이 필요한 전환기가 된다. 관계와 역할선의 중요 성 비중이 서로 교차하는 이 시기에 어떻게 적응하는가에 따라 그 이후 시 기의 부부만족도는 달라질 수 있다.

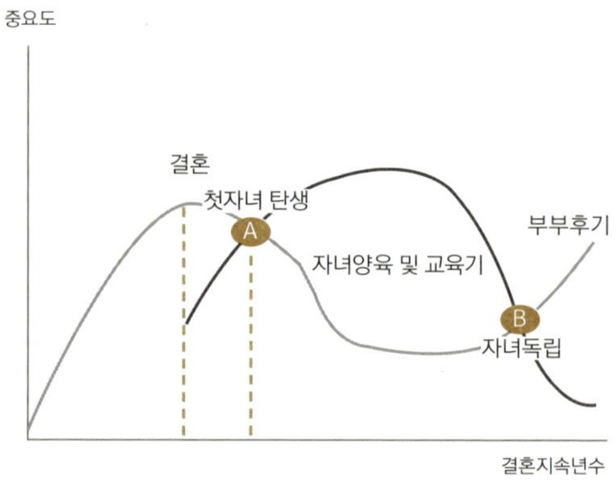

그림 3 결혼지속년수에 따른 관계 및 역할의 중요도 변화

두 사람의 관계선은 관계초기에 비중이 높아지고 결혼시점을 계기로 가장 중요한 정점을 이룬다. 어느 정도 관계가 안정되고 나면 비중이 감소 한다. 결혼지속년수가 증가할수록 관계선이 약화되는 반면, 역할선은 결 혼을 계기로 비중이 커진다. 이 두 개의 선이 교차되는 지점이 바로 발생하 는데 이 시기가 부부생활에서 위기 혹은 변화를 가져오는 전환점이 될 수 있다. 첫 번째 변화가 첫 자녀 탄생을 계기로 이루어지는 역할선이 관계선 보다 높아지는 시기이며 자녀양육 및 교육시기를 거치는 과정에서는 역할 선이 좀 더 비중이 높아진다. 이 시기의 부부생활은 관계에 중점을 두기보 다는 어느 정도 안정적인 관계위에 부모로서의 역할이 좀 더 중요성을 갖

는다. 이후 자녀독립기를 계기로 해서 만들어지는 부부후기는 다시금 역할보다 관계가 중요해지는 시기이다. 부부생활의 전환점을 이때 또 다시 이루어져야 할 것이다. 지금까지 우리 사회는 첫 번째 전환점에 대한 많은 주의를 기울여왔다. 자녀 출생으로 이루어지는 부모됨, 특히 과거 생계부양자역할을 전담함으로써 상대적으로 가정내 역할의 의무를 벗어날 수 있었던 남성들에게 아버지역할참여라는 화두를 통해 많은 주의가 필요함을 상기하였다. 그러나 이것만으로 부부생활이 이루어지는 것은 아니다. 두 번째 전환점에 이르러서 자녀가 어느 정도 성장한 이후 부부의 삶에서 관계가 보강되지 않으면 만족도는 높아지지 않는다. 첫 번째 역할이 강화되는 지점에서 남편의 가사분담이나 자녀양육참여가 화두였다면 두 번째 관계가 강화되는 지점에서 중요한 것은 부부간의 소통과 존중이라고 볼 수 있다. 중년 이후의 부부관계에서는 서로간의 정서적 관계 투자가 무엇보다 중요하다. '서로 정서적으로 지지하고 존중받고 있다는 느낌' 이것이 분석에서 나타난 평등하다고 느끼는 관계인 것이다.

이 연구에서는 특히 중년 이후의 부부관계에 관심을 갖고 노년기에 부부관계 만족도를 높일 수 있는 방향에 대한 고민을 하였다. 우선 가족실태조사 재분석을 통해 부부간의 평등성이 관계만족도를 높이는 요인이 될 수 있는가를 확인해보고 통계청의 생활시간조사를 통해 부부간 생활시간 차이를 살펴보았다. 이를 통해 결혼만족도 패턴이 중년기 이후 다시 회복될 수 있는 방법을 평등성에서 찾을 수 있는가를 확인하였다.

가족 연구에서 사회교환이론이 중요한 이론적 틀로 활용되는데 두 사람의 자발적인 선택에 근거한 부부관계에 대해서도 역시 그러하다고 볼 수 있다. 사회교환이론에서 부부는 배우자로부터 보상을 얻으려고 배우자가 원하는 행동을 지속시켜 자신과 배우자의 결혼만족도를 높이고 결혼생활을 지속하게 된다고 본다. 이러한 입장에 근거하여 이루어지고 있는 연구들은 부부간의 평등성에 대한 관심을 보이고 평등성에 대한 인식이 실제로 만족도에 영향을 미치는 중요한 요인임을 밝히고 있다(김유숙, 1998; 이동원, 최선희, 1998). 부부관계 연구들은 평등성을 흔히 가사분담의 측면에서 접근하는 경우가 많다. 김미령의 연구(2009)에 의하면 연령에 따른 U 커브는 나타나지 않았지만, 남편의 가사분담만족은 30대와 40대 여성들에게는 중요한 결혼만족도의 영향요인으로 작용하고 있음을 보이고 있다. 그러나 부모라는 새로운 역할수행을 위해 많은 에너지와 시간을 사용해야 하는 자녀양육기와 달리 노년기 이후의 평등성은 가사분담뿐 아니라 종합적인 관계가 작용할 가능성이 크다. 상대에 대한 배려나 존중 등 종합적인 요인을 고려해야 하는 것이다. 따라서 여기에서는 부부가 인식하는 평등성 정도에 따라서 어떻게 달라지는가를 먼저 파악한 이후 생활시간조사에서 나타난 부부간 가사와 자녀양육에서의 분담실태를 살펴보게 될 것이다.

2. 부부관계 실제: 평등성에 따른 만족도 패턴과 생활시간[1]

1) 부부간 평등성에 따른 부부만족도 패턴

우리사회에서 노년기에 부부관계 만족도가 U자형 패턴을 보이지 않는 원인을 부부간의 불평등한 관계에서 찾을 수 있는가? 이를 확인하기 위해 제2차 가족실태조사 원자료를 재분석해보았다.

가족실태조사 자료 중에서 현재 배우자가 있는 경우(n=3,164)만을 대상으로 하여 이들의 부부관계 만족도[2]를 분석하였다. 배우자와의 관계가 평등하다고 느끼는 경우와 그렇지 않은 경우(보통과 불만족 포함)로 나누어 남편과 아내의 부부관계 만족도가 연령별로 어떻게 달라지는가를 살펴

---

[1] 여성가족부에서 실시한 제2차 가족실태조사(조희금 외, 2010) 원자료를 재분석한 것임.

[2] 제2차 가족실태조사 59번 문항 부부관계에 대한 전반적인 만족도를 분석하였고, 2차 가중치를 적용하였다.

본 것이다.[3]

먼저 배우자와의 관계가 평등하다고 느끼는 경우와 그렇지 않은 경우 부인이 느끼는 연령에 따른 부부관계 만족도를 살펴보면 다음과 같다.

표 5 부부관계 평등성 인식에 따른 부인의 연령별 결혼만족도

	연령	평균	N	사후검증(Sch)	F
평등한 경우	20대	4.09	40	ab	5.49(p<.001)
	30대	4.03	153	a	
	40대	3.75	114	b	
	50대	3.83	72	ab	
	60대	4.08	54	ab	
	70대	4.32	15	a	
	합	3.95	448		
평등하지 않은 경우	20대	3.58	62	a	9.18(p<.001)
	30대	3.34	226	ab	
	40대	3.46	309	a	
	50대	3.15	256	b	
	60대	3.12	128	b	
	70대	3.24	64	ab	
	합	3.31	1044		

[3] 제2차 가족실태조사 57번 문항 부부관계 평등성에 대한 응답 5가지 범주 중에서 ①, ②, ③은 평등하지 않은 집단으로, ④, ⑤는 평등한 집단으로 나누어 성별, 연령별 결혼만족도를 살펴보았다.

	빈도	퍼센트
① 전혀 평등하지 않다	11	.4
② 별로 평등하지 않다	287	9.5
③ 보통이다/그저 그렇다	1714	56.7
④ 대체로 평등하다	934	30.9
⑤ 매우 평등하다	75	2.5
합계	3020	100.0

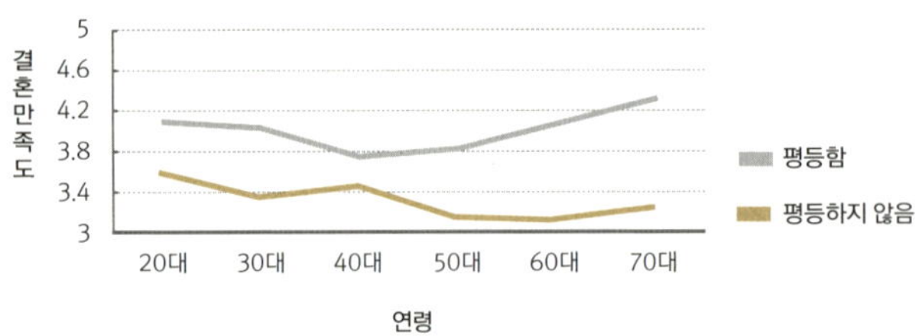

 평등 여부에 따른 부인의 연령별 부부관계 만족도

부인이 부부관계를 평등하다고 느끼는 경우 연령에 상관없이 전반적으로 부부관계 만족도는 높았다. 평등하지 않은 경우와 평등한 경우 부인의 부부관계 만족도를 단순히 비교해보아도 분명하게 나타난다. 평등한 경우 3.95점, 평등하지 않은 경우 3.31점으로 평등하다고 느끼는 경우에 부부관계 만족도가 훨씬 높게 나타났다. 같은 연령대라고 하여도 평등하다고 느끼는 경우와 평등하지 않다고 느끼는 경우 부인의 결혼만족도는 큰 차이가 있다. 평등하게 느끼는 경우 20대는 4.09점으로 만족수준이 높으며 40대에 가장 낮은 만족도를 보이기는 하지만 이후 부부만족도가 회복되고 있고 70대의 경우 매우 높은 만족도를 보인다. 연령별 차이는 30대와 40대, 70대와 40대의 경우만 차이가 있고 다른 연령대에서는 의미있는 차이가 나타나지 않았다. 즉 부부관계 만족도가 가장 낮은 40대가 20대와 70대에 비해 낮은 편으로 전형적인 U자형 곡선을 보여준다. 이외에 평등하다고 느끼는 노년층 부인의 부부관계 만족도가 젊은 층보다도 더 높게 나타난 것은 의미있는 결과이다. 이 연령층 부인의 경우 부부관계가 평등하다면 보상의 의미가 젊은 층보다 더 클 수 있고 동 시대 부인과 비교해서 상대적으로 더 부부관계에 대한 만족도가 높을 수 있는 것이다. 전반적으로 노년의 부부관계가 약화되는 한국사회의 모습이 부부관계가 평등한 부인에게서는 나타나지 않았다.

그러나 부부관계가 평등하지 않다고 느끼는 부인의 경우 부부관계 만족도 곡선은 U자 패턴이 나타나지 않으며 평등하다고 느끼는 부인에 비해 전반적으로 낮은 만족도를 보인다. 흔히 한국사회에서 보여지는 나이든 남편에 대한 부담감, 노후 부부관계에 대한 우려 등이 니타나는 전형적인 모습이라고 볼 수 있다. 평등한 경우와 평등하지 않은 경우를 비교해본다면 70대의 경우, 평등한 부인은 4.32점과 평등하지 않은 경우 3.24점으로 큰 차이가 난다. 평등한 집단과 그렇지 않은 집단 간 차이는 40대에서 가장 작았다가 연령이 높은 층에서 커지는 경향이 있다. 이는 부모역할이 상대적으로 분리되어 있는 한국사회에서 부부간 평등의 개념이 가장 작게 작용하는 시기가 이 시기일 것으로 보인다. 물론 이 결과만으로 단언하기에는 어렵고 후속연구가 따라야 할 것이다. 여기에서처럼 부부관계가 평등한 경우와 그렇지 않은 경우 아내가 느끼는 부부관계 만족도 차이는 노후의 부부관계가 왜 평등해야 하는가를 분명히 보여준다. 그러나 이러한 만족이 부인의 경우에만 나타나는 것이라면 의미가 반감될 수 있다. 관계만족도라는 것은 결국 상대적인 것이기 때문에 여성에게만 유리한 것이라면 파트너가 느끼는 박탈감 역시 고려해야 하는 딜레마가 생길 수 있다. 다음의 〈표 6〉에는 남성의 부부관계 만족도를 동일한 집단으로 나눈 결과가 제시되어 있다.

표 6 부부관계 평등성 인식에 따른 남편의 연령별 결혼만족도

	연령	평균	N	사후검증(Sch)	F
평등한 경우	20대	4.42	25	a	
	30대	4.06	177	ab	
	40대	3.90	169	b	
	50대	3.93	95	b	3.97(p〈.01)
	60대	3.93	72	b	
	70대	3.93	23	ab	
	합	3.98	560		
평등하지 않은 경우	20대	3.87	22	a	
	30대	3.62	185	a	
	40대	3.53	294	ab	
	50대	3.51	251	ab	5.35(p〈.001)
	60대	3.33	136	ab	
	70대	3.28	79	b	
	합	3.51	967		

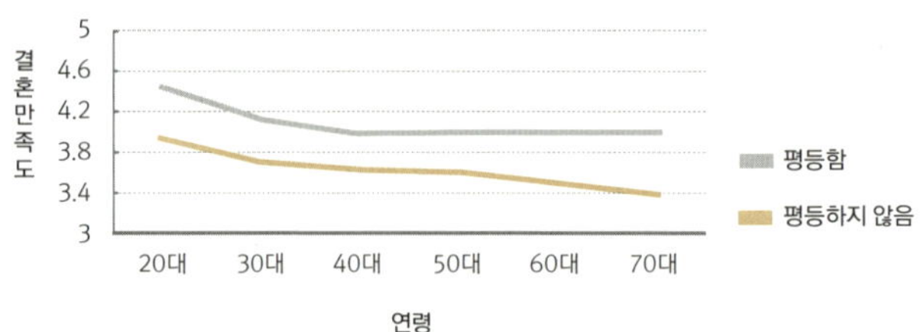

평등 여부에 따른 남편의 연령별 부부관계 만족도

남편의 부부관계 만족도는 평등하다고 느끼는 경우에 3.98점으로 평등하지 않은 3.51점보다 높게 나타났다. 연령이 높아짐에 따라 남편의 만족도는 다소 낮아지지만 그 정도가 평등하다고 느끼는 경우에 훨씬 더 적다. 평등하다고 느끼는 경우 20대의 4.42점으로 가장 높다가 40대 3.90점으로 낮아지고 이후 계속해서 3.93점 정도를 유지하고 있었다. 통계적으로는 평등하다고 느끼는 20대 남편이 40대, 50대, 60대보다 부부관계 만족도가 높았으며 평등하지 않다고 느끼는 남편의 경우 20대, 30대와 70대에만 차이가 나타났다. 단순히 부부관계 만족도 점수만을 비교해 보면, 평등하지 않다고 느끼는 20대의 만족도 점수가 평등하다고 느끼는 70대의 점수보다도 더 낮다. 결국 평등하지 않다고 느끼는 남편의 부부관계 만족도는 연령이 높아질수록 크게 낮아지고 있음을 알 수 있다. 평등하지 않은 경우 부인의 입장에서 불평등할 수도 있고 남편의 입장에서 불평등할 수도 있지만 중요한 것은 어느 쪽이든 평등하지 않은 경우 남편이 느끼는 부부관계 만족도는 낮다는 것이다. 부부간의 평등이라는 것이 부인의 입장에서뿐 아니라 남편에게서도 중요하게 작용한다는 의미이다.

앞서 부인의 부부관계 만족도와 함께 경향을 고려해본다면 평등한 경우 가장 높은 부부관계 만족도를 보이는 집단은 젊은 남편집단과 나이든 부인집단, 그리고 평등하지 않다고 느끼는 경우 가장 부부관계 만족도가 낮은 집단은 50, 60대 부인집단과 60, 70대 남편집단이다. 중요한 것은 평등하다고 느끼는 경우 부인이든 남성이든 부부관계 만족도가 확연히 높다는 점이다. 더욱이 60, 70대의 경우 평등하다고 느끼는 부인의 부부관계 만족도가 높게 나타난 점은 시사하는 바가 크다. 노후의 부부관계 만족도가 증가하지 않는 원인이 부부간의 불평등에 있을 수 있다고 예측되는 바이다. 평등은 상대적으로 불평등한 지위에서 부부관계를 지속해온 여성의 경우 더 중요한 요인이 되는 셈이다. 노후의 부부관계 만족도를 높이기 위해 어떤 부분을 개선해야 하는가가 분명하게 드러난다고 볼 수 있다.

2) 부부의 생활시간 분석

평등의 문제는 앞서 인식과 더불어 실제 시간사용에서 얼마나 두 사람 간의 공평한 분담이 이루어지는가가 역시 중요하다. 이를 위해 통계청 생활시간조사를 활용하여 나이든 부부의 생활이 어떻게 이루어지는가를 살펴보았다. 생활시간조사는 배우자가 있는 사람만을 대상으로 한 것은 아니어서 한계가 있지만 어느 정도 부부의 생활시간 변화를 예측하는 것은 가능할 것이다. 생활시간조사는 1999년, 2004년, 2009년 3차에 걸쳐 이루어졌는데 여기에서는 1999년 조사와 2009년 시간조사 자료를 비교하였다. 즉 10년간의 시간변화를 감안하여 1999년 30대와 2009년 40대, 1999년 40대와 2009년 50대, 1999년 50대와 2009년 60대의 생활시간을 비교하였다.

표7 1999~2009년 40, 50대 요일평균 남성의 생활시간

분류	남성					
	1999년	2009년	1999년	2009년	1999년	2009년
	30대	40대	40대	50대	50대	60대
개인유지	10:10	10:40	10:11	10:48	10:18	11:26
일	6:53	6:02	6:41	5:23	5:46	2:46
학습	0:01	0:01	0:01	0:00	0:00	–
가정관리	0:17	0:26	0:22	0:34	0:28	0:48
가족보살피기	0:15	0:11	0:05	0:04	0:05	0:09
참여 및 봉사활동	0:02	0:01	0:02	0:01	0:03	0:01

교제 및 여가활동	4:17	4:16	4:36	4:56	5:26	7:00
이동	1:58	2:08	1:54	1:58	1:45	1:30
기타	0:06	0:15	0:06	0:17	0:08	0:21

자료: 국가통계포탈 http://kosis.kr/, 1999, 2009 생활시간조사

남성의 생활시간을 보면, 일, 가정관리, 교제 및 여가활동 영역에서의 시간변화가 눈에 띄는 편이다. 1999년과 2009년 동일한 연령층을 비교해 보면 전반적으로 일 관련 시간과 여가시간은 줄고, 개인시간과 가정관리 시간은 늘고 있다. 동일연령층이 아닌 10년을 주기로 한 1999년과 2009년의 비교를 보면, 개인유지와 가정관리는 늘고, 일 시간은 줄고 교제 및 여가활동의 경우 30대에서 40대까지는 큰 차이가 없다가 40대 이후 현격히 증가하는 모습을 보인다. 남성들의 입장에서 생각하면 일이나 여가는 줄고 있지만 가정관리시간은 늘고 있고 더구나 과거의 동일한 남성세대와 비교 시 가정관리시간이 증가했다는 것을 주목할 만하다. 과거의 자신보다 증가했고 과거 세대와 비교해서도 증가했다는 사실 때문에 남성들은 이 변화를 가장 예민하게 받아들일 수 있는 영역이다. 절대량이 얼마나 증가했는가보다 이러한 변화추세 때문에 남성들은 이 변화를 더욱 예민하게 받아들일 수 있다. 일 관련시간의 감소, 여가시간 축소는 예측된 변화이고 사회전반의 추세를 함께 하고 있는 것이지만 가정관리시간 증가는 남성들 입장에서 다르게 해석될 여지가 있다. 더구나 남성의 시간 증가는 파트너인 여성의 시간감소를 동반하는 변화일 수 있다. 즉, 부부관계에서 영향력을 미칠 수 있는 요인인 셈이다.

다음의 〈표 8〉에는 여성의 생활시간조사 결과가 제시되어 있다.

표 8 1999~2009년 4,50대 요일평균 여성의 생활시간

분류	여성					
	1999년	2009년	1999년	2009년	1999년	2009년
	30대	40대	40대	50대	50대	60대
개인유지	10:04	10:25	9:52	10:43	10:06	11:27
일	3:10	3:41	4:06	3:00	3:34	1:28
학습	0:01	0:02	0:01	0:01	0:00	0:00
가정관리	3:35	3:11	3:44	3:18	3:43	3:06
가족보살피기	1:33	0:38	0:23	0:19	0:26	0:17
참여 및 봉사활동	0:03	0:02	0:04	0:05	0:05	0:04
교제 및 여가활동	4:05	4:04	4:16	4:39	4:33	6:01
이동	1:18	1:40	1:24	1:36	1:23	1:15
기타	0:10	0:18	0:10	0:20	0:11	0:22

자료: 국가통계포탈 http://kosis.kr/, 1999, 2009 생활시간조사

동일한 연령의 1999년과 2009년을 비교해 보면 일 시간은 줄고 가정관리시간이 줄고 교제 및 여가활동시간은 40대는 줄고 50대는 늘어난 것을 알 수 있다. 이를 개인을 기준으로 10년이 경과한 경우와 비교해보면 여성은 연령이 증가함께 따라 일 시간과 가정관리시간은 줄고 교제시간이 늘어났다.

앞의 남성 시간과 비교해 볼 때 남성의 가정관리시간은 늘고 여성의 가정관리시간은 줄어드는 것을 알 수 있다. 문제는 이러한 변화추세와 절대시간 사용량의 격차이다. 이 격차를 어떻게 해석하는가에 따라 관계에 미치는 영향은 달라질 것이다. 40대를 기준으로 1999년 남성 22분에서 26분으로 50대는 28분에서 34분으로 증가하였고 여성은 3시간 44분에서 3시간 11분으로, 50대는 3시간 43분에서 3시간 18분으로 줄어들었지만 여전이 남녀 간 차이는 매우 큰 편으로 대부분의 가정관리는 여성에 의해서 수행되고 있다. 여성이 3시간 넘는 시간을 사용하는 데 비해 남성은 48분을 사용하는 것이다. 더구나 일 시간이 확연히 줄어드는 60대에 있어서

도 일 시간 감소만큼 가정관리시간 증가가 나타나지 않는다는 점은 흥미롭다. 문제는 이러한 변화의 해석이다. 남성의 경우 미미하지만 증가하였기 때문에 이 증가를 일상의 큰 변화로 받아들일 수 있어 스스로 많은 기여를 한다고 평가할 수 있는 반면 여성의 경우 절대적인 시간이 여전히 많은 편이므로 역할 수행에서의 불만이 나타날 수 있다는 점이다. 또한 비교대상이 누구냐에 따라 서로 다른 판단을 내릴 수 있다. 남성의 경우 지난 10년 전과 비교해서 자신의 가정관리시간이 증가하였고 과거 10년 전의 남성세대와 비교하여 자신의 시간이 증가하였기 때문에 상대적으로 많은 부분 변화하였다고 생각할 수 있다. 그러나 여성의 경우 가정 내 역할을 함께 수행하는 남성과 비교해서 여전한 차이가 크게 나타나기 때문에 이 부분에 대한 불공평을 크게 인식할 수 있는 것이다. 즉 공평성을 판단하는 비교대상이 누구냐에 따라 서로 다른 평가를 내릴 가능성이 있음을 보여준다. 부부간의 평등을 논의할 때 단순히 시간비교만이 아니라 이에 대한 평가가 중요해지는데 가사분담에 관한 태도조사를 보면, 전반적으로 부부가 공평하게 분담해야 한다는 의견은 점차 증가하고 있어 이러한 시간사용의 불균형이 문제가 될 수 있음을 보여준다.

표 9 **가사분담에 대한 태도 변화추이(2002~2012)**

(단위: %)

구분	부인이 전적으로 책임	부인이 주로 하지만 남편도 분담	공평하게 분담	남편이 주로 하지만 부인도 분담	남편이 전적으로 책임	계
2002	7.2	58.7	30.7	2.8	0.5	100.0
2006	5.9	59.4	32.4	1.9	0.3	100.0
2008	6.7	59.8	32.4	0.9	0.2	100.0
2010	6.4	54.9	36.8	1.6	0.3	100.0
2012	5.3	46.7	45.3	2.2	0.4	100.0

자료: 통계청 사회조사(2002~2012) 각년도

앞서 통계청 생활시간조사와 더불어 고려할 때 전반적으로 부부간의 역할수행에서 변화의 조짐이 일어나는 것은 분명하다. 그러나 그 변화의 정도가 상대적으로 과다한 시간을 투자하고 있던 아내의 입장에서 충분하지 않다는 점이 부부 후기에서 부부갈등을 유발하는 요인으로 작용하는 것으로 보인다.

또 하나 고려할 점은 늘어난 여가시간을 누구와 함께 하는가이다. 이를 파악하기 위해 생활시간조사의 행위자비율을 살펴보았다. 다음의 〈표 10〉에 나타난 2009년도 생활시간조사의 행위자비율을 보면, 배우자와 하는 비율이 높지 않음을 알 수 있다. 30대의 경우 혼자 하는 여가활동이 있는 경우가 88.9%, 배우자와 함께 하는 여가활동이 있는 경우가 47.2%이다. 40대는 혼자 하는 경우가 91.5%, 배우자와 하는 경우가 48.8%, 50대는 혼자 하는 경우가 92.7%, 배우자와 사용하는 경우가 52.6%, 60대는 혼자 95.8%, 배우자와 하는 경우가 49.3%로 나타나 있다. 즉, 대부분의 사람은 혼자 하는 여가활동 시간이 있는 반면, 배우자와 함께 하는 여가활동이 있는 사람은 약 절반뿐이다.

표 10 2009년 생활시간조사 중 교제 및 여가활동 행위자 비율

(단위: %)

연령대	혼자	배우자와
30대	88.9	47.2
40대	91.5	48.8
50대	92.7	52.6
60세 이상	95.8	49.3

자료: 국가통계포털 http://kosis.kr/, 2009 생활시간조사

전반적으로 시간사용실태를 통해 살펴본 부부후기의 모습은 남편들이 가정내 역할수행에서 늘어나고는 있지만 절대적인 시간은 부인에 비해 절대적으로 부족하다는 점, 지향하는 태도에 비해서 현실과의 괴리가

크다는 점, 그리고 여가시간이 늘어났지만 부부가 함께 하는 비율이 크게 증가한 것은 아니라는 것을 알 수 있다. 결국 이러한 시간사용행태가 중년 이후의 부부관계에 부정적으로 작용하리라는 것은 쉽게 예측할 수 있을 것이다.

3. 관계와 역할의 성공적 교차, 부부간 평등이 답이다

개인의 일생에서 가장 영향력이 큰 부부관계는 대부분 결혼 전 애정에 기반한 관계로서 시작된다. 관계의 최고조에 이르렀을 때 부부생활이 시작되지만 결혼이후 이러한 관계가 영원히 지속되는 것은 아니다. 평생에 걸친 노력이 필요하다. 그러나 지금 우리는 결혼생활을 오래 지속한 부부의 위기 신호를 곳곳에서 목격하고 있다. 젖은 낙엽 증후군이라고 부를 정도로 장년 이후 초라해진 남성의 모습, 그리고 늘어나는 황혼이혼 등 함께 오랫동안 살아온 부부의 모습이 그리 만족스러워 보이지 않는 것이다. 흔히 결혼생활이 지속되면서 노년기에 부부만족도가 증가할 것이라는 U자 패턴을 이야기하지만 현재 한국사회의 부부관계에는 그런 패턴이 보이지 않는다. 중년에서 저하된 부부관계가 다시 회복되지 못하고 있는 것이다.

연구자는 이러한 의문에서 시작된 부부관계를 역할과 관계의 교차가 이루어지는 평등한 부부상에서 그 해답을 찾고자 하였다. 〈그림 3〉의 모델에서 보여주듯이 부부는 결혼생활을 지속함에 따라 관계와 역할의 비중이 교차하는 지점을 경험하게 되는데 이 두 지점의 성공적 교차지점이 전반적인 만족의 질을 결정한다고 보았다. 공동체의 이익에 기반한 가문의 결합으로서가 아니라 개인의 친밀성에 기반한 현대의 배우자 선택이 부부라는 공동체를 유지하면서 경험하게 되는 두 번의 전환점을 잘 적응해야 부부생활이 만족스러워지는 것이다. 관계의 최고조에서 시작된 부부생활은 배우자 역할이라는 첫 번째 과제가 주어짐으로써 관계보다는 역할에 적응을 요하는 삶의 장이다. 젊은 부부를 당황하게 하는 것은 배우자 역할보다는 부모역할의 추가라고 볼 수 있다. 자녀가 태어나면 부모 역할은 결혼 이후 시작된 남편과 부인의 역할보다 더 많이 삶을 흔드는 사건이다. 모델에서의 첫 번째 교차지점으로 표현되는 시기는 저출산 대응, 여성의 사회진출 확대에 따른 일·가정 양립문제, 그리고 남성을 포함한 모두의 부모권과 삶의 질에 관심을 갖게 되면서 많은 변화를 목격하고 있다. 그러나 자녀가 독립하거나 적어도 성인 양육자의 손길을 더 이상 필요로 하지 않게 되면서 부부는 다시금 관계에 집중해야 하는 두 번째 교차지점을 맞닥뜨리게 되는데 이 시기에 대해서는 상대적으로 무관심해온 것이 사실이다. 자녀양육과 교육에서 공동협력자로서의 역할을 충실히 수행해온 부모의 경우 역할 비중이 감소하고 관계 비중이 커지는 시기에 적응하기 위해서는 보다 각별한 노력이 필요한 것이다.

역할과 관계의 교차에서 중요한 것은 평등이라는 개념으로 균형을 맞추는 작업이다. 부부관계는 두 사람의 관계로 이루어지는 것이기 때문에 한 사람의 과도한 부담이나 몰입은 부부관계에 부정적인 영향을 미치는 요인이 될 수 있다. 이러한 개념은 흔히 가사노동분담이나 자녀양육에서의 아버지 참여로 접근되고 있지만 이것만이 평등한 부부관계를 보장하진 않는다. 왜냐하면 역할에서의 평등은 공평성에 기반하고 서로 간섭하지 않는 분담으로도 가능하기 때문이다. 즉 역할에서의 평등만 필요한 것이 아니라 관계에서의 평등이 필요하다고 볼 수 있다. 더구나 관계 중요성이 증가하는 부부후기에 이르게 되면 역할의 분담뿐 아니라 관계의 평등으로 균형 맞추면서 관계를 키우는 것이 필요하다. 파트너와의 의사소통, 갈등, 상호 존중 등에서 평등이라는 개념을 함께 가져가면서 관계 중요성을 키우는 일이 필요할 것이다.

연구에서 분석된 가족실태조사의 평등한 부부와 그렇지 않은 부부의 부부관계 만족도는 왜 우리가 평등을 지향해야 하는가를 분명히 보여준다. 남편과 부인 모두 평등하다고 느끼는 경우는 평등하지 않은 부부보다 부부관계 만족도가 높게 나타났으며 평등한 부인의 경우에는 노년기에 부부관계 만족도가 증가하는 전형적인 U자 패턴을 보여주었다. 평등한 관계가 만족스런 부부관계를 만들어가는 핵심인 셈이다. 또한 평등하다고 느끼는 60-70대 부인의 경우 오히려 남편집단보다 부부관계 만족도가 높게 나타난 점은 시사하는 바가 크다. 대부분의 연구에서 부인의 부부관계 만족도가 남편보다 낮게 나타나는데 이 경우 다른 결과를 보여주는 것이라고 볼 수 있다. 부인의 만족도를 높이는 가장 빠른 지름길은 부부관계에서의 평등이라는 점을 이야기한다.

이 연구에서는 생활시간조사 분석을 통해 상대적으로 역할변화와 균형에 대한 분석결과를 제시하였다. 이 분석결과는 남성이 변화하고 있다는 결과를 분명히 보여준다. 물론 상대적으로 여성들과 비교했을 때는 미미한 차이지만 중요한 것은 변화의 움직임이 나타난다는 것이다. 이는 가사분담이라는 역할에 국한한 것만은 아닐 것이다.

따라서 향후 보다 만족스런 삶을 지속하기 위해서 어떤 노력을 기울여야 하는가가 분명해진다. 초혼의 배우자와 평생 함께 할 수도 있고 사별이나 이혼이후 새로운 파트너와 새로운 가정을 꾸릴 수도 있다. 그러나 처음 선택한 사람이든 그렇지 않든 중요한 것은 관계와 역할의 적절한 비중이 교차되는 시기에 적응해야 한다는 것이며, 평등한 관계를 유지하면서 이러한 교차를 서로 함께 이뤄가야 한다는 것이다. 부부간의 평등이 균등의 개념과 같은 수는 없다. 서로 다른 생활의 장, 서로 다른 직장, 어머니와 아버지라는 다른 역할, 다른 원가족 등을 지니고 있는 이인의 성인이 역할과 관계선이 교차되는 지점에서는 더 많은 배려와 세심한 노력이 필요하며, 여기에 중요한 것은 파트너의 상황을 이해할 수 있는 배려심과 더불어 실천적인 노력이 될 것이다. 평등하다고 느끼는 배우자가 더 부부관계에 만족한다는 것이 핵심이다.

부부만의 노력으로 해결되지 않는다면 이에 대한 외부에서의 지원이 필요하며 초기단계에서는 역할의 평등에 그리고 중년 이후에는 관계의 평등에 대한 지원이 더 많이 필요할 것이다. 이러한 평등은 적어도 개인의 삶은 스스로 책임질 수 있다는 전제하에 가능하다. 누군가의 부양이 끊임없이 필요로 하는 삶은 현대사회에서는 존재 불가능하다. 적어도 자신의 삶을 책임질 수 있는 두 사람의 관계가 평등해지기 위한 노력, 이것이 부부후기에 만족스런 삶을 영위하기 위한 해답이 될 것이다.

남영주

강의 이외에 가족생활교육 및 상담 현장에서 다양한 활동을 하고 있으며, 가족상담과 섹슈얼리티, 그리고 질적 연구방법을 통한 가족관계의 이해에 관심이 많다. 이 글은 부부의 성에 대한 현실을 '외부자의 관점'이 아닌 '내부자의 관점'을 통해 바라봄으로써, 부부의 일상생활에서의 성이 어떤 양상을 띠고 있는지 실재를 파악해보고 그 실재가 이상적인 이념과 어떤 관계에 있는지 탐색해보는 데 목적이 있다. 이러한 작업을 통해 한국의 부부관계에 대한 이해의 폭을 넓히고, 성적 친밀성을 통한 건강한 관계가 되기 위해서는 어떤 노력들이 이루어져야 할 것인지 진지하게 고민해보는 기회를 가지고자 한다.

10장

부부관계에서의 성(性), 이상과 현실

부부간의 성(性)이 단순히 출산의 기제에 그치지 않고 부부관계에서 친밀감의 통로가 될 수 있으며, 따라서 결혼생활에서 중요한 의미를 가지는 영역이라는 견해에는 성인 남녀 대부분이 동의할 것이다. 그러나 실제 보도 자료에 의하면 이와 같은 관념적 인식과는 달리 한국 부부 중 섹스리스의 비율은 상당히 높은 것으로 나타나고 있는데(중앙일보 2012. 5.20일자), 이는 곧 성생활이 가지는 이상적인 의미와 정답이 현실의 일상생활 속에서 일치하지는 않는 양상을 반영하는 것으로 보인다.

"아, 이렇게 시간이 계속 흘러가면 안 된다는 것을 알기는 알겠는데, 나중에 더 나이 들고 아이들도 곁을 떠나고 나면 그 때는 우리 둘이 어떻게 하나, 멀뚱멀뚱 서로 어색하게 바라보고 있지는 않을까 생각하니 답이 없는데, 뭘 어떻게 해야 할지를 모르겠어요... 남편도 이제는 완전히 포기한 듯 더 이상 아무 얘기도 액션도 취하지 않아요...” (40대 후반 여성)

자녀의 소수화와 평균수명의 연장으로 부부 두 사람이 함께 해야 할 빈둥우리 시기는 점점 더 늘어나는데, 친밀감의 바탕이 될 수 있는 부부관계에서의 성은 아노미 상태를 여전히 보이고 있다. 규범적 친밀(親密)과 현실적 소원(疏遠), 어떻게 풀어나갈 것인가 진지하게 고민해 볼 때이다.

I. 생각 펼치기

한국 사회에서 부부간의 성에 대한 이야기는 평일 오전 시간대 주부를 대상으로 하는 프로그램에서도 대중적으로 언급이 될 수 있을 만큼 과거에 비해 상대적으로 공론화되었다. 성의학을 전공한 비뇨기과 의사가 공영 방송에 나와서 실제로 부부 사이에서 성문제를 가지고 있는 커플의 치료 사례도 소개하고, 부부간의 성생활에 대한 조사 결과나 그 중요성을 전달하기도 한다. 케이블 방송에서는 성에 대한 이야기가 더 깊게 다루어지는 경우들도 적지 않다. 그러나 또 한편으로는 SNS의 발달이 최첨단의 일로를 겪고 있는 이 시대에, 오히려 성은 그러한 사적인 통로를 통해 보다 은밀하고 폐쇄적인 공간에서 공유되기도 하는 것이 현실이다. 부부의 연령 발달에 따른 성행동 빈도를 빗대어서 나타내는 유머도 존재하고, 또 남성과 여성의 성적인 차이에 대한 은유가 우스꽝스럽게 존재하기도 한다.

‘가족끼리 뭘 그런 걸?!’, ‘가족과는 손만 잡고 자는 것’과 같은, 우리가 일상생활에서 나누는 여러 가지 유행어 중, 부부 사이의 성생활을 빗댄 이런 말을 주변에서 어렵지 않게 들을 수 있다. 이 유행어는 신혼기를 벗어난 우리나라 부부들의 관계를 농담이면서도 신담인 듯, 진담이면서도 농담인 듯, 어쩌면 현실을 아주 묘하게, 그러나 역설적으로 적나라하게 표현하고 있는 유행어인지도 모른다. 또한 부부관계에 대한 여러 의미를 내포하고 있기도 하다. 아주 짧고 간단한 말이지만, 그 안을 들여다보면 다음과 같은 몇 가지 점들을 읽을 수 있다.

첫째, '성(性)'에 대한 공개적인 언급 자체를 아직도 꺼려한다는 점이다. 성에 대한 논의가 과거에 비해 상대적으로 공식적이고 개방적이 된 것은 사실이지만 그럼에도 불구하고 '그런 것'으로 표현되고 있는 바에서도 알 수 있듯이, 여전히 성을 은폐하거나, 직접적으로 언급하는 것에 대해 꺼리는 경향이 있다. 만약 그렇지 않을 경우 체면에 위배되거나 점잖지 못한 것으로 간주하는 문화의 일면을 읽을 수 있다.

둘째, '그런 것'을 '가족'과 연결시킴으로써, '가족'과 '그런 것'은 원래 밀접한 관련성을 가진다는 것을 암시하고 있다. 표면상 나타나는 '가족'에게 있어 '그런 것'은 있을 수 없다는 표현이, 그 심층적 의미를 파고들어보면 '가족'에게 있어 '그런 것'은 가장 자연스러운 것이며 불가피한 것임을, 따라서 원래는 존재하는 것이며, 존재해야 마땅한 것임을 역설적으로 얘기해주고 있다.

과연 인간에게 있어 성[1]은 어떤 의미를 가지는 것일까? 성은 인간 존재를 설명하는 중요한 하나의 측면이며, 어쩌면 인간 존재 자체를 통찰하는 하나의 틀이 될 수도 있다. 이는 성(性)의 한자 구성을 살펴보았을 때 더 분명해지는데, 인간의 마음(心)과 몸(生)이 합쳐져 성(性)이라는 글자가 이루어져 있음을 알 수 있다. 이로 미루어 보건데, 완전한 의미로서의 인간은 결국 성적인 존재로서의 의미가 내포되어 있을 뿐 아니라, 결국 인간의 성도

---

1   본 연구에서의 성은 성적인 욕망, 성적인 만족감, 성태도와 같은 현상과 관련될 뿐 아니라 부부 각자 또는 모두에게 신체적인 흥분이나 절정감의 증가로 이어지는 대인간의 행동으로 정의한다 (Sprecher & Ragan, 2000).

심리적인 측면과 육체적인 측면을 동시에 포함하고 있는 것이다. 더 나아가, 이러한 점은 인간의 성은 행동적 측면과 정서적 측면, 사적인 측면과 공적인 측면, 주관적인 측면과 객관적인 측면, 개별적인 측면과 관계적 측면 등을 복합적으로 포함하는 개념(남영주, 2003)이라는 점과도 일맥상통한다.

동서고금을 막론하고 성은 인간 삶의 중요한 관심사 중의 하나였으며, 그 사실은 고대 중국의 방중술(房中術)이나 소녀경(素女經)에서, 또, 여전히 성에 대한 체계적이고 과학적인 연구의 메카가 되고 있는 미국 킨제이 연구소의 보고서에서도 살펴볼 수 있다. 그 뿐 아니라 우리의 전통사회에서도 음담(淫談)이나 육담(肉談)의 형태로, 또는 사설시조나 판소리와 같은 고대 문학 장르에서도 종종 등장하는 주제이기도 하였다. 각각의 저술이나 보고서에서 설명하거나 의미를 두고 있는 바와 그 세부적인 내용에 있어서는 상이한 점이 존재한다는 점을 차치하고서라도 어쩌면 성이라는 주제는 인간이 존재하는 모든 시대에 관심을 가질 수밖에 없는 분야이다. 즉, 어떤 시대, 어떤 문화이든지 간에 그 경중의 정도는 다르겠지만 성은 인간의 일상생활에서 뗄래야 뗄 수 없는 중요한 하나의 측면임에는 틀림없다.

한편, 이러한 성은 보편적으로 사랑과 결혼, 가족이라는 일련의 과정들 안에서 가장 자연스럽게 언급될 수 있는데, 사랑과 신뢰를 바탕으로 이루어진 결혼과 가족 속에서의 성이 가장 합법적인 성으로 인정받는다는 사실을 기본으로 하고 있기 때문이다. 이러한 사고방식은 특히 유교적 전통이 완전히 사라지지 않은 우리나라에서 수용되는 데 있어서도 별 무리가 없어 보인다(조은숙, 남영주, 2010).

이렇듯 결혼과 성, 부부간의 성을 지극히 당연한 것으로 여기는 자연주의적인 신화는 부부간의 성이 쌍방간에 특별한 관심을 가지거나 의식적인 노력을 기울이지 않아도 원만하게 잘 기능할 것이라는 암묵적인 규범을 작용하게 만들었다. 따라서 성이 결혼, 부부라는 제도만 벗어나지 않는다면 별 문제가 없을 것이라는 생각을 당연하게 받아들이게 만들었으며, 이러한 신화는 부부간의 성에 대한 과학적 탐색과 고찰에도 영향을 미쳐 상대적으로 그 현상의 다양한 측면에 대한 학문적 발전을 더디게 만든 경향이 있었다. 뿐만 아니라 '성'에 대한 논의나 고찰을 미천한 주제를 다루거나 고상하지 못한 것으로 치부해버리는 보수적인 시각 또한 학문적 규명에 걸림돌이 되어온 것이 사실이다.

그러나 부부간의 성이 가시적인 성기능의 장애나 성적 학대와 같이 특별한 치료나 사후 처방이 필요한 문제를 제외하고는, 어떤 노력이나 그에 대한 부부간의 대화 없이도 별 문제없이 부부관계가 원만하고 건강하게 유지되고 발전될 수 있을 것인지에 대해서는 그다지 긍정적으로 생각되지 않는 바이다. 왜냐하면 최근 비교적 대규모의 성인 표본을 대상으로 한 실태조사나 성의식 조사에서 한국인 부부의 성생활이 예사롭지 않은 결과를 보여주고 있기 때문이다. 뿐만 아니라 필자가 수년간 상담 현장에서 목격한 바에 의하면 시댁과의 갈등, 부부간의 역할분담 문제, 원가족과의 미분화 문제 등 심각한 부부갈등 문제에 가려 드러나지 않았던 성문제가 상담회기가 누적되어 진행될수록 표면 위로 떠오르는 경우가 적잖았다. 즉, 부부 사이의 성문제가 부부의 주변문제가 아니라 관계의 핵 속에 자리 잡고 있는 경우들을 많이 접하였다.

따라서 본고에서는 한국 부부관계에서의 성이 현실에서 어떤 양상을 나타내고 있는지 탐색해보고, 궁극적으로 그 현실은 부부관계에서 차지하는 성의 본질적 의미에 가깝게 다가가 있는지, 또는 괴리가 있는지를 규명해보는 일차적인 작업으로서 관계적 맥락에서 부부간 성의 다양한 측면들을 고찰해보고자 한다.[2] 특히 한국가족에 있어 섹스리스 커플의 실태는 어떠한가? 섹스리스 커플로 살아가는 이유는 무엇이며, 섹스리스 현상

---

[2] 부부간 성의 다양한 측면에 대한 고찰을 위하여 연구자는 기존의 관련 연구뿐 아니라, 언론에 보도된 한국 부부의 성에 대한 자료를 활용하였다. 그리고 좀 더 심층적인 자료를 얻고자 연구자는 2013년 12월 17일 포커스그룹 인터뷰를 실시하였다. 제보자는 총 8명으로 30대 남성 1명, 40대 남성 1명, 30대 여성 2명, 40대 여성 3명, 50대 여성 1명으로 구성되었다. 포커스그룹 인터뷰는 모 대학교 강의실에서 이루어졌으며 비구조적 형태의 집단 면담으로 연구자가 moderator 역할을 하고 제보자들 사이의 활발한 의견 교환에 초점을 두었다. 인터뷰는 1시간 50분 동안 실시하였고 스마트폰 두 대를 이용하여 녹음하였으며 인터뷰 이후 녹취록을 작성하고, 녹취록을 바탕으로 자료 분석을 실시하였다. 그 가운데, 본 연구의 주제에 적합한 자료들을 활용하였다.

이 부부관계의 전반에 미치는 영향은 어떠한가? 섹스리스 커플을 현대 사회의 한 '현상'으로 인정해야 할 것인가 아니면 그들의 관계를 향상시키기 위한 노력이 전제되어야 하는 '문제'로 바라보아야 할 것인가? 또 현실 속의 부부들은 부부간의 성에 대해 어떤 노력을 기울이고 있으며 그것이 건강한 부부관계와 어떤 관련성을 가진다고 인식하고 있는가? 실제 생활에서 그들은 부부라는 이름하에 성에 대해 자연스럽게 대화할 수 있는가? 대화는 어느 정도로 이루어지고 있고, 만약 그렇지 않다면 대화의 부재를 어떻게 인식하고 있는가? 어떤 노력들을 기울이고 있는가? 이러한 의문점에 대한 고찰을 통해 한국 부부관계 이해의 통찰을 넓히는 단초로 삼고자 한다.

다만 여기서 한 가지 전제해두어야 할 바는 본 연구는 한국 부부관계에서의 성이 가지는 의미를 학문적으로 규명하여 그 결과를 일반화하겠다는 실증주의적인 관점에서 출발한 것은 아니라는 점이다. 성이라는 주제 자체에 대한 학문적 검토 자체가 가족학 내 다른 영역이나 주제에 비해 상대적으로 척박한 상태에서, 부부간의 성에 대한 몇 가지 측면들을 고찰해 보고, 궁극적으로는 앞으로 가족학 분야에서 부부간의 성에 대한 연구는 어떤 방향으로 나아가야 하는지, 그 방향성에 대한 보다 진지하고 신중한 고민을 모아보는 데 의미가 있을 것이다.

II. 생각나누기

1. 부부관계에서의 성의 의미

사회의 급속한 변화는 인간 생활의 가장 기본적인 울타리라고 생각되는 가족에도 영향을 미치며 가족의 외형적 구조뿐 아니라 내적 역동, 또한 가족을 둘러싼 사고방식이나 정신 구조의 끊임없는 변동을 때로는 급격하게, 때로는 완만하게 이끌어내고 있다. 특히, 가족의 변화를 얘기할 때 가시적으로 드러나는 외형적 변화는 말할 것도 없이, 한국가족 또한 양성간의 평등을 전제로 하는 부부관계가 가족관계의 중심축이 되어야 한다는 입장에 관해서는 이견 없이 누구나 수긍하는 바이다.

또한 가족이 사회를 구성하는 기본적인 단위로서 수행하는 대사회적 기능, 또 개별 가족구성원이 소속되어 있는 상위체계로서 가족 내적인 측면에서의 역할에 관해서도 과거에 비해 많은 변화가 일어났지만, 가족이 가지고 있는 '성(性)과 애정'의 기능은 수많은 세월의 흐름 속에서도 여전히 가족의 고유한 기능으로 간주되고 있는 바이다.

즉, 두 사람 사이의 애정을 전제로 결혼한 부부가 가족 속에서 성생활을 건강하게 영위해 나감으로써 개인적이고 생물학적인 성적 욕구를 충족시킬 수 있을 뿐 아니라, 두 사람을 하나의 공동체로서 묶어주는 결속감과 사랑과 친밀감이 더 공고해질 수 있고, 그것이 결국 부부간의 긍정적이고 건강한 관계뿐 아니라 가족 전체의 삶을 질을 높이는 데도 궁극적으로 관련된다고 볼 수 있다. 그렇다면 이미 서구에서 수십 년 전부터 가족이 가진 기능으로서 여러 학자들에 의해 언급되었던 '성과 애정'의 기능은, 사회적으로 부부간의 성만을 합법적인 것으로 암묵적으로 규정함으로써 사회구성원에 대한 성적인 통제의 역할뿐 아니라, 가족구성원 개개인이나 부부라는 관계에 대해 여전히 본질적인 역할을 해 주고 있음을 알 수 있다.

한편, 개인 간의 다양성, 상이성, 평등성을 존중하는 현대 산업사회의 특징은 가족에도 많은 영향을 미쳐 가족구성원들은 이제까지와는 다른 역할이나 지위, 또는 역할 행동을 기대하게 되었다. 따라서 부부관계에서 친밀감, 애정, 상호 존중과 같은 심리적인 측면들에 대한 중요성이 보다 강조되고 있다.

이렇게 변화된 부부관계 속에서의 성 또한 단순히 성행동의 수행이나 그러한 행동을 통한 기본적인 인간의 성욕 해결, 자녀의 출산, 또는 쾌락이나 절정감의 경험만으로 받아들여져서는 안 된다. 오히려 성은 관계 전반을 평가할 수 있는 하나의 지표가 될 수 있다(Schwartz & Rutter,

1998). 즉, 성은 사랑이나 친밀감을 표현하는 하나의 방식이 될 수도 있고 관계에 대한 헌신이나 몰입을 확인하는 기능을 할 수도 있으며, 배우자간의 권력 균형을 맞추기 위한 방법이 될 수 있으므로(Sprecher & Regan, 2000), 부부간에 성과 직접적인 관련성을 가지지 않는 관계적 현상에 있어서도 유의한 함의점을 가진다.

더욱이 인간이 인생 전반에서 경험하는 성생활의 많은 부분이 부부관계 내에서 이루어진다는 사실을 염두에 둔다면, 부부관계의 질적인 측면을 설명해주는 차원으로서의 성에 대한 이해는 중요하다. 부부의 신혼기 성의 특성은 상대적으로 높은 수준의 성적인 에너지와 성생활의 빈도와 같은 양적인 측면이 주로 강조되어온 반면, 신혼기를 넘어서면 성적인 균형을 이루어야 하는 발달과업을 가지게 된다(Levine, 1998). 즉, 성행위 자체나 빈도에 두었던 성의 초점이 점차 성생활 만족이나 친밀감과 같은 질적인 측면이 강조되는 방향으로 옮겨간다고 볼 수 있겠다. 이는 부부간 성의 질적인 측면이 양적 측면보다 관계적인 결과를 예측하는 더 중요한 인자 (Sprecher & Regan, 2000)라는 점에서도 유추해볼 수 있다.

그 외에도 많은 학자들이 만족할만한 성생활은 행복한 결혼 안에서 가능한 것이고, 그것 또한 성공적인 결혼에 기여한다고 보았다(Cupach & Comstock, 1990; Edwards & Booth, 1994; Henderson-King & Veroff, 1994; Hetherington & Soken, 1990; Lawarnce & Byers, 1995). 이는 역설적으로, 부부간의 성이 원활하지 못하고 부정적인 기능을 할 때에는 부부간의 갈등을 유발하고 궁극적으로 친밀감까지 파괴할 수도 있다(McCarthy & McCarthy, 2012)는 것을 의미한다. 결국 성은 개인의 신체적·정신적 생활의 모든 부분에 연관되어 삶의 질에 영향을 미치며, 그 개인이 속해 있는 의미 있는 인간관계에 대한 만족이나 유지, 몰입 등에도 영향을 미치는 주요한 요소라는 점을 염두에 두어야 한다.

미국에서 부부간의 성에 대해 저명한 저서들을 펴내고, 공인된 부부·성치료자로서 실제 임상현장에서도 왕성한 활동을 보이고 있는 McCarthy 부부(2012)는 많은 부부들이 만족할 만한 성을 유지하고 기본적인 부부간의 유대감을 형성하는 데 대한 지식들이 부족하다는 점을 날카롭게 지적하고 있다. 그들에 의하면, 부부간의 성이 결혼에 있어서 가장 중요한 요소는 아니지만 성공적인 결혼으로 이끄는 통합적 요인임에는 틀림없다는 것이다. 부부간의 성은 친밀감을 강화하고 더 배양할 수 있는 통로가 되며 일상생활이나 결혼생활에서 오는 스트레스와 긴장을 완화시키는 긍정적인 기능을 할 수 있음을 언급하고 있다. 부부간의 성생활과 전반적인 결혼관계의 비중에 대해 이야기하면서, 부부간의 성생활에 문제가 없을 때에 그것이 결혼생활을 보다 활기차게 하고 특별한 것으로 만듦으로써 부부관계 전반에 기여하는 바는 15-20% 정도이지만, 반대로 부부간의 성생활에 문제가 있거나 성 자체가 존재하지 않을 때에는 부부관계 전반의 친밀감과 의미를 결정적으로 감소시키면서 관계의 50-75%의 비중을 차지한다고 강조하고 있다.

부부관계 내에서 이와 같은 의미를 가지는 성은, 한편으로는 부부 각자가 내면적으로 부여하고 있는 성에 대한 개인적 이해나 의미, 그리고 개인이 속해 있는 사회문화적인 가치관 또한 내포하고 있는 것으로 보아야 한다. 따라서 부부의 관계적 측면과 유의한 관련성을 가지는 성의 의미는 보다 다각적인 측면에서 파악될 필요가 있다. 개인의 성적 욕구나 동기를 포함한 지극히 사적인 의미와 더불어 성은 문화나 종교, 경제와 같은 여러 가지 사회 제도의 영향력이 반영되는 복합적인 실체로서 부부간에 이루어지는 관계적 특성의 한 측면을 구성하고 있다. 또, 우리는 다양하고 복합적이며 때로는 역설적이거나 양가적인 특성을 띠기도 하는 인간 경험의 한 측면으로서 성을 연구할 때 단지 부부간의 성행동이라는 물리적 측면보다는, 성행동의 이면에 있는 부부 쌍방의 정서나 태도, 노력, 대화 등과 같은 관계적 · 질적인 측면에 더 관심을 기울일 필요가 있다. 그렇게 함으로써 부부관계 내에서의 성에 대한 전반적인 이해를 넓히고 성의 중요성에 대한 인식을 향상시키는 데 많은 기여를 할 수 있을 것으로 생각한다.

2. 한국 부부의 성에 대한 생각거리

1) 가까이 하기엔 너무 먼 당신; 섹스리스 커플의 실태

DINS족은 미국에서 생겨난 조어로서 'Double Income, No Sex'의 약어이다. 월스트리트저널은 이를 '맞벌이 가정 중 거의 성생활을 하지 않는 부부'를 일컫는 말이라고 소개하면서, 2000년대 초반에 미국 부부들의 16%가 한 달에 한 번 정도 성생활을 갖는 등 성생활 없는 부부들의 비율이 증가하고 있다고 보고한 바 있으며, 이런 결혼생활은 불행과 이혼으로 이어질 확률이 높다는 문제가 제기되었다(온라인 한국경제신문 2003년 4월 11일자. www.hankyung.com.). 최근에 와서 DINS족은 세계적인 경제 불황으로 치열한 경쟁사회에서 생존하려고 몸부림치는 맞벌이 부부들에게 물리적인 시간의 부족과 스트레스, 피로누적 등의 이유로 성생활 없는 결혼생활을 영위하는 세태를 가리키는 말로 인식되고 있다. 섹스리스의 정의는 연구마다 다를 수 있지만 보편적으로 부부가 한 달에 한 번 이하의 성관계를 6개월 이상 지속했을 때를 가리킨다.

2011년 제약사 한국 릴리가 세계 13개국 성인남녀를 대상으로 한 조사결과, 한국인들의 주당 성관계 횟수는 1.04회로 1위 포르투갈의 절반 수준인 것으로 나타났다. 또 동아일보와 한국성과학연구소, 리서치 회사 마크로밀엠브레인이 전국의 20-50대 성인 남녀 1000명을 대상으로 조사한 결과(2014)에 의하면, 응답자 10명 중 약 4명(37.9%)은 '최근 2개월간 배우자 또는 연인과의 성관계 횟수가 월 1회 이하'라고 답하였고, 그 중 13%는 2개월간 성관계를 전혀 하지 않았다고 답하고 있다. 이 응답자들의 조사결과는 특히 실제 성생활과 머릿속으로 그리고 있는 성생활의 괴리가 상당히 크다는 것을 말해주고 있다. 즉, 절반이 넘는 응답자(56%)가 바람직한 성관계 횟수는 주 1-2회로 인식하고 있으나, 이러한 인식이 실제 행동과 일치하는 경우는 33%에 해당하는 것으로 나타나고 있다.

이러한 섹스리스커플의 증가 이유는 어느 한 가지로 수렴해서 결론을 내릴 수는 없지만, 여성의 경우에는 맞벌이 부부가 늘어남에 따라 일과 가족의 역할을 수행하는 데서 오는 과다한 신체적인 부담이 주된 이유가 될 수 있다.

'부부관계에 특별한 문제가 있었던 건 아니었어요. 근데, 아무래도 제가 지금 전업주부로서만 살아가는게 아니다보니, 일단 몸이 피곤할 때가 너무 많아요. 속궁합에 문제가 있거나 그런 건 아닌데, 일하고, 애들 돌보고, 집안일 해야 하고, 그러다보니 전혀 욕구가 생기지 않는다고 해야 하나. 그런 기분이에요. 내 몸이 힘들어 죽겠는데, 꼭 해야 하나 이런 생각? 결국 이것도 몸의 컨디션이 좋을 때 가능한 거지, 억지로 하거나 맞춰주기 위해서 해야 하는 거면 지금보다도 더 싫어질 것 같아요.'

30대 여성

또 풀타임 직업을 가지고 있지 않은 경우에도 육아기에 접어들면서 육아에서 오는 스트레스로 인해 부부간의 성관계 빈도가 급격히 감소되는 현상을 다음과 같은 인터뷰 자료에서 엿볼 수 있다.

'사실 저는 지금 1년 반 정도 남편과 잠자리가 없는 상태로 살고 있거든요.... . 네 살, 여섯 살짜리 아이들을 돌보려니 너무 힘이 들어서, 그런 욕구가 전혀 생겨 나질 않아요. 남편도 처음에는 시도를 하다가, 제가 전혀 반응이 없거나 무안할 정도로 거부하니까, 그 이후로는 이제 어떤 시도도 안 해요. 부부인데, 부부간에 이렇게 살아서는 안 된다, 이게 아니다 싶으면서도 제가 일단 너무 지치니 전혀 그런 데 관심이 생기지를 않아요.... '

30대 여성

한편, 남성의 경우도 섹스리스의 현상이 과도한 업무스트레스로 인해 나타나는 경우들이 있다. 동아일보 등의 조사(2014)에 의하면, 보편적으로 부부관계가 가장 왕성해야 할 30대, 40대 남성이 섹스리스 커플인 경

267

우가 많은 것으로 나타나고 있다.

'저는 섹스리스는 아니지만, 아내가 일을 하니까, 집에 있는 시간이 더 많은 제가 아이들을 뒤치다꺼리를 하는 경우가 더 많아요. 근데, 아무래도 사내 아이들이다보니 돌봐줘야 할 것도 많고, 그것도 애가 셋이나 되니까 저도 피곤하기도 하고요. 근데 신기한 게 그런 저를 좀 알아주는 날하고, 그냥 그거에 대해 별로 고맙게 생각하지 않거나 당연하게 생각하는 날하고 좀 다른 거예요. 그래도 제가 애들 봤으니까 당신 수고했다고 알아주는 날에는 저도 맘이 편하고 해서 괜찮은데, 그렇지 않은 날에는 아내한테 다가가고 싶은 마음이 별로 안 생기는 거예요.'

30대 중반 남성

'저는 지금 현재 섹스리스이고, 그렇게 된 지도 오래되었는데.... 왜냐하면 저는 무조건 와이프가 섹시하게 보인다고 성생활이 되는 게 아니고, 제가 집에 들어왔을 때 와이프가 당신 일하느라 수고했다, 밥도 잘 차려주고 집도 깨끗이 정리된 상태에서 남편을 맞이해야지, 그게 부부관계로 이어질 수 있죠. 편안하게 대화하다가 자연스럽게 잠자리로 가게 되고.... 근데 와이프가 그런 게 없으니까 부부관계 할 맛이 안 나는 거죠...'

40대 중반 남성

이와 같은 남성의 섹스리스 현상에서 유추해볼 수 있는 특이한 점은, 인생의 발달주기상에서 일어나게 되는 업무 관련 스트레스로 인한 신체적 피로감과 직접적으로 관련되기도 하지만, 그러한 스트레스를 가족 내에서 얼마나 해소할 수 있고 인정받을 수 있는가 하는 심인적 부분과도 연결될 수 있다는 점이다. 흔히 남성과 여성의 성에 대한 이중적 측면에 대한 설명에서, 여성은 정서적이고 플라토닉한 측면이 전제가 되고 난 이후에 신체적 행동이 올 수 있는 반면 남성은 오히려 그 반대의 성향을 가지는 것으로 언급되어 온 바 있지만, 여기서는 그 현상이 조금 다르게 해석될 수 있을 듯하다.

즉, 남성들은 부양자로서의 역할 수행뿐 아니라 역할 수행에 대한 인정과 격려를 부부관계 속에서 기대하고 있으며, 그것이 부부간의 성생활에도 반영되고 있음을 알 수 있다. 따라서 한국 사회의 남성들이 가지고 있는 자기 정체성은 경제적 부양자와 남편으로서의 마땅한 대우가 부부의 성행동 속에 통합되어 있는 구조를 가지고 있음으로써 남성이 인식하는 남성의 성이라는 측면에서 또다른 보수적 성격을 엿볼 수 있다.

이와 같이 한국 사회에서 섹스리스 커플이 늘어나고 있는 현상은 우선 치열한 경쟁과 과도한 스트레스, 직장 업무 등의 환경적인 변화와 관련하여 일어나는 '사회적 거세론'의 입장에서 일차적으로 설명가능하다. 그러나 여기서 한 번 되짚어봐야 할 문제는 이러한 부부간의 성생활부재가 과연 부부관계 전반에 미치는 영향은 아무 의미가 없을 것인가 하는 부분이다.

성이 관계 전반을 평가할 수 있는 지표가 될 수 있고(Schwartz & Rutter, 1998), Means(2000)가 부부의 성이 애정 표현과 친밀감을 강화시키는 관계적인 기능을 가진다고 했던 점을 생각한다면, 30, 40대 부부의 섹스리스 현상은 현재적인 관점뿐 아니라, 보다 장기적인 측면에서 진지하게 고민해봐야 하는 문제이다. 평균수명과 소자녀화로 인해 부부가 함께 보내는 시간이 중년기 이후 엄청나게 길어지는 사회와 가족의 변화 속에서, 부부간의 성생활부재에 의한 친밀감이 부부관계의 중반기까지 제대로 형성되어 있지 못하다면 이후의 부부의 관계의 질이나 부부만족도가 어느 정도 한계를 가질 수밖에 없고 부부생활이 안녕하지 못하는 상황에 도달할 가능성이 잠재되어 있기 때문이다.

2) 이심이체(二心異體)에서 일심동체(一心同體)로; 부부간의 성생활 적응을 위한 노력

흔히 부부관계를 단적으로 표현할 때 '부부는 일심동체'라는 말을 쓴다. 그러나 여기서 생각해보아야 할 점은 누구든 부부가 된다면 일심동체가 지극히 자연스럽게 되는 것이 아니라, 이것은 어디까지나 부부가 지향해야할 바를 의미한다. 적지 않은 시간을 다른 가족환경 속에서 자라난 두 사람이 결혼하여 부부로서의 연을 맺었다 해서 그것이 곧 일심동체가 된다는 의미는 결코 아니며, 될 수도 없다. 오히려 그것은 이심이체인 두 사람이 결혼생활 동안 끊임없는 노력을 통해 궁극적으로는 일심동체를 지향하는 방향으로 가야 한다는 것을 의미한다.

이러한 의미에서, 성생활은 내면으로 동기화된 성적 욕망이 사회규범과 제도가 수용할 수 있는 범위 안에서 충족되어야 하는 심리적, 신체적 결합이며 이러한 결합에는 상대방의 성적 욕구와 기대에 대한 이해를 고려한 상호 관계적 측면이 포함되어야 한다(전정임, 2013)는 점을 생각해볼 수 있다. 즉, 부부간의 성생활은 결혼과 성이 통합되는 구조 속에서 자연스럽게 이루어지기도 하지만, 그렇다고 해서 거기에 부부 상호간의 어떠한 노력이나 상대방에 대한 배려와 이해 없이 당연하게 이루어지는 것은 결코 아니다. 성행동은 능동적인 주체의 입장이든 설령 수동적인 객체의 입장에 있든 관계적 맥락 안에서 발생하는 현상이며, 따라서 쌍방 모두에게 긍정적인 영향을 미치며 궁극적으로 건강한 관계의 발전과 유지에 기여하기 위해서는 상호간의 의식적, 계획적인 노력이 필요한 부분이기도 하다.

'저도 섹스리스는 아니었지만 남편과의 잠자리가 어쩔 수 없이 해야 하는 의무전인 것처럼 느껴졌어요. 그러다보니 오히려 그것이 몸도 그렇고 마음도 그렇고 큰 부담이 되었지요. 이런 걸 눈치 챘는지 남편하고도 계속 서먹서먹해지더라구요. 그래서 제가 아, 이제는 우리 둘밖에 없는데 이래서는 안 되겠다 생각하고, 남편과의 잠자리에서 좀 더 적극적이 되려고 의식적으로 노력했어요. 침실의 분위기도 바꾸어 보고 제가 먼저 요구하기도 하고…. 그랬더니 남편의 표정이 달라지더라고요, 뭔가 기운이 없는 것처럼 느껴지던 남편이 너무 달라지면서, 지금은 오히려 저를 잠자리에서도 저를 더 배려해 주는 면이 늘어난 것 같아요. 제가 얻은 결론은 아, 부부간의 섹스도 노력해야 하는 것이다. 이건 정말 맞는 것 같아요.'

40대 초반 여성

'아이들이 커 가니까 밤 늦게까지 12시 넘어서 공부하고, 물 마신다 어쩐다 하면서 왔다갔다 하니까 안방이지만 잠자리하기가 좀 부담스럽더라구요. 아무리 방문을 잠그고 있다 해도 혹시라도 애들이... . 그래서 저희는 가끔씩 주말에 교외로 나가요. 분위기 전환도 되고 아이들 눈치 보지 않아도 좋으니까 오히려 그게 더 마음 편하게 할 수 있어요. 남편이 먼저 그러자고 제안했는데, 저도 좋은 것 같아요.'

50대 초반 여성

이와 같이 성생활은 결혼생활의 모든 영역이 그렇듯이 상호간의 적응과 노력이 필요한 부분이다. 부부관계의 활기를 되찾기 위해서는 의식적으로 노력해야 하며 그 노력은 반드시 생각에 그치지 않고 행동으로 옮겨지는 것이 필수적이다(Olson, Olson-Siggm, & Larson, 2008).

'저는 제가 아내를 좀 많이 배려하는 편이에요. 아무래도 맞벌이를 하다 보니까 아내가 몸이 힘들어할 때가 많죠. 그럴 때는 제가 제 욕구만 생각해서는 안 되겠구나 이런 생각을 의식적으로 하는 편입니다. 아내가 너무 힘들어할 것 같다싶으면 그런 날은 성관계까지는 가지 않고, 그냥 스킨십 정도만 한다든지 이렇게 조절을 하는 겁니다.'

30대 중반 남성

이와 같은 부부쌍방간의 노력은 부부 두 사람이 성행동이나 부부간의 성적인 관계를 상호 만족스러운 방향으로 이끌어가기 위해 얼마나 노력하는지의 정도를 나타내는 성에 대한 상호작용의 조정(남영주, 2003)과도 관련되는데, 어쩌면 남성과 여성, 양과 음이라는 불가피한 차이가 존재할 수밖에 없는 부부간의 성생활에서 서로 다름을 인정하고 존중해주며, 그러한 과정을 통해 오히려 상호 조율해 나감으로써 보다 조화롭고 상생할 수 있는 관계로 갈 수 있다. 아무리 완벽하고 만족스러운 결혼생활을 하고 있는 부부라 할지라도 현실적으로 완전한 일심동체가 될 수 없는 것이 부부라면. 중요한 것은 일상생활 속에서 부부가 어떤 노력을 하고 서로 적응해나감으로써 부부의 노스텔지아인 일심동체를 향해 가고 있는가 하는 과정이다. 이러한 함의들은 부부 상담이나 성치료, 또는 부부간의 성생활 조화를 위한 교육 프로그램에서 부부들이 현실생활에서 활용할 수 있는 보다 구체적인 실천방안으로 이어져나갈 수 있도록 관심을 가져야 할 것이다.

3) 침묵(묵인)에서 표현으로;
부부간 성생활에 대한 대화의 필요성

우리의 전통적인 문화는 인간관계에서 가능하면 말을 적게 하는 것을 미덕으로 삼아왔고, 또 굳이 말을 하지 않아도 이미 그 맘을 짚어서 아는 것이 인간관계에서 보다 성숙한 것으로 간주되어 왔던 부분들이 있다. 특히, 부부관계, 또 부부간의 성생활에 있어서도 동일한 규범이 암묵적으로 적용되면서 '안방이나 침대'에서 일어나는 일에 대해 입 밖으로 꺼낸다는 것은 남성에게는 체면에 위배되고, 여성에게는 조신하지 못한 아녀자로 인식되게끔 하는 결과를 낳았다.

더불어 조금 다른 맥락이기는 하지만 최근에 정서적 지능의 중요성이 부각되면서 상대방의 마음과 감정을 얼마나 잘 읽어낼 수 있느냐는 것이 현대인이 갖추어야 하는 하나의 중요한 항목으로 강조되고 있다. 그러나 부부간의 성생활을 포함하는 친밀감과 사랑에 있어 과연 이 정서적 지능만으로 충분히 최대의 만족을 이끌 수 있을까? 오히려 부부간 성생활에 대한 원활한 대화가 전제될 때 정서적 지능이 제대로 된 역할을 발휘할 수 있지 않을까?

부부간의 성은 앞에서도 정의했던 바, 행동과 인식, 기대, 태도, 욕망 등 다양한 측면들이 복합적으로 얽혀있는 현상이므로, 아무리 부부 사이라 할지라도 상대방의 감정을 읽어내는 것 자체가 힘든 일일뿐더러, 부부간의 대화가 반드시 필요한 부분이다. Olson 등(2008)은 개인은 다른 성적 취향과 욕구를 가지고 있고, 그렇기 때문에 성적 행동을 각기 다르게 이해한다고 얘기하면서 부부가 만족스러운 관계를 유지하려면 성적인 것에 대해 서로 명확하게 의사소통해야 할 것을 강조하고 있다. 즉, 부부간의 성에 대한 대화가 전제될 때 서로 존중하고 애정이 충만한 성관계로 이끌 수 있다고 본다.

성의학 박사 강동우(2004년 6월 15일자 조선일보)는 성 클리닉에는 대화단절과 성관계의 갈등을 털어놓는 환자들이 많다고 언급하면서, 최근의 연구결과에서 단기간의 섹스파트너는 신체적 매력이 중요하지만, 정기적인 예측인자는 남녀 모두 '상대와 성 문제를 상의하느냐'는 것이 가장 중요했다는 점을 지적하고 있다. 그러면서 특히 주목할 만한 것은 여성들은 남성들이 대화에 무관심할 것이라 생각하지만, 실제로 남성들도 장기적인 성관계는 상대와의 대화의 의해 좌우된다고 설명하고 있다.

'저는 저희 부부간의 성생활에 대해 많이 노력하는 편이기는 한데, 섹스에 대한 대화는 실제 잘 안 돼요. 얘기를 꺼낸다는 것 자체가 너무 쑥스럽고 부끄럽기도 하고. 아직 별 문제는 없는데, 혹시 뭔가 얘기할 부분이 생기면 어떡해야 하나 걱정이 되기는 해요. 말로 못하고 그냥 잠자리를 거부하거나 그러면 남편이 오해할 것 같기도 하고... .

40대 초반 여성

'진짜 말로 뭔가 얘기한다는 건 너무 쑥스럽거든요... . 그래서 웬만하면 아내한테 맞춰주려고 하긴 하는데, 머리로는 그 대화가 중요하다는 걸 알긴 알겠는데, 실제는 전혀 안 돼요.'

30대 중반 남성

'우리가 지금 섹스리스 부부로 살고 있으니까, 남편이 엄청 불만이 많다는 것은 알겠는데, 저도 딱히 할 얘기도 없고, 남편도 빙 둘러가지고 얘기해요. 남편한테 뭐 불만있냐하면 남편은 뭐, 그런 거지 이런 식으로. 또 그렇게 얘기하면 저는 뭔지는 알면서도 모르는 척하고 그냥 넘어가는 거예요... .

30대 중반 여성

위의 세 사례 모두에서 볼 수 있듯이, 부부간의 성생활에 관한 대화의 경우, 관념적으로는 그 필요성과 중요성을 인식하고 있지만, 현실에서는 전혀 실천이 되고 있지 않은 실정이다. 즉, 기혼 남녀는 이론상의, 교과서적인 정답에 해당하는 의미와 지식은 어느 정도 갖추고 있지만, 그것이 현실과 실제 연결고리를 가질 수 있는가 하는 점은 또다른 문제라는 것이다.

다양한 측면과 특성을 포함하는 부부관계에서 가장 중요한 기술 중 하나가 의사소통하고 대화를 나누는 기술이라는 점을 감안한다면, 자신의 입장에서 상대방의 욕구와 감정을 미루어 짐작하고 추측하는 그런 일방적인 의사소통방식은 지양해야 할 것이다. 특히, 성생활이 부부라는 관계적 맥락에서 인지와 정서, 행동이라고 하는 세 가지 측면들(양은영, 2007)이 뒤얽혀 있는 실재라면 더더군다나 부부간의 성생활에 대한 대화는 중요할 수밖에 없다. 한쪽 배우자의 인지가 어떤가에 따라서 다른 쪽 배우자의 행동을 전혀 다르게 해석할 수 있고, 또 배우자의 행동에 의해 파트너의 인지가 변화하기도 하는 것이 바로 부부생활이기 때문이다.

아쉽게도 우리의 가족문화는 성생활에 관한 부부간의 대화뿐 아니라, 부부간의 일반적인 의사소통조차도 어려운 것으로 만들었던 전통에 바탕하여 형성된 부분이 분명히 존재한다. 특히 조선 중기 이후 한국가족의 면면을 지배했던 유교적 가족주의 이데올로기는 부부관계를 단지 집안의 영속을 위한 아들 출산에 제한함으로써 성에 근거한 부부간의 친밀한 관계라는 것은 상상해볼 수 없는 일이었다. 특히 남성은 그러한 문화 속에서 친밀한 관계를 형성하는 능력을 전혀 배양 받지 못했으며, 그러한 능력은 오히려 남성성을 깎아내리는 것으로 간주되던 시대도 존재하였다. 이러한 전통은 수많은 세월이 흘러 최첨단 정보화 사회 속에 살고 있는 부부관계에도 그 잔재가 완전히 없어지지 않고, 부부간의 성생활에 대한 대화를 꺼내기 힘든 어려운 주제로 만들어왔던 것이다.

III. 생각 모으기

이 시대의 성, 그 범위를 조금 더 좁혀 부부관계의 성에 국한한다 하더라도 성은 매우 복잡하고 역설적인 특성을 가진다. 성문화는 굉장히 개방적인 것처럼 보이지만, 남녀의 성에 대한 이중기준 등 여전히 보수적인 전통이 잔존해있다. 또한 우리 사회에서의 성은 사람들의 많은 관심을 받아왔지만, 오히려 그것을 억누르고 은폐하려는 유교적 전통으로 인해 왜곡이 되어 왔고, 오히려 그런 왜곡은 또 더 많은 숨은 호기심을 불러일으키는 반복적인 악순환의 구조를 가져왔다.

이는 정서적 안식처로서의 가족에 보다 많은 의미를 두는 우리 사회 부부의 성에 대한 자화상이 섹스리스의 상태로 살아가는 부부가 점점 더 많아지는 현실 속에서, 가족 밖의 성매매 산업은 더 음성적으로 활성화되고, 수많은 상업적 광고가 노골적으로 성을 표현하고 말초적으로 성을 자극하는 데 반해, 부부간의 성에 대해서는 표현하는 것조차 꺼려하는 상반된 이중의 이미지로 수렴되는 것과 관련이 없지 않다. 그러다 보니, 사회의 전반적인 성뿐 아니라, 성적인 관계가 가장 합법적이고 정당한 관계로 인정받는 부부관계에서조차도 성에 대해 객관적으로 정확하게 잘 알려진 바가 많지 않다.

아마, 부부간의 성은 어쩌면 징확한 답이 없는 복잡하고도 주관석인 현상일 수도 있다. 욕구와 정서, 인지, 가치관, 자라온 환경, 처해있는 상황, 신체적 에너지 수준, 행동 등 '성'이라는 현상에는 이와 같은 다층적 요인이 복합적으로 작용하고 있고 이것이 또 부부 각자의 개인적 차원에 그치는 것이 아니라 결국 관계적 맥락 속에서 발생하기 때문에 더더욱 그러하다. 그렇기 때문에 부부의 성은 각 커플마다 다 다르고 다양한 양상을 보일 수밖에 없는 것이 현실이기도 하다. 그럼에도 불구하고, 본고에서는 최근의 자료들을 바탕으로 부부간의 성에 관련된 세 가지 현상, 즉, 섹스리스 커플의 증가, 부부간의 성생활 적응을 위한 노력, 그리고 성생활에 대한 대화의 필요성에 대해 검토하여 보았다. 과연 이러한 현상들은 이론과 현장의 연계를 중요하게 생각하는 가족학 연구에 있어 어떤 함의를 우리에게 던져주는지 조심스럽게 짚어보며 글을 맺고자 한다.

첫째, 불가피하게 물리적으로 떨어져 생활할 수밖에 없는 기러기가족이나 주말 가족과 같은 분거가족이 아니더라도, 우리 사회에서 섹스리스 커플의 비율이 상당수 늘어나고 있다. 부부간의 성이 친밀감을 강화시킬 수 있는 하나의 표현 자체가 되는 것이며, 더 나아가 부부간의 유대를 활성화시키고, 결혼만족, 결혼안정성까지 촉진시킬 수 있는 의미 있는 역할을 하는 것(McCarthy & McCarthy, 2012)이라면, 섹스리스 현상은 충만한 부부관계를 유지해나가는 데 상당한 걸림돌과 위험인자가 될 가능성이 있다.

섹스리스 커플들이 섹스리스 현상 자체로 부부관계의 불안정성과 해체의 가능성들을 안고 살아가는 것이라면, 평균수명이 길어지고 부부가 둘이서 함께 노후를 보내야 하는 기간이 점점 더 많아지는 가족생활주기상의 변화 속에서 그들은 과연 장·노년기 이후 어떤 삶을 살아가게 될 것인가? 섹스리스 현상 자체가 궁극적으로 부부관계의 해체까지는 연결되지는 않더라도 그들의 건조한 관계를 보완해줄 수 있는 것은 어떤 것이 되어야 할 것인가? 장·노년기 부부의 건강한 관계를 위해서는 어떤 것들이 필요할 것인가?

최근에 들어 가족학 실천의 현장에서 이루어지고 있는 많은 가족생활교육프로그램 중, 특히 결혼을 앞둔 예비부부교육에서는 부부간의 성의 의미와 그 중요성에 대한 내용들이 많이 다루어지고 있다. 그러나 비단 부부간의 성이라는 것은 결혼 초기에 국한된 것이 아니기에, 앞으로 부부관계의 향상이나 강화를 위한 교육프로그램들에서 이러한 고민들이 반드시 진지하게 반영이 되어야 할 것이다.

둘째, 부부간의 성은 상호 노력이 반드시 필요한 부분이라는 사실에 대한 인식이 관념에서 그치지 않고 실천으로 이어지는 경험을 한 부부라면 그 노력이 부부관계를 증진시키는 매우 중요한 요인이 됨으로써 전반적인 행복이 강화될 수 있음을 깨달을 수 있다. 사람들은 별도의 시간이나 주의를 기울이지 않고도 결혼생활이 그럭저럭 잘 굴러갈 수 있을 것이라는 잘못된 믿음들을 가지고 있고, 이러한 비현실적인 기대는 부부의 성생활에도 마찬가지로 적용된다.

결혼은 이질적인 두 남녀가 만나 서로 다름을 받아들이고 인정하며, 차이를 보완해가며 일심동체를 향해 나아가는 과정이다. 부부간의 성생활도 부부 상호간의 깨어있는 노력이 있을 때 그 적응이 향상될 수 있으며 나아가 부부간의 전반적인 친밀감 자체 또한 향상될 수 있다. 그러나 우리의 문화는 개인적인 차원에서는 성생활 적응에 대한 노력을 무의미하게 만드는 체념, 포기, 자기합리화 등을 자연스럽게 받아들이게끔 하였고, 사회적인 차원에서는 무성적(無性的), 비성적(非性的)인 존재를 더 가치 있게 받아들이도록 하는 비가시적인 규범들이 작용해왔다.

'성'이라는 현상과 의미가 그 시대와 사회, 문화를 반영하는 일종의 각본이라면 가족학자로서의 우리는 성각본이 사회적으로 어떻게 구성되고 있고, 또 그러한 사회적 각본은 개인적, 가족적인 수준에서 어떤 각본으로 재구성되고 있는지에 대한 끊임없는 검토와 고찰을 해 볼 필요가 있다. 그리고 더 나아가 부부가 성생활 적응을 위해 구체적이고 현실적인 노력을 할 수 있도록 돕는 교육과 학습이 각본의 어떤 지점에서 연결될 수 있을 것인지 늘 고민해보아야 한다.

셋째, 일상적인 대화기술도 완전하게 익히지 못한 부부들에게, 성에 대한 대화의 중요성을 강조하는 것은 과도한 부담이 될 수도 있다. 우리나라는 전통적인 부부관계에서 말수가 적거나 침묵하는 것을 미덕으로 삼았고, 그 결과 부부간 대화의 중요성의 본질적 의미는 누구나 다 숙지하고 있지만, 표현하지 않아도 이해하고 이해받을 수 있다는 그릇된 믿음을 키워왔다. 이러한 부부간의 관행은 현재를 살아가고 있는 부부들에게도 대화 자체나 대화하는 방식을 쉽지 않은 숙제로 만들고 있다.

그러나 부부간의 성생활에 있어 대화의 중요성은 아무리 강조해도 지나치지 않으며, 부부간의 솔직한 대화가 이루어질 때, 성생활만족도든 결혼만족도든 향상될 수 있는 여지를 가지게 된다. 대화나 소통 자체도 어려운 데다, 대화의 소재 자체가 성이 된다는 점은 우리 부부들을 민망하고 겸연쩍게 느끼게 하지만, 정작 부부가 아닌 다른 인간관계에서는 음담패설이나 선정적인 성 관련 메시지가 때로는 별 뜻없이 때로는 자극적이고 노골적으로 오고가는 현실은 매우 아이러니하다. 일상생활에서는, 부부 사이라도 건강하고 정상적인 성에 대해 대화가 공유되지 않는 것이 현실이다.

따라서 성에 대한 대화를 일상생활에서 부부가 어떻게 자연스럽게 나눌 수 있고, 대화의 수준을 어떻게 높일 수 있을 것인지 연습하고 현실적으로 적용할 수 있는 기술과 방법 등에 대한 구체적인 교육이 이루어져야 한다. 대화의 필요성을 강조하는 데만 급급하지 않고 성에 대해 어색하고 불편한, 때로는 가식적인 대화가 어떻게 자연스러운 대화로 발전해갈 수 있을 것인지에 대한 방안을 연구자와 교육자의 입장에서 진지하게 고민해 보아야 할 것이다.

앞에서도 언급한 바, 부부간의 성은 대단히 복합적이고 다층적인 현상이다. 따라서 이에 대한 명확하고 일관성 있는 어떤 결론을 내린다는 것 자체가 현실적으로 매우 어려운 일일 수 있다. 그러나 그렇다고 해서 성에 대한 연구를 게을리 할 수는 없다. 왜냐하면 ‘성’은 결혼, 부부, 가족이라는 숲을 이루고 있는 하나의 중요한 나무가 될 수 있기 때문이다. 부부간의 성에 대한 연구는 방법론적인 측면에서도 많이 고민해보아야 할 문제인데, 대규모 표본을 활용한 양적 방법에 의하여 실태를 보다 빨리 파악할 것인가, 소수의 참여자들에게서 좀 더 심도 깊은 이야기를 들음으로써 부부간 성 현상의 내면을 파헤쳐 볼 것인가에 따라 통찰되는 바가 달라질 수 있다. 방법론적인 문제를 차치하고서라도, 성에 대한 다양한 실재(實在)에 대한 지식의 층이 두꺼워질수록 부부

간 성의 실제(實際)에 좀 더 가까이 다가갈 수 있음을 연구자로서 명심
해야 할 것이다.

가족과 사회의 상호작용에 관심을 갖고 사회구조적 변화가 개인과 가족에게 미치는 영향, 개인과 가족의 의사결정이 모여 사회 변화를 만들어 가는 과정에 대한 탐색적 연구를 하고 있다. 이 글은 현재 우리 사회 최대의 화두 중 하나인 저출산 문제의 원인과 해결책을 젠더 관점에서 분석하고자 하였다.

권희경

11장.

출산과 양육을 둘러싼 젠더 이슈[1]

I. 서론

1. 저출산: 우리 사회의 미래에 대한 위협

현재 우리 사회가 경험하고 있는 유래없는 저출산 현상은 노동력 공급, 공적 노령 연금 구조, 국방과 경제 등에 있어 미래 사회에 대한 위협으로 인식되고 있다. 1990년대 들어 급격히 떨어지기 시작한 출산율은 2000년대에는 우리나라를 초저출산 국가 대열에 서게 하였다. 통계청이 밝힌 우

[1] 이 글은 창지사에서 출판된 가족과 젠더(이기숙, 박충선, 권희경, 김순남, 김영주, 박해숙, 이연화, 홍명신, 2012) 중 제3장 '출산과 양육의 딜레마(권희경)'의 일부 내용을 담고 있음.

리나라의 2013년 합계 출산율은 1.18명으로 최근 10여 년 간 OECD 국가뿐 아니라 전 세계에서도 최저 수준이다. 저출산의 원인에 대해서는 자녀 출산과 양육에 대한 가치관 변화, 사교육을 비롯한 자녀교육 비용 과다, 가족 복지 수요에 대한 정책적 대응 부족 등 다양한 관점에서의 분석이 가능하겠지만, 이 글은 젠더 관점에서 출산과 양육을 둘러싼 이슈들을 살펴보고자 한다. 이를 통해 초저출산 현상을 해결할 수 있는 하나의 대안으로서 성 인지적 정책의 필요성을 논의하고자 한다.

2. 출산과 양육을 젠더 관점에서 보아야 하는 이유: 성 격차와 출산율

스위스의 비정부기구인 세계경제포럼(World Economic Forum: WEF)은 매년 '세계 성 격차 보고서(Global Gender Gap Report)'를 발표한다. 지난 2014년 10월 28일 발표된 결과에 따르면 우리나라의 성별 격차는 조사 대상 142개국 중 최하위권인 117위로 나타났다. 성 격차 지수(Gender Gap Index: GGI)는 유엔개발계획(United Nations Development Programme)이 발표하는 성불평등지수(Gender Inequality Index)와 함께 대표적인 양성평등지수로 알려져 있다. 2006년부터 그 결과가 발표되기 시작한 이후, 우리나라는 늘 최하위권에 머물렀으며, 최근 5년 동안은 그 등수가 매년 하락했다. GGI는 구체적으로 경제(경제활동 참가율, 연간 소득, 동일노동 성별 임금 격차, 법관, 고위행정직, 관리직 이상의 성비, 전문기술직 성비), 교육(문해율, 초등학교 취학률, 중등 교육과정 취학률, 고등교육과정 취학률의 성비), 보건(평균 기대수명, 출산아 성비), 정치(지난 50년 간 대통령, 총리직 여성의 근무 년수, 관리자급 여성행정직 비율, 여성 국회의원 비율) 등 4개 영역의 14개 지표를 통해 각 나라의 양성평등 정도를 측정한다.

〈표 1〉은 OECD가입 국가를 중심으로 WEF가 발표한 GGI와 합계출

산율을 나란히 나타낸 것인데, 이를 보면 상당히 놀라운 상관관계를 찾을 수 있다. 즉, GGI 순위가 높은 국가(아이슬란드, 핀란드, 노르웨이, 스웨덴, 덴마크, 필리핀, 미국 등)의 합계 출산율은 대부분 1.8명 이상이고, GGI 순위가 낮은 국가(싱가포르, 중국, 일본, 대한민국)의 합계 출산율은 대부분 1.30 이하이다. 제시된 15개 나라의 성격차 지수와 합계 출산율에 대해 Pearson의 상관계수를 구하면 .52(p<.05)의 높은 값이 산출된다. 즉, "인과관계를 논하기는 어려울지언정, 양성평등과 합계출산율은 서로 관계가 있다!"

표 1 WEF의 GGI 순위와 합계출산율

GGI 순위[2] (2013년 기준)	국가	지수	합계출산율 (명, 2012년 기준)[3]
1	아이슬란드	0.8594	2.02
2	핀란드	0.8453	1.83
3	노르웨이	0.8374	1.88
4	스웨덴	0.8165	1.90
5	덴마크	0.8025	1.75
9	필리핀	0.7814	3.10
13	뉴질랜드	0.7780	2.10
14	네덜란드	0.7730	1.76
16	프랑스	0.7588	2.03
20	미국	0.7463	1.89
24	호주	0.7409	1.87
59	싱가포르	0.7046	1.20
87	중국	0.6830	1.58
104	일본	0.6584	1.39
117	대한민국	0.6403	1.30

[2] World Economic Forum(2014). The Global Gender Gap Index 2014.
http://reports.weforum.org/global-gender-gap-report-2014/rankings/#
순위가 높을수록 지수값이 높고 양성평등수준이 높음

[3] World Bank(2014). Fertility Rate, total(births per woman)
http://data.worldbank.org/indicator/SP.DYN.TFRT.IN?

Ⅱ. 본론: 출산과 양육을 둘러싼 딜레마

1. 출산과 양육을 둘러싼 사회문화적 환경

성평등 지수와 출산율 사이에 정적 관계가 있다는 결과는 출산과 양육이 젠더 이슈와 떼어 생각하기 어려운 주제임을 드러낸다고 할 수 있다. 출산과 양육은 생물학적인 결정 및 사회문화적 관습을 통해 전통적으로 여성에게 책임이 부여된 영역이다. Parsons가 여성과 남성의 구별된 사회적 역할 수행을 구분하여 여성의 역할을 '표현적 역할', 남성의 역할을 '도구적 역할'로 지칭한 이래, 기능주의적 관점에서의 성역할 구분은 산업 사회 이후 현재까지 지속되고 있는 현상이다. 특히 여성의 가족 내 역할 - 양육적이고 애정적인- 에 대한 믿음은 지금까지도 당위성을 가지고 지지되는 가치로 받아 들여져 왔고, 많은 부부들이 실제로 여성이 주된 양육자가 되어야 한다고 생각하는 경향이 있다(박주희, 2007; Fox, 2009). 전통적인 성역할 분리가 받아들여지는 분위기에서 남성은 규범적으로나 실생활적인 측면에서 일과 가족이 분리되지만, 여성은 자신의 일터가 곧 가정이라는 측면에서 일과 가족이 분리되지 않는다(Luxton, 2009). 이와 같은 일과 가족의 미분화는 전업 주부뿐만 아니라 취업 주부에게도 해당된다.

출산과 양육이 전적으로 여성의 역할로 규정됨으로써 여성의 경제 활동이 제한되었고, 취업 여성은 직장과 가족생활에서 많은 어려움을 경험한다. 역할 과부하로 인한 어려움은 여성의 생애 주기에 따른 여성의 경제 활동 참여율 변화에서 나타난다. 〈그림 1〉에서 알 수 있듯, 우리나라 여성의 경제활동 참가율은 자녀 출산과 양육기에 급격히 떨어진 이후 결혼 전 수준을 회복하지 못하는 M자형을 나타내고 있다. 이러한 현상은 여성의 경력 단절로 직결되는데, M자형 곡선 자체보다는, 여성이 노동 시장에 재진입할 때 재취업 가능한 영역의 급여, 근로 조건 등이 결혼 이전 수준보다 낮다는 것이 더 큰 문제이다. 자녀 양육과 가사를 병행할 수 있는 조건의 근로 형태는 비정규직이거나 비숙련직일 수밖에 없는데, 이러한 고용 형태의 증가는 노동 시장에서 고용 시장에서 성별 간 임금 격차를 더 커지게 한다. 그 결과 취업 주부가 고임금 직종(정규직, 숙련직, 전문직)에 종사할 경우 자신의 가족에게 주어질 수 있는 경제적 윤택의 기회를 박탈하는 계기가 된다(강이수, 2009; 박기남, 2009a). 이에 비하여 남성은 경력 단절 현상이 없을 뿐만 아니라 지속적인 경력 개발이 가능하기 때문에 중년기 이후 임금의 성별 격차는 더 심해진다.

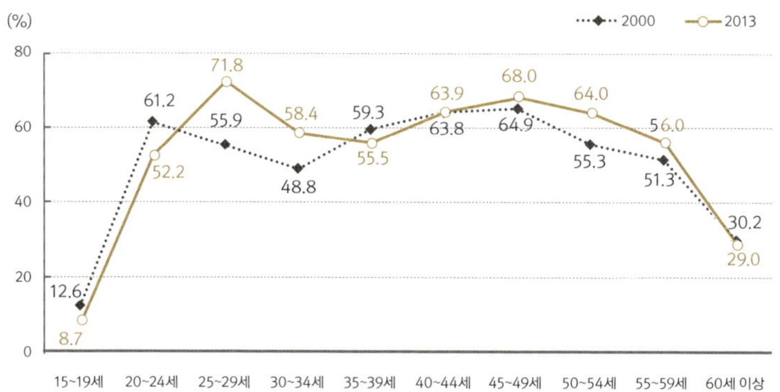

그림 1 **여성의 연령별 경제활동 참가율**

통계청(2014). 통계로 보는 여성의 삶

그럼에도 불구하고, 지난 20여 년 동안 여성의 경제활동 참가율은 소폭 상승하였고, 이에 따라 맞벌이 가족도 함께 증가하여 2013년 현재 2인 이상 전체 가구의 1/3이 맞벌이 가족이다(통계청, 2014).

2. 출산은 여성의 결정인가?

출산은 우리 사회의 성차별적 현실이 확연히 드러나는 영역 중 하나이다. 우리나라뿐 만 아니라 여러 문화에서 출산은 종종 모성 신화와 직결되곤 한다. 즉, 모든 여성은 태생적으로 모성을 타고 나며, 출산과 어머니됨,

양육을 통해 자동적으로 모성을 실현함으로써 여성성을 완성한다는 것이
다. 실제 대다수 우리나라 사람들은 여성이 출산을 통해 완성된다고 믿으
며 결혼한 여성이라면 당연히 출산을 해야 한다는 인식을 하고 있다(김기
엽, 2007; 김미숙, 2010; 김혜정, 2010). 이러한 맥락에서 정혜정 등(2009)
은 출산과 관련된 젠더 이슈를 의무적 출산과 출산하지 않을 권리 등으로
나누어 설명하였는데, 결혼한 여성의 출산에 대한 사회적 압력으로 인해
출산을 여성의 선택적 권리가 아니라 의무로 받아들이게 하는 문화가 형
성되어 있음을 지적하였다. 또한 여성의 경제 활동 참여가 증가하고 삶의
다양성과 선택에 대한 관심과 수용도가 높아지면서 여성의 출산이 선택적
권리이며 출산하지 않을 권리 또한 수용될 수 있어야 함을 언급하였다.

실제로 자녀 출산에 대한 인식은 연령대에 따라 다르게 나타나는
데, 서로 다른 연령대를 대상으로 출산에 대한 인식을 물은 연구(김기엽,
2007; 김혜정, 2010)에서 청소년들보다는 미혼 성인들이 출산을 당연하게
여기는 비율이 더 높게 나타났다. 또한 두 연구에서 모두 출산을 당연하게
여기는 비율이 남성응답자에게서 더 높게 나타났는데, 이는 양육의 부담
이 상대적으로 훨씬 더 적은 남성이 출산을 더 당연하게 여기는 것이라고
볼 수 있을 것이다.

한편, 자녀의 성별은 전적으로 생물학적 요인에 의하여 결정되는 것임
에도 불구하고 우리나라의 출산 성비는 젠더적 요인, 즉 성에 대한 차별과
선호도라는 사회적 요인에 의하여 영향을 받고 있다. 자녀의 성별에 대한
선호에는 세대차가 나타나는데, 김미숙(2010)의 질적 연구에서 어머니 세
대보다는 할머니 세대에서 남아에 대한 선호가 더 뚜렷하게 나타났다. 이
러한 연구 결과들은 출산이 젠더와 밀접하게 관련된 이슈임을 시사한다.
〈그림 2〉는 우리나라 자녀의 출생 순위별 성비의 추이를 보여준다(통계청,
2014). 2014년도 출생성비는 105.3으로 지난 2007년 이후 정상 성비 수
준(103-107)을 유지하고 있다. 그러나 출생 순위가 낮아질수록, 즉 첫째
자녀보다는 둘째 자녀에서, 둘째 자녀보다는 셋째 자녀에서 성비는 뚜렷이
높아지고 있다. 첫째 자녀의 성비는 105.4, 둘째 자녀의 성비는 104.5로 정

상 성비 범위 내에 있지만, 셋째 자녀의 성비는 108.0, 넷째 자녀의 성비는 109.8로 남아의 비율이 높아진다. 이러한 양상은 우리 사회의 남아선호사 상이 1980년대에 비해 완화되기는 하였으나 여전히 출산이라는 영역에서 남아 있음을 보여 준다.

출생성비의 불균형은 지역별로도 나타나는데, 2013년 시·도별 출생 성비는 경북이 정상성비(103~107) 수준보다 높았으며, 나머지 시·도는 정 상성비 수준으로 나타나고 있다. 이러한 출생성비는 10년 전보다 상당히 완화되었는데, 그 동안 출생아 수의 감소 등에 기인하였으리라 보인다.

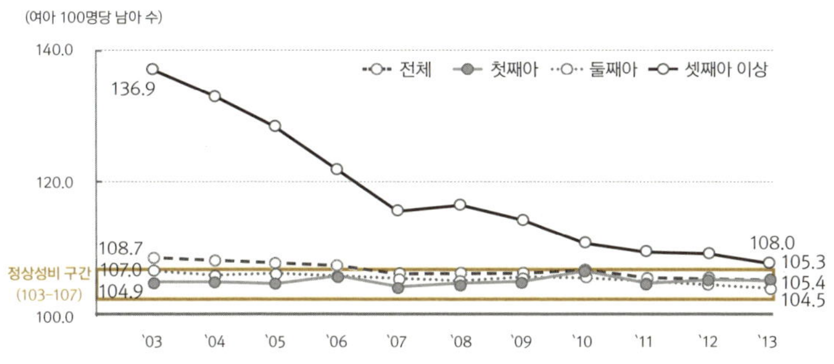

그림 2 출산순위별 출생성비 추이

자료: 통계청(2014). 2013년 출생통계.

〈표 2〉는 세 자녀 가구의 자녀 성별 구성을 보여주는데, 첫째와 둘째 가 여아이고, 셋째가 남아인 경우가 전체의 37.3%를 차지하는데, 이는 셋 째아 이상으로 갈수록 자녀 출산이 자연적이지 않은 경로나 방법으로 이 루어지고 있음을 시사한다. 이러한 경향은 〈표 3〉에 나타난 바와 같이 모 의 연령이 높을수록 더 뚜렷하게 나타난다. 첫째와 둘째 여아, 셋째가 막내 인 자녀 구성은 20대보다는 30대에, 30대보다는 40대 모에서 훨씬 더 많 은 비중을 차지한다. 이처럼 특정 성별 구성으로 이루어진 다자녀 가구의 비중이 높다는 것은 출산이 여성의 결정이 아니라 여성 개인을 둘러싸고 있는 다층적인 사회적 체계(남편, 시댁, 사회적 가치관 등)가 관여한 결과

라고 볼 수 있다.

표 2 다자녀 가구 자녀의 성별 구성

(단위: %)

첫째아	둘째아	셋째아	비율
남아	남아	남아	7.5
남아	남아	여아	7.8
남아	여아	남아	7.3
남아	여아	여아	7.0
여아	남아	남아	8.5
여아	남아	여아	7.6
여아	여아	남아	37.3
여아	여아	여아	16.9
계			100.0

자료: 통계청(2010). 2009년 출생 통계 결과.

표 3 모의 연령대별 다자녀 가구 자녀의 성별 구성

(단위: %)

연령대	성별 구성			비율
20~29세	남아	남아	여아	10.4
	여아	여아	남아	21.6
30~39세	남아	남아	여아	8.9
	여아	여아	남아	34.6
40~49세	남아	남아	여아	4.5
	여아	여아	남아	48.9

주: 비율은 해당 연령대 다자녀 가구수를 100으로 보았을 때 해당 성별 구성이 차지하는 백분율임.

자료: 통계청(2010). 2009년 출생 통계 결과.

3. 모성, 부성과 양육

1) 모성과 양육

자녀 양육과 관련된 젠더 이슈는 맞벌이 가족에서 더욱 첨예하게 나타난다. 맞벌이 가족의 여성에게 부과되는 이중 역할로 인한 부담 때문이다. 자녀 양육에 관한 문제는 생활의 다양한 측면과 관련되어 있지만, 특히 맞벌이 가족 취업 여성이 직면하는 가장 큰 도전은 성역할에 대한 사회적인 기대라기보다는 고전적인 '모성'에 대한 기대라고 박주희(2007)는 지적한다. 즉, 여성의 취업률 증가 현상과 전통적 성 역할에 대한 사회적 관념 또한 변화하기 때문이다. 기혼 여성들이 생산 활동에 참여하고 사회생활의 경험 및 성취를 위해 취업을 스스로의 발전의 기회로 삼는 태도에 대하여 사회적으로 장려하고 관대해지지만, 아직 문화적인 수용이 이를 따라가지 못하기 때문에 맞벌이 가족 취업 여성의 역할 과부하와 갈등을 낳고 있다는 것이다.

전통적으로 모성은 '모성의 신비' 등으로 표현되어 왔고, 모성에 대해 다음과 같은 가정을 한다(Hoffnung, 1998; 박주희 2007 재인용).

첫째, 모성은 여성의 최고의 성취이다.

둘째, 자녀양육, 가사, 남편에 대한 내조 등 어머니에게 부여되는 역할은 서로 호환 가능하다.

셋째, 여성은 어머니인 것과 그에 관련한 일련의 역할을 수행하며 '현모'로서의 역할을 즐긴다.

넷째, 어머니의 역할 수행 태도는 자녀의 복지에 밀접하게 관련되어 있다.

그러나 모성에 대한 이와 같은 전통적인 관념은 맞벌이 가족의 취업 여성과 자녀의 삶에 오히려 부정적인 영향을 미칠 수 있다. 그 불이익은 여성들의 주된 삶을 자녀 양육과 가족을 위하여 헌신하도록 하는 압력을 가해 여성의 생산 활동을 저해하였으며, 가족 전체의 경제적인 복지에도 부정적인 영향을 미치게 된 것 등이다(Schwartz & Scott, 1999). 예를 들어, 취업 여성은 자신의 일정을 계획할 때 자신의 경력 개발이나 직업적 성취보다 가족생활에 더 중심을 두는 경향이 있으며, 직종을 고려할 때에도 소득이 적더라도 '어머니의 일'과 병행할 수 있는 직업을 선택하고자 한다(마경희, 2009; Luxton, 2009). 우리 사회에서 흔히 교사나 약사가 최고의 배우자감이라고 여겨지는 경향이 있는데, 이는 이 직종이 여성의 직업적 역할 수행과 가족생활의 양립이 가능하다고 생각하기 때문이다.

또한, '모성의 신비' 관념은 취업 여성들이 이상적 어머니로서의 헌신적 수행을 다하지 못하는 것에 대해 죄책감을 갖도록 유도한다. 예를 들어 대부분의 취업모들은 자신들이 자녀에게 보편적 관심을 기울이지 못하는 것에 대해 자주 죄책감을 느낀다고 보고한다(최규련, 1995). 대학생들의 경우, 어머니의 취업에 대한 관념에 성차가 있는 것으로 나타났는데, 취업모가 비취업모보다 자녀양육이나 가족생활 등에 있어 더 부정적인 결과를 가져올 것이라는 신념은 남학생이 여학생보다 높았으며(성미영, 권희경, 장영은, 2010), 긍정적인 결과를 가져올 것이라는 신념은 여학생이 남학생보다 더 높았다(권희경, 장영은, 성미영, 2010). 이러한 연구 결과들은 어머니의 취업 자체가 자녀에게 영향을 미칠 것이라는 가정을 가지고 실시되었으며, 어머니 취업의 결과에 대한 성차를 보여주고 있다.

반면, 아버지들은 가정에서 자신의 아버지 역할의 부재에 대하여 별다른 죄책감을 느끼지 않는다. 이처럼 어머니는 자녀에게 지속적이고 특별한 관심을 주어야 한다는 사회적 믿음은 자녀에게 발생하는 모든 문제에 대하여 어머니에게 책임을 묻는 것과 함께, 자녀에 대한 양육 책임자로서 어머니의 역할에 대한 복종을 강조하는 여성에 대한 전통적 성역할을 강화해 왔다(Coltrane, 2009; Schartz & Scott, 1999). '생계 담당자'인 남성과 '전업주부' 여성과 그들의 자녀로 구성된 '안정성'을 상징하는 핵가족, 즉 산업화 시대의 '현대 가족'의 창조는 진정한 여성다움을 예찬하였고, 그 영향은 아직도 현대 여성들로 하여금 진정한 여성다움은 '모성'의 실현에 있다는 '모성 신화'의 강박관념으로부터 벗어나지 못하도록 한다. 이러한 영향은 현대의 수많은 취업여성을 '진정한 여성다움 예찬'의 희생양이 되도록 하였다.

서양에서는 실제로 모성, 즉 주양육자인 어머니의 역할이 실제로 아동 발달에 어떤 영향을 미치는가에 대한 연구가 지난 세기 동안 꾸준히 전개되어 왔는데, 여성의 취업이 자녀 양육에 미치는 영향에 대하여 선행 연구들은 여성의 취업이 자녀 양육에 긍정적인 결과를 초래한다는 것과 부정적인 결과를 초래한다는 상반된 결과를 보고하고 있다.

아동 발달에 대한 부모됨(parenting)이 미치는 영향에 대한 한편의 견해는 크게 두 가지로 구분되는데, 그 하나는 부모됨이 아동에 미치는 영향이 그다지 크지 않다는 관점이다(Hoffman, 1989). 즉, 아동이 건강하게 성장하는 데는 그들의 부모로부터의 노력의 투입은 그리 중요한 요인으로 작용하지 않는다는 것이다. 즉, 아동은 그것이 매우 남용적이거나 학대적인 것이 아니라면 '부모의 돌봄'의 영향을 크게 받지 않는다고 주장한다. 그리고 아동의 타고난 경향성은 부모의 좋은 돌봄을 잘 받아들이고 부모의 실수를 견뎌내는 적응력을 포함하며, 아동의 이러한 적응력이 발달과 더 밀접하게 관련되는 것이라고 하였다.

한편, 프로이드의 이론을 따르는 행동주의 학자들 중 일부는 부모 돌봄의 양식과 정도는 아동의 성장과 인성 형성에 영향을 많이 미치기 때문에 부모들은 자녀 양육을 위한 정교한 계획과 조정이 필요하다고 했다. 즉, 훈련되고 조직적인 부모들만이 완전하고 건강한 자녀로 성장시킬 수 있을 것이라는 것이다. 이러한 견해와 관점을 같이 하는 연구들은 아동의 발달과 관련된 문제에 있어 모성의 역할을 강조하였다. 즉, 아동 문제가 발생하면 어머니들은 문제를 야기한 주체로 비난을 받아 왔다. 특히, 가정에서 어머니의 부재는 아이들에게 일어나는 모든 문제는 어머니의 책임이라는 관념과 함께, 취업모들 스스로 자신에 대한 확신을 잃게 하고 죄책감을 느끼고 자책을 하도록 하였다.

최근의 연구들은 부모의 성숙도와 정신적인 안정성을 포함하는 가족 생활과 부모 돌봄의 질은 어머니의 취업 여부보다도 더 아동의 발달에 중요한 영향을 미침을 강조한다. 부모의 취업이 아동의 복지에 미치는 영향과 관계하는 중요한 매개 변수는 부모가 근무할 때 자녀에게 제공되는 돌봄의 질이라고 한다. 즉, 아이들과 돌보는 사람의 비율, 돌봄의 안정성, 집단의 크기 등은 돌봄의 질을 결정하는 데 중요한 요소들이다.

이러한 선행 연구의 결과들은 1세 이상 아동의 경우 높은 질적 수준의 시설에서의 돌봄은 집에서 양육되는 아동과 동등하거나 더욱 혜택이 많을 수 있다고 보고한다. 심지어 저임금 가족의 자녀는 때때로 지적 발달에 있어서 유아 시설에서 돌봄을 받는 것이 집에서 돌봄을 받는 것보다 더욱 혜택을 받을 수 있다고 한다(Slaughter, 1983).

부모의 취업이 아동에게 미치는 영향을 부모들이 자신의 취업을 원해서 선택한 것인가와 취업 요구들의 본질 등과 같은 부모들의 취업에 관련한 요소들과 관련이 있는 것으로 나타났다(Ferber et al., 1991). 어머니들이 원해서 취업할 경우 가족은 높은 긴장을 경험하지 않으며 자녀들도 전업주부의 아이들만큼 건강하다고 한다.

반대로 아버지들이 장시간 근무하고 스트레스가 많은 경우에는 아버지들이 심리적으로나 신체적으로 자녀를 수용하기가 어려워지고, 잠재적으로 자녀의 늦은 언어 발달에 공헌하는 것으로 보고하여 자녀 양육과 관련된 아버지의 영향력을 시사하였다(Parcel & Managhan, 1994).

2) 부성과 자녀 양육

기혼 취업 여성이 증가함에 따라 남편들 역시 더욱 많은 시간과 에너지를 가족생활을 위해 투입해야 할 필요성이 증가하고 있다. 현대 사회에서 일과 가족의 양립은 취업 여성에게만 해당되는 문제가 아니라, 남성에게도 해당되는 문제이다. 실제로 점점 더 많은 남성들이 배우자 출산휴가를 사용하고 있으며, 육아휴직 또한 양성이 모두 사용 가능하다. 그러나 이분법적인 성역할에 대한 전통적인 기대가 아직 우리 문화 속에 깊이 뿌리 박혀 있기 때문에 비전통적이거나 새로운 역할을 수행하기 위해서는 많은 노력이 필요하다. 전통적인 이분법적인 세계관은 어머니의 역할을 양육과 가사를 위한 것으로, 아비지의 역할을 도구적 부양자와 가계의 권위주의적 대리인으로 이해해 왔다(박주희, 2007; Coltrane, 2009). 이러한 관념에 따라 아버지의 의무는 가족에 대한 경제적 부양이 일차적이었으며, 자녀양육과 관련해서는 단지 자녀들이 외부 사회에 잘 적응하도록 훈육하고 인도하는 의무만으로 충분하다는 통념을 갖는다. 그러나 맞벌이 가족의 증가와 함께 사적인 영역에만 종사하던 여성이 공적인 영역으로 이동함으로써 '모성'에 대한 변화가 일어나고 있다. 그렇다면 이러한 변화에 부응하여 자녀 양육과 관계하는 '부성'에는 어떤 변화가 일어나고 있는지를 알아볼 필요가 있다.

(1) 부성 양육 기대

전통적인 의미의 '아버지됨(fatherhood)'은 전통적 의미의 '어머니됨(motherhood)'과 같이 맞벌이 가족을 포함한 현대 가족의 양육 방식에 지대한 영향을 미침으로써 가족생활을 둘러싼 많은 활동을 제한했다. 전통적 관념을 지닌 아버지들일수록 자녀들과 함께 발전시킬 수 있는 의미 있는 관계를 박탈당하기 쉽다. 그 예로, Popenoe(1999)와 Fox(2009)는 아버지들도 자녀양육을 위해 잘 훈련되고 강한 동기가 부여되는 경우에는 '부모됨'을 잘 수행할 수 있으며, 남성들도 양육적인 역할을 적극적으로 수행하고자 한다고 하였나. Blankenhorn(1998)은 더 과거에 남성들은 그들에게 부여된 사회적 역할로 인해 부성의 가치에 손상을 입었고 그 의미 또한 희석되었다고 하였으며, 현재 많은 수의 아버지들이 매일 자녀양육의 장소에 부재하는 것은 아동의 발달과 성장에 있어 위험한 결과를 초래할 것이라고 강조하였다. 그리고 이와 같은 현상은 아버지들의 생활이 거의 직장 중심으로 이루어지는 것, 가족 안에서 어머니의 힘이 더욱 커지는 것, 현대 사회에서 이혼이 증가하게 되는 것 등의 주된 원인들에서 야기된 문제라고 하였다. 또한 이러한 사회적 변화에 부응해서 현대 사회에 맞는 새로운 아버지상이 출현하고 있는 것에 대해 설명했다.

현대 사회의 부모됨은 과거와 달리 자녀양육에 대해 공동의 책임을 강조하는 쪽으로 변화하고 있다. 즉, 어머니와 아버지가 가족에서의 다양한 역할 수행과 가사와 가족을 위한 역할 수행을 함께 수행하는 새로운 부모의 상으로 정의된다(Coltrane, 2009).

그러나, Hochschild(1999)는 협력적인 부부(collaborate couple)와 새로운 아버지 상의 출현에도 불구하고 '실제와 현실 간의 모순'이 나타나고 있으며, 그러한 모순이 사회적 계층별로 다름을 지적하였다. 즉, 중산층에서는 많은 남성들이 '새로운 아버지'가 되기를 갈망하며, 실제로 미래의 배우자도 전문 직종에 종사할 수 있는 여성과 결혼할 것을 기대하고, 또한 그들이 '새로운' 아버지상을 잘 수행할 것이라는 것에 대한 믿음이 가는 여성과 결혼할 것이라고 했다. 그러나 현대 사회의 직장 시스템으로 부과되는 과다한 업무량은 많은 중산층 남성들이 '새로운 아버지상'의 관념을 지니고 있음에도 불구하고 '전통적' 아버지 역할을 행하게 되는 모순을 경험하게 되는 중산층 맞벌이 가족의 자녀양육에 영향을 미치는 사회구조적 모순을 지적하였다.

한편, 노동 계층의 아버지들의 경우는 중상층 아버지들과 반대되는 패턴을 경험할 것이라고 하였다. 노동 계층의 남성들은 중산층 아버지들에 비해 더 낮은 수준의 교육을 받았고, 그리 하여 취업할 수가 없는 여성들과 결혼할 것이며 또한 그들이 지니는 역할에서도 전통적인 성 역할의 관념을 고수할 것이라 가정했다. 그러나 현실적으로는 자신의 기대와는 달리 저임금 직종의 직장 변동 및 실업과 같은 노동 시장에서의 그들의 유용성에 관련된 변동 때문에 임시직에 종사하거나 실업 등으로 인해 집에 있는 시간이 더 많아지면서 노동자 계층의 아버지들은 더 많은 가사에 참여하고 자녀 양육에 참여하게 된다고 하였다.

이 두 경우의 산업 사회의 사회구조적인 영향 때문에 아버지들 모두는 자신의 현실과 이상이 부합하지 않는 삶을 살아갈 것이라고 해서 이러한 현상을 '실현 지연(reality lag)'으로 설명하고 있다.

현대 사회의 아버지상은 변화하고 있고, 많은 아버지들은 새로운 아버지상을 추구하고 있다. 그리고 사회제도적 변동과 그 영향은 자녀 양육에 대한 태도와 방법 등을 포함한 우리 가족생활에 영향을 미친다. 아버지됨을 위한 노력에 있어서도 아버지와 자녀의 깊은 상호 관계에 초점을 둔 질적 관계로의 진정에 관심을 기울여야 할 것이다.

(2) 바람직한 아버지의 역할

최근 새로운 아버지상의 출현은 어머니 역할의 변화와 함께 가정과 자녀 양육에 성실하게 관계하는 아버지로 표현되었다. 한편, 이러한 변화가 안정된 형태의 부성을 구축하지는 못하였다. 미디어를 통해 묘사되는 '새로운 남성의 상'은 아직 많은 사람들에게 자연스럽게 인식되지는 못한다. 예를 들어, 드라마에서 아이의 기저귀를 가는 아버지의 모습은 자주 무능하고 여성스러움을 내재한 남성으로 묘사되기도 한다. 대조적으로 여성은 계속해서 변화하고 있다. 전통적인 여성에서 슈퍼우먼으로, 슈퍼우먼에서 미시우먼으로, 유연하게 자신의 역할을 사회 변화에 부응해서 변화시켜 한다. 반면 남성에 대한 이미지는 훨씬 더 느리게 변한다.

경제학자들은 자녀에 대한 남성의 투자가 극대화되는 상황을 낮은 복지, 일부일처제, 남성이 자녀에게 접근할 수 있는 노동 분배의 형태, 여성의 생산적 공헌의 중요성에 관한 인식이 그 원인이라고 하였다. 이와 같은 분석에 따르면 오늘날은 자녀양육에 대한 남성들을 극대화된 노력의 투자를 기대해 볼 수 있는 시점이라고 할 수 있다.

산업화를 통해 나타난 남성의 역할을 상당히 고정적이다. 산업화 이전 사회에서 부모와 자녀들이 모두 함께 노동에 종사하였을 때는 아버지는 물리적으로 자녀들에게 가까웠으며 더 자주 자녀의 삶에 관계하였다. 많은 중상류층 아버지들은 자녀의 생활에 더 깊게 관계하였으며, 특히 아들의 교육에서는 더욱 그러하였다.

오늘날 아버지들은 부성에 대한 시각에 새로운 인식을 갖기 시작하였다. 자신의 가족과 함께 있을 때 가장 큰 행복을 느끼는 아버지들의 집단을 '새로운 아버지'라고 한다. 이러한 새로운 아버지들은 과거 모델의 아버지처럼 일을 즐기기는 하지만 일로서 인생을 정의하지 않는다. 현대의 아버지 역할은 남성성에 대한 문화적 정의가 그들의 아버지됨을 구속하기도 하지만 종래의 시대적 역사적 정의는 남성을 어떤 모습으로 존재하여야 한다고 명확한 답을 제시하지는 못했다.

4. 개인과 사회의 상호작용:
사회적 성 격차 – 개인의 의사결정 – 저출산 – 사회적 위협

　여성이 성차별에 대하여 인식하게 되면서 결혼과 출산을 기피하는 현상으로 나타나고 있다. 그 결과 우리 사회는 세계에서 유래가 없을 정도로 빠른 출산율 감소를 경험하고 있다. 이는 여성에게 지워지는 역할의 부담과 한계가 여성의 경력 단절 및 임금의 성별 격차로 이어지며, 결과적으로 여성이 개인과 가족 수준에서 결혼과 출산을 기피하거나 연기하는 결정으로 연결될 뿐만 아니라, 결과적으로는 다시 사회적 수준의 저출산 문제를 낳는다는 점에서 체계적인 관점에서 개인과 사회의 상호 작용 사례라고 할 수 있다. 이러한 문제는 개인에게 가족과 일이 균형을 이룰 수 있을 때 해결 가능해질 것이다.

　마지막으로, Powell과 George-Warreneuoe(1994)가 제안한 가족과 일의 균형을 성취하기 위해 노력하는 취업 여성의 전략을 소개하고자 한다(박주희, 2007 재인용).

　첫째, 취업모는 자신의 태도를 점검하라. 당면한 업무에 관하여 자신에게 "오로지 나만이 이 일을 수행하여야 하는가?"라고 자신에게 물어보는 것이다(아이들을 학교에서 데려오기, 설거지, 장보기, 세탁일, 반상회 참석 등). 즉, 내가 그 역할을 행하지 않으면 정말로 내 생활과 자존감에 영향을 미치는가? 나는 어떤 일을 거절해서는 안되는가? 나는 모든 일을 완벽하게 수행할 필요가 있는가? 등 스스로의 수행과 관련된 문제들에 대해 자문해 볼 필요가 있다. 취업모의 '모성'과 '해야 한다'는 인식은 실제적인 역할에서의 갈등보다도 더 큰 압박의 원인이 될 수도 있다.

둘째, 역할을 분담하고 나누는 것을 배울 것. 취업모 자신의 가족과 직장을 위해 갖는 모든 책임들을 나열해서 기입한다. 다음에는 남편의 역할에 대해 적어 본다. 역할의 목록을 통해 '나는 가사 일을 가족과 나누고 있는가?'를 생각해 본다. 자신이 수행하는 역할 중 도움을 받을 수 있는 것과 제거할 수 있는 것을 결정한다. 자녀로부터 어떤 도움을 받을 수 있을 것인가? 가사 일을 위한 외부 고용에 재정을 할애할 수 있는가? 세탁물 수거 및 배달서비스를 이용할 수 있는가? 많은 경우 취업모들은 자녀를 돌보는 것과 가사 일은 전업직이라는 사실을 인식하지 못하며 자신이 두 가지 일에 종사하고 있다는 사실도 깨닫지 못한다.

셋째, 절대 슈퍼우먼이 되려고 노력하지 말 것. 사람들은 일의 모든 영역에 있어 완벽할 수 없다는 사실을 주지하라. 책임의 순위를 정해야 할 것이고, 중요하지 않은 일은 제거될 수 있다. 특별히 자신이 좋아하지도 않는 일이라면 그것을 제거함으로 인해 자녀들과 더욱 많은 시간을 보낼 수도 있다. 다른 어머니들과 돌봄의 공유를 구축하는 것도 좋은 방법이다. 예를 들어, 아이가 친구의 생일 파티에 초대되었고, 자신이 데려갈 수 있는 시간이 충분하지 않다면 다른 친구의 어머니에게 함께 데려가도록 부탁할 수 있다. 그리고 다음에는 자신이 기회가 될 때 다른 어머니의 자녀들을 데려갈 수 있다. 즉, 아이들의 놀이를 위해서도 부모들 간의 상호 협조 계획을 수립할 수 있다.

넷째, 죄책감에서 벗어나라. 취업모가 당면한 가장 어려운 문제는 죄책감이다. 취업모의 근무 시간과 퇴근 후의 가사를 위한 시간 사용은 자녀들에게 사용하는 시간을 빼앗을 수 있기 때문에 자녀들에게 늘 죄책감을 갖게 된다. 그러나 많은 연구를 자녀들과 같이 보내는 시간의 양보다 질이 더욱 중요하다고 보고한다. 어머니가 전업 주부로서 자녀들과 온종일 함께 시간을 보낸다고 하여도 무관심하거나 짜증스러워 한다면 자녀들이 건강하게 성장할 수 없을 것이다. 취업모의 자녀들이 자신의 어머니와 많은 시간을 함께 보내지 못하더라도 낮에 어린이집에서 친구들과 함께 교제하는 기회를 갖고 저녁에는 퇴근한 어머니와 질적으로 충만한 시간을 갖게 됨으로써 충분히 행복할 수 있다. 부모들이 자녀와 모든 시간을 늘 질적으로 충만한 시간을 보내기 어렵고, 자녀들이 말하는 모든 것을 경청하고 응답할 수 없다는 것은 자명하다. 그러나 매일 자신이 진실하게 자녀들의 생각과 요구를 경청하고 응답할 수 있는 시간을 계획하는 것은 매우 중요하다. 많은 부모들은 일에 열중하면서 자녀들이 말하는 것을 소홀하게 경청하게 된다. 그러나 자녀들도 부모들이 자신의 말에 관심을 갖고 있는지를 매우 민감하게 인지하기 때문에 성의를 다해 응답해야 한다.

또 하나 중요한 것은 자녀들과 함께 시간을 보낼 때는 재미있게 보냄으로써 자녀들로 하여금 그들이 어머니와 특별한 시간을 보내고 있고 돌보아지고, 그리고 어머니에게 매우 중요한 존재라는 사실을 인식하게끔 하는 것이다. 자녀에 대한 정서적 지원은 취업모의 주된 책임이지만 취업모는 또한 그들의 남편과의 관계를 위한 정서적 지원을 필요로 한다. 남편과의 관계를 위해서는 상호 간의 필요를 위한 의사소통과 상호 간의 스트레스 감소를 위한 활동이 필요하지만 이러한 정서적 지원은 투입 가능한 시간의 양보다 시간의 질적인 사용에서 더욱 긍정적인 결과들을 생산해 낼 수가 있다.

다섯째, 스트레스를 해소하라. 취업모들에게 주어지는 매일의 과중한 역할들로 인해 심한 심리적 긴장감과 신체적 피로가 축적되게 된다. 정신적 스트레스 및 체력을 증진시키기 위해서는 스트레스 해소를 위한 노력이 필요하다. 운동은 스트레스를 해소하기 위한 가장 유익한 방법 중에 하나이다. 운동을 함으로써 에너지를 증진시킬 수도 있고 다른 임무를 수행할 수 있는 여분의 에너지도 창출해 낼 수가 있다. 만일 운동할 시간을 낼수가 없다면 직장의 점심시간을 이용하여 직장 근처를 조깅하거나 걸을 수도 있으며 직장에서 집까지의 거리가 적절하다면 걸어서 퇴근하는 방법 등도 있다. 가족과 일을 위해 분투하다 보면 휴식과 운동을 위한 시간을 찾기가 어려운 것은 사실이지만 운동을 위한 시간은 아주 중요하다.

여섯째, 저녁식사는 가족과 함께 하도록 노력하라. 많은 취업 여성들이 가족을 위해 푸드코트나 패스트푸드를 이용하는 것이 사실이다. 우선 자녀들은 피자, 햄버거, 라면, 짜장, 만두 등을 좋아한다. 하루는 피자 가게, 또 다른 날은 동네 중국집에서 저녁을 배달시키는 가족이 종종 있다. 이러한 식습관은 단지 취업모 자신과 가족의 영양 손실뿐만 아니라 장래의 건강을 박탈할 수 있다.

또한 자녀들에게 있어서도 삶의 문제들을 즉석으로 해결할 수 있다는 매우 좋지 않은 사고와 습관을 주입시킬 수 있다. 직장과 가정을 관리하는 데 있어서 목표를 계획하고, 시간을 관리하고 우선순위를 정하는 것은 매우 중요하다. 이와 같은 기술을 효율적이고 적절하게 이용하는 것은 스트레스 감소를 위해 중요한 전략이 될 수 있다. 또한 이러한 전략은 비단 취업 여성에게만 해당하는 것이 아니라, 남성에게도 가족과 일의 균형을 성취하기 위해 필요한 전략이 될 수 있다.

Ⅲ. 결론: 무엇이 어떻게 바뀌어야 하는가?

서론과 본론을 통해 우리 사회 저출산 현상의 '왜'에 대한 해답을 젠더 관점에서 모색하고자 하였다. 저출산이 분명 미래 사회의 위협이 된다면 앞으로 무엇이 어떻게 바뀌어야 하는가에 대한 논의 또한 젠더 관점에서 필요할 것이다. 서론에서 살펴보았듯, 출산율과 양성평등은 상당히 유의한 정적 관계를 보여준다. 출산과 양육이 거의 전적으로 여성의 영역이라는 인식 하에서는 여성과 남성이 모두 경직된 성별 분업에서의 피해자가 될 수 있다. 따라서 출산과 양육이 모두 여성과 남성의 공동 영역이라는 인식을 제고하고, 삶의 각 분야에서 의도하지 않았더라도 나타나는 성불평등을 수정해 나가는 것이 결과적으로 우리 사회의 위협인 저출산 현상을 해결할 수 있는 실마리가 될 것이다.

이경희

가족상담사로서 건강한 가족관계를 위한 가족생활교육과 가족상담을 하고 있다. 이 글은 수년간의 가족상담 경험을 바탕으로 현 한국가족의 제 문제를 풀기위한 한 가지 해법을 모색하고자 쓴 글이다. 이 글은 한국가족에서 점차 사라져가고 있는 가족영성을 회복하는 것이 가족문제를 해결하는 한 가지 열쇠가 될 수 있다는 전제하에 가족영성의 개념 및 특성을 제시하고자 쓴 글이다.

12장.

가족영성의 회복,
가족문제의 한 가지 해법이 될 것인가?

Ⅰ. 들어가기

1. 가족영성에 관심을 갖게 된 배경은 무엇인가?

현재 한국사회에 나타나고 있는 결혼 기피 현상, 출산률 저하, 이혼률 증가, 각종 중독문제와 같은 여러 가족문제들은 심각한 상태에 놓여 있다고 할 수 있다. 이러한 사회적 현상을 설명하기 위해 몇 몇 학자들은 한국사회를 사회전반적인 정서적 허기가 만연한 '허기사회'(주창윤, 2013), 성과를 위주로 한 사회에서 다양한 정신적 문제들이 발생한 '피로사회'(한병철, 2012)와 같은 개념으로 설명하고 있다. 이러한 관점들은 현 사회의 전반적인 양상을 이해하는데 설명력이 있는 것으로 보이나 분석의 단위가 사회전체이기 때문에 각 개인과 가족단위의 문제를 설명하고 이를 극복해 나가는데 필요한 실천적 지침을 제공하기에는 다소 부족함이 있어 보인다.

한국사회의 가족문제 현상을 설명할 수 있는 또 다른 관점으로 본 연구자가 주목하고 싶은 대안은 현 사회의 가족문제를 가족영성이라는 개념으로 접근하는 것이다. 사회의 근간이 되는 가족이 어려움에 직면하고 있는 이 상황을 가족영성의 부재 현상으로 설명하고자 하는 관점이다. 가족영성이란 한 가족원이나 혹은 전체 가족이 위기에 직면했을 때 이를 극복하는 과정 중에 발생하는 영성이다. 이 영성은 각 가족구성원의 개인영성이 발아되고 성장하도록 돕는 생명력이다. 다시 말해 가족영성은 가족구성원 각 개인영성의 특성을 활성화할 수 있도록 서로에게 힘이 되어주는 에너지이다.

한국인들의 가족영성은 아주 오래된 가족중심적 전통에 뿌리를 두고 있는 것으로, 한국사회에서 가족을 설명하는데 없어서는 안 될 중요한 개념이다. 그러나 오늘날 그 중요성이 간과되어지고 있으며, 또 한편에서는 제대로 이해되지 못한 채 다른 의미로 잘못 해석되어 지고 있는 것으로 보인다. 예를 들어 가족영성은 아주 구태의연한 미신적인 생각이나 행위로 잘못 이해되고 있거나 여성의 일방적 희생에 의해 만들어지고 유지되는 것으로 오해되고 있기도 하다. 또 다른 한편에서는 부부관계에 영향을 미치는 종교생활과 같은 개념으로 단순하게 이해되고 있는 것으로 보인다. 이에 가족영성에 대한 보다 정확한 학문적 접근의 필요성을 가지게 되었기에 가족영성에 대한 학문적 호기심이 발동하였다. 이러한 학문적 호기심에 못지않게 본 연구자에게는 실제적이고 실용적인 이유에 기인하여 가족영성을 정확히 이해하고자 하는 동기도 있었다. 이는 본 연구자가 가족상담 현장에서 가족의 문제를 해결할 실제적이고 실천적인 방안이 무엇일까를 고민하는 중에 고안해 냈던 실천 방법이 가족영성의 개념적 특징과 깊은 관련이 있다고 여겨졌기 때문이다.

이러한 출발점에서 시작하여 기존의 영성연구들을 검토한 결과, '영성'의 개념은 신학적 접근에서는 종교생활과 동일한 것으로 이해하고 있거나, 교육학적 접근에서는 '인성'의 개념과 중첩되어 혼용되고 있음을 파악하였다.

이러한 경향을 좀 더 세부적으로 풀어 설명하면 다음과 같다. 먼저 신학적 접근에서 영성을 특정 종교와 연관지어 종교적인 의미로 받아들이고 있는 학자들(Auman, 1980; Elkind, 1992; Lealman, 1986; Wolf, 1996)은 '구체화된 종교적 가치', '특별한 종교적 훈육', '일련의 종교적 신념', '종교적 의미' 등으로 영성을 정의 내리고 있다. 그러나 구체적으로 두 개념간의 관계를 밝히고 있지 않다. 이와는 달리 일군의 학자들(Galyean, 1989; Hardy, 1966; Richard & Bergin, 1997)은 영성이란 종교적 개념을 초월하는 초종파적, 초종교적 개념으로 정의하고 있다. 이런 입장에서의 영성은 종교와 분명히 밀접한 연관을 갖는 개념이기는 하지만 영성이 종교적 교의 그 자체가 아님을 알 수 있다(김정신, 2002에서 재인용). 이 입장에서의 영성이란 어떤 종교적 틀을 넘어서는 초교파적인 성격을 지닌다.

다음으로 교육학적 접근에서 파악하고 있는 영성이란 궁극적 실재를 이해하는 인간의식의 보다 높은 수준으로서 진정한 자아의 본성, 완전한 인성의 한 부분이라고 할 수 있다. 이는 인간의식의 발달과정에서 도달되어야 할 고차적 의식상태로서 영성을 정의하고 있는 것이라 할 수 있다(Griffiths, 1982: Hemming, 1970: Lealman, 1985, 1986: 김정신, 2002에서 재인용). 이와 같은 영성의 정의는 종종 영성과 인성을 호환적인 것으로 이해하도록 한다.

따라서 본 연구에서는 가족에서의 '가족영성' 연구를 시작하기 위해 기존의 '영성'의 개념을 정리하고 가족분야에서 탐구될 '가족영성'의 개념을 정립하고자 하는 시도를 할 것이다. 결과적으로, 이 연구를 통해 가족에서의 가족영성의 개념이 정리된다면, 이러한 가족영성을 유지 및 발전시키기 위한 가족상담이나 가족생활교육을 전개하는데 도움이 될 것으로 보인다. 가족생활의 질을 향상시키기 위한 가족영성의 개념이 보다 명확해진다면 오늘날 한국가족의 여러 가지 문제점들을 개선시킬 수 있는 다양한 해법 중 하나를 발견하게 되는 의의를 지닐 것으로 생각된다.

2. 한국인의 영성과 가족영성 그리고 현대 가족의 문제점은 어떻게 연결되는가?

한국인에게 있어 영성이란 수천 년의 역사를 지녔으며 인간 실존에 있어서 자연과 정신과 영성은 하나의 유기적 관계를 가진 것으로 보인다(유동식, 1990). 그러나 이러한 영성은 한동안 학문적 논의에서 간과되어 온 것이 사실이다. 그러다가 영성이나 경건 등의 단어가 문제가 된 것은 최근에 일어나는 세속화의 도전과 관계가 깊다(김광식, 1981). 사회적 혼란과 불안의 증가는 영성회복이라는 사회문화적 자각을 불러 왔고 현재의 가족영성을 이해하기 위해서는 한국인의 민족적이고 문화적으로 형성된 영성적 특징을 이해할 필요가 있다.

외국인으로서 한국인의 영성을 분석한 베이커는 오늘날 우리나라가 다양한 종교를 가지고 오랜 역사 시기를 거치면서 종교가 극에서 극으로 바뀌어 왔지만 영성과 교감하려는 근본적 마음가짐 자체는 잃어버린 적이 없다고 한다(박소정 역, 2008). 베이커의 설명에 따르면 한국인의 기본심성에는 하늘을 경외하고 자연의 이치를 거슬리지 않으려는 순수한 심성이 자리잡고 있다고 한다. 이러한 한국인의 영성은 옳고 그름을 분간하는 지성을 넘어서 온 몸과 마음을 다 바쳐드리는 정성에 무게를 두어 온 전통을 지니고 있는(박소정 역, 2008) 것이다. 한반도에 다양한 종교가 공존할 수 있는 것은 한국인의 심성에 여러 종교를 아우를 수 있는 유연성과 타자에 대한 관대함과 같은 특별한 영성이 자리잡고 있다(박소정 역, 2008)는 것이다.

이러한 한국인의 영성을 베이커는 가장 개인적이면서도 가장 공동체적인, 그리고 실천지향적인 특징으로 요약한다. 그에 따르면 한국인의 영성은 '인간은 본래 선하다'는 명제하에 성인(成人)되기를 추구하며 이는 단지 개인적 차원에 머무르지 않는다. 오히려 이 영성은 자신이 속한 공동체내에서 인간의 부족함이 만들어 내는 악과 부조화에 맞서 싸운 '행동하는' 영성[1]인 것이다. 또한 이 영성은 한국인들이 보다 더 나은 삶을 살고자 하는 그리고 도덕적으로 자기를 개선시키고자 하는 열망을 반영한다. 이러한 열망은 일반적 인간 실존의 한계와 인간 능력의 한계를 추월한다는 의미에서 초월을 향한 추구이다(박소정 역, 2008).

유동식(1992)은 한국인의 토착적 영성은 '풍류도'의 영성으로 이는 고대의 제천의례에 나타났던 원시영성이 유불선 삼교의 문화를 매개로 승화된 것이라 보았다. 무교는 한국인의 종교적 영성을 형성하였고 한국 문화 형성을 위한 활력소를 지닌 것이라는 적극적이고 긍정적인 면을 받아들였다는 것이다(유장춘, 2004). 그는 고대의 토속적인 무속신앙에서 풍류의 영성을 발견하여 이를 도의 경지로 끌어올렸다(유장춘, 2004). 풍류도는 고대의 제천의례에 나타났던 원시영성이 유불선 삼교의 문화를 매개로 승화된 한국인의 영성을 가리키는 말이라고 설명한다(유장춘, 2004). 이 도를 몸에 지닌 사람은 사심없이 일을 처리하는 도교적 특성과 집에서는 효도하고 나라에 충성하는 유교적 특성과 모든 악을 버리고 선을 행하는 무아의 경지인 불교적 특성을 모두 포괄하는 것이다. 이러한 특성은 철저히 개인적인 득도의 경지(도교적 특성)에 입각하여 철저히 관계적인 측면에서 관계적인 실천의 경지(유교적 특성)를 이루고 이는 보다 확대되어 자신과 타인을 구분하지 않는 한 공동체의 특성(불교적 특성)이 녹아든 것으로 보인다. 이와 같이 한국인 영성의 포괄적 특징은 서양의 변증법과는 다른 조화미를 창출하는 한국적 변증법이 가능하다는 논

---

1   Emmons(1999)는 영적 지능으로서의 영성을 규정할 때는 소유하는 그 무엇과는 다른 역동적인 특성이 있음을 강조하고 있다. 영성을 능력으로 보는 견해에는 영성이 소유되는 것 뿐만 아니라, 작용하고 해결하는 기능까지 포함하는 것이다. 그는 영적 지능으로서의 영성은 그 무엇일 뿐만 아니라, 무엇인가를 하는 것이다(Spirituality not only is something, it does something).

리와 일맥상통한다.[2] 영성의 특징이 자신과의 관계, 간 개인적 관계, 자연과의 관계, 그리고 신과의 관계에 영향을 미치는(유창춘, 2004), 개인적이며 사회적이고 더 나아가 시대적이기도 하다(이현아, 2003)는 점에서 한국인의 영성은 개인과 사회, 우주와의 관계를 아우르는 포괄적인 특성이 있음을 알 수 있다. 앞선 문헌들을 통해 한국인의 영성이 가지고 있는 특징을 살펴보면 영성의 유연성, 행동성, 포괄성으로 요약될 수 있다.

이러한 개인적 영성의 특징을 바탕으로 본 연구자는 한국인의 가족영성의 특징을 논해보고자 한다. 한국인의 영성은 역사적으로 수많은 고난을 겪으며 가족중심적 유교문화와 어우러져 한국인만의 독특한 가족영성을 만들어낸 것으로 보인다. 우리나라의 경우, 온갖 역사적 고난 속에서 이 나라를 지키고 성장시킨 것은 힘있는 지도층에 의해서가 아니라 다수의 민중들이 자신 및 가족의 생존을 위해 강인한 생명유지 정신으로 가족을 보호하고 이러한 정신은 대대로 이어져 후손들을 지켜온 것이다. 이와 같은 강인한 생명유지 정신은 다시 말해 가족 돌봄의 민족의식이었던 것이다. 이러한 민족의식은 현재까지도 이어져 내려와 대부분의 국민들은 현재의 불안과 위기를 국가나 정부가 지켜줄 것이라는 믿음을 갖기보다는 '자신의 가족은 자신이 돌보아야 한다'는 정신으로 무장하게 된다. 현재의 우리들의 집단 무의식 속에는 '자신과 가족의 생존은 자신이 지켜야 한다'는 가족중심적인 성격이 자리잡고 있는 것이다. 결국 이러한 위기 극복의 생존 방식은 역설적으로 우리 민족에게 생생한 가족영성을 갈고 닦을 수 있는 기반을 마련하였고 이것이 지난 반세기 동안 대한민국을 세계에서 주목받는 국가로 성장시키는데 일조한 측면이기도 하다. 그러나 지금의 50대까지 개발되어 온 강인한 생존을 위한 가족영성은 지금의 젊은 세대인 그 다음세대로 이어지는데 어려움을 겪으며 각종 문제들을 배출해 내

---

2 윤성범 교수는 한국인의 영성을 감, 솜씨, 멋이라는 도식으로 설명한 바 있다. 감은 옷감 땔감 등과 같이 이미 주어져 있는 것을 뜻한다. 이 감은 솜씨를 통해 다룰 때 멋을 가지게 된다. 그러나 서양인들이 발전시킨 사상적 전통에 의하면 인간의 정신은 실제론과 관념론 중에서 택일하게 되어 있다. 그러나 윤성범 교수의 원리에 의하면 조화미라는 한국적 변증법이 가능하다(김광식, 1981).

기 시작하였다. 이와 같이 가족영성이 부모세대에서 자녀세대로 전수되는데 어려움을 겪은 까닭은 우리민족의 초기 영성은 포괄성과 연결성을 지니고 있었는데 국가의 역사적 위기를 경험하며 이러한 초기영성의 포괄성과 연결성이 가족중심적 배타성으로 왜곡되므로 인해 그 근본적 성격이 왜곡되었기 때문일 것으로 보인다. 따라서 뒤에 논의될 가족영성에서는 우리 민족의 초기 영성인 포괄성과 연결성의 특성을 지닌 가족영성이 가족 문제의 해법으로 제시될 것이다.

이에 본 연구자는 한국가족의 제 문제를 가족원들의 가족영성의 부재로 인식하게 되었고, 오늘날 가족 내에 이 가족영성을 자리잡게 하기 위해서는 가족연구에서 가족영성에 관심을 기울일 필요가 있다고 생각되어 이 연구과제를 해야 할 동기를 지니게 되었다. 다시 말해 한국인들에게 수 천 년 동안 면면히 이어져 내려온 영성의 회복이야 말로 현 사회의 이기적 개인주의나 부조화와 양극단화를 해소할 한 가지 실천적 방법이 될 것으로 생각한다.

Ⅱ. 전개하기

1. 영성에 관한 선행 연구

기존 영성에 관한 학문적 동향을 살펴보면, 신학에 바탕을 둔 기독교 영성연구들(권수영, 2010; 백정미, 2011; 이은규, 2001; 이혜숙, 2009)이 주류를 이루고 있다. 이 연구들에서의 영성은 곧 특정 종교생활과 동일한 것으로 인식되어 영성의 다양한 차원이 간과되는 경향이 있었다. 그러나 '영성'은 종교적 조직의 안과 밖 어디에서든지 일어날 수 있다는 점에서 종교성보다 더 범위가 넓다. 반면에 '종교성'은 비슷한 취향을 가진 개인들이 함께 공동체를 이룬다는 것을 함의한다(박소정 역, 2008). 이러한 신학적 접근에서의 연구가 영성의 개념을 특정 기독교 영성으로 국한하는 제한점을 지니고 있음에도 불구하고, 그 내용적 측면을 분석했을 때 영성의 특징들을 잘 포착하고 있으므로, 영성의 다면적이고 심오한 특징을 파악하는 데는 매우 유용한 시사점이 있다. 기본적으로 신학에서 바라본 그리스도 영성은 인간으로 하여금 신적본질에 참여하고 그에 상응하도록 하는데 목표를 두고 있다(신승환, 2006). 신학적 의미로서의 영성은 '사람의 영혼이 참 하느님과 만나는 것', '하나님의 임재 가운데 일상을 사는 것', '하느님을 향한 의존성'이라고 말한다(이혜숙, 2009). 그러나 이러한 그리스도 영성은 인간적 존재의 한계를 벗어난 초자연적이고 우주적인 다양한 영성 중에 그리스도 영성만을 인정함으로써 특정 종교적인 것과 동일한 영성으로 국한시킬 위험성이 존재한다. 전통적으로 영성은 종교적 차원에서만 언급되거나 또는 종교적인 것과 동일한 것으로 인식되는 경향이 일반적이었다. 그러나 영성과 종교가 동의어가 아니라, 종교적 영성을 영성에 포함되는 개념으로서 그 성격을 구분하는 경향에 무게가 실리고 있다(Cervantes & Parham, 2005; Tolliver & Tisdell, 2006: 심은주, 이경화, 2012에서 재인용). 조삼복(2012)은 영성은 종교의 유무와는 상관없이 누구에게나 있다는 정의에 따라 인간의 한계, 인간의 통제를 넘어선 초월, 초월성, 초월적인 힘의 의미가 내포되어야 할 것이라고 피력했다.

　신학과는 달리 교육학에서의 접근은 영성의 개념을 다차원적인 속성을 지니는 개념으로 이해한다. 영성의 이러한 다차원적인 특성 때문에 영성을 연구하는 학자들이 어느 차원에 주목하느냐에 따라 다양하게 접근되어 지고 있다. 그 중에서도 기존 학교교육의 한계를 극복하기 위한 방안으로 홀리스틱 접근의 영성교육을 강조한 연구들(김정신, 2002; 심은주, 이경화, 2012; 이지영, 2012; 조삼복, 2012)이 두드러진다. 이러한 연구들은 홀리스틱 교육과 영성이라는 주제로 영성의 개념에 관심을 기울이고 있다. 특히 김복영(2011)의 연구는 영성지능에 주된 관심을 기울이고 있다.

　다른 한편 기존의 가족연구들은 사회적 실천의 한 분과로 목회영성에 바탕을 두고 가족의 영성을 접근한 연구들(권수영, 2010; 백정미, 2011; 이은규, 2001; 이혜숙2009)이 대부분이다. 이러한 연구들에서는 가족의 문제를 해결하기 위한 한 가지 중요한 차원은 가족영성을 개발하고 증진시키는 것이 필요하다는 취지의 연구들이다. 이러한 연구들은 가족영성에 관해 언급하고는 있으나 개인영성에 관한 논의가 주를 이루고 있으며 가족영성의 개념 및 특징에 관한 명확한 내용을 다루고 있지 않은 한계를 지닌다.

심리치료사로서의 김복영(2011)은 영성의 추상적 차원의 이해보다는 구체적 영성지능에 관심을 기울이고 영성지능의 특징을 구체적으로 파악하고자 했다. 이는 추상적 개념의 영성이 실제적으로 어떠한 기능을 하는지를 이해하는데 많은 시사점을 제공한다. 또한 이 연구는 가족상담 분야의 연구가 아닌 교육학 분야의 연구이나 심리치료사로서의 상담활동이 영성의 기능에 관심을 갖게 하여 영성지능을 구체화시키게 되었다. 김복영(2011)은 영성이 실제로 기능하기 위해서는 영성지능을 개발하고 증진시킬 필요가 있다면서 영성보다 영성지능의 구체적인 특징을 언급하였다. 그가 정리한 영성지능은 한 개인이 정서적 마음을 열고 이지적 마음을 조명하여 혼을 일깨우며 개별 인간의 심혼을 존재의 근저와 연계시킨다는 것이다. 즉 영성지능이란 우리를 전인적으로 만들어 온전함을 부여한다. 영성지능은 혼의 지능이며 심층적인 자기 지능이다. 영성지능은 우리가 자신에게 근본적인 질문을 하며 우리의 대답을 재구조화하는 지능이다.

같은 맥락에서 목회상담학을 전공하는 권수영(2004) 또한 영성지능에 관심을 기울였는데, 추상적 개념의 영성을 영성지능으로 국한함으로써 문제를 해결하는 능력에 초점을 맞춘다. 영적인 능력은 인생의 궁극적인 문제를 푸는 능력이고 영성이 바로 이러한 문제해결을 가능하게 한다는 것이다.

가족치료사들이 영성을 다루어야 하는 현실적 요구를 논문에서 피력한 조미숙(2001)은 영성연구의 중요성을 강조한다. 그녀에 따르면 가족치료자들이 영성을 다루어야 하는 이유는 첫째, 내담자들의 요구가 있기 때문이다. 둘째, 내담자들이 당면하는 문제의 성격상 영적인 측면을 다루어야 할 필요가 있기 때문이다. 셋째, 영성이 문제해결의 자원을 제공해 주기 때문이다. 이와 같은 입장을 따르는 또 다른 연구들로는 이은규(2001), 이혜숙(2009), 권수영(2010), 백정미(2011) 등이 있다.

앞선 선행 연구자들의 영성연구를 바탕으로 본 연구자는 첫째, 개인적 영성의 개념정의와 특징을 도출하여 이를 토대로 가족영성에 대한 개념 및 특징을 서술하고자 한다. 둘째, 앞서 글의 도입부분에서도 밝혔던 바와 같이 본 연구자는 가족영성의 실천적 시사점에 주된 관심을 두고 있기 때문에 타 학문분야의 영성이해를 바탕으로 가족상담 현장에서의 경험을 조합하여 실천적 시사점을 제공하려는 목적으로 가족영성의 개념을 사례를 제시하며 풀어가고자 한다.

2. 개인영성의 개념과 특징

개인영성이란 인간 존재의 유한성을 인식하고 이를 극복하기 위해 초월적인 존재인 신, 자연, 우주와 연결성을 이루려는 인간 본성적 경향이다. 인간은 본질적으로 연결성을 추구하는 영적 존재(Polster, 2006)라는 점을 상기해 볼 때 이 특성은 인간이 지니는 가장 기본적인 본성이며(오복자, 강경아, 2000) 내재적인 능력으로(이경렬 외, 2003; 이종연, 2011) 파악된다.

이러한 개인영성의 특징 혹은 기능을 살펴보면 다음과 같다. 영성의 첫 번째 특징은 한 개인의 존재의 수용 및 통합성을 가능하게 한다는 것이다. 왜냐하면 영성지능은 우리 자신에게 전인성과 온전성을 부여하기 때문이다. 다시 말해 영성지능은 심층적인 자기지능으로서 자신이 누구인가에 대한 근본적인 질문을 하며 이러한 질문에 대한 우리의 대답을 재구조화하는 지능이다(김복영, 2011). 이는 자신을 사랑하고 수용하여 내면의 서로 다른 자기 모습을 수용하고 통합할 수 있는 능력을 말한다.[3] 인간

---

[3] 이경열 외(2003)는 이러한 특성을 인간이 다중체계적 유기체로 자신을 점차 수용해 가는 내적 자원과 자각으로 설명하고 있다.

은 사실 다양한 인격적 요소로 구성된 일종의 연합체이다. 따라서 자기 안에 내재한 모든 인격적 요소들이 조화와 통합을 이룰 때 건강한 정신세계를 구축하는데(Jung, 1953; 박종수, 2013에서 재인용), 이를 가능케 하는 것이 영성이다. 융은 인간의 정신을 치료하는 것에서 영성의 중요성을 자각하였으며 인간 영혼의 발달에 지침을 주고 있는 세계의 위대한 종교들을 가리켜 "세계에서 가장 위대한 정신치료적 상징체계들"이라고 불렀다(Westgate, 1996; 최광현, 2012에서 재인용). 융은 여기서 더 나아가 인간은 무의미한 삶을 견디지 못하기 때문에 35세가 넘은 내담자들의 진짜 문제는 영성적 조망을 추구하는 것이라고 하였다(Westgate, 1996; 최광현, 2012에서 재인용). 각각의 주어진 상황에서 개인의 인지와 정서 및 행동이 조화를 이루는 정도가 높을수록 더 영적인 사람이 되고 그렇지 못할수록 덜 영적인 사람으로 보는 것이 더 타당하다고 볼 수 있다(조삼복, 2012).

영성의 두 번째 특징은, 영성이 한 개인에게 자신과 타인을 연결하는 연결성을 부여한다(이경렬 외, 2003)는 것이다. 영성의 본질은 관계성이며 따라서 영성은 인간관계의 회복 차원 속에서 이해될 수 있다(오성춘, 1995). 이는 횡적으로는 자신을 둘러싼 존재들과의 관계를 인식하고 공동체의 다른 사람들과 함께 협력하게 한다. 이는 서로 가치를 공유하고 상호 지지하며 살아가게 해 준다. 또한 종적으로는 자신의 역사성을 깨닫게 하여 자신과 조상들과의 연계성을 가지게 한다. 이와 같이 영성은 한 개인으로 하여금 자신을 단독적인 존재로 여기지 않고 조상 및 타인들과 연계되어 있는 공동체적 존재로 인식하도록 이끈다.

영성의 세 번째 특징은 한 개인의 인간적 조건이나 한계의 초월성으로 표현될 수 있다(이경렬 외, 2003; 이은철, 김민정, 2012)는 것이다. 이는 현실적인 극한 상황 앞에서 좌절하지 않고 이를 극복해 내려는 인간의지의 발현 능력이라고 볼 수 있다. 인간은 생물학적, 심리적, 그리고 사회적 조건들을 극복하고 초월할 수 있는 능력을 지닌 존재로 이러한 자기초월 행위를 통해 인간의 특유한 정신적 영역인 영적 영역으로 들어간다(Frankle, 1959)는 점에서 영성은 곧 자기초월성이라 일컬을 수 있다. 이러한 영적 초월성이 단순한 이성적 인간의지의 발현과 다른 점은 자신에게 주어진 고통이 자신의 인간적 능력으로는 극복할 수 없는 극한 상황에서 발현된다는 점이다. 예를 들어 인간은 의사들도 포기한 신체적 질병과 같은 자신이 통제할 수 없는 고통 앞에서 자신의 유약함과 한계성을 경험한다. 이러한 한계상황에서 포기하거나 좌절하지 않고 그 고통을 견디어 낼 수 있다는 자신감을 회복할 수 있게 하는 원동력은 자신의 영적능력을 발휘하는 것이다.

영성의 네 번째 특징은 개인들로 하여금 삶의 의미를 추구하게 만든다(심수현, 2012; 이경렬 외, 2003; 이은철, 김민정, 2012)는 것이다. 이는 개인들이 자신의 삶에 가치를 부여하는 능력을 말한다. 인생은 예정된 각본이 없기에 개인 각자는 자신의 삶의 의미를 구축해야 한다(Frankle, 1959)는 점에서 영성의 발현이야 말로 진정한 자신의 삶을 이끄는 원동력이라 할 수 있다.

영성의 다섯 번째 특징은 한 개인에게 생명력, 에너지, 혹은 힘을 부여한다(이경렬 외, 2003; 이혜숙, 2009; Satir et al., 1991)는 것이다. 이는 개인이 행하는 활동을 끊임없이 새롭고 생기 있고 활기 넘치게 하는 능력이다. 영적이라는 것은 분명하게 우리들의 가장 깊은 근본적인 특성 내에 있는 생명력을 언급하는 것이다.

3. 가족상담 현장에서 가족관계를 통해 나타난 가족영성

위에서 논의된 바 영성이라는 개념의 한 가지 속성은 관계성[4] 혹은 연결성[5]이기 때문에 영성의 개념이 가족이라는 공동체에서의 관계에 연결될 수 있다는 점에는 의심할 여지가 없다. 따라서 가족관계를 통하여 가족영

---

[4] 영성은 한 개인의 깊숙한 내면으로부터 신(신승환, 2006), 절대자(오복자, 1997) 혹은 우주(박영만, 2002)와의 관계성으로 이해된다.

[5] 자신을 둘러싼 다른 존재들과의 연결, 공유, 상호지지(심은주, 이경화, 2012)를 기반으로 한다.

성을 고찰해 보는 것은 타당한 작업으로 보인다.

영성은 고난이나 역경을 통하여 비로소 그 잠재력이 구체적인 형태를 갖는 자기초월성의 특성을 지니기 때문에(조미숙, 2001; 조상복, 2012; Frankle, 1959), 가족영성은 가족상담이라는 고통의 상황에서 더 잘 포착될 수 있는(이혜숙, 2009; 조미숙, 2001) 특성이 있다. 가족영성의 개념을 가족상담 현장에서 관찰되는 현상 중심으로 전개하는 이유가 바로 여기에 있다.

다른 한편으로 가족영성은 개인영성을 바탕으로 신장되고 발전할 수 있는 것이다. 가족영성이 개발되고 성장하기 위해 개인영성이 바탕이 되어야 함은 당연한 것으로 볼 수 있다. 그럼에도 불구하고 가족영성이 개인영성과는 다른 특징을 지니는 것은 가족체계성의 전체성[6]에 근거하여 가족영성은 가족 구성원 개개인의 개인영성을 합한 것 이상의 힘과 에너지를 창출해 낸다는 것이다. 그러므로 가족영성은 개인영성에 비해 훨씬 더 많은 가족자원을 만들어 내며 이렇게 만들어지는 가족영성은 건강한 사회를 만들 수 있는 기초적 에너지가 될 수 있다.

다음에는 본 연구자가 개인영성의 특징을 근거로 하여 가족상담 현장에서 발견한 가족영성의 개념 및 특징을 정리하고자 한다. 가족영성의 특징을 설명함에 있어 이러한 가족영성이 가족관계 내에서 발아되고 성장하여 성취될 수 있는 방법을 함께 논의하고자 한다. 이는 본 연구가 가족영성의 특징을 찾아내고 이를 신장시키기 위한 실천적 방법을 모색하기 위한 목적에서 출발하였기 때문이다. 그리고 두 번째 절에서는 실제 가족상담 사례를 통하여 이러한 가족영성의 특징들이 어떻게 발아되고 성장하여 한 가족의 가족관계를 변화시켰는지 실증적인 자료를 제시하고자 한다.

---

[6] 체계는 체계 각 부분의 합 이상이다.

1) 가족영성의 개념 및 특징

가족영성이란 한 가족원이나 혹은 전체 가족이 위기에 직면했을 때 이를 극복하는 과정 중에 발생하는 영성이다. 이 영성은 각 가족구성원의 개인영성이 발아되고 성장하도록 돕는 생명력이다. 다시 말해 가족영성은 가족원 각 개인영성의 특성을 활성화할 수 있도록 서로에게 힘이 되어주는 에너지이다. 가족원의 개인영성이 활성화되면 이 에너지가 다른 가족원에게 힘이 되어 전체적 시너지 효과를 내며 부분의 합 이상이 되고 이렇게 커진 가족영성의 에너지는 다시 각 개인영성의 에너지를 더욱 활성화시킨다.

이와 같이 가족영성은 개인영성이 가지는 통합성, 연결성, 초월성, 새로운 삶의 의미부여, 생명력을 제공하는 에너지의 특징을 똑같이 지닌다. 이와 더불어 개인영성과 가족영성은 영성의 특성인 통합성, 연결성, 초월성, 새로운 삶의 의미부여, 생명력을 더욱 활성화되도록 서로 쌍방향으로 작용하는 역동을 지닌다.

다만 가족영성의 에너지는 가족원간의 상호작용에서 관계적 인과관계의 고리를 어떻게 형성하느냐에 따라 그 시너지 효과가 긍정적으로 확대될 수도 있으며 그렇지 않을 수도 있다. 따라서 다음의 가족영성의 특징을 논의하면서는 어떠한 맥락과 가족원간의 상호적 인과관계에서 가족영성을 더욱 활성화시킬 수 있는지 그 실천방안도 함께 설명하고자 한다.

가족영성의 첫 번째 특징은 가족영성이 편안하고 안락한 시기보다는 시련과 고통의 시기에 발아되는 특징을 보인다는 점이다. 즉 가족영성은 가족들이 위기에 접했을 때 이 위기를 극복하기 위해 지금까지의 자신의 모습에 변화를 가져오고 지금까지 행했던 인간적인 노력이상의 자기변화를 통해 협력적 가족관계를 이룸으로써 발아되고 성장할 수 있는 것이다. 가족상담 현장에서 접하는 내담자 가족들이 자신들이 잠재적으로 지니고 있던 개인영성을 깨닫고 이를 자원으로 활용하게 되는 것은 가족이 접한 고통을 극복하는 과정 중에 일어나는 일이다. 이는 각 개인이 평상시에는 자각하지 못했던 자신의 잠재적인 자원이다.

　다시 말해 가족영성의 에너지가 활성화되는 것은 가족이 문제나 위기에 직면했을 때이므로, 가족의 위기와 고통은 가족영성이 발아되기 위한 필요조건이 된다. 만약 어느 장애아동을 가진 부모들이 그 장애아동을 낳아 기르게 된 운명을 탓하지 않고, 이러한 장애 아동을 가진 불행을 '하나님은 장애아를 두고 많이 고민하시다가 우리를 믿고 택하셔서 키워 달라고 맡기셨다'는 해석을 한다면 이는 분명코 영적 지능을 극대화 하여 문제를 해결하는 능력이라 볼 수 있다(권수영, 2004). 여기서 부모가 행하는 영성이 가족영성의 전형적인 모습이라 할 수 있다.

　실제로 가족상담 현장에서 나타나는바, 예기치 못한 고통 앞에서 기존에 지녀왔던 자신의 '틀'을 깨고 타인의 준거체계를 수용하는 사람이 있는 반면 끝까지 자신의 '틀'을 고수하는 사람들이 있다. 전자의 경우 자신의 영적 능력을 활용하여 타인의 관점을 자신의 온전함에 통합하고 있으나 후자의 경우 자신의 영적 능력을 활용하지 않고 자신의 부분적 불완전함에 머문다. 이와 같이 영성의 초월성은 가족이 위기와 고통에 직면했을 때 이를 극복하기 위한 과정에서 일어난다. 이때 각 개인의 영성은 부분적인 것에서 통합적인 것으로 완성되어 가는 경험을 하게 되는데, 이는 결국 개인영성의 통합성과 초월성은 동시적으로 이루어진다고 말할 수 있다.

　가족영성의 두 번째 특징은, 가족이 가족영성을 통하여 함께 사는 구성원들 간 상호 연결성을 가진다는 점이다. 구성원들 간의 연결성은 각자의 구성원이 다른 가족원을 비난하고 가족문제의 근원을 남의 탓으로 돌리기보다는 다른 가족원을 있는 그대로 수용할 때 성취될 수 있다. 가족원들이 자신과 다른 가족원을 존재하는 그 자체로 인정하고 수용하는 관계를 통하여 각 개인은 통합성을 성취하고 모든 가족원은 가족영성의 연결성을 확장시킬 수 있는 것이다. 가족영성은 한 가족원이 자신에게 억압되어 있는 수용할 수 없는 특성을 다른 가족원에게 투사하는 행동을 멈춤으로써 성취될 수 있는 것이다. 대상관계이론에서는 많은 부부 및 가족문제가 자신의 병리적인 특성을 타 가족원에게 투사함으로써 가족갈등이 심화된다고 설명하고 있다. 예를 들어 자신의 게으름을 수용하지 못하는 가족원은 다른 가족원에게서 자기 기준으로 조금만이라도 게으른 특성을 발견하면 이를 비난하여 상대방의 게으른 행동을 더 강화시키게 되는 것이다. 즉 타 가족원에 대한 수용할 수 없는 특성에 대한 비난은 가족영성의 성장을 방해하기 때문에 서로의 연결성을 손상하게 된다.

모든 문화에서 발견되고 있는 가부장적인 남녀 역할의 구분의식은 가족원의 행동을 한 개인의 인격적 행동으로 받아들이지 않고 성별 역할구분에 따라 판단하여 여자답지 못한 행동, 남자답지 못한 행동으로 두 사람 사이를 가로 막아 서로의 연결성을 손상시킨다. 이 또한 융의 이론에서는 남녀가 자신의 아니마와 아니무스를 억압함으로써 통합적 인격의 형성을 방해할 수 있다는 설명과 일맥상통하는 것이다. 따라서 가족영성을 성장시키기 위해서는 가족관계에서 가족원들을 성별 역할 지위로 구분하지 않는 통합적 시각을 지님으로써 각 개인이 성별을 초월하여 자신의 남성성과 여성성을 자신의 인격 안에 통합하는 방법을 취해야 할 것으로 보인다.

또한 상담현장에서 가족갈등을 일으키는 많은 부부들은 각자 자신이 지니고 있는 자기 기준에 의해 상대방 배우자를 판단하고 평가하여 비난하는 행동 특성을 보인다. 이는 타인에 대한 공감을 방해하고 타인조망 능력을 훼손하는 것인데, 자기 기준이 옳고 배우자의 기준이 틀렸다고 생각하는 방식에서 벗어나, 나의 기준과 배우자의 기준이 모두 옳다는 수용적인 태도로의 변화는 자신의 틀과 기준을 내려놓고 화합의 틀과 기준으로 성장하는 변화이다. 이러한 변화를 통하여 이 가족은 연결성이라는 가족영성을 발아시키고 성장시킬 수 있다. 이러한 순수한 타인수용 능력은 결국 자신의 전체성과 온전함, 그리고 통합성을 획득한 내적 힘을 가진 사람만이 발휘할 수 있는 능력[7]이라는 점에서 가족영성이 성장하기 위해서 가족 각 구성원 개개인의 개인영성이 전제되어야 할 필요성이 있음은 의심할

---

[7] 영성은 인간 존재의 잠재력에 내재하는 자기초월의 세계를 알게 해 주며 자라나는 세대에게 자신의 삶과 세계를 '전체적'으로, 그리고 '깊이' 바라볼 수 있게 하고, 지금 여기 이 순간의 경이로움과 존재의 관계성을 감지할 수 있는 내적 힘을 길러 줄 수 있다(심은주·이경화, 2012).

여지가 없다.

가족영성의 세 번째 특징은 가족들로 하여금 기존의 가족가치와 가족 의미를 상실했을 때 가족의 행복을 위하여 새로운 가치관, 도덕적 기준들, 세상을 보는 관점을 제공해 준다는 것이다. 개인의 영성이 개인적인 가치관, 도덕적 기준들, 세상을 보는 관점을 형성시키는 삶의 길이며 인간의 삶에 의미와 목적을 제공해 주는 것(Anderson, 1999; 조미숙, 2001에서 재인용)이라면 가족영성은 가족 전체 구성원들에게 새로운 가족가치를 만들어 갈 수 있도록 힘을 제공하는 에너지이다.

대부분의 가족들은 사회에서 인정하고 지지하는 기존 질서에 부응하는 삶을 통해 자신들의 안정감과 행복을 성취하게 된다. 그러나 어느 순간 가족에게 발생하는 문제들은 이 가족규범이 가족원들에게 행복을 초래하기보다는 오히려 고통과 불행을 초래하는 것임을 깨닫게 된다. 이러한 사건은 기존의 가족항상성을 위협하므로 가족에게는 큰 위기를 불러오게 된다. 이러한 어려움을 극복해 내는 구체적인 방법들은 지금의 위기와 고통을 단순한 인생의 실패로 해석하기 보다는 이 사건이 가족에게 줄 수 있는 보다 깊은 긍정적인 새로운 의미를 탐색해보는 것이다.

예를 들어 갑작스런 교통사고로 자식을 잃은 부모에게 있어 자식의 죽음은 행복을 빼앗아간 상당히 고통스러운 불행한 사건으로 해석될 수도 있지만, 그 자식의 죽음으로 인해 자녀의 장기를 불구인 사람들에게 기증해 줌으로써 죽은 자녀가 새 생명의 씨앗으로 이 세상에 생명을 연장해 가고 있다는 보다 더 큰 차원의 가치와 연결될 수도 있다. 또 다른 예로는 아들의 도벽이 부모의 애정결핍에 기인한 것임을 알아채고 부부가 이혼 직전에서 다시 화합을 도모하는 노력을 기울이는 것과 같은 것이다. 이와 같이 가족영성은 가족 전체의 삶의 의미와 목적을 새롭게 정립시켜주는 원동력을 제공해 줄 수 있는 것이다.

가족영성의 네 번째 특징은 자신의 존재가 종적으로는 세대간, 횡적으로는 가족의 범위를 넘어선 타인과 연결되어 있다는 연결성을 깨닫게 해주는 영성이라는 점이다. 가족들은 자기 자신이 자신들의 부모 혹은 조상들로부터 이어져온 연결성에 바탕을 둔 것이라는 깨달음을 얻을 때 가족영성을 체험한다. 개인영성과 달리 가족영성은 자신과 윗 조상들과의 연결성을 통해 심화되는 특징을 지닌다. 가족치료에서는 가족의 영적 측면을 강조하는데 가족치료에서 영적 가계도의 활동을 통해 그 가족에게 영적으로 영향을 미치는 강점, 자원, 그리고 관계들을 확인하는데 유용함을 밝히고 있다(Frame, 2000). 가족상담 현장에서 보이는 가족영성은 자신의 배우자가 조상들로부터 부정적인 특질만을 물려받은 것이 아니라 긍정적인 특질을 물려받아 현재 부부에게 은혜로운 자원을 제공했다는 깨달음을 얻을 때 획득된다. 예를 들어 현재 자신의 아이가 ADHD성향을 지닌 것은 아이의 아버지 그리고 할아버지의 통제되지 않은 자유분방한 성격특성으로부터 기인된다고 생각했던 엄마는 이 아이에게서 산만함 뿐 아니라 창의성, 높은 호기심도 물려받았다는 사실을 깨닫고 조상들의 은덕에 감사함을 느낄 때 가족영성이 발아된다.

또한 가족들은 자신들의 존재가 자신의 가족을 도와주고 협력해 주는 무수한 많은 다른 이들의 노고에 힘입어 생명을 유지하고 있다는 깨달음을 통하여 가족영성을 키워 나간다. 가족들은 자신들이 처한 고통에 매몰되어 세상을 원망하고 사람들을 원망하다가도 자신의 상황을 객관적으로 바라보는 연습을 통해 자신들의 가족이 현재 힘을 얻을 수 있는 모든 것은 자신들에게 사랑과 격려를 베푸는 주변의 사람들 때문이라는 감사함을 느끼게 된다. 이때 이 감사함은 각 개인 그리고 가족 전체의 영성의 에너지를 증가시킨다.

가족영성의 다섯 번째 특징은 가족들이 매일의 삶을 새롭게 대하며 가족원 서로에게 새로운 힘을 불어 넣어줄 때 가족 안에 나타나고 발달한다는 점이다. 가족들이 서로에게서 새로움을 발견하고 감사하며 힘을 북돋아 줄 때 가족영성이 발아되고 성장하여 구현될 수 있다. 영성의 한 가지 측면이 인간의 정신적 성장을 돕는 강력한 힘 혹은 에너지로 이해(Anderson, 1999; Peck, 1980: 조미숙, 2001에서 재인용)되는 관점에 따르면, 가족영성이란 가족들이 가족관계를 통하여 서로 지지하고 격려하며 힘을 북돋아 줄 때 발아하고 성장할 수 있다.

가족상담 현장에서 만나는 가족들이 보여주는 처음의 모습들은 대부분 다른 가족원의 부정적 측면들을 부각시키고 자녀들이 지니는 문제의 대부분은 상대방 배우자의 탓으로 여기는 모습이다. 이러한 상호 비난은 서로에게 깊은 마음의 상처를 만들며 계속해서 서로를 격하시키는 행동 방식을 선택하게 만든다. 그러나 상담이 진행되면서 나타나는 가족원들의 변화는 타 가족원의 잘못보다는 자신의 잘못에 관하여, 자신의 고통보다는 타 가족원의 고통에 관하여 민감해 지는 모습으로 나타난다. 각 개인의 변화는 가족관계에 영향을 미치게 되어 부부간의 부정적 순환고리는 긍정적 순환고리로 서서히 전환된다. 이러한 전환은 부부간의 대화에서도 변화를 초래하는데, 서로 비난하기 일쑤였던 부부가 자신의 잘못을 인정하고 수용하여 상대방에게 미안함을 표시하기에 이른다. 서로에 대한 감사와 칭찬은 가족원들에게 삶의 힘겨움을 극복해 낼 수 있는 힘과 에너지의 원천이 된다.

또한 가족관계는 날마다 계속 반복되는 일상의 패턴이기 때문에 지루하고 권태로운 관계를 만들어 낼 수밖에 없는 신선함이 없는 관계이다. 이러한 반복성은 가족들에게 활력을 불어넣기보다는 무료함을 자아내기 쉽고 이로 인해 부정적인 표현이 늘어나게 된다. 이러한 일상생활은 삶의 통제력을 상실하고 무력하고 곤궁한 심리적 상태를 초래할 수 있다.

그러나 인간의 영성은 어떠한 상황에서도 삶에 대한 긍정적 동기를 부여하고 하루하루의 삶을 새롭게 받아들일 수 있는 삶의 통제력을 회복시킨다. 왜냐하면 영성은 인간에게 무조건적인 삶의 가치와 아울러 선택의 힘을 부여해 주기 때문이다(Aponte, 1996; 조미숙, 2001에서 재인용). 따라서 서로에 대한 인격적 가치를 인정하고 서로에게 격려해 주는 가족관계를 지닌 가족에서 가족영성은 무럭무럭 성장하게 된다. 인간이 자기 스스로에게 가치를 부여하고 삶의 동기를 부여받는 행동을 선택하는 것도 바람직한 일이나 이러한 작업이 혼자만이 아니라 가족관계에서 서로에게 주어질 때 그 효과는 매우 클 것이기 때문에 개인영성보다는 가족영성적 측면에서 상호지지와 격려는 더욱 필요한 것으로 보인다.

2) 가족영성이 회복된 상담사례[8]

아래의 사례를 보면 가족의 문제와 위기가 어떻게 가족영성을 회복하여 가족원들의 영적 성장을 도모하고 있는지 구체적으로 살며볼 수 있다. 한 가족원의 생활 상 위기는 이를 어떻게 잘 극복하느냐에 따라 전 가족원의 성장을 위한 씨앗이 될 수 있다. 이 과정은 결국 각 가족구성원의 개인적 한계를 극복하는 초월의 과정이며, 전 세대에 걸친 통합과 연결의 과정이며, 새로운 의미를 창출해내는 변화의 과정이다.

내담자 M씨는 현재 전문직에 종사하는 중년의 여성이다. 그녀가 상담을 받게 된 경위는 2012년 8월에 K아동청소년가족상담센터에서 아들이 놀이치료를 받는 것으로 시작되었다. 이 아동은 초등학교 1학년생으로 학교에서 친구들과의 관계에서 부적응 행동을 보임으로써 이를 개선하기 위해 놀이치료를 받게 되었는데 아동의 치료와 더불어 부모도 상담이 필요하다고 판단되어 놀이치료 선생님이 가족상담가에게 의뢰한 사례이다.

가족상담자인 연구자와 함께 상담을 통해 아이의 문제를 검토한 결과, 이 아이의 문제는 이 가족에 잠재하고 있었던 부모의 여러 문제를 상징적으로 나타내고 있음을 알 수 있었다. 내담자의 부부관계는 이혼위기까지 갈 정도로 심각한 상태였으며, 내담자는 전문직으로 인한 스트레스, 남편의 경제적 무책임으로 인한 스트레스, 한 집에 기거하는 시어머니와 남편과의 밀착된 관계에서 오는 스트레스, 친정집으로부터 오는 스트레스로 인해 거의 폭발 직전인 상태였다.

---

8   이 사례는 D시 D동에 있는 K아동청소년가족상담센터에서 2012년 8월에 시작한 사례이다. 초기 6개월은 일주일 간격으로 상담이 실시되었고 그 후 10개월간(2013년 말)은 한 달에 한번 정도, 그 후 1년(2014년 초)간은 2달에 한번 정도 상담을 실시하고 있다. 2014년 8월에 내담자의 동의를 얻어 이 사례의 내용을 정리한 것이다.

내담자가 보는 아이의 문제는 모두 아이의 잘못된 행동습관이 꼭 제 아버지를 닮은 탓이라고 여기고 있었으며, 자신과 친정 식구들과의 문제는 자신이 친정집에서 대우받지 못하고 봉사만 하는 희생양이기 때문이라고 여기고 있었다. 거의 1년 가까이에 이르는 상담기간을 통해 내담자에게는 많은 변화들이 일어났는데 이를 가족영성의 관점에서 상담경과에 따라 기술해 보고자 한다.

상담자와 내담자는 궁극적으로 아이의 행동변화를 이끌기 위해 먼저 내담자 개인의 내면에 쌓여있는 오래된 분노와 스트레스를 해소하는 것이 우선적으로 작업해야 할 것임을 동의하였고 그리하여 내담자의 문제를 부부문제, 친정식구들과의 문제, 아이와의 문제로 구분하였다. 이러한 문제 중 내담자를 가장 고통스럽게 하고 우선적으로 풀고 싶은 문제는 남편과의 문제라고 내담자는 호소하였다. 그리고 이러한 남편과의 불화가 직접적으로 아들에게 영향을 미치고 있으므로 아들의 심리적 안정을 위해서는 남편과의 관계 개선이 가장 우선적이라는 데 상담자와 동의하였다. 이에 따라 내담자와의 상담은 부부상담으로 시작하기로 하였다.

3회기에 걸친 부부상담을 통하여 부부는 각자 자신의 관점으로 상대방을 비난하던 것이 가장 큰 문제임을 깨닫고 두 사람 상호작용에 존재하고 있던 투사적 동일시[9]를 멈춤으로써 부부는 자신의 온전한 통합적 인성을 회복해 나가기 시작하였다. 상담을 통해 부부는 자신에게 일어나는 모든 고통의 원인이 남편 혹은 부인 때문에 일어난 것이라는 생각의 관점을 바꾸기 시작했다. 다시 말해 상대방이 자신에게 대하는 부정적인 행동들은 전적으로 상대방만의 책임이 아니라 내가 그렇게 만든 부분이 있다는 사실을 깨닫게 되었다. 이러한 관점의 변화는 거의 1년여에 걸쳐 조금씩 변화되었는데 이는 거의 자신의 인간적인 한계를 뛰어 넘는 자기극복의 과

---

[9] 남편과 아내의 성실함을 상대적으로 비교해 보면, 남편에 비해 부인이 좀 더 부지런하고 일을 처리하는 능력이 빨랐다. 따라서 부인은 남편이 게으르고 불성실하다고 비난함으로써 남편의 불성실함을 더욱 조장하고 있었다. 부인의 투사를 받은 남편은 점점 더 게으르고 무책임한 사람으로 변해가고 있었다.

정에 가까웠다. 왜냐하면 내담자가 이 상담을 받기 시작한 때에는 남편과의 이혼을 생각할 정도로 남편에 대한 믿음을 상실하였었기 때문이다.

그러나 상담을 진행하면서 내담자는 자신의 초기 연애시절을 떠올리며 진정으로 내가 상대방 배우자에게 바라던 것이 무엇이었는지, 그리고 그 바램은 결혼생활을 통해 현실적인 고통 속에 어떻게 변질되고 왜곡되어 갔는지를 깨닫게 되었다. 특히 내담자가 연애시절을 되돌아보며 그가 나에게 해 줄 수 있는 가장 큰 장점은 나를 따뜻하게 감싸주고 위로해 주는 것임을 알게 되었고 오히려 결혼 후 더 많이 변한 사람은 본인이기에 사랑보다는 돈이라는 물질적 잣대로 남편을 평가하며 무시한 부분이 있다는 것을 알게 되었다. 상담 기간 중 부인의 이러한 깨달음이 남편에 대한 태도의 변화를 이끌어 남편 또한 부인의 지지를 받으며 경제적으로 안정되어 갔다. 부부는 자신들의 마음 속 깊이 숨겨둔 고통들에 대해 솔직히 털어놓음으로써 온전한 자신으로 회복되어가는 변화를 경험하게 되었다.

남편과의 관계가 개선되어 가자 한 집에 기거하는 시어머니에 대한 내담자의 관점에도 변화를 보이기 시작하였는데, 시어머니에 대한 불평과 불만이 감사하는 마음으로 변한 것이다. 남편에 대한 미움이 극에 달할 때는 남편을 이렇게 키운 시어머니가 그렇게도 밉게만 보이더니 남편과의 관계가 좋아지자, 시어머니가 며느리인 자신에게 베풀어주셨던 노고가 새삼 감사한 일로 여겨지게 된 것이다. 사실 시어머니는 내담자가 전문적인 자격증을 따기 위해 가장 바빴던 시기에 두 자녀를 키워주고 집안일을 전적으로 맡아주신 큰 역할을 담당하였었는데, 시어머니에 대한 미운 생각이 들자 이러한 시어머니의 노고는 지극히 당연한 일로만 생각되었던 것이다.

부부관계가 안정되어 가자 내담자의 자녀에 대한 시각도 변화되어, 아들이 보이는 부정적인 행동을 조금씩 수용해 갈 수 있는 여유가 생겼고 이에 따라 아들의 문제행동도 사라지게 되었다. 그러나 학교에서 담임선생님으로부터 전화가 걸려오면 덜컥 겁부터 나고 두려움이 몰려오는 긴장감은 여전하였고 길거리에서 다른 학부모를 만날 때면 자신을 비웃는 듯한 느낌으로 해석되는 열등감은 여전히 극복하지 못하였다.

이러한 열등감은 남편의 정서적 지원과 더불어 내담자의 오래된 묵은 감정인 친정식구들에게 가졌던 부정적 감정들을 정리하면서 점차 나아지기 시작하였다. 경제적 자원이 빈약했던 미혼 시절의 가족 상태는 재산탕진으로 식구들을 괴롭혔던 친정아버지, 자녀들에게 의존하기만 하는 친정엄마, 유약한 언니, 자녀들 중 유독 똑똑하고 유능하여 대학시절부터 친정집에 경제적 지원을 해 주었던 나, 나를 시기 질투하던 여동생으로 구성되어 서로 화합하지 못하고 갈등 상황에 놓여 있었다. 그들에 대해 가졌던 연민, 애정과 미움이 뒤범벅되어 친정식구들 만나기가 두려웠던 내담자는 그들을 부정적으로만 보던 시각에서 그들이 내게 해 준 것이 얼마나 많은지 혹은 그들이 내게 해 줄만한 능력이나 자원이 없어 나에게 줄 것이 없는 불쌍한 사람이라는 긍정적 시각으로 변화되었다. 그러한 관계검토를 통하여 자신은 단지 친정식구들의 희생양이 아닌 든든한 후원자라는 자신감도 획득하게 되었다. 이러한 여유는 상담기간 중 친정식구들을 만날 때 내담자가 불안과 짜증으로 반응하지 않고 사랑으로 식구들을 대함으로써 관계의 변화를 이끌기 시작하였다. 상담 6개월 후에는 친정엄마로부터 자녀양육에 대한 도움을 받아내어 자신의 생활을 훨씬 수월하게 운영하는 혜택을 누리게 되었다. 이는 내담자가 자신의 장점과 자원을 발견하면서 부모세대와의 연결성을 회복하였고 이러한 연결성의 회복은 자신과 자녀에게 든든한 버팀목으로 자리잡을 수 있게 되었다.

이러한 변화를 이끌어내는 원동력으로는 단지 상담을 통한 통찰뿐 아니라 문제아였던 아들이 교회에 나가기 시작하면서 학교에서는 보이지 못했던 지지와 칭찬을 교회 주일학교 선생님을 통하여 얻게 된 것이 큰 도움이 되었다. 이 주일학교 선생님은 또한 내담자에게도 큰 긍정적 자원이 되었는데, 아이를 잘 키우기 위한 팁을 내담자에게 적절히 제공하였다. 남편 또한 교회의 아버지 학교에 등록하여 자녀교육에 대한 관심을 기울이며 자녀와의 긍정적 유대를 형성하게 되었다. 이와 같이 이 가족의 가족영성이 회복되자 가족을 둘러싼 공동체와의 연결성도 회복되어 함께 살아가는 기쁨을 누릴 수 있게 되었다. 내담자는 교회 주일학교 선생님에게 받은 지원에 감사하는 마음으로 자신이 타인에게 베풀 수 있는 것이 무엇인지 탐색하고 이를 나누는 일을 시작하게 되었다.

또한 내담자는 자신의 삶에서 가장 중요한 것이 무엇인지 자기 자신에게 계속 되묻는 과정을 통해, 자신이 가정의 화목함을 자신의 직업적 성공 못지않게 중요하게 생각한다는 점을 깨닫게 되었다. 아마도 아들의 문제 행동이 없었다면 오로지 직업적 성공만을 바라보다가 가족들과 화해하고 사랑하는 기회를 놓쳐 버렸을 수도 있다는 뒤늦은 통찰을 얻게 되었던 것이다. 결국 아이의 문제와 부부의 문제, 그리고 가족의 문제가 얽혀 있었던 상태에서 무엇이 문제이고 무엇이 변화되어야 할 것인가에 대한 계기를 마련해 준 것이 아들의 문제 행동이었다는 것을 깨닫게 된 지금에 와서는 오히려 아들의 문제행동에 고마운 감정마저 생기게 되었다.

또한 이를 계기로 주변 사람들과의 관계 개선은 내담자에게 자신감을 갖게 하여 직장 내 인간관계에서의 변화까지 불러일으키게 되었다. 이는 초기 상담계획에서 상담목표로 설정되지 않은 것이었는데, 상담진행과 더불어 부수적으로 얻게 된 보너스가 된 것이다. 상담 전 직장 내에서 업무 평가를 받으면 내담자의 조절되지 않은 분노 표현이 타인들을 힘들게 할 뿐 아니라 자신의 업무에서도 기쁨보다는 스트레스를 더 유발하였는데, 이제는 자신의 업무가 자신의 천직이라는 자부심도 갖게 되었다. 이전의 자신은 유능한 전문인이기는 하였으나 따뜻하고 여유로운 전문인은 아니었으며 자신의 일도 거의 기계적으로 수행한 전문인이었다면 이제는 자신이 만나는 사람과 일 모두를 사랑하게 된 즐겁고 행복한 전문인이 된 것이다. 이는 가족영성이 내담자로 하여금 삶의 생생한 에너지를 제공한 덕분인 것이다.

내담자는 이제 어떤 불안이나 스트레스 상황에서도 이러한 긴장에 휩쓸리기 보다는 자신의 내적 힘을 찾아내고 자신의 감정을 추슬러 자신의 관점 뿐 아니라 타인의 관점도 헤아릴 수 있을 정도의 깊이와 넓이를 가지게 되었다. 그러나 이는 아직 견고하게 자리잡은 것이 아니고 언제나 또 새로운 도전이 올 것이라는 것도 알고 있다. 따라서 자신의 미래가 보다 더 행복해지기 위해서는 끊임없이 자신을 되돌아보고 자신감을 잃지 않으려는 노력을 계속해 가야한다는 것도 알고 있다. 즉 자신이 얼마나 흔들리기 쉬운 존재인지, 삶이라는 커다란 과제 앞에서 얼마나 작은 존재인지를 깨달았기에 끊임없이 자신의 한계를 극복하고 신장시켜 가기 위해 오늘 하루도 자신을 사랑하는 일부터 시작하자고 다짐하는 영성인이 되었다.

Ⅲ. 마무리하기

고난과 역경을 이겨 온 한국인의 강인한 영성은 수 천 년 동안 우리 국민들의 무의식에 자리를 잡으며 위기를 기회로 삼는 원동력이 되었다고 볼 수 있다. 그러나 이러한 영성은 우리의 의식 아래 잠재되어 있는 것으로 이를 발아시키고 성장시키기 위해서는 여러 가지 실천적인 노력이 필요할 것으로 보인다.

가족영성은 평온한 시기보다는 가족의 위기와 고난의 시기에 발아되기 쉽다. 따라서 가족영성은 가족이 위기를 맞이할 때 그 기능이 겉으로 드러나게 된다. 위기는 가족에게 고통을 안겨주는 역기능을 낳는다. 그러나 이 시기에 가족 모두가 종적 및 횡적 관계성을 회복하여 다시 삶의 방향을 재정비하게 하는 실천적 가치를 지닌 것 또한 가족영성의 순기능이다. 가족영성이 가족의 위기에 발현되기 쉬운 것은, 영적 믿음이 만일 그것이 없었다면 불가해한 것이었을 세계를 이해할 수 있도록 개념적 도구를 제공함으로써 우리에게 마음의 평화를 제공하기 때문이다. 또한 그러한 가르침은 우리가 특정한 기술을 발휘하여 우리에게 일어나는 일들에 영향을 미칠 수 있다는 희망을 주며, 스스로의 삶을 제어하는 수단을 훈련하게 해 준다. 그러한 희망조차 없다면 많은 사람들은 앞으로 어떠한 일이 일어나게 될지 알지 못한 채 그들의 운명을 좌우하는 카드를 만날 때마다 무력감을 느끼면서 절망적인 공포 속에서 살아가게 될 것이기 때문이다(박소정 역, 2008).

이와 같이 영성 혹은 가족영성은 고난과 위기의 상황에서 그 잠재성이 발현된다는 특징을 지녔기에 본 연구자는 위기로 인하여 상담을 받고 있는 가족들을 대상으로 하는 현장에서 가족영성의 실체를 더 실감하게 되었다. 결국 가족영성을 활성화시키는 것이 가족의 인적 자원을 신장시킨다는 사실을 목격한 것이다. 가족 내에 존재하는 여러 문제들과 해법이 모두 영성적 특징 혹은 기능과 연관되어 있다는 전제하에 본 연구를 전개시킨 결과, 다음과 같은 가족문제들과 이를 극복하기 위한 실천적 지침 모두 가족영성의 개념적 특징을 바탕으로 결론짓게 되었다.

최근 한국사회에서 나타나고 있는 여러 문제들은 한 개인이 관계를 이루고 있는 종적 및 횡적 관계들과의 단절 나아가 신 또는 우주와의 관계와의 단절로 해석할 수 있다. 이러한 단절은 개인들로 하여금 타자에 대한 배려나 인간존재의 초월을 향한 행동화의 부재로 나타난다. 이에 본 연구자는 영성의 특징 및 기능과 관련하여 가족 영성의 부재로 나타날 수 있는 제 현상들을 다음과 같이 개념화하였다.

첫째, 현 한국사회에 나타나는 각종 정신질환, 신경증 발생 현상들은 각 개인의 통합된 정체성을 획득해야 하는 개인의 영성이 발아되고 성장해야 할 가족공간에서 가족영성이 존재하지 않기 때문에 발생한 것이다.

둘째, 각종 가족 갈등 및 이혼의 증가는 즉각적인 보상만을 추구하며 자기극복에 대한 노력을 하지 않는 개인들의 행동으로부터 연유된 것으로 보인다.

셋째, 가족폭력, 정서적 단절, 님비현상 등은 가족 혹은 사회구성원들이 서로에 대한 연결성을 상실했기 때문에 발생한 현상들로 가족영성을 회복함으로써 어느 정도 문제해결에 도움이 될 것이다.

넷째, 삶의 의미를 상실하고 공허감에 빠져 각종 중독(일, 게임, 쇼핑, 성)으로 하루하루를 영위하는 것은 새로운 삶의 의미를 제공하는 개인영성을 상실했기 때문에 발생하는 현상들이다. 이러한 현상 역시 결국 삶의 의미부여를 제공하는 가족 내 가족영성이 존재하지 않기 때문에 발생한 것이다.

다섯째, 영성의 특징인 생명력이 살아 있지 않고 이 생명력을 상실할 경우 각종 신체적 질환 및 심리적 질환에 시달리게 된다. 이 생명력을 계속 유지시킬 수 있는 개인 영성의 힘은 가족영성으로부터 공급받을 수 있을 것이다.

위에 언급된 가족영성의 부재로 나타나는 문제점들은 결국 가족영성을 활성화시키는 방안을 구체적으로 살펴봄으로써 그 해법을 찾을 수 있을 것이라는 가정 하에 다음에서는 가족영성의 활성화를 위한 실천적 지침을 찾고자 하였다. 결론적으로 가족영성 개발을 위한 개입방법을 모색하고자 하는 본 연구에서는 다음과 같은 실천적 방향성을 제시해 보고자 한다.

첫째, 영성의 특성상 영성은 위기상황이나 고통의 시기에 발아되기 쉬운 특성을 지니고 있으므로, 가족들은 가족문제에 직면했을 때 이를 숨기거나 회피하지 않으며 이를 가족영성의 성장을 위한 기회로 적극 수용할 필요가 있다. 이를 위해 가족 스스로가 문제해결의 새로운 접근을 시도해 보거나 제 삼자의 도움을 얻어 가족문제로 인한 고통에 대한 새로운 조망 능력을 개발해야 할 것이다.

둘째, 존재성 회복을 위해 가족들은 각자 자신의 생각과 입장만 옳다고 주장하기보다 타 가족원을 있는 그대로 수용하여 그의 존재감을 충만하도록 해 준다. 또한 상호간의 수용 및 지지의 표시로 상대방이 나와 다른 의견을 제시할 때 상대방의 의견에 반대하는 의사를 표시하기 전에 내가 먼저 상대방의 의견에 동의하는 자세를 지닌다. 이는 가족 구성원 모두 성별, 세대별, 성향별 차이를 상대방에게 투사하지 않고 자신의 온전성을 회복하는 전인적 성장을 위해 노력할 때 가능한 일이다.

셋째, 가족 내에서 연결성 회복을 위한 가족의 노력은 타인조망 능력을 향상시키는 훈련이 필요하다. 타인조망 능력은 다시 말해 공감이라고 할 수 있는데 이는 타인의 생각뿐 아니라 감정까지도 알아챌 수 있으며 더 나아가 상대방의 욕구도 인정하는 태도이다. 이를 위해서 부모는 자녀에게 부부의 서로 다른 욕구가 어떻게 협상이 되고 타협될 수 있는지 몸소 실천하는 모습을 보여줌으로써 '나'를 위한 삶 보다는 '우리'를 위한 삶을 생활화할 수 있도록 이끈다. 또한 조상들에 대한 이야기를 함께 나누며 그들이 우리에게 물려준 여러 가지 긍정적 및 부정적 유산들에 관하여 회고함으로써 우리의 삶을 긍정적으로 건설해 갈 수 있도록 한다. 또한 우리가족의 삶이 어떻게 주위의 도움을 받으며 이루어지고 있는지를 발견해 냄으로써 우리 가족이 주변의 사람들에게 어떤 도움을 줄 수 있는지도 발견해 낼 수 있을 것이다.

이러한 연결성 회복을 위한 구체적인 실천방안으로는 가족이 함께 할 수 있는 시간을 늘리는 일이다. 과거에는 의례적인 생활사건으로 제사나 명절 등이 있었으나 이러한 생활사건들은 바쁜 현대인에게 번거로운 일들로 여겨지는 경향이 있다. 따라서 이에 대한 대안으로 식사시간 함께 하기, 다과와 같은 형태로 바꾼 제사의 간소화, 정기적 가족회의, 가족이 함께 할 수 있는 카톡방에서의 메시지로 대화나누기, 가족재능을 함께 개발하여 가족봉사활동하기 등을 활용할 수 있을 것이다.

넷째, 초월성 회복을 위해 가족원들은 각자 혹은 더불어 자기극복의 노력이 필요하다. 이를 위해 가족 공동체는 각자 자신의 생활을 반성할 수 있는 기회들을 마련하여 자신의 성찰하려는 노력을 기울여야 한다. 예를 들어 정기적으로 가족회의를 한다든지, 하루를 마감하는 시간에 일기를 쓴다든지, 조용하고 한가한 시간을 마련하여 자신을 되돌아본다든지 하는 활동을 통해 자신의 문제점을 인식하고 개선하려는 노력이 필요하다. 교육학 분야에서 자기극복을 위한 교육적 방법으로 모색되고 있는 것들은 설화, 우주 이야기, 일기쓰기, 영화, 자서전 쓰기 등이 있다. 이러한 방법들을 통해 학생들은 배려, 공감, 자비심 등을 더불어 기를 수 있다(김복영, 2011)는 것이다.

다섯째, 삶의 의미 회복을 위한 지속적인 노력이 필요한데 가족들은 각자의 꿈을 가지고 이를 나누며 이를 성취할 수 있도록 서로 격려해야 한다. 부부의 삶의 의미는 부부가 각자의 꿈을 나누고 제 3의 의미를 창조하며 자신의 꿈이 결혼 안에서 이루어질 수 있을 것이라는 믿음이 생길 때 증가한다(백정미, 2011). 이를 가족에 확대하여 적용해 본다면 부부뿐 아니라 가족 모두가 자신의 꿈을 지니며 자신의 꿈을 성취할 수 있도록 가족 모두가 조력할 때 가능한 것이다. 이를 구현하기 위해서는 부부가 서로에게, 부모는 자녀에게 자신의 '자기다움'을 발견하도록 조력해야 할 것이다. 사람들은 자신이 있어야 할 곳에 있을 때 가장 아름다운 자기를 실현하게 된다. 한 개인이 성장하여 사회에서 각자 자신의 위치를 찾아가는 인생 여정에서 부모는 자녀가 사회에서 자신의 역할과 위치를 찾아갈 수 있도록 격려하며 힘을 불어넣어주는 사람이 될 필요가 있다. 이를 위해 자녀의 재능과 장점을 찾아내주고 이를 격려하고 칭찬해 줄 때 자녀가 현실의 어려움을 이겨낼 수 있는 힘을 갖게 되는 것이다.

제 IV 부
세대: 관계의 양면성

송명숙

건전한 부모자녀 관계 수립에 관심을 가지고 있으며, 부모의 자녀교육에의 참여, 아동상담과 지도, 부모교육 등을 연구하고 있다. 이 글은 아동과 청소년기 자녀를 둔 한국가족의 핵심적 부모 역할 중 하나인 자녀교육에 초점을 두고 한국 부모의 교육열이 어떻게 긍정적, 부정적으로 작용하고 있는지 탐색하기 위해 작성되었다. 이 글을 통해 교육열을 매개로 한 한국 부모자녀관계 특성을 이해하고, 부모의 자녀교육열이 긍정적인 에너지로 활용될 수 있는 다양한 방안을 함께 고민할 수 있는 계기가 되길 바란다.

13장.

자녀교육을 위한 한국 부모의 헌신은 양날의 칼인가?[1]

1. 들어가는 말

한국 사회 내부에는 인도의 카스트 제도처럼 여성들 간에 계급이 있다는 우스갯소리가 있다. 가장 아래 계급이 '공부 잘하는 여성'으로, 학교 성적이 좋아 사회에 진출해 성공하더라도 충분히 인정받지 못하는 현실을 냉소적으로 비꼰 표현이다. 바로 위 계급에 '얼굴 예쁜 여성'이 포함되고, 다시 그 위 계급에는 '시집 잘 간 여성'이 자리를 차지하고 있다. 흥미 있는 건 가장 꼭대기 계급에 '공부 잘 하는 자녀를 둔 여성'이 자리를 잡고 있는 것이다(동아일보, 2013.8.5.). 자녀의 입시 결과에 따라 엄마의 '계급'이 결

[1] 이 글은 송원대학교 논문집 39권 1호(2013)에 게재된 "한국부모의 교육열과 부모-자녀 관계" 내용을 일부 포함하고 있습니다.

정된다는 논리는 공부 잘하는 딸이 명문대에 들어가서 가장 하위 계급에 속하고, 이 딸이 최상위 계급에 올라가기 위해서는 다시 자신의 자녀교육에 목을 매야 하는 아이러니한 상황을 연출하고 있다.

한국 사회에서 자녀를 둔 부모의 책임 중 가장 중요한 것이 '자녀를 잘 키우는 일'이며, 입시위주의 자녀교육이 부모, 특히 어머니의 가장 막중한 과업이 되고 있는 현실에서 자식을 잘 키우는 일의 최대 목표는 '공부를 잘 시키는 일'로 규정되고 있다(김희복, 1992). 부모의 역할 중에 가장 중요한 것이 자녀교육이며, 특히 자녀의 성적이 자녀 뿐 아니라 부모의 능력으로도 평가되는 이러한 사회적 분위기는 많은 부모들이 자녀교육을 위해 맹목적으로 헌신하게 압력을 가하고 있다.

미국과 한국 학생들을 대상으로 문화권에 따른 귀인양식의 차이를 살펴본 연구(Armbrister, McCallum, & Lee, 2002)에 따르면, 한국학생들은 자신의 실패(성적, 낮은 사회적 지위)를 노력에 귀인하는 반면, 미국의 학생들은 성공이나 실패를 능력에 귀인하는 경향이 나타난다. 교육 영역에서 '노력하면 성공한다'는 믿음은 한국과 같은 집합주의 문화권에서 주로 나타나며, 개인주의 성향이 강한 서구사회에서는 개인의 지속적이고 안정적인 성향이 사회행위의 원동력이 된다고 간주하므로 교육에서도 개인의 능력을 보다 중시한다. 이처럼 개인의 노력을 중시하는 한국에서는 부모들이 자녀에게 가능한 높은 수준의 교육을 받도록 끊임없이 지원하고 압력을 가하는 결과를 낳는다.

교육열은 한국사회에만 나타나는 고유한 문화현상은 아니다. 아시아에서는 중국, 일본, 싱가포르, 베트남, 태국 등에서 교육열 현상이 강하게 나타나며 사회주의 국가인 북한에서도 교육열 현상이 나타난다. 서양 사회에서도 대학 입시 경쟁이 치열하여 과외나 학원, 재수문화가 있는 그리스, 명문 공립학교에 자녀를 입학시키기 위해 이사까지 불사하는 영국, 일부 부유층의 자녀교육 투자 열기가 강남지역을 압도하는 미국 등 여러 국가에서 교육열 현상이 나타나고 있다(이종각, 2003). 이처럼 교육열 현상은 세계 어디에서나 나타나는 보편적인 문화이지만 그것의 강도와 표출되는 모습은 생태환경에 따라 다르게 나타난다.

즉 교육열의 근원인 자녀성취욕구는 인간이 지닌 보편적 욕구이지만, 그것이 사회문화적 환경과 상호작용하는 과정에서 각 사회마다 다른 환경에서 역사적으로 분화되어 왔다. 따라서 한국인의 교육열을 특별하게 만든 것은 '교육열의 문화생태환경'이라고 볼 수 있겠다. 한국인의 교육열을 독특하게 만든 주요 문화생태적 요인으로는 한국인의 가족의식, 부모자녀관계, 출세의식과 방법, 학교교육이 갖는 상대적 중요성의 크기 등을 꼽을 수 있다(이종각, 2005: 271).

한국의 부모들이 자녀 교육에 매진하고, 한국의 자녀들이 학업성취를 위해 전력을 다하는 그 심리적 과정과 행동적 결과들은 서양의 이론적 틀로는 잘 설명되지 않는 부분이 있다. 이는 한국 청소년들의 높은 학업성취를 뒷받침하는 저변에 서구사회와는 다른 독특한 부모자녀관계 등의 문화적 측면이 함축되어 있기 때문이다(김의철, 박영신, 2008a). 따라서 본 고에서는 한국문화의 맥락 속에서 나타나는 독특한 부모자녀관계와 교육열의 특성을 역사적 관점과 문화심리적 관점을 적용하여 살펴보고자 한다. 또한 자녀교육을 위한 부모의 헌신이 때로는 자녀의 잠재력을 최대한 발현시키고 성취를 지원하는 기제로, 또 다른 측면에서는 자녀에게 부담과 스트레스를 유발하는 기제로 드러나기도 한다는 인식하에 부모의 교육열이 어떻게 양극의 방향으로 드러나고 있는지 구체적으로 살펴보고자 한다.

2. 한국 부모자녀관계의 문화적 특성

한국의 문화는 사회구조적인 측면에서는 집단주의 문화, 심리적인 면에서는 관계주의 문화로 볼 수 있으며 이러한 문화적 특성이 한국의 부모자녀관계를 다음과 같이 특징짓고 있다.

1) 수직적인 부모자녀 관계

개인주의 영향을 받은 서구의 가정은 두 성인 남녀의 수평적인 관계에 초점을 둔 부부가족으로 그 관계에서 탄생한 자녀를 독립적인 인격체로 인식하는 경향이 있다. 부부간의 평등한 관계와 자녀를 독립적 인격체로 인정하는 성향으로 인하여 부모자녀 관계는 수평적이고 자녀의 독립성을 강화하는 특성을 보인다(이선혜, 1998). 반면에 관계주의 문화이며 효 사상의 영향을 받은 한국의 가정은 부모-자녀 중심의 수직적인 관계에 초점을 두며 자녀의 미래가 부모 삶의 중심이 된다. 아버지는 자녀와 평등한 관계가 아닌 수직적인 상하관계에 있어 엄하고 강한 아버지로서 집안의 기둥 역할을 하며, 자녀는 부모에게 순종하는 것이 미덕이다. 또한 한국의 부모자녀 관계는 유교의 효사상의 영향으로 가계를 잇는다는 가족의 영속됨을 매우 중요하게 생각한다. 따라서 한국의 부모-자녀 관계는 서양의 부모-자녀 관계처럼 단절적인 특징을 보이지 않고 혈연을 중심으로 한 영속적인 관계적 특징을 띤다고 볼 수 있다.

1920년대부터 1990년대에 주요 일간지에 게재된 자녀교육 관련 기사를 분석한 연구(한용진, 최정희, 2011)에 의하면, 우리 사회는 근대화과정을 거치며 부모라는 지위에 부여되었던 '지위적 권위'는 약화되고 부모의 개인적 능력이나 역량에 따른 '개인적 권위'가 중시되는 과정에서 한국가족의 자녀중심주의와 입시위주의 교육제도가 맞물려 부모-자녀 간에 역수직 관계가 형성되었다. 즉 입시위주의 성취문화가 자녀교육에서 부모의 역할을 더욱 강조하면서 전통사회에서는 '부모를 위한 자녀'로서 효가 강조되었지만, 이제는 '자녀를 위한 부모'의 헌신이 당연시 되는 부모자녀 관계가 형성되고 있다. 세간에 회자되는 "엄마의 정보력과 아빠의 무관심, 할아버지의 경제력이 자녀의 학업성취를 보장한다"는 언설 속에는 자녀의 교육적 성취가 부모세대 뿐 아니라 조부모세대의 관심과 지원까지도 필요로 함을 함축적으로 보여주고 있다.

2) 마음으로 통하는 관계

한국인들은 관계를 중시하며 '우리'라는 단어를 많이 사용한다. 이러한 인간관계는 감정의 논리, 사적인 정과 의리 논리, 이해관계를 계산하지 않는 논리가 통용되는 관계이다. 이에 반해 개인주의 문화의 인간관계는 합리성과 이성의 논리, 이해타산의 논리, 사회정의 및 형평의 논리가 영향력을 미치는 인간관계이다. 그러므로 한국인은 이성보다는 감정과 마음이 대인관계에서 더 강조된다고 볼 수 있다.

이런 성향은 부모-자녀 관계에서도 적용되어 한국 부모-자녀의 의사소통방식은 언어적 표현보다는 마음으로 전달되는 이심전심(以心傳心)의 교류방식을 사용한다. 이러한 특징 때문에 한국 부모가 자녀에게 영향력을 행사하는 방법은 힘을 행사하여 자녀를 통제하는 서양 부모와는 확연한 차이가 있다. 즉 한국 부모는 자녀를 자신의 분신으로 여겨 헌신을 하고, 자녀들은 이러한 부모의 희생에 측은함과 미안함, 고마움과 같은 감정을 지니게 되어 부모에게 순종하게 된다(최상진, 2000).

이처럼 개인의 독립성이 강조되는 문화에서는 부모라도 자신을 간섭하고 통제하는 것이 긍정적으로 수용되기 어렵지만, 조화로운 관계가 강조되는 관계주의 문화에서는 부모가 통제하는 것이 자녀를 무시하기 보다는 깊은 관심과 애정을 가지고 있다는 하나의 표현으로 이해될 수도 있다. 따라서 한국의 부모자녀 관계는 서구의 독립적 관계와는 달리 부모의 자식에 대한 영향력이 크고 더욱 친밀하고 결속력이 강하다고 볼 수 있다.

3) 인고(忍苦)심리의 관계

지성이면 감천, 고진감래와 같이 한국인들이 자주 사용하는 단어에는 힘들고 어려운 시간이 지나면 긍정적인 결과가 나타날 것이라는 기대심리가 드러난다. 이러한 삶의 태도를 인고(忍苦)심리로 칭할 수 있으며(최상진, 정태연, 2001), 이런 심리는 한국인의 부모자녀 관계에서도 나타난다. 서양의 부모는 자녀교육의 핵심을 자녀를 독립시키는 것에 초점을 두어 자녀가 대학에 진학하거나 취업할 때까지 자율성을 획득하여 부모에게서 독립하는 것을 기대한다. 그러나 한국의 부모는 자녀를 위해 헌신하고 지원하는 인고의 세월을 자녀가 성인이 된 뒤에도 당연한 것으로 여기며 다른 나라의 부모들보다 더 많이 헌신하는 경향이 있다.

한국사회에서는 자녀의 교육비용에 대한 부모의 무한 책임이 통념으로 자리 잡고 있어, 자녀들이 부모로부터 최대한의 지원을 받고 대학에 진학하거나 좋은 대학과 좋은 직장을 얻기 위해 재수, 해외연수, 취업을 미루고 고시에 매달리고 있는 현상이 자연스럽게 나타나고 있다. 자녀의 성취를 위한 부모의 끝없는 헌신이 자녀가 성인이 된 이후에도 이어져 캥거루족 양산이나 노부모의 손자녀 양육 보조하기 등으로 계속해서 나타나고 있는 것이 한국가족의 현실이다.

4) 동일체 관계

한국가족주의의 근간이 되는 유교사회에서는 가족을 사회의 기초 단위로 인식하여 개인을 사회구성의 기초단위로 인식하는 서양사회와는 차이를 보이고 있다. 유교사회에서는 개인의 존재가 한 집안의 구성원으로만 그 가치가 인정되었고, 성공이나 성취도 개인보다는 가문의 영광으로 여겨졌다. 따라서 유교의 가족주의사상은 자녀가 부모의 분신이라는 생각을 갖게 한다.

이러한 유교의 영향을 받은 한국의 부모자녀관계는 서로 갈라질 수 없다는 운명적인 혈연지정과 더불어 동일체 의식이 존재한다고 볼 수 있다. 실제 연구(김의철, 박영신, 2008b)에서도 한국 성인들은 자기 개인의 성공보다는 자녀의 성공이 바로 자기가 가장 희망하는 성공으로 나타났다. 즉 자녀는 확대된 자기이며, 자신의 미래로 받아들여지고 있는 것이 한국가족의 현실이다. 따라서 자녀의 성취를 자신의 성취로 받아들이는 한국의 부모들은 자녀의 미래와 성공에 큰 기대와 관심을 기울인다. 한국 부모들이 자녀를 위해 헌신, 희생하고 동시에 자녀들에게 부모의 일방적인 결정을 강요할 수 있는 이유도 이러한 동일체감 특성에서 찾을 수 있다. 이러한 특성은 현대 한국가족에서도 지속되고 있어, 부모가 자녀의 교육, 진로결정, 결혼까지 지나치게 개입하고 자녀가 성인이 되어서도 부모에게 도움을 요청하고 있다.

3. 한국 부모의 자녀교육열 특성

교육열은 교육적 실천행위를 가능하게 하는 교육적 집착 정도를 의미한다. 이러한 교육에 대한 집착은 욕망에 의해 비롯되며 교육적 욕망인 교육열은 역사적 맥락과 밀접한 관계를 가지고 전개된다. 역사란 사람들이 살아 숨쉬어온 시간과 공간을 의미하므로 사회적으로 형성된 교육적 욕망이 역사적 배경에 따라 어떤 형태로 나타나 왔는지를 이해하면 현재 한국 부모들이 보여주는 교육열의 근원을 보다 잘 이해할 수 있다(강창동, 2008). 따라서 본고에서는 우리의 역사에서 드러나는 전통적 교육열과 현재 한국 부모의 교육열 특성을 파악해보고자 한다.

1) 지위지향적 교육열

전통사회에서 과거제는 교육을 통해 신분과 출세를 보장하는 거의 유일한 제도적 장치로 적어도 외형상 신분과 빈부의 차이 없이 공정한 기회를 제공하는 객관적 장치였다. 전통 사회에서 신분 욕망을 성취할 수 있는 유일한 제도였던 과거제는 개인의 객관적 능력을 사회적으로 인정받는다는 인식으로 인해 모든 사람들의 선망 대상이 되었다. 현대 사회에서도 사람들이 경제적으로 부유한 사람들에 대해서는 부러운 마음과 동시에 부의 원천에 대해 부정적 견해를 가질 수 있지만, 학벌 좋은 사람들에 대해

서는 우호적 태도를 취함으로써 학벌과 같은 문화자본에 대해 사회적 정
당성을 부여하고 있다(김현주, 2013).

이러한 과거제는 교육을 기반으로 유지되므로 교육적 욕망이 사회적
으로 발현되는 표면적인 공간이 되었다. 과거제의 선발내용은 유교에 관
한 것으로, 유교는 인격도야와 밀접한 관련이 있다. 그러나 유교의 사상적
의미와 관계없이 유교와 과거제가 연계되면서, 유교 교육은 시험을 위한
도구로 변질되었다.

조선시대 문치주의 사회에서 관료로 출세하는 것은 학문의 길 밖에 없
었기 때문에 교육열은 높을 수밖에 없었다. 유교에서 말하는 입신양명(立
身揚名)은 자기 자신이 수신(修身)을 통해 인의 도를 깨닫고 자애로운 사
랑을 베풀어, 자연스럽게 널리 사회에 이름이 알려지는 것이다. 그러나 이
러한 입신양명이 과거제와 결부되면서 과거제를 통한 신분출세주의를 상
징하는 말이 되었다.

교육을 통한 신분 욕망을 실현하기 위한 교육열은 통일신라시대에도
나타난다. 삼국사기에 의하면 육두품인 최치원은 골품제의 신분벽을 넘기
위해 어린 나이에 당나라로 조기 유학을 가게 되며, 이때 최치원의 아버지
가 과거 급제에 힘쓰라고 당부하는 말이 있다. 과거제가 발달하면서 교육
적 신분주의는 더욱 자극되는데 이는 과거제가 지위, 권력, 부를 일시에
얻을 수 있는 관료 신분이 되는 합법적 장치이기 때문이다. 고려시대에도
교육은 과거제를 통해 신분 지위를 성취하기 위한 수단으로 여겨졌으며,
학교교육(국학)이 과거 합격에 도움이 되지 않으면 학교교육을 소홀히 하
는 경향이 나타났다.

조선시대에도 과거제에 의한 교육적 신분주의 현상이 나타난다. 당시
에 과거제를 통해 관료가 되는 것이 모든 문제를 해결해주는 사회적 만능
장치였으므로, 미래의 입신양명을 성취하기 위해 자녀가 어릴 때부터 힘
겨운 조기교육을 강조하고 있었다. 이렇게 역사적으로 교육은 신분출세를
위한 도구적 역할을 하고 있으며, 교육적 욕망은 과거제라는 제도적 장치
를 통해 신분 욕망을 실현시키기 위한 도구적 욕망에 지나지 않고 있다(강

창동, 2008).

이러한 역사적 접근 뿐 아니라 비교문화적 접근에서도 한국 사회의 교육열은 지위상승의 욕구에 토대하고 있음이 드러난다. 미국이나 일본의 교육열 현상은 기득권층이 자신들의 지위를 유지하기 위해서 주로 나타난다(이종각, 2003). 그러나 이에 비해 한국인들의 높은 교육성취욕과 그에 따른 교육행동양상은 특정 지역이나 특정 계층에 한정된 것이 아닌 사회전반에 걸쳐 공유되고 있는 보편적인 현상이다. 이는 한국인들이 교육을 더 나은 지위를 획득하기 위한 도구로 생각하는 경향이 있음을 나타낸다.

구체적으로 일본과의 비교를 통해 한국의 교육열을 탐색한 연구(가와이 노리코, 2011)에 의하면, 대졸자의 실업문제가 심각하고 대학등록금이 큰 폭으로 상승하여 대졸자가 졸업 이후 얻게 되는 수익률이 내려갔음에도 불구하고 한국 부모들은 자녀를 대학에 대부분 진학시키고 있다. 이처럼 수익률이론이나 진학동기이론으로는 설명되지 않는 한국인들의 교육열은 한국이 근대의 급격한 산업화 과정을 거치면서 자본주의 경제 사회로 이행하는 과정에서 나타났다고 가와이(2011)는 보고 있다. 즉 자본주의 경제 사회로 급격하게 이행하는 과정에서 한국 사회에 사회경제적 격차가 크게 발생하였으며, 이러한 격차는 개인의 교육적 성취에 의해 좌우된다는 인식이 생겨났다. 고등교육을 받은 사람일수록 높은 소득과 지위를 획득할 수 있다는 인식이 생기면서 대부분의 한국인들이 자녀교육에 힘쓰게 되었다는 것이다.

이러한 역사적 접근과 문화심리적 접근을 포괄해서 검토해보면, 한국 부모들은 과거부터 자녀가 교육을 통해 좋은 학벌을 얻어 보다 높은 수준의 사회경제적 지위를 획득할 수 있도록 열의를 보여 왔음을 알 수 있다.

2) 가족주의적 교육열

가족주의적 교육열은 교육의 사회적 보상 효과를 가족 집단적으로 공유하게 한다. 교육을 통한 개인의 사회적 지위를 가족의 사회계급적 상징물로 인식한다는 것이다. 역사적으로 가족주의적 경향은 조선 중기부터 시작되었다. 적장자 중심의 종법제적 가족주의는 문중과 가문이라는 집단적 사고의식을 강화시켰으며, 개인은 문중의 사회적 부속물이며 문중의 지위가 곧 개인의 지위가 되었다. 당시 과거 합격증이 가문과 문중의 사회적 지위를 나타내는 공인서였기 때문에 가문과 문중은 과거에 의한 관료 신분을 획득하기 위한 치열한 가족주의적 교육열을 감수해야 했다. 가족주의적 교육열은 교육의 궁극적 가치보다는 가문과 문중의 신분지위를 높이기 위한 도구적 성격을 지니고 있었다. 가문의 사회적 지위가 과거에 의한 관료배출에 의해 좌우되는 시대에 교육은 가문의 존속과 발전을 위한 가장 효과적인 수단이므로, 가문과 가족 전체가 교육에 집착하는 결과를 가져왔다(강창동, 2008).

한국은 아시아 국가들 가운데서도 유교적 전통이 강하게 남아 있으며 특히 부자중심축의 문화를 형성하고 있다. 이러한 부자중심축의 문화는 조상-부모-자녀로 이어지는 영속적인 관계로 이어져, 교육의 문제가 선대에서 후대로 이어지는 목표가 될 수 있음을 의미한다. 즉 자녀를 훌륭하게 키워서 입신양명케 하는 것은 조상에 대한 부모의 의무가 되며 과거의 가족적 전통이 많이 해체된 지금도 이러한 의식을 가진 가정이 있으며, 적어도 가족의 가치관이 자녀교육에 상당한 영향을 미치고 있다(한성열, 2008).

한국사회에서 교육에 관한 의사결정은 자녀 보다는 부모를 중심으로 이루어지며 이는 교육열 발산의 주체가 자녀가 아닌 부모임을 의미한다. 이처럼 교육에 관한 의사결정을 부모가 좌우하는 것은 가족공동운명체적 의식구조의 산물이라고 볼 수 있다. 이런 의식구조가 지배하는 한국 사회에서는 어떤 한 가족구성원의 출세가 다른 구성원 모두의 지위에도 상당한 영향을 미치기 때문에, 자녀와 관련된 중요한 교육적 의사결정 과정에 부모의 요구와 희망이 지대한 영향력을 발휘한다. 따라서 학업이 힘들어도 자녀 입장에서 마음대로 중도에 포기하기가 어렵고, 부모로서도 자녀의 교육을 위해서라면 어떤 개인적 희생을 감수하더라도 모든 지원을 아끼지 않아야 하는 분위기이다(김경근, 2005).

3) 결과주의적 교육열

과거제는 객관성과 공정성을 지니고 개인의 능력을 검증한다는 사회적 공감대가 형성되어 있어, 과거합격을 통해 관료 신분을 획득하는 것이 개인과 가문의 생존권적 지위를 보존하는 강력한 사회적 기제였다. 과거 합격은 이처럼 개인과 가문의 생존권 차원의 문제였으므로 이때 중요한 것은 과정이 아니라 과거합격 그 자체였다. 과거에 합격하면 모든 것이 정당화될 수 있었다. 유생이 애를 써서 학문에 임하였어도 혹시 과거에 합격하지 못하면 시골에 폐기되어 세상에 쓰이지 못하고 한평생을 마치게 된다는 성종실록의 기록은 당시 상황을 잘 보여주고 있다. 과거제에서 유교 사상은 수신의 도가 중요한 것이 아니라 관료가 되는 것이 목적이었다. 따라서 과거에 합격하면 모든 것이 정당화되기 때문에 수단과 방법을 가리지 않는 결과주의적 교육열이 사회적으로 확산되었다(강창동, 2008).

이러한 역사적 배경은 현대 한국 사회에서도 그대로 재현된다. 한국사회에서 교육열은 주로 교육의 내재적 목적보다는 교육의 결과로 얻게 되는 사회적 성취를 중시하는 방향으로 움직이는 경향이 있다. 따라서 한국 부모의 교육열은 자녀의 사회적 성취(사회경제적 지위 획득과 인정)와 밀접한 연관성을 갖는 학교교육에 대한 집착의 형태로 발산된다. 비슷한 이유로 한국 사회에서는 학교를 다니는 과정에서 얼마나 많은 것을 배웠는가보다는 졸업장이나 학위를 받았는가가 더 중요하다(김경근, 2005). 교육을 받는 과정에서 보여주는 노력이나 성취를 무시하고 결과만을 중시하게 되면, 부모의 자녀교육에 대한 지원은 효과만을 강조하게 되면서 지나친 경쟁과 과도한 사교육으로 귀결될 수밖에 없다.

4. 자녀교육을 위한 부모 헌신의 명암

1) 긍정적 측면

(1) 교육을 통한 사회이동 가능

부모가 자녀교육에 적극적으로 관여할 때 아동발달이 긍정적으로 이루어지고 있음이 많은 연구들에 의해 밝혀지고 있다. 부모참여와 아동의 학업성취도의 관계를 밝힌 25편의 경험적 연구들을 종합적으로 검토한 Fan과 Chen(2001)의 메타분석연구에 의하면, 부모참여가 아동의 학업성취도에 긍정적인 영향을 미치는 것으로 나타났다. 부모참여의 효과에 대한 국내연구(문은식, 김충희, 2003; 주동범, 1998)에서도 부모의 자녀교육에의 참여가 자녀의 학업동기 및 학업성취와 관련이 있었다. 이처럼 자녀교육에의 부모참여가 아동의 발달, 특히 학업성취에 긍정적인 영향을 미친다는 인식하에 미국에서도 성공적인 교육을 위해 부모참여를 범국가적 정책으로 채택하여 가정에서의 아동 학업, 학교에서의 교육적인 의사결정에 학부모를 적극 참여시킬 것을 제시하고 있다(Fantuzzo, Tighe, & Childs, 2000). 특히 오바마 미대통령은 미국 학생들과 학부모의 교육열을 자극하여 교육개혁을 이루고자, 국정 연설 등에서 한국 교육의 성과와 한국 학부모의 교육열을 칭송하고 있는 실정이다.

OECD가 2000년 이후 3년 주기로 실시하는 국제학력비교평가(PISA) 결과를 분석한 연구에서 한국은 부모의 학력격차(대졸-고졸)에 따른 자녀의 점수 차가 8점 내외로 프랑스, 스웨덴에 이어 6번째로 낮은 것으로 나타났다. 반면 체코, 미국, 이스라엘 등은 부모 학력격차에 따른 자녀의 점수차가 15점을 웃돌았다. 한국교육고용패널을 통해 사회이동성을 분석

한 연구에서도 부모의 소득수준이 하위 20%에 해당하는 계층에서 태어
난 사람 가운데 수능점수가 하위 20%에 머문 비율은 27%에 불과하며, 부
모 소득 상위 20% 계층에서 태어난 자녀의 수능점수 상위 20% 비율도
40%에 머문 것으로 나타났다. 이러한 연구 결과들은 '富의 대물림'에 대
한 우려에도 불구하고, 한국 사회가 아직은 노력한 만큼 성공으로 보상받
을 수 있는 역동성, 즉 계층간 역동성이 높음을 보여주고 있다(한국일보,
2013.4.3.). 즉 한국의 모든 사회계층에서 나타나는 부모의 자녀교육열이
아직까지는 교육에 의한 사회이동을 여전히 가능하게 하고 있음을 알 수
있다.

(2) 자녀의 다양한 능력 계발

4년 전에 열린 밴쿠버 동계올림픽은 한국인들에게 2002년 한일 월드
컵 이후 국민적 자부심을 드높인 최고의 경험이었으며, 그 절정은 독보적
기량으로 세계신기록을 수립한 김연아 선수의 환상적인 피겨 경기였음에
이론의 여지가 없다. 국민체육진흥공단 스포츠 산업본부가 산정한 바에
따르면, 밴쿠버 올림픽에서 획득한 김연아 선수의 금메달은 국가의 브랜드
가치 상승에 상당 부분 기여하였으며 이 메달이 우리 경제에 미친 전체 파
급효과가 5조 2350억 원에 달한다.

이처럼 선수로서 최고의 역량을 발휘하며 국가 브랜드 가치마저 상승
시키는 김연아의 성공에 대해 분석할 때, 김연아 선수 어머니의 교육열과
자녀에 대한 헌신이 빠지지 않고 등장한다. 피겨스케이트에 대한 인프라가
전혀 구축되지 않은 불모지 한국에서 자식의 가능성을 믿고 자비로 해외
전지훈련을 감당하며 모든 자원을 투자한 어머니의 헌신으로 김연아 선수
는 성장하였다. '국가가 키운 아사다 마오보다 엄마가 키운 김연아가 더 낫
다'는 세간의 말처럼 국가 차원에서 체계적인 지원을 받은 일본 선수에 비
해 국가 차원의 지원을 거의 받지 못했지만 부모의 뜨거운 교육열과 헌신
으로 김연아 선수는 세계 정상에 우뚝 설 수 있었다. 김연아 선수의 성공

과 어머니의 교육열에 대한 관심은 외국에서도 이어져 미국 주요 일간지에서 한국 부모의 자녀교육에 대한 열정과 헌신에 대해 김연아 선수 어머니와 미국 여자골프계를 평정한 박세리선수 아버지를 예로 들어 소개하기도 하였다.

김연아 선수의 사례에서 볼 수 있듯이 산업화 이래 30여 년 동안 우리 사회에서는 자녀교육을 위해 지불해야 하는 비용을 국가가 아닌 가족이 거의 홀로 부담해왔다. 장경섭(2002)은 '사회투자가족'의 개념으로 우리 사회가 경제, 사회발전을 위한 지적 기반을 갖추는 데 있어서 사적 가족의 적극적인 교육투자가 핵심적인 역할을 해오고 있음을 지적하고 있다. 물론 이러한 가족 단위의 교육투자가 가정에 큰 부담을 지우고 있는 것이 사실이지만, 인재 양성을 위한 국가 차원의 인프라가 부족한 우리 사회에서 부모의 자녀교육에 대한 열정과 헌신이 국가경쟁력을 강화하고 있음은 부인할 수 없다.

2) 부정적 측면

(1) 가족중심적 개인주의 팽배

상대평가로 개인의 능력과 성취수준이 평가되는 현 교육체제에서 부모들은 자신의 자녀가 뒤처질지도 모른다는 불안감과 자신의 자녀가 남들보다 앞서가기를 바라는 욕망에 둘러싸여 자기자녀의 교육에만 전력투구하는 양상을 보이기 쉽다. 이러한 경쟁체제에서 자녀들은 또래와의 협동이나 다른 사람을 배려하는 이타적 행동보다는 수단과 방법을 가리지 않는 치열한 경쟁에 익숙해지면서 자기중심적 사고에 길들여진다. 또한 사회 전체 구성원을 위한 공동선의 추구보다 가족중심적 개인주의가 팽배해진다. 즉 내집단 구성원끼리의 결속력은 높고 헌신적인 자세로 도우지만, 그 내집단을 벗어나는 외집단에 대해서는 무관심하거나 경계나 공격이 강화된다(김의철, 박영신, 2008a). 이러한 가족중심적 개인주의 성향은 이후 동문의식, 지역의식 등으로 확대되어 타 집단에는 배타적이고 같은 집단

구성원끼리는 동질감을 느끼고 서로 챙겨주는 패거리 문화의 뿌리가 될 수 있다.

(2) 과다한 자녀교육비 지출

보건복지부와 보건사회연구원이 발표한 '2012년 결혼 및 출산동향 조사'에 따르면 전국 남녀 1만 3385명을 대상으로 설문조사를 한 결과 부모가 자녀 1명을 낳아 대학을 졸업시킬 때까지 들여야 하는 비용은 3억 896만 원으로, 2009년 조사 때(2억 6204만 원)와 비교하면 18% 정도 증가하였다. 시기별로는 대학교 4년간 양육비가 7709만 원으로 가장 많았고, 기간이 길고 사교육비도 많이 들어가는 초등학교 재학기간(7596만 원)이 뒤를 이었다. 이러한 자녀양육비 항목에서 교육비가 차지하는 비중이 상당하며, 이러한 비용 부담이 저출산 현상까지 야기하고 있다.

> "학원을 안 다니면 고립되고 마치 내 아이가 너무도 추락하는 그런 분위기가 되요. 어제 다른 엄마들을 만나고 왔는데, 불안감을 엄청 조성해가지고…… 저희 큰 애가 몇 달 전부터 학원도 과외도 안다니고 있거든요. 아이도 좀 쉬고 싶어 하는 눈치고 제 생각도 얼마 동안은 그냥 혼자 해도 될 것 같고 해서 결정한 건데…… 아직은 그렇게까지 아이를 시켜야하나 하는 생각도 있고…… 저는 다른 엄마들 하는 대로 그렇게까지 안하고 싶더라고요. 근데 그게 안 될 것 같아요 어제 만나고 나니 너무 불안스러워서. 괜히 이러고 잘난 척하고 있다가 무능력한 엄마가 되면 어떡하나 그런 생각도 들고. 아이들을 망치면 안되니까"
>
> 초4, 중1 자녀를 둔 39세 여성, 이민경, 2007에서 인용

야구장에서 경기장면을 자세히 보려고 앞줄에 있는 사람이 일어서면 자동적으로 뒤에 있는 사람이 일어나게 되고 결국 모두가 일어나지 않으면 경기를 관람할 수 없는 상황이 된다. 이러한 '야구장 패러독스'가 자녀교육에도 적용된다. 사교육을 통한 선행학습을 그 효과를 떠나 모두가 하기 때문에 혼자만 하지 않으면 불안해서 심한 압박감을 느끼는 상황에 한

국 부모들이 놓여있다. 이처럼 내 자녀가 남들보다 뒤처질지 모른다는 불안과 두려움이 입시제도/사교육 시장과 맞물려 부모에게 심각한 교육비 부담을 안겨주고 있다.

또한 자녀의 교육비용에 대한 부모의 무한 책임이 사회 통념으로 자리잡은 한국사회에서 부모의 부담이 자녀의 대학입학과 함께 끝나는 경우는 거의 없다. 요즘 방송에 등장하는 음료 광고를 보면, 커다란 아파트 주방에서 여유 있게 식사하며 초등생 자녀를 격려하던 가족이 자녀가 중고생이 되면서 아파트가 점차 축소되고, 자녀가 대학생이 되었을 때는 단칸방에서 식사를 한다. 자녀의 대학 졸업이 얼마 남지 않았다고 서로를 위로하던 중년 부부에게 장성한 아들이 대학원에 진학하겠다는 마지막 한 방을 날리며 부모가 충격으로 쓰러지는 장면이 나오는데 이는 자녀교육에 허리가 휘고 있는 우리 한국가족의 모습을 적나라하게 드러내고 있다.

(3) 자녀의 정서적 문제 가중

부모가 자녀의 학업을 위해 들이는 정신적, 물질적 지원이 많아질수록 학업성취에 대한 부모의 기대는 높아지며, 이러한 부모의 기대가 자녀에게는 학업성취 압력으로 지각될 수 있다. 학업성취 압력은 부모가 자녀에 대해 가지는 교육적 관심, 성취 및 역할에 대한 기대 등에 대해서 자녀가 지각하는 압력이다. 적정한 수준의 학업성취 압력은 적당한 긴장감을 유발하여 자녀의 학업성취에 긍정적으로 작용하기도 하며, 동시에 자녀가 이 성취압력을 어떻게 지각하느냐에 따라 심각한 부적응 행동을 초래하기도 한다. 여러 연구들에서 자녀가 지각하는 부모의 학업성취 압력이 높을수록 아동의 학업스트레스, 대인스트레스, 시험불안, 완벽주의 성향이 높은 것으로 나타났으며, 과도한 학업성취 압력이 우울, 불안, 약물복용, 공격성, 문제행동, 학교생활 부적응, 학업소진 등을 초래하는 것으로 밝혀졌다(남상필, 이지연, 장진이, 2012). 또한 최근의 신문지면을 차지하고 있는 많은 기사들이 성적에 대한 압박감으로 자살과 같은 극단적인 선택을 하거나 우울과 불안 등의 정신건강 문제를 보이는 청소년 문제를 다루고 있다.

부모의 심리적 통제가 비합리적 신념을 통해 청소년 자녀의 우울 및 불안에 미치는 영향을 연구(조은주, 이은희, 2013)한 결과에 따르면, 부모의 성취지향 심리적 통제는 자녀의 비합리적 신념인 자기비하를 강화시켜 이로 인해 자녀가 우울과 불안을 경험하도록 한다. 부모의 심리적 통제란 자녀가 부모의 요구에 동조하여 생각하고, 행동하고, 느끼도록 하기 위하여 사용되는 애정철회, 죄책감 유발과 같은 의식적이거나 무의식적인 강요적 부모의 전략들이나 조건적 승인을 말한다. 이러한 부모의 심리적 통제가 자녀의 자율성 욕구를 좌절시켜 부모에게 의존적이 되도록 하고, 부모의 성취지향 심리적 통제는 부모의 높은 성취와 기대를 자녀가 무비판적으로 받아들여 성과가 그 기대수준에 미치지 못할 때 자기 자신을 비난하여 결국 불안과 우울감에 빠지는 것으로 나타나고 있다.

5. 맺음말: 교육열을 긍정적 에너지로 전환하기

이상의 논의를 통해 한국문화의 맥락 속에서 나타나는 독특한 부모자녀관계와 교육열의 특성을 역사적 관점과 문화심리적 관점을 적용하여 살펴보았다. 한국의 문화는 사회구조적인 측면에서는 집단주의 문화, 심리적인 면에서는 관계주의 문화로 볼 수 있으며 이러한 문화적 특성이 한국의 부모자녀관계를 수직적 관계, 마음으로 통하는 관계, 인고심리의 관계, 동일체 관계로 특징짓고 있다. 또한 한국 부모가 가지는 교육열은 역사적 맥락과 밀접하게 관련되며 지위지향적 교육열(과거급제와 학벌), 가족주의적 교육열(가족공동운명체), 결과주의적 교육열(교육의 내재적 목적 보다는 교육의 결과로 얻게 되는 사회적 성취를 중요시함)로 드러나고 있다. 한국의 부모가 지각하는 부모자녀 관계는 혈연을 중심으로 한 영속적인 관계, 마음으로 서로 통하는 친밀하고 강한 결속 관계, 현재의 어려움을 인고하며 부모가 자녀의 성취를 위해 오랜 기간 헌신하는 관계, 자녀의 성공을 부모의 성공으로 여기는 동일체 관계 등으로 나타나고 있다. 이러한 문화적 특성이 자녀의 교육과 결합되면서 자녀의 성취를 위해 가족의 별거도 불사하는 기러기가족, 노후에 대한 경제적 대비가 불가능할 정도의 자녀교육비, 과열된 입시교육으로 인한 여러 사회문제들로 드러나고 있다(송명숙, 2013).

그러나 한국 부모들의 과잉된 교육열과 사교육비 등이 사회문제를 야기하고 역기능적인 측면도 있지만, 유교문화의 영향을 받은 토착적인 한국인의 부모자녀관계 특성은 한국 부모들이 자녀교육에 절대적으로 헌신하게 하고 자녀의 학업성취과정에 의미 있는 심리적인 역동을 일으키고 있는 점도 무시할 수 없다. 서양의 관점에서는 부정적으로 인식되는 부모자녀관계(독재적인 부모의 양육태도, 자아분화가 제대로 이루어지지 않는 부모자녀관계 등)가 한국 문화에서는 자녀에게 오히려 긍정적으로 작용하는 측면이 있음이 여러 연구에서 밝혀지고 있다. 개인주의와 질적으로 다른 관계주의에서의 가족가치가 생성해 내는 이러한 긍정적인 결과들에 대해 서구사회의 관심도 증가되고 있는 추세이다(김의철, 박영신, 2008a).

교육열의 뿌리를 자녀를 사랑하는 마음과 자녀의 성취를 바라는 부모의 욕구로 본다면 이러한 교육열은 시공간을 초월하여 모든 문화권에서 나타나는 보편적이고 항구적인 욕구이다. 이러한 자녀의 성취를 향한 부모의 보편적인 욕구인 교육열이 어떤 대상과 결합하느냐에 따라 각기 다른 양상으로 드러난다. 따라서 교육열을 부정적 시각으로 매도하거나 무조건적으로 수용할 것이 아니라 한국 교육과 국력의 자원으로 긍정적으로 활용할 수 있는 다양한 방안이 강구될 필요가 있다.

한국 부모의 자녀교육에 대한 뜨거운 열정을 긍정적으로 활용하기 위해서는 교육열의 결합대상이 다양해질 수 있는 제반 여건을 조성하는 것이 중요할 것으로 여겨진다. 몇 년 전 TV드라마에서 제빵사나 요리사가 주인공으로 등장하여 빵을 만들고 요리를 하며 삶의 의미를 찾아가는 여정을 보여준 적이 있다. 드라마 방영 이후 제과제빵이나 요리 관련 특성화고, 학원, 대학의 관련 학과에 대한 학생들의 관심이 급상승하였으며, 학생들의 다양한 진로설정과 부모의 자녀교육지원에 실질적인 도움을 주었다. 또한 연예인이나 운동선수처럼 학벌이 아닌 다른 재능으로 성공하는 인물들이 많이 소개되어 학벌이나 학력이 아닌 다른 대상과 부모의 교육열이 결합될 수 있는 상황이 조성되었다. 입시제도와 사회이동 통로가 다양화된다면 한국 부모의 자녀교육열도 학교성적에만 매몰되지 않고 자녀의 다양한 재능을 인정하고 키워줄 수 있는 좀 더 다양한 방식으로 드러날 수 있을 것이다.

한국 부모의 자녀교육에 대한 헌신에서 우려되는 한 가지 측면은 지나치게 부담스러운 자녀교육비 문제이다. 인간은 합리적인 존재이므로 미래의 가능성과 보상을 객관적으로 판단하여 투자가 이루어져야 함이 원칙이다. 그러나 부모자녀관계에서는 이러한 가정이 성립되기 어렵다. 특히 동일체 의식을 가지고 있는 한국의 부모자녀 관계에서는 자녀의 교육적 성취를 위해 부모가 객관적인 판단을 통해 교육적 투자를 하기가 더욱 어려운 것이 현실이다. 많은 부모들이 자녀의 미래를 위해 자신의 노후대비도 제대로 하지 못한 상태에서 자녀를 위해 투자하고 희생을 하지만, 이러한 희생이 정당하게 보상받기는 실제적으로 불가능하다. 부모에 대한 자녀의 효를 강조하기 보다는 자녀의 성취에 대한 부모의 헌신을 강조하는 현대 한국의 가족문화는 자녀를 위해 모든 것을 바친 부모의 노후에 암울한 그림자를 드리운다. 노인복지를 위한 사회적 대비가 부족한 상황에서 부모 자신이 노후는 스스로 준비할 수 있도록 가족생활교육이나 노후대비교육 등이 이루어지고 이와 관련된 대중매체의 적극적인 홍보가 더욱 시급한 시점이다.

자녀교육에 대한 한국 부모의 헌신과 관련하여 마지막으로 고려할 점은 과연 부모의 관심과 헌신이 자녀와 부모 모두를 행복하게 만드는가 하는 보다 본질적인 문제이다. 중산층 어머니들의 자녀교육 담론을 분석한 연구(이민경, 2007)에 의하면, 전업주부에게 자녀교육이란 여성의 위치와 지위가 변화하는 현대 사회에서 자신의 정체성 위기를 돌파하기 위한 강력한 도구로써의 의미를 지닌다. 취업주부에게도 자녀교육 성공여부는 개인적, 사회적 관계에서 중요한 위치를 차지하며 이들에게 자녀교육은 이중적 역할 부담이자 직업적 정체성과 끊임없는 긴장관계를 형성하는 기제이다. 즉 어머니들 모두에게 자녀교육열은 자녀들의 성공에 의해 능력 있는 '어머니 되기'라는 자신들의 현실적이고 내재적인 욕망과 어머니 역할에 대한 가족 등 외부 기대에 의한 내면화의 결과에 위한 정체성 전략이라고 볼 수 있다. 이러한 연구 결과는 자녀교육에 대한 어머니의 헌신이 순수하게 자녀의 행복만을 위한 것이기 보다는 자녀교육 성공을 통해 어머니의 정체성을 확인받고자 하는 어머니의 개인적, 사회적 욕망이 상당히 반영된 실체임을 알 수 있다.

부모가 자녀에 대해 가질 수 있는 욕망을 지라르(1961; 김현주, 2013에서 재인용)의 통찰을 통해 분석해보면 자연발생적인 욕망과 왜곡된 욕망으로 구분해서 성찰해 볼 수 있다. 자연발생적인 욕망은 진정한 가치(사용가치)를 지향함으로써 발생하지만 왜곡된 욕망은 모방 대상 혹은 경쟁 대상의 암시를 매개로 해 가짜 가치(교환가치)를 추구하는 과정에서 발생한다. 즉 부모의 자녀에 대한 왜곡된 욕망은 자녀를 있는 그대로 사랑하고 그 존재를 인정하기 보다는, 부모의 희생과 헌신이라는 미명하에 자녀를 착취하는 형태로 발전할 수 있다. 부모가 자신의 욕망을 실현하기 위해 자녀를 도구화하여 대리만족하고자 한다면 이는 자녀를 사랑한다는 이름으로 결국 자녀에게 압박을 가하는 것이다. 자녀의 미래를 걱정하는 부모의 마음은 외부 환경의 암시, 즉 타인의 기준을 맞추고자 하는 경쟁심(왜곡된 욕망)과, 진정으로 자녀를 이해하고 자녀의 개성을 인정하고 키워주고자 하는 겸허함을 왕복하고 있다.

부모가 자녀에 대한 왜곡된 욕망을 비워내고 겸허한 자세로 있는 그대로의 자녀를 인정하고 지지한다면 행복한 부모-자녀 관계가 맺어질 수 있을 것이다. 마지막으로 성적지상주의에 시달리다 어머니를 살해하고 복역 중인 고교생이 친구에게 쓴 편지를 인용(서울신문. 2013.4.6)하며 학부모가 아닌 참다운 부모 되기에 대해 생각해보고자 한다.

'부모는 멀리 보라 하지만 학부모는 앞만 보라고 합니다. 부모는 함께 가라고 하지만 학부모는 앞서 가라고만 합니다. 부모는 꿈을 꾸라 하고, 학부모는 꿈꿀 시간을 주지 않습니다.'

배희분

상담 현장에서 청소년과 그 가족을 만나고 있는 청소년상담자이면서 동시에 가족관계를 연구하는 가족학 연구자로서 가족상담 및 가족생활교육, 프로그램 개발 및 평가 등 주로 실천적 영역에 관심을 두고 있다. 이 글은 청소년 자녀의 삶에 긍정적 요소를 더하고 부정적 요소는 감소시키는 효과적인 부모양육 전략을 수립하기 위한 하나의 실마리로서 부모 모니터링의 성격을 규명하고 그 실천적 적용 방법을 모색하는 것을 목표로 한다. 전반부에서는 모니터링의 개념적 정의, 모니터링과 청소년 자녀의 발달 간의 관계, 관련 변수, 한국가족의 특성을 고려한 향후 연구의 방향 등을 검토하였으며, 후반부에서는 실제 상담 사례와 가족생활교육 프로그램 개발 사례 등을 중심으로 모니터링의 임상적, 실천적 적용에 대한 전망을 논의하였다.

14장.

부모가 청소년 자녀의 삶을 모니터링하는 것은 유익한가?

1. 서론

병원 응급실에 들어서면 환자의 몸과 연결되어 설치된 모니터를 발견하게 된다. 이것은 환자의 심박수, 산소포화도, 혈압, 심전도 등을 가시적으로 표시하여 의료진들이 환자의 상태를 파악하고 신속히 대응할 수 있도록 하는 데 매우 중요한 장치가 된다. 이 때 모니터가 하는 일이 곧 모니터링이며 겉으로 보아 알 수 없는 환자의 내부에서 일어나는 변화를 감지하여 다음 처치를 계획하는 데 결정적인 단서를 제공한다.

누군가를 모니터링(monitoring) 한다는 것은 자신이 아닌 타인의 삶에 지속적인 관심을 가지고 거기서 감지된 크고 작은 변화에 대해 본인이 적절히 반응하겠다는 의지를 표명하는 행위라고 하겠다. 자녀를 양육하는 부모라면 자녀의 삶에 대한 지속적인 관심과 그에 대한 지원을 부모의 역할로 인식할 것이다. 따라서 부모의 자녀에 대한 모니터링은 보편적인 부모 양육 행동 중 하나이며 자녀에게는 주요한 자원이자 보호요소로 작용한다고 할 수 있다. Dishion과 McMahon(1998)은 부모의 모니터링을 "자녀의 소재, 활동, 적응에 관심을 기울이고 추적하는 것을 포함하는 부모양육 행동의 세트"라고 정의하였다. 이 정의에 따르면 좋은 모니터링은 자녀의 환경을 적극적으로 구조화하는 것(예를 들어 방과후 프로그램에 등록하기, 친구들과 놀이 일정 잡기, 자녀의 활동에 대한 규칙 설정하기 등), 자녀의 소재를 적극적으로 추적하는 것(예를 들어 전화로 접촉 유지하기, 자녀 친구들의 부모들과 공동으로 자녀들의 활동을 점검하기 등)을 의미한다. 지난 수세기동안의 선행연구 결과를 종합해 볼 때, 부모의 자녀에 대한 모니터링은 자녀의 비행과 부적응 위험을 낮추거나 완충하며(김용석, 1999; 이상균, 2008; 조윤주, 2013; Kerr, Stattin, & Burk, 2010), 학업성취나 자존감 등의 긍정적 산물을 증가시키는 것으로 밝혀져(정병삼, 2010; 윤연정, 이미숙, 전춘애, 2011; Brown, Mounts, Lamborn, & Steinberg, 1993) 아동, 청소년과 가족을 연구하는 학자들의 주목을 받아왔다.

그럼에도 불구하고 모니터링이라는 용어는 개인의 프라이버시와 자율성을 중시하는 현대인의 가치구조 내에서 긍정적인 의미로만 해석되지는 않는다. 자신의 삶이 누군가에 의해서 실시간으로 모니터링 되고 있다고 생각할 때 우리는 위협으로부터의 안전감을 느끼는 동시에 침해받는다 혹은 통제당한다는 느낌을 떨치기 어렵기 때문이다. 프라이버시와 자율성의 획득 및 유지는 개인의 자아정체성 발달에 있어 핵심적인 부분이다(Foltz, 2011). 자녀가 어릴 때는 프라이버시와 자율성의 발달보다 생존을 위한 일차적인 보호와 돌봄이 더 절실하며 어린 자녀의 생활 패턴도 집과 가족의 테두리 안에서 대부분 이루어지기 때문에 부모의 모니터링은 더욱 빈번히, 그리고 보다 효과적으로 작동한다. 하지만 자녀가 아동기를 거쳐 청소년기로 성장하면서 그들의 행동반경은 집과 가족의 경계를 넘어 확장되며 심리적으로도 점차 자율성의 욕구가 증가하고 이에 따른 부모와의 갈등도 커짐에 따라 더 이상 과거의 모니터링 방식이 제대로 작동하기 어렵게 된다. 그러나 한편으로 생각해 보면, 자신의 생활을 스스로 관리할 수 있는 능력이 증대되고 학교나 또래와 관련된 활동의 비중이 커지는 청소년기 자녀는 부모의 직접적인 관찰과 감독의 힘이 미치지 못하는 시간과 공간에 놓일 가능성이 높은 만큼 오히려 모니터링의 필요성은 더욱 커진다고 볼 수 있다. 청소년기 자녀를 둔 많은 부모들이 이러한 딜레마 상황에서 어려움을 느끼고 해답을 얻기 위해 전문가와 상담기관을 찾는다. 그들의 질문을 한마디로 요약하자면, "도대체 우리 아이의 삶에 부모인 제가 얼마나 개입하는 것이 적절한가요?"일 것이다.

한국의 자녀 청소년기 가족은 모니터링이 지니는 본질적 딜레마를 보다 혹독하게 겪는 것으로 보인다. 자녀의 청소년기 진입에 따른 발달적 변화만으로도 모니터링 재구조화에 대한 부담이 큰데, 경쟁적 입시제도와 세계 최고 수준의 학업 압력 및 정보화 가속화에 따른 세대 간 격차로 인해 모니터링을 둘러싼 부모와 자녀 간의 줄다리기는 스트레스와 갈등의 원천이 되고 있다. 한국가족이 처한 현 상황은 부모로 하여금 '얼마나 감시하고 얼마나 눈감아 주어야 할 것인가'를 심각하게 고민하게 만들고, 자녀로 하여금 '얼마나 숨기고 얼마나 털어놓을 것인가'를 끊임없이 계산하게 만들고 있다.

이 글은 상담 현장에서 청소년과 그 가족을 만나고 있는 청소년상담자이면서 동시에 가족관계를 연구하는 가족학 연구자로서 청소년 자녀의 삶에 긍정적 요소를 더하고 부정적 요소는 감소시키는 효과적인 부모양육 전략을 수립하고자 하는 관심에서 출발하였다. 그 실마리로서 부모 모니터링의 성격을 규명하고 그 실천적 적용 방법을 모색하는 것을 목표로 한다. 따라서 전반부에서는 지금까지 선행 연구들을 통해 확인된 모니터링의 개념적 정의, 모니터링과 청소년 자녀의 발달 간의 관계, 관련 변수, 한국가족의 특성을 고려한 향후 연구의 방향 등을 검토하고자 하며, 후반부에

서는 실제 상담사례와 가족생활교육 프로그램 개발 사례 등을 중심으로
모니터링의 임상적, 실천적 적용에 대한 전망을 살펴보도록 하겠다.

2. 모니터링과 청소년 자녀의 발달

1) 모니터링(monitoring)과 부모지식(parental knowledge)

모니터링에 관한 문헌들은 대체적으로 둘 중 하나의 방식으로 모니터
링을 정의하고 있다. 하나는 모니터링을 부모가 자녀에 대해 더 많은 정보
를 얻기 위해 적극적으로 노력하는 행위로 보는 행동-중심적 정의 방식이
고, 다른 하나는 모니터링을 여러 경로를 통해 획득된 자녀에 대한 정보의
양으로 보는 인지-중심적 정의 방식이다. 모니터링에 관한 초기 연구들은
용어의 개념적 정의 및 조작적 정의에 크게 주목하지 않았으나, 2000년에
발표된 Stattin과 Kerr의 기념비적 연구에 힘입어 비로소 모니터링 개념이
면밀히 재검토되기 시작했다.

Stattin과 Kerr(2000)는 모니터링 척도에 사용되는 항목들이 부모의
적극적인 행동을 측정하는 것이 아니라 모니터링 결과물로서 얻게 되는
자녀에 대한 부모지식(parental knowledge) 정도를 측정하는 것이라고
지적하였다. 그들에 따르면 측정 항목들 대부분이 부모 보고인 경우 "당
신은 자녀가 어디서, 누구와, 무엇을 하는지 얼마나 알고 계십니까?", 자
녀 보고인 경우 "당신의 부모는 당신이 어디서, 누구와, 무엇을 하는지 얼
마나 알고 있나요?"와 같은 형식을 띤다. 따라서 모니터링이 자녀의 부적
응과 관련된다는 기존의 연구 결과들은 실상 부모지식 정도가 자녀의 부
적응과 관련된다고 해석되는 것이 옳다고 주장하였다. 부모지식은 3가지
경로를 통해 획득되는데, 자녀의 자기개방(disclosure), 부모의 유도질문
(solicitation), 부모의 통제(control)가 그것이다(Stattin & Kerr, 2000).
자녀의 자기개방은 자녀가 자발적으로 자신의 생활에 대해 부모에게 알리

는 것이고, 부모의 유도질문이란 자녀의 생활에 대해 자녀, 자녀의 친구, 친구의 부모 등을 상대로 부모가 먼저 적극적으로 질문함으로써 정보를 얻는 것이며, 부모의 통제는 자녀의 행동과 교제에 대한 규칙을 설정해 놓고 적용함으로써 자녀의 자유 시간을 통제하는 것을 말한다.

선행연구를 살펴볼 때 부모지식의 3가지 출처 중 가장 큰 주목을 받는 것은 단연 자녀의 자기개방이다(Racz & McMahon, 2011). 부모지식을 설명하는 설명력도 가장 크고, 자녀의 비행이나 부적응에 미치는 영향력도 가장 크다. 다시 말해, 부모가 자녀의 삶에 대해 얼마나 알고 있느냐의 문제, 즉 자녀에 대한 부모지식 정도는 부모가 자녀를 모니터링하기 위해 노력하는 정도의 함수라기보다는 자녀들이 부모에게 자발적으로 이야기하는 정도의 함수라고 보아야 한다는 것이다. 부모가 자녀의 자유시간에 대해 얼마나 파악하고 있는가 여부는 자녀들이 자발적으로 그들이 누구와 뭘 하고 지내는지 스스로 묘사하는 것에 의해 가장 잘 설명되기 때문이다. 이에 비해 유도질문이나 통제와 같이 부모 쪽에서 일방적으로 노력하는 모니터링은 자녀에 대한 파악 정도, 즉 부모지식을 크게 증가시키지도 못할 뿐더러 자녀를 비행으로부터 효과적으로 보호하지도 못하는 것으로 드러났다(Kerr, Stattin, & Burk 2010). 이러한 결과는 모니터링이 실상 그 용어가 애초에 의미하는 바와 같은 부모의 행위가 아니라 오히려 자녀의 행위에 가깝다는 점을 인식시키는 것으로 향후 정보관리자로서의 자녀의 역할에 주목할 필요가 있음을 시사한다. 자녀가 부모에게 어떤 정보를 제공할지 의사결정 하는 과정, 그리고 정보를 숨기거나 노출시키는 데 사용하는 전략 등은 흥미로운 연구주제가 될 수 있을 것이다(Racz & McMahon, 2011).

부모지식의 출처로서 자녀의 자기개방이 확고한 예측력을 가지는 데 반해 전통적 의미의 부모 모니터링에 더 가까운 부모의 유도질문과 통제는 자녀에게 미치는 영향력과 예측력에 있어 비일관적인 연구결과들을 보인다. 유도질문과 통제는 지나칠 경우 과도한 경계의 침범으로 여겨져 자녀의 문제행동이나 우울증상을 증가시킨다(Stattin & Kerr, 2000)는 결과와 유도질문과 통제 역시 부모지식의 획득 통로이므로 자녀의 문제행동과 우울증상을 낮추는 효과를 가진다(Hamza & Willoughby, 2011)는 결과가 혼재되어 나타나고 있는 것이다. 유도질문과 통제의 효과에 대한 연구결과가 비일관적으로 나타나는 이유는 무엇일까? 그 이유는 두 가지 정도로 생각해 볼 수 있을 것이다. 첫째는 그 효과가 직선적인 것이 아니라 곡선적일 수 있을 가능성이고, 둘째는 선행연구에서 측정한 개념이 원래는 더 복합적인 개념이었을 수 있다는 가능성이다.

유도질문과 통제 효과의 곡선성이란 유도질문과 통제가 자녀의 발달에 미치는 효과가 어느 정도까지는 직선적으로 나타나지만 그 정도가 극단으로 치우치게 되면 오히려 반대방향으로 역효과가 날 수 있음을 의미한다. 즉 부모가 자녀의 생활에 대해 알고 싶은 마음에 자녀나 그 친구들을 대상으로 직접 질문을 던지는 것(유도질문), 그리고 부모가 자녀의 생활에 미리 어떤 제한과 규칙을 설정해 놓고 그 테두리를 벗어날 경우 부모의 허락을 받도록 함으로써 자녀의 삶을 파악하고자 하는 것(통제)은 어느 정도까지는 자녀를 위험으로부터 보호할 수 있는 기제가 되지만 그 정도가 지나칠 경우 자녀의 자율성을 침해하고 심적 압력을 야기하여 오히려 자녀의 부적응을 유도할 수 있다. 다음으로 유도질문과 통제의 개념적 복합성이란 선행연구에서 두 개념을 조작적으로 단순화하면서 놓친 부분이 있음을 살펴보아야 한다는 것이다. 예를 들어 Barber(1996)는 자녀에 대한 부모의 통제를 심리적 통제와 행동적 통제로 구분해야 한다고 하였다. 두 가지 통제는 각기 다른 과정과 결과를 가져오는 것으로, 특히 심리적 통제는 자녀의 내면화 문제들을 유발한다고 보았다.

요약하자면, 모니터링은 애초의 개념적 정의와는 달리 부모의 행동적 측면에서 측정되기 보다는 결과로서 얻게 되는 정보의 양이라는 인지적 측면에서 주로 측정되어 왔으며, 이를 구분하여 부모지식이라고 재개념화할 수 있다. 부모지식의 3가지 출처 중 설명력과 예측력이 가장 큰 것은 자녀의 자기개방이며 부모의 유도질문과 통제에 대해서는 아직 합의된 결과를 도출하기 이르다. 따라서 청소년기의 부모 모니터링은 자녀의 소재나

활동에 대해 직접 추적하거나 정보를 얻기 위해 캐묻거나 행동에 미리 규칙을 설정하는 등 부모 쪽에서 적극적으로 행동하는 것 보다는 자녀가 자연스럽게 자기개방을 할 수 있도록 지지적이고 신뢰로운 심리적 환경을 조성할 때 더 효과적일 수 있다. 이는 경쟁적 입시제도와 세대 간 격차로 인해 청소년기 자녀에 대한 모니터링의 재구조화에 어려움을 겪고 있는 한국의 부모들에게 시사하는 바가 크다고 하겠다.

2) 모니터링과 청소년 자녀의 발달 간 관계와 그 방향성

상담 현장에서 만나게 되는 소위 비행청소년들의 부모들은 많은 경우 최근 자녀의 생활이나 행동에 대해 제대로 파악하지 못하거나 우리 아이가 그럴 리가 없다며 부인하는 모습을 보인다. 이들을 한마디로 특징짓는 말이 있다면 그것은 아마도 "무관심" 혹은 "알지 못함"일 것이다. 모니터링에 대한 초기 연구는 품행장애 아동의 부모들이 자녀의 행동에 대한 감독, 추적, 그리고 규칙 설정과 준수에 실패하는 경우가 많다는 사실을 발견하는 데서 촉발되었다(Patterson & Dshion, 1985). 이후 부모 모니터링과 자녀의 비행 간 관계를 확인하는 연구들이 쏟아졌고 부모양육 행동 중에 자녀의 반사회적 행동을 예측하는 가장 강력한 인자 중 하나로 모니터링이 특정되어 왔다. 앞서 언급한 바와 같이 모니터링과 부모지식은 자녀의 비행과 부적응 위험을 낮추거나 완충하며(김용석, 1999; 이상균, 2008; 조윤주, 2013; Kerr, Stattin, & Burk, 2010), 학업성취나 자존감 등의 긍정적 산물을 증가시키는 등(정병삼, 2010; 윤연정, 이미숙, 전춘애, 2011; Brown, Mounts, Lamborn, & Steinberg, 1993) 광범위한 영향력을 미치는 것으로 밝혀져 왔으나 Kerr와 동료들(2010)은 모니터링과 관련된 이론적 모형이 가장 정교하게 다듬어진 분야는 청소년의 반사회적 행동 발달 영역이라고 하였다.

그렇다면 모니터링과 자녀에 대한 부모지식이 자녀의 문제행동을 낮추는 기제는 무엇인가? 한 가지 해석은, 부모지식이 반사회적 또래들이 자녀에게 문제행동을 소개하는 과정을 차단시키기 때문이라는 것이다. 즉 자신에 대해 많이 알고 있는 부모를 둔 청소년 자녀들은 그렇지 않은 청소년들에 비해 비행또래와 덜 어울리고, 그 결과 비행행동에 덜 연루된다는 것이 종단자료를 활용한 혼합 잠재성장 모델링을 통해 밝혀졌다(Laird, Criss, Pettit, Dodge, & Bates, 2008). 청소년 비행 연구의 오랜 역사를 통해 밝혀진 청소년 비행 관련 요인 중 가장 예측력이 강력한 요인은 바로 비행또래의 영향력이다(이상균, 2008). 더 많은 비행또래와 교제하는 것, 혹은 교제하는 친구들의 비행수준이 높다는 것이 개별 청소년의 비행 정도를 예측하는 데 가장 중요한 요인이 된다는 것이다. 이 영향력은 가족 요인이나 학교 요인, 지역사회 요인보다 전체 변량 설명력이 더 높았다. 그러나 모니터링이 자녀의 또래접촉을 낮추기만 하는 것은 아니라는 연구결과도 있다. Keijsers와 동료들(2012)의 3개 시점 패널데이터 종단연구에 따르면, 부모가 자녀의 친구교제에 대해 통제를 가하는 경우 청소년 자녀의 비행또래 접촉이 오히려 더 증가하고 이를 통해 자녀의 비행수준도 높아지는 결과가 나타났다. 연구자들은 이에 대해 "금단의 친구가 곧 금단의 사과가 되었다"라는 결론을 내렸다. 종합적으로 해석해 보자면, 부모가 평소 자녀들의 또래 친구들을 잘 알고 친구의 부모와도 접촉을 유지하는 선에서 모니터링을 하는 것은 긍정적 효과를 가져오지만, 자녀가 어떤 친구를 사귀어야 할지 어떤 친구와는 거리를 둬야 할지 부모가 직접 개입하는 것은 부정적 효과를 초래할 수 있다고 보겠다.

최근 들어 종단 데이터와 정교한 통계적 기법의 활용은 모니터링이 자녀의 발달에 미치는 영향력은 물론 발달 궤적(trajectory)과 그 방향성까지 탐색할 수 있도록 이끌었다. 이들 종단적 연구의 결과 청소년기 동안 부모지식과 모니터링이 전반적으로 감소하는 궤적을 보인다(Kerr et al., 2010; Laird et al., 2008)는 사실이 확인되었지만, 또 다른 한편, 모니터링과 자녀의 문제행동 간 관련성은 청소년기 초기에서 후기로 갈수록 더 강화된다(Racz & McMahon, 2011)는 것을 밝히는 연구도 있어 비록 자녀의 성장에 따라 모니터링의 전반적 양은 줄어들어도 그 중요성은 감소되지 않음을 알 수 있다. 또한 발달궤적의 개인차와 그에 대한 설명변수 탐색 연구도 지속적으로 이루어지고 있는데, Tobler와 Komro(2010)에 따르면 6학년에서 8학년에 이르는 기간 동안 부모의 모니터링 변화궤적에 따라 자녀의 약물사용 정도가 달라졌다. 즉 6학년부터 8학년까지 부모 모니터링 변화의 궤적이 감소하거나 비일관적인 패턴을 보이는 경우 일관적으로 높은 궤적을 보이는 가정의 자녀들과 비교했을 때 자녀의 약물사용 위험이 더 컸다. 이는 부모 모니터링의 초기치를 높이고 모니터링 수준의 일관성을 유지해야 자녀를 약물사용으로부터 효과적으로 보호할 수 있음을 의미한다.

부모의 양육행동과 자녀의 발달 산물 간에 존재하는 연관성은 이제 더 이상 어느 한 방향의 일방적 과정으로 설명되지 않는다. 부모와 자녀가 서로서로 영향을 주고 받는다는 가족 내 인간발달의 상호호혜성, 혹은 양방향성은 부모 모니터링과 자녀의 적응 간에도 예외 없이 적용된다고 보아야 할 것이다. 어떻게 보면 당연한 말이지만 그 구체적인 양상을 정확히 아는 것은 실생활에서 부모 모니터링 전략을 수립하는 데 중요한 단초가 되어 줄 것이다. 양방향 중에서 자녀의 행동이 부모에게 미치는 영향력에 대해 연구자들의 해석은 다양하다. 일단 자녀의 문제행동이 발생하기 시작하면 자녀들은 처벌이나 갈등을 피하기 위해 자신의 생활에 대해 부모에게 적게 보고하거나 숨기거나 거짓말을 함으로써 부모의 모니터링을 무력화시킨다(Keijsers et al., 2012). 혹은 자녀의 문제행동에 대해 알게 된 부모는 좌절감과 무력감을 느끼게 되어 모니터링 노력을 철수시키거나 포기하는 경우가 많다(Kerr et al., 2010)는 것이 주된 설명이다.

모니터링과 자녀의 발달 간 관계를 살펴본 선행연구들 대부분 이러한 양방향적 관계를 분석하고 있다. 미국 전역에 걸쳐 대규모 표본을 대상으로 유치원부터 고등학교에 이르기까지 장기간의 패널 데이터를 수집한 The Child Development Project(Laird et al. 2003)는 자녀의 비행과 가족의 관계를 폭넓게 연구하였다. 이 프로젝트의 일부 데이터를 활용하여 Laird와 동료들(2003)은 14세부터 4년간 부모지식의 감소가 다음 해

자녀 비행의 증가와 관련되며 동시에 높은 자녀비행은 다음 해 낮은 부모지식을 예측한다는 사실을 밝혔다. 캐나다에서도 유사한 결과가 발견되었는데 Willoughby와 Hamza(2011)는 교차지연 효과 분석 결과, 고등학교 기간 동안 낮은 부모통제와 높은 유도질문은 자녀의 높은 문제행동을 예측하며 또한 자녀의 높은 문제행동 수준이 낮은 부모지식을 예측함을 발견하였다. 저자들은 이를 "가족-중심적 과정"이라 명명한 바 있다. 심지어 이 양방향적 관계의 강도는 자녀가 6세에서 16세에 이르기까지 연령이 높아질수록 더 강해진다(Pardini, Fite, & Burk, 2008)는 연구 결과도 있다. 이와 같은 양방향성은 청소년기 동안 부모가 자녀의 삶에 대해 관심을 가지고 잘 파악할 수 있다면 자녀의 문제행동을 예방하고 줄일 수 있을 것이나 만약 자녀가 문제행동에 연루되고 이것이 청소년기 내내 지속된다면 부모는 자녀의 생활에 대해 정보를 획득하는 경로로부터 점점 멀어지게 될 것임을 짐작케 한다.

모니터링과 자녀의 발달 간 양방향적 관계에 대한 관점은 모니터링을 일련의 과정으로 바라보는 새로운 관점으로 발전되었다. 프로세스 모델(a process model)이라고 명명된 이 관점은 Hayes와 Hudson, 그리고 Matthews(2003)에 의해 처음 제시되었는데, 이는 "사전 모니터링 → 자녀의 자유 시간 → 사후 모니터링과 자녀의 자기개방 → 부모의 반응 → 자녀의 반응 → 다음 에피소드에의 피드백" 순으로 이어지는 일련의 과정을 뜻한다. 여기서 우리가 주목할 점은 사전 모니터링과 사후 모니터링을 구분했다는 것과 그에 대한 부모와 자녀의 반응이 다음 상황에 피드백 된다는 아이디어일 것이다. 사전 모니터링은 자녀에게 자유 시간이 주어지기 이전에 이루어지는 것으로 주로 명확한 규칙과 한계를 설정하는 방식을 띠며, 사후 모니터링은 자녀가 자유 시간을 보내고 난 후에 누구와 무엇을 했는지에 관한 정보를 얻고 그에 관해 대화를 나누는 방식으로 이루어진다. 이는 Stattin과 Kerr(2000)가 말한 부모통제는 주로 사전 모니터링으로, 자기개방과 유도질문은 주로 사후 모니터링으로 작용하게 된다는 것을 의미한다. 또한 모니터링에 대한 부모와 자녀의 반응이 피드백 루프를 통해 다음 에피소드에 반영된다는 아이디어는 모니터링 그 자체만으로 상황이 종료되는 것이 아니라 그 결과에 어떻게 반응하느냐에 따라 다음 모니터링이 달라진다는 의미로 임상적, 실천적 적용에 많은 시사점을 던진다. 예를 들어, 사전 모니터링 시 제시된 규칙이 너무 엄격하다던가, 사후 모니터링을 통해 알게 된 자녀의 행동이 다소 위험스러워 보일 때 부모는 과연 어떤 반응을 보일 것이며 자녀는 어떻게 대응할 것인가? 모니터링 과정을 통해 습득된 정보를 부모-자녀 관계 내에서 어떻게 다루고 처리할 것인가는 향후 모니터링 연구에 있어 중요한 부분이 되어야 할 것이다.

3) 모니터링의 효과에 영향을 주는 매개변수와 조절변수

앞서 살펴본 모니터링과 자녀의 발달 간 양방향적 관계나 모니터링의 프로세스 모델은 모두 진공 상태가 아닌 특정 맥락 속에서 작동한다고 보아야 할 것이다. 부모와 자녀를 둘러싼 환경적, 심리적, 사회적 맥락에 따라 같은 수준의 모니터링이라 해도 그 효과가 달라질 수 있기 때문이다. 다시 말해, 모니터링과 자녀의 발달 간 관계를 매개하거나 조절하는 변수들이 존재한다는 의미이다. 여기서는 2000년부터 2010년까지 10년간 발표된 47편의 모니터링 관련 선행연구 리뷰를 통해 Racz와 McMahon(2011)이 확인한 다양한 매개 및 조절변수들을 정리해 보고자 한다.

먼저, 인종에 따른 차이에 주목한 연구는 아직 부족한 편이다. 몇몇 시도에 의하면 주로 인종 간 유사점이 발견되었을 뿐 뚜렷한 차이점이 확인되지 못했다. 차이가 발견된 연구로는, 히스패닉 청소년 가족의 경우 아프리칸-아메리칸 청소년 가족과 달리 부모의 또래모니터링이 자녀의 외현화 행동문제에 미치는 영향력이 발견되지 않았다(Dillon, Pantin, Robbins, & Szapocznik, 2008). 한국을 비롯한 아시안 가족의 경우 부모자녀 관계나 부모의 양육방식에서 매우 독특한 특성을 보유하고 있는 것으로 알려져 있으나 이에 대한 연구 결과들이 국제적으로 보고되지 못한 것은 매우 아쉬운 일이다.

　다음으로, 자녀의 성별이나 부모의 성별이 조절변수로 작용하는지에 관심을 둔 연구들이 다수 발표되었다. 딸과 아들에 대한 부모 모니터링의 수준이 다르다, 또는 아들과 딸 간에 차이가 없다는 결과들이 혼재되어 있고, 어머니의 부모지식이 아버지에 비해 더 높다거나 그렇지 않다는 결과 역시 아직 결론 단계에 이르지 못한 것으로 보인다(Kerr et al., 2010). 이들 중 어머니와 아버지가 자녀에 대한 정보를 얻는 소스가 다르다는 Crouter, Bumpus, Davis, 그리고 McHale(2005)의 연구가 흥미롭다. 그들에 따르면 부의 경우 자녀의 이야기를 듣거나 관찰하는 것을 통해서, 배우자를 통해서, 가족 외부인을 통해서 얻는 3가지 루트를 나타내었고, 모의 경우 자녀에게 듣거나 관찰하는 것을 통해서, 유도질문을 통해서, 배우자나 가족외부인을 통해서 정보를 얻는 3가지 루트가 발견되었다. 차이가 있다면, 부의 경우 배우자나 유도질문이 최선은 아니라 하더라도 긍정적인 정보의 소스가 되는 반면에 모의 경우 배우자나 유도질문은 부정적인 소스로 작용한다는 것이다. 결과적으로, 아버지는 간접적인 소스를 통해 얻은 정보도 효과를 발휘하지만, 어머니의 경우 오로지 자녀의 말을 듣거나 혹은 부모가 직접 관찰하는 방식으로 자녀를 파악할 때 비로소 자녀에 대한 부모지식이 증가하고 궁극적으로 자녀의 문제행동을 감소시키는 결과를 가져올 수 있었다. 이것은 무엇을 의미하는가? 아버지들은 배우자를 통해서라도 자녀에 대한 정보를 습득할 필요가 있으며 어머니들은 자녀들과 보다 직접적인 관계를 통해 자녀를 파악하도록 노력할 필요가 있다는 해석이 가능할 것이다.

　가족의 사회경제적 수준이 낮은 경우 대체적으로 부모지식이 더 낮은 것으로 나타난다(Laird et al. 2003). 낮은 SES는 부모들 앞에 고립, 제한된 재정적 자원, 낮은 사회적 지원, 그리고 스트레스와 같은 장벽을 세우기 때문이다. 가족형태 또는 가족구조도 중요한 조절변수로 다루어져 왔다. 계부가정은 생물학적 부모가정에 비해 부모지식이 유의하게 낮으나, 계모가정은 그러한 차이를 보이지 않는다(Fisher et al., 2003)는 결과는 모니터링에 대한 부모교육을 계획한다면 특히 계부가정에 더 큰 관심을 쏟을 필요가 있음을 보여준다고 하겠다. 어머니의 취업여부는 어떤 영향을 미치는가? Jacobson과 Crockett(2000)은 부모지식이 자녀의 비행 및 성행동에 미치는 영향력이 어머니 취업여부에 따라 달라진다고 하였다. 즉 어머니가 풀타임 일을 하는 경우 일하지 않거나 파트타임 일을 하는 경우에 비해 모니터링 효과가 더 크게 나타나 취업에 따른 직접적인 감독의 결손을 부모지식이 보상할 수 있음을 보여주었다. 지역사회의 성격도 모니터링 조절변수로 다루어져 왔다. 위기수준이 높은 지역사회에서 위기수준이 높은 학교에 다니는 경우 부모지식이나 모니터링이 낮은 수준에 머무른다(Dishion & McMahon, 1998)는 연구 결과는 고위험 지역사회에서는 부모지식과 모니터링 과정이 더 중요하지만 막상 실천하기는 더 어려운 현실을 나타내는 것으로 보인다.

위에서 언급한 변수들 외에도 부모의 자녀양육방식, 자녀의 이전 행동문제, 자녀의 기질, 그리고 부모-자녀 관계의 질 등이 중요한 맥락적 변수로서 연구되어 왔다(Racz & McMahon, 2011). 그 중 특히 눈길을 끄는 연구로, 유치원 시기에 나타나는 유아의 통제-저항성(resistant-to-control) 기질이 이후의 부모 모니터링을 낮추는 효과가 있다(Pettit, Keiley, Laird, Bates, & Dodge, 2007)는 연구 결과, 그리고 이와는 대조적으로, 알콜중독에 취약한 유전적 특질을 가진 청소년이라 할지라도 부모가 강력한 모니터링을 할 수 있다면 그러한 유전적 특질이 발현되는 것을 막을 수 있다(Dick et al., 2011)는 연구 결과가 밝혀져 기질의 효과에 대한 조절변수 탐색의 필요성을 상기시킨다.

이상에서 살펴본 바와 같이 부모지식과 모니터링의 효과는 다양한 매개 및 조절변수들에 의해 영향을 받는다. 상담 및 사회복지 서비스 현장에서 쓰일 만한 예방적, 개입적 기법을 개발하기 위해서는 이런 맥락 변수들을 보다 심층적으로 탐색해야 한다. 그러나 매개 및 조절변수들은 표본추출 방법이나 연구방법에 따라 매우 불안정한 결과들을 나타내고 있다. 성별에 따른 차이가 유의하다, 유의하지 않다, 기질에 따른 차이가 있다, 없다 등 상반된 연구결과들이 나타나는 이유도 이런 이유 때문이다. 이를 해결하기 위해서는 부모지식이나 모니터링 척도가 여러 다른 상황 하의 집단들 간에 동일하게 적용 가능한지를 면밀히 살펴야 하며, 연구주제에 맞는 적절한 연구방법과 오차를 최소화할 수 있는 통계적 기법을 찾는 노력이 경주되어야 할 것이다.

4) 한국가족에서 향후 모니터링 연구의 방향

한국 청소년들의 삶이 녹록치 않다는 것은 주지의 사실이다. 한국방정환재단(2012)에 따르면, 자신의 삶에 대해 '만족한다'고 응답한 한국 청소년의 비율이 63.6%에 그쳐 OECD 국가 평균인 85.7%에 비하면 매우 저조한 수준으로 최하위를 기록했다. 그런데 같은 연구에서 읽기점수와 수학점수는 전체 1위를 차지하는 등 학업성취도 면에서는 최상위로 나타나 심각한 불균형이 초래되고 있음을 알 수 있다. 이는 한국의 가족과 청소년이 처한 시간 압박적 상황과 가족관계의 도구적 특성이 드러난 결과라 하겠다(배희분, 2014). 즉 세계 최장 근로시간에 시달리는 부모와 세계 최장 학습시간에 매여 있는 청소년 자녀가 가족이라는 체계 내에서 최소한의 시간도 공유하기 어렵고 이로 인해 친밀한 관계로부터 얻어야 할 정서적 안정성을 기대할 수 없음을 반영하는 것이다. 흔히 한국가족은 개인주의보다는 가족주의에 기반한 가족 응집성이 높은 가족이라고 분류되고 있음에도 불구하고 그 기저에는 정서성보다 도구성이 관계를 작동하는 기제로 작용하고 있다(이승미 외, 2012). 한국과 일본 어머니의 자녀교육 태도를 비교한 연구(Shon, 2010)에서 한국 어머니들은 교육매니저로서 정보수집과 자녀의 학습적 측면을 강조하기 때문에 일본 어머니에 비해서 인성교육과 생활교육에 덜 치중하는 경향이 있다는 결과도 이를 방증한다. 가족관계의 도구적 특성은 자녀수가 감소하면서 소수의 자녀에 대한 가족의 집중 투자로 강화되고 있으며(진미정, 2008) 이는 주로 정서적 투자보다 사교육이나 물질적 지원의 형태를 띠고 있다.

이러한 한국가족의 특성으로 인해 자녀에 대한 부모의 모니터링 성격도 독특한 특성을 띄게 된다고 본다. 즉 부모의 긴 노동시간과 자녀의 긴 학업시간이 초래한 모니터링 필요성의 대두, 도구적 성격의 부모자녀 관계에 따른 매니저로서 부모역할의 강조가 그것이다. 상황적으로 부모의 모니터링이 더 절실히 요구되고 대부분의 부모들이 경쟁적으로 모니터링을 수행하고는 있지만 그 결과로서 자녀의 삶의 만족도는 형편없이 낮은 나라가 바로 한국이라는 사실은 부모와 자녀 모두를 끝없는 악순환의 고리에 빠져들게 만들고 있다. 이에 따라 국내의 모니터링 관련 연구는 서구의 연구들과 다른 결과를 보이는 부분이 상당히 많다. 예를 들어, 서구의 연구에서는 자녀가 청소년기 초기, 중기, 후기로 성장할수록 부모의 모니터링과 부모지식은 감소하는 경향을 보이는데 국내 연구에서는 중학교에서 고등학교를 거쳐 대학교에 이르기까지 부모의 모니터링과 부모지식이 점점 증가하는 궤적으로 나타난다(정윤주, 2014). 이와 같은 현상은 한국의 청소년들은 입시 준비가 생활의 중심이 되기 때문에 학교나 학원 등 학업관련 장소에서 누구와 무엇을 언제까지 하고 있을지 부모들이 거의 파악하고 있으며 학령이 증가하여 학업비중이 커감에 따라 생활의 단조로움이 더 커지기 때문이라고 해석할 수 있다. 또한 자녀의 문제행동이 증가하면 부모의 모니터링은 감소한다는 서구 사회의 연구 결과와 달리, 국내에서는 자녀의 문제행동이 증가할수록 부모 모니터링이 더 강력해지는 것으로 나타나(조혜정, 윤명숙, 2010) 차이를 보인다. 즉 한국의 부모들은 자녀들의 부적응이 포착될 경우 무력감이나 좌절감으로 모니터링 의욕을 상실하기 보다는 오히려 반대로 더 적극적으로 모니터링을 강화하는 방식으로 대응한다고 하겠다. 요컨대, 한국의 부모들은 청소년 자녀의 연령이 증가하여 더 많은 자율성과 프라이버시를 요구하게 되는 발달적 변화 속에서도 꿋꿋이 모니터링을 증가시키며, 자녀가 부적응과 문제행동을 더 많이 나타내고 이로 인한 갈등이 심화되더라도 물러서지 않고 모니터링을 더욱 강화한다고 볼 수 있다. 그러나 한국 부모의 모니터링 관련 연구가 기존의 서구 이론과 다른 이유가 무엇인지, 그래서 실천적 개입은 어떻게 달라져야 하는지에 대한 탐색은 아직 이루어지지 못했다. 이에 본고에서는 향후 한국의 모니터링 연구에 대한 몇가지 제언을 시도하고자 한다.

먼저, 용어의 통일이 필요하다. 모니터링과 부모지식 중에 무엇을 측정할 것인지 결정해야 하며 두 용어를 조작적으로 명확히 정의하도록 해야 할 것이다. 또한 정보제공자가 누구인지, 자기보고와 타인보고의 차이에 주목해야 한다. 모니터링과 부모지식에 대한 부모보고와 자녀보고에는 차이가 있을 것으로 예상되는데, 부모는 자녀에 대해 많이 알고 있다고 자부하지만 실상 자녀에게 물었을 때 우리 부모는 나에 대해 아는 게 없다고 응답할 수 있기 때문이다. 따라서 두 보고의 불일치 정도를 변수로 변환하여 사용하는 연구도 필요하다. 어쩌면 불일치 점수 자체가 자녀의 비행예측에 더 효과적일 지도 모른다.

다음으로, 향후 종단데이터를 이용한 연구가 더 축적되어야 한다. 각 가정마다 모니터링과 자녀 행동의 발달 궤적이 어떻게 다른지, 거기에 영향을 주는 조건 변수들은 무엇인지를 밝히는 것이 필요하기 때문이다. 최근에는 잠재성장모형과 함께 영향력의 양방향성을 밝힐 수 있는 교차지연 상관모형을 결합한 연구 방법이 등장했는데, 자기회귀 잠재궤적 모형 (ALT: autoregressive latent trajectory model)이 그것이다(Laird et al., 2003). 국내 모니터링 연구에서 나타난 서구와는 다른 궤적과 다른 방향성에 대해 향후 더 정교한 검증이 요구된다. 종단연구의 범위가 넓어질 필요도 있다. 대부분의 모니터링 연구는 청소년기에 국한되어 있는데, 유아기나 초기 아동기까지 거슬러 올라가서 모니터링의 발달과정을 추적하는 것이 요구된다.

끝으로, 모니터링과 자녀의 문제행동 간 관계를 매개하거나 조절하는 변수에 대한 탐색이 더 필요하다. 특히 한국가족이 지니는 특수성이 충분히 드러날 수 있으려면 이러한 관련변수들이 보다 적극적으로 연구되어야 한다. 가족주의 가치관과 개인주의 가치관의 정도, 성취압력, 사교육에 대한 투자의 정도 등 한국 사회에서 중요하게 작용하는 맥락적 요소와 가치구조가 모니터링의 효과에 어떠한 영향을 주는지 살펴 볼 필요가 있다.

3. 상담 및 가족생활교육 현장에서의 적용

청소년기를 보내는 일은 예나 지금이나 쉬운 일이 아니다. 아무리 착실하고 건강한 아이들일지라도 청소년기에 겪게 되는 급격한 변화는 상당한 적응을 필요로 하며 이러한 적응을 무사히, 그리고 큰 어려움 없이 해내는 데는 부모와 가족의 역량이 중추적인 역할을 하게 된다. 가족을 공부하는 연구자로서 그리고 청소년기 가족을 돕는 상담 전문가로서 청소년 자녀를 둔 부모역량 강화는 매우 중요한 연구 테마라고 생각한다.

본고에서 살펴본 청소년 부모의 모니터링은 자녀의 부적응을 예방하고 건강한 발달을 촉진할 수 있는 핵심적인 부모양육 행동임에 틀림없다. 그러나 이론적 진전에도 불구하고 과연 실생활 속에서 어떻게 모니터링이 구현되어야 긍정적 결과를 가져올 것인지에 대한 논의는 부족한 편이다. 여기서는 부모의 모니터링이 효과적으로 이루어지지 못해서 발생한 가족 내 문제를 다룬 청소년상담 사례를 검토해 보고, 다음으로 가족생활교육 현장에서 실시되어 온 모니터링 관련 교육 사례를 함께 살펴봄으로써 모니터링 개념의 임상적 함의를 도출해 보고자 한다.

> **상담사례**　　　　　　　**"나는 우리 딸의 그림자였어요"**
>
> 　재희(가명)는 인문계 고등학교 2학년 여학생이다. 아빠에게 맞고 있다며 아동학대예방센터로 전화를 걸어 신고하는 바람에 관할 경찰서에서 지역 청소년상담센터로 의뢰된 사례였다. 재희는 자신에 대한 애착이 유난히 강한 엄마 밑에서 일거수일투족을 철저히 관리받으며 성장해 왔다. 어릴 때는 엄마의 관리와 통제 하에서도 별 문제없이 견뎠지만 사춘기 이후 또래관계에 대한 욕구가 커지면서 갈등의 골이 깊어갔다. 초등학교 5학년 때 친구와 놀다 늦게 귀가하면서 처음으로 엄마와 부딪히게 되었고 중3때 이런 에피소드가 빈번해지면서 엄마

의 모니터링과 관리감독이 더욱 엄격해졌다. 결정적으로 고1 학교축제 때 패션모델로 축제 무대에 서게 되면서 자신이 공부보다는 모델이나 연예인이 되길 원한다는 욕구를 발견하였다. 엄마 몰래 동대문 의류샵에서 피팅모델 일을 하면서 용돈도 벌게 되고 핸드폰이 필요해져서 엄마 명의를 도용해 폰을 개설하였는데 이것이 발각되면서 아빠에게 심한 체벌을 받게 되었다. 너무 두려운 마음에 방문을 걸어 잠그고 신고 전화를 했고 경찰까지 출동하는 일이 발생하였던 것이다.

내담자에 대한 엄마의 모니터링은 매우 집요했다. 학교 데려다주고 데려오기, 학원에서 귀가하는 시간이 되면 골목 앞 큰길까지 나가 기다렸다 함께 들어오기, 몇 분 간격으로 전화해서 위치 확인하기, 주말에는 엄마와 쇼핑이나 찜질방 가는 것으로 딸의 개인시간 허락하지 않기, 딸이 만나는 친구를 집으로 불러 신상 조사하기, 친구가 맘에 들지 않으면 그 친구 엄마에게 전화를 걸어 "딸 관리 좀 잘 하라"는 등 도에 지나친 경계 침범이 상시적으로 이루어졌다. 이로 인해 내담자는 스트레스가 증가하고 엄마에게 숨기는 친구, 숨기는 사건이 많아졌으며 작은 틈이라도 보일 때면 어김없이 일탈을 꿈꾸게 되었고 이는 다시 엄마의 감독 강화로 이어져 악순환의 고리가 형성되었다.

내담자의 가족은 경제적 부양 외엔 거의 기능을 하지 않는 아버지와 그런 아버지의 빈자리까지 채워야 하는 어머니의 과잉기능이라는 문제의 뿌리를 가지고 있었다. 여자는 얌전하게 살림만 잘 하면 된다는 가부장적 사고방식을 지닌 아버지는 자녀의 양육에 무관심하였고 집에 있는 시간 대부분 문을 닫고 깨우지 말라는 엄포와 함께 잠을 자는 것으로 보냈다. 아버지가 기능하는 순간은 자녀들이 문제를 일으킬 때 아내의 등쌀에 못 이겨 아이들에게 손을 대는 것이 고작이었다. 남편으로부터 자녀양육 역할을 전적으로 위임받은 내담자의 어머니는 딸들의 생활 관리를 지나칠 정도로 엄격히 하는 것은 물론, 자신의 생활 반경까지 대폭 축소하면서 상당히 위축된 삶을 살아가고 있었다.

상담자가 파악한 내담자 가족의 문제를 정리하면 다음과 같다.

① 경계선의 혼란

- 부부하위체계의 와해로 인한 병리적 삼각관계
  - 남편의 물리적, 기능적 부재로 인한 아내의 정서적 소외와 우울감
  - 가정운영과 자녀양육의 역할을 전적으로 위임받은 아내가 과부하로 소진됨
  - 부부가 한 팀이 되는 경우는 오로지 자녀 문제행동 발생 시 아내의 부탁으로 남편이 자녀를 폭력적으로 통제하는 경우에 한정
- 내담자에 대한 어머니의 정서적 밀착과 과도한 모니터링
  - "나는 우리 딸의 그림자였어요."
  - 학교 데려다주고 데려오기, 학원에서 귀가하는 시간이 되면 골목 앞 큰 길까지 나가 기다렸다 함께 들어오기, 몇 분 간격으로 전화해서 위치 확인하기, 주말에는 엄마와 쇼핑이나 찜질방 함께 가는 것으로 딸에게 개인 시간을 허락하지 않기, 딸이 만나는 친구를 집으로 불러 신상 조사하기, 친구가 맘에 들지 않으면 친구 엄마에게 전화 걸어 "딸 관리 좀 하라"는 등 도에 지나친 경계 침범
- 내담자가 중 3이 되면서 내면의 분리개별화 욕구가 표출되기 시작, 어머니와 갈등이 증폭됨
- 특히, 내담자의 또래관계가 확대되고 또래와 새로운 애착이 형성되면서 모의 불안감이 커지고 그 때문에 더욱 강압적이고 철저한 모의 감시감독 → 내담자의 스트레스 증가, 일탈 모색 → 감시 감독의 강화로 악순환 고리 형성

② 돌봄의 파워를 얻기 위한 더러운 게임(dirty game)

- 남편에게 딸의 문제행동을 보고하고 야단치도록 유도하여 가정

내 폭력이 발생하게 만든 다음, 남편에게 맞은 딸을 위로하고 상처에 약 발라주는 등의 방식으로 딸과의 연합을 파괴하지 않으려고 dirty game을 이어나감
- 남편과 위태로운 이인관계를 자녀문제라는 공통 관심사로 근근히 유지하면서, 한편으로는 그 때문에 딸이 자신에게서 멀어질까봐 어르고 달래는 패턴 반복

③ 가족발달단계에 맞지 않는 경직된 가족규칙

"여자는 집에서 살림만 잘 하면 된다."
"어두워지기 전에 반드시 집에 돌아와야 한다."
"친구는 주말에 한 번만 만날 수 있다."
"엄마가 하지 말라는 건 하지 마라."
- 두 자녀가 모두 청소년기에 진입하였기 때문에 아동기 자녀를 양육할 때와는 다른 규칙으로 재정비할 필요가 있음
- 또한 시대착오적인 보수적, 가부장적 가족규칙이 가족원들의 삶을 위축시키고 있음을 깨닫고 건강한 가족규칙을 가족원들의 합의하에 새로 만들 필요가 있음

상담적 개입은 우선 문제를 가정폭력 사건, 혹은 여고생의 지위비행 문제로 단순화해서 보지 않고 가족체계 전체를 하나의 단위로 보면서 그 구조와 기능에 주목하는 관점에서 개념화하였다. 즉 내담자에 대한 모의 지나친 모니터링 이면에 존재하는 병리적 삼각관계를 파악하고 이를 해결하는 것을 목표로 하였다. 상담 후반부에 이르러 내담자 어머니는 "나는 우리 딸의 그림자였어요." 라고 말하며 지치고 외로운 심정, 우울감을 여실히 드러내었고 그러한 자기노출을 계기로 상담에 진전이 나타났다.

어머니의 감독과 통제에 지친 내담자의 고통도 중요하게 다루어져야겠지만, 이 사례의 경우 남편과 정서적으로 소외되어 자녀들에게 밀

착되어 의존하고 있던 내담자 어머니를 깊이 공감하고 어머니 상담에 집중함으로써 소기의 목표를 달성할 수 있었다. 어머니 자신도 어렸을 때 계모 슬하에서 과도한 감독과 통제를 받으며 살았던 아픈 기억이 있음에도 불구하고, 자유를 갈구하고 일탈하고 싶어 하는 딸의 모습에 자신을 투사하여 더 한층 이를 억누르고 제지하려고 했던 것은 아닌지 상담을 통해 점검하였다. 딸의 문제와 자신의 모습을 연결해서 보는 통찰이 나타나기 시작하면서 병원에서 우울증 치료를 받는 용기와 남편과 대화를 통해 변화를 모색하는 주체성을 보여주었다.

아동기나 청소년기 초기에 점진적으로 이루어졌어야 할 가족경계선의 조정과 역할 재분배가 증상 출현 후인 청소년 후기에야 비로소 시작됨에 따라 체계가 안정을 찾는 데는 많은 시간이 필요했던 사례이다. 특히 모니터링과 관련하여 아동기 때와는 다른 규칙으로 재정비할 필요가 있고 시대착오적인 보수적, 가부장적 가족규칙이 가족원들의 삶을 위축시키고 있음을 깨닫고 건강한 가족규칙을 가족원들의 합의 하에 새로 만들 필요가 있음을 강조하였다. 그 결과 24시간 상시 체제의 모니터링은 야간과 주말 일부 시간에 대해서만 작동하는 체제로 변화되었고, 이로 인해 내담자는 엄마의 마음을 이해하고 공감할 수 있는 여유를 찾게 되었으며 대화의 질도 향상되었다. 보조적으로 엄마의 우울증 치료가 병행되고 아버지의 가족 내 역할이 증가하면서 부부관계가 조금씩 회복되면서 내담자의 지위비행 문제는 빠른 속도로 호전되었다.

한편 가족생활교육 분야에서도 부모의 양육행동을 보다 효과적으로 돕기 위한 임상적 노력이 지속적으로 이루어지고 있다. 앞에서 살펴 본 모니터링 이론과 개념을 종합해 볼 때, 임상적 실천을 위해서는 무엇보다 자녀의 자발적 개방을 증가시킬 방안이 모색되어야 한다. 또한 부모의 모니터링 동기를 강화하고, 모니터링 기술을 향상시키고, 부모-자녀 관계를 증진시킬 수 있도록 계획되어야 한다. 연구결과들을 통해서 알 수 있듯이 단순히 부모의 유도질문과 통제를 강화하기 보다는 우선 부모와 자녀 간 관계의 질을 향상시키는 것이 보다 효과적임을 알 수 있다. 예를 들어, Sanders(1999)에 의해 고안되고 보급된 트리플 P(positive parenting program) 프로그램은 부모 모니터링을 중요한 구성요소로 활용하고 있는데, 효과적인 부모감독과 모니터링, 적절한 훈육, 자녀 행동에 대한 현실적인 기대, 온정적이고 지지적인 부모-자녀 관계 등을 주요 학습내용으로 삼고 있다. 그러나 이 프로그램의 긍정적인 효과가 과연 모니터링의 향상에 따른 것인지에 대한 철저한 분석은 향후 이루어져야 할 것이다.

일반적인 부모교육과 달리 모니터링과 부모지식의 향상을 직접적인 목표로 설정한 프로그램의 예로는 ImPact(Informed Parents and Children Together) 프로그램을 들 수 있다(Li, Stanton, Galbraith, Burns, Cottrell, & Pack, 2002). 이는 자녀의 건강증진을 위해 부모지식을 향상시키는 데 특화된 것으로, 제작된 비디오를 부모와 자녀가 함께 시청한 후 이에 대한 토론과 특정 삽화 부분을 역할놀이 해보는 방식으로 진행된다. 비디오에는 모니터링이 필요한가에 대해 부모와 자녀가 대화하는 장면, 청소년들끼리 토론하는 장면 등이 포함된다. 프로그램에 참여한 집단은 통제집단에 비해 비행이나 위험한 성행동 점수에 있어 부모 보고 점수와 자녀 보고 점수 간 일치정도가 높아진 것으로 나타나 부모가 자녀의 실생활에 더 가까이 다가갈 수 있도록 조력했음을 알수 있다.

또 다른 예로서 가족 체크-업(FCU: Family Check-Up) 프로그램은 3회기 단기 개입으로, 1회기 가족면담, 2회기 전문가에 의한 부모 모니터링 평가, 그리고 마지막 3회기 가족 관리 전략을 향상시키기 위한 동기강화면담 기법을 활용하는 피드백 세션으로 이루어진다(Dishion, Nelson, & Kavanagh, 2003). 이 프로그램은 고위험군 비행 청소년 가족을 대상으로 집단이 아닌 개별적 방식으로 적용되었는데, 연구자들은 이 프로그램을 통해 모니터링에 변화가 발생하였고, 이 변화는 다른 처치를 받은 가족에 비해 가족 체크-업 처치를 받은 가족의 자녀 약물사용 정도를 낮추는

데 기여하였음을 확인하였다.

이상에서 살펴 본 상담 및 가족생활교육 현장 사례를 통해 모니터링은 청소년기 자녀의 적응을 돕기 위한 중요한 부모양육 기술로서 임상적 가치를 지니는 주제임을 확인하였다. 앞으로 개념적 명료화 작업과 측정도구의 개발, 그리고 관련변수에 대한 종단적 확인 작업이 지속적으로 뒷받침될 수 있다면 다양한 장면에서 임상적, 실천적 개입 전략을 개발할 수 있을 것이라 기대해 본다.

이재림

한국가족과 미시적·거시적 환경의 상호작용을 통해서 한국가족의 특수성을 규명하는 데 관심이 있다. 주요 연구주제는 성인기 세대 간 자원이전(상속, 손자녀 양육지원 등), 청년기 가족, 취업모의 가족과 일, 무자녀가족 등이다. 이 글의 목적은 20-30대 한국 성인자녀의 부모의존, 그 중에서도 경제적 의존과 서비스 의존(육아, 가사노동 등)에 대해 가족학적 관점에서 진단하는 것이다. 특히, 부모로부터 독립을 '못' 하기도 하고 '안' 하기도 하는 성인자녀와 부모와의 관계가 장기간 지속될 가능성에 주목하여, 이들의 부모-자녀관계를 호혜성, 양가성 등의 개념을 토대로 조명한 후, 이러한 현상이 저출산·고령화·계층 양극화 등의 사회문제와 어떻게 연결되는지 논의하고자 한다.

15장.

부모는 영원한 봉인가?:
20-30대 성인자녀의 도구적 의존 재조명

1. 부모는 영원한 봉이다?

지난 몇 년간 성인자녀를 둔 부모를 중심으로 항간에 유행하는 우스갯소리를 들어보면 성인이 되어 결혼을 하고 나서도 부모에게 의존하는 자녀에 대한 부모세대의 속마음을 읽을 수 있다. '딸 가진 엄마는 손주 업고 싱크대 앞에서 죽고, 아들 가진 엄마는 길에서 죽는다'. 이 말은 손자녀 돌봄과 가사노동을 지원해야 하는 딸 둔 어머니의 부담감과, 지원 제공자로도 환영받지 못하는 아들 둔 어머니의 소외감을 대조적으로 드러낸다. '잘난 아들은 나라의 아들, 돈 잘 버는 아들은 사돈의 아들, 빚진 아들은 내 아들'이라는 말도 자녀의 성공을 위해 뒷바라지해온 부모의 허탈함과 함께 손 벌릴 곳 없는 성인자녀에게 경제적 지원을 계속 해야 하는 부모의 현실을 보여준다. '손주 안 보는 법'으로 밥을 씹어서 손주 입에 넣어주기, 촌스러운 영어발음 가르치기 등 웃지 못 할 아이디어가 회자되는 것 역시 고된 육아를 부모에게 의존하려는 성인자녀, 그리고 이들의 부모 사이에서 벌어지는 신경전을 풍자하고 있다.

자식이 재산이고 다산이 부(富)를 의미하던 농경사회와는 달리 현대 한국가족에서 자녀는 '비싼' 존재가 되었다. 자녀 한 명을 낳아서 대학을 졸업시킬 때까지 22년간 드는 비용이 3억이 넘는다는 통계가 있고(보건복지부, 한국보건사회연구원, 2013), 대학을 졸업한 후에도 성인자녀의 취업 준비, 결혼식, 신혼집 마련 등을 뒷바라지 하는 부모의 수가 상당하니 '자녀의 수가 부(富)의 척도'라는 우스갯소리가 틀린 말은 아니다. 특히 성인자녀가 부모를 부양하던 과거와는 달리 취업, 결혼, 출산의 시기가 늦어지면서 성인자녀가 부모에게 경제적으로 의존하는 기간이 길어지고 있다. 경제적인 의존뿐만 아니라 '싱크대 앞에서 죽는 엄마'나 '손주 안 보는 법' 등에서도 드러나듯이 육아나 가사노동을 부모에게 의존하는 현상도 두드러진다. 이렇게 현대 한국가족에서 부모는 미성년 자녀에게 양육과 교육을 제공하는 것에서 그치지 않고, 과거 같으면 부양을 받았을 성인자녀에게 도리어 지원을 계속하고 있다. 자녀가 독립할 때까지 데리고 다니는 '캥거루 부모' 정도가 아니라, 그야말로 부모는 '영원한 봉'이 아닐 수 없다.

반면 부모가 자녀에게 기대할 수 있는 것은 많지 않다. 성인자녀가 부모를 부양해야 한다는 규범은 점차 약화되고, 대신 부모가 노후를 알아서 해야 한다거나 정부가 지원해야 한다는 견해가 증가했다. 또한 현실적으로도 부모에게 '어쩔 수 없이' 의존하는 성인자녀가 많기 때문에, 자기 앞가림 하기도 벅찬 성인자녀에게 부모가 바랄 수 있는 것은 많지 않다. 예를 들어, 비정규직의 삶을 사는 '88만 원 세대', 취업·결혼·출산을 포기하는 '3포 세대'로 대표되는 현재의 20-30대는 장기적으로도 부모보다 경제적으로 '못' 사는 한국의 첫 세대가 될 것이라는 전망이 많다. '3포 세대'까지는 아니더라도 고용은 불안정하고, 주택비는 비싸고, 사교육비도 만만치 않은 상황에서 맞벌이는 선택이 아니라 필수인 경우가 많다. 이렇게 경제적으로 어렵거나, 일과 자녀양육을 양립하기 위해 고군분투하는 20-30대에게 부모는 의존하기 좋은 대상인 반면, 부모가 이들로부터의 지원을 기대하기는 장기적 관점에서도 어렵다. 현 20-30대가 40-50대가 된다 해도 상황은 크게 달라지지 않을 가능성이 높고, 수십 년을 부모에게 의존해 온 성인자녀는 부모에게 일방적으로 의존하는 것을 자연스럽게 여기는 세대가 될 수도 있다.

성인자녀는 부모에게 의존하지만 부모는 성인자녀로부터의 부양을 기대하기 어려운 상황은 언뜻 보기에도 불공평하다. 물론 부모-자녀관계가 당장의 이해득실을 따지는 다른 인간관계와는 다르다. 그래서 부모-자녀관계를 연구한 수많은 학자들은 부모-자녀관계가 장기적으로 호혜적인 관계라고 하였다(Silverstein, Conroy, Wang, Giarrusso, & Bengtson, 2002). 자녀가 어릴 때는 부모가 돈, 시간, 에너지를 들여 자녀를 돌보고 교육시키지만 자녀가 성인이 되고 부모가 경제적, 신체적으로 쇠퇴하면 자녀가 부모를 돌보고 부양하게 되므로, 자녀의 출생부터 부모의 사망까지로 보면 장기적으로는 도움을 주고받는 관계라는 것이다. 문제는 현재 한국의 20-30대가 부모에게 일방적으로 의존하는 현상을 보면 이런 장기적 호혜성이 성립하지 않을 수도 있다는 점이다. 성인이 된 자녀가 부모에게 일방적으로 의존하는 현상은 역사적으로 유례를 찾기 어려우며, 앞으로도 성인자녀가 부모를 부양하기 어렵거나 부양하지 않는 상황이 지속될 가능성이 있다.

성인자녀가 부모에게 일방적으로 의존하는 현상은 한국의 성인기 부모-자녀관계의 새로운 양상으로, 상황에 대한 진단이 필요하다. 서구에서도 성인기로의 전이(transition to adulthood)가 지연되고, 청년기가 청소년기와 성인기 사이에 낀 애매한 세대라는 진단(Arnett, 2000)이 지배적이다. 이러한 맥락에서 헬리콥터 부모(helicopter parents)와 헬리콥터의 안착지로서의 자녀(landing pad kids)의 관계에 대한 관심이 증가했다(Fingerman, Cheng, Wesselmann, Zarit, Furstenberg, & Birditt, 2012).

성인자녀의 부모 의존에 관한 서구의 논의와 한국의 상황은 유사한 부분도 있지만 별도로 논의가 필요한 측면도 많다. 자녀가 고등학교를 졸업하면 부모의 집을 떠나 경제적으로 독립하는 것이 일반적이던 서구에서는, 최근 들어 대학에 들어가서도 부모와 함께 살면서 부모에게 경제적으로 의존하는 20대가 주된 관심 집단으로 보인다. 예를 들어 성인기로의 전이가 지연됨에 따라 청소년기와 성인기 사이에 새로운 인간발달 단계인 발현성인기(emerging adulthood)가 출현했다고 한 Arnett은 발현성인기를 18-29세로 보고 연구를 진행하고 있다(Jensen & Arnett, 2012). 그러나 결혼할 때까지 부모와 함께 사는 것이 이미 보편적이던 우리나라에서는 부모에게 의존하는 시기가 서구보다 더 길다. 단순히 대학을 졸업하고 부모의 집에 머무는 정도에 그치지 않고 용돈, 취업준비 비용, 결혼 및 주택마련 비용을 의존하고, 더 나아가 결혼을 하고 나서 30대 이후에도 부모에게 계속 의존하는 성인자녀가 많다. 또한 개인주의의 영향으로 부모와 자녀를 개별화하고 자녀의 자율성을 중시하는 서구와는 달리, 가족주의의 영향을 받은 우리나라에서는 자녀의 행복과 불행이 곧 부모의 행복과 불행이라는 인식이 자리를 잡고 있다. 따라서 자녀가 성인이 된 후에도 부모와 자녀가 심리적으로 밀착된 관계를 유지하고, 부모는 성인자녀의 행복을 위해 뒷바라지를 해야 한다는 책임감을 느낄 가능성이 높다(Lee & Bauer, 2013). 이렇듯 서구와는 다른 한국적 상황을 고려하여 성인자녀의 부모 의존을 논의할 필요가 있다.

이 글의 목적은 20-30대 한국 성인자녀의 부모 의존, 그 중에서도 경제적 의존과 서비스 의존에 대해 가족학적 관점에서 진단하는 것이다. 여기서 경제적 의존과 서비스 의존은 편의상 합해서 '도구적 의존'이라고 하고자 한다. 도구적 의존 이외에도 중요한 의사결정을 부모에게 의존하거나 부모와 정서적으로 분화되지 못한 성인자녀의 문제와 같은 '심리적 의존'도 성인자녀의 부모 의존에서 중요한 주제이다. 그러나 이 글에서는 구체적인 논의를 위해 도구적 의존에 초점을 맞추고자 한다.

2. 호혜성 관점에서 본 성인자녀의 도구적 부모 의존

1) 장기적 호혜성 개념

세대 간 자원이전(intergenerational transfer) 모델은 윗세대로부터 아랫세대로, 또는 아랫세대로부터 윗세대로 자원(resources)이 이동하는 현상을 설명하기 위해 여러 학문분야에서 사용해 온 이론이다. 여기서 윗세대는 주로 부모이고 아랫세대는 주로 자녀이다. 자원이란 돈과 물건 등 금전적 자원뿐만 아니라 시간, 노동 등 서비스 자원을 포함하는 개념이다. 기존에 세대 간 자원이전 모델을 활용한 연구는 부모가 자녀에게 제공하는 금전적 자원(양육비, 교육비, 결혼비용, 재산상속 등)과 자녀가 부모에게 제공하는 금전적 자원(용돈, 생활비, 병원비 등)에 초점을 맞추어 왔다. 그러나 최근에는 부모가 자녀에게 제공하는 서비스(자녀양육, 손자녀 양육 지원 등)와 자녀가 부모에게 제공하는 서비스(노부모 돌봄 등)를 시간 자원의 차원에서 분석한 연구도 증가하고 있다.

세대 간 자원이전 모델에는 크게 세 가지 하위모델이 있다. 첫째는 부모와 자녀 간에도 즉각적인 교환이 이루어진다는 모델로, 주로 돈과 시간의 교환(time-for-money exchanges: Cox, 1987)에 초점을 맞춘다. 즉 부모가 시간 자원(가사노동, 손자녀 양육 지원 등)을 제공하고 자녀는 금전적 자원(용돈, 생활비 등)을 제공하는 교환, 또는 반대로 자녀가 시간 자원(노부모 돌봄 등)을 제공하고 부모는 금전적 자원(경제적 지원, 재산상속 등)을 제공하는 교환을 말한다. 둘째는 장기적 호혜성(long-term reciprocity) 모델이다. 자녀가 어릴 때는 부모가 자녀에게 자원(돈, 시간)을 이전하고 자녀가 성장한 후에는 자녀가 부모에게 자원(돈, 시간)을 이전하므로, 자녀가 태어나서 부모가 사망할 때까지 장기적인 관점에서 보면 호혜적 관계라는 설명이다. 셋째는 이타주의(altruism) 모델이다. 이타적인 부모는 자녀에게 대가를 바라지 않고 자녀에게 자원을 이전하며, 자녀가 여럿인 경우 도움이 더 필요한 자녀에게 더 많은 자원을 이전한다고 본다(Becker & Tomes, 1976). 반대로 이타적인 성인자녀가 대가를 바라지 않고 부모를 부양하는 경우에도 이타주의 개념이 적용될 수 있다.

이 세 가지 하위모델 중에서 장기적 호혜성(long-term reciprocity) 개념은 평생에 걸친 부모와 자녀의 지원 관계를 설명하는 데 널리 활용되어 왔다. 호혜성 개념은 다양한 인간관계에 적용되지만, 부모-자녀 간 호혜성은 다른 인간관계에서의 호혜성과는 달리 호혜성이 성립하는 데 시간이 오래 걸린다는 특징이 있다는 것이 장기적 호혜성 모델이다(Silverstein et al., 2002). 부모의 지원을 받은 어린 자녀가 성인이 된 후에야 부모에게 지원을 제공하여 부모-자녀 간 호혜성이 성립된다는 것이다. 이에 대해 평생을 놓고 보면 호혜적이라는 의미에서 생애과정 호혜성(life course reciprocity)이라는 용어를 사용한 학자(Antonucci & Jackson, 1989)도 있고, 즉각적인 교환과는 달리 교환이 연기된다는 의미에서 지연된 호혜성(deferred reciprocity)이라는 용어를 사용하는 학자(Wentowski, 1981)도 있다.

타인에게 무엇을 받으면 되돌려주어야 한다는 규범은 부모-자녀관계를 포함한 인간관계에서 호혜성이 성립하는 원동력이 된다(Gouldner, 1960; Silverstein et al., 2002). 현상으로서의 호혜성과 규범으로서의 호혜성을 구분하기 위하여 Gouldner(1960) 같은 학자는 자원을 교환하는 '패턴'으로서의 호혜성과 타인으로부터 자원을 받으면 갚아야 한다는 '규범'으로의 호혜성을 구분하기도 하였다. 예를 들어 한국 등 동아시아 국가에서 키워주신 부모의 은혜를 갚아야 한다는 효(孝) 규범은 규범으로의 호혜성이며, 이 규범은 부모-자녀 간에 지원을 교환하는 패턴으로서의 장기적 호혜성의 성립에 중요한 역할을 한다.

장기적 호혜성의 성립은 부모-자녀관계에 긍정적으로 작용하는 것으로 알려져 있다. 사회교환이론가들에 따르면 호혜성은 가족의 유대나 응집성과 같이 작은 집단 내의 안정성을 가능하게 하는 '접착제(glue)' 역할을 한다(Homans, 1950). 부모-자녀 관계도 장기적으로 보면 호혜적이기 때문에 '끈끈한' 관계를 유지할 수 있다는 것이다.

2) 장기적 호혜성, 성립할 것인가?

그렇다면 성인자녀가 일방적으로, 또는 지나치게 오랜 기간 부모에게 의존하고 있는 현 20-30대와 부모의 관계는 장기적으로 호혜성이 성립할 것인가? 대학을 졸업하고, 심지어 결혼을 하고 나서도 자녀가 부모에게 의존하는 상황은 유례가 없는 새로운 현상이기 때문에 현 시점에서 정확하게 분석하고 전망하기는 어렵다. 혹자는 자녀가 부모에게 의존하는 기간이 연장되었지만, 평균수명의 연장에 따라 부모의 생애주기도 길어지므로 결론적으로는 호혜성이 성립할 것이라고 전망할 지도 모른다. 예를 들어 자녀가 부모를 부양하기 시작하는 시점이 과거에는 30-40대였다면 앞으로는 50-60대로 늦어지겠지만, 부모가 백세까지 생존한다면 성인자녀가 부모를 부양하는 기간이 늘어나서 결론적으로는 호혜적인 관계가 유지될 수도 있다.

그러나 최근의 사회조사 결과를 보면, 현 20-30대 성인자녀와 부모 간에는 장기적으로도 호혜성이 성립하지 않을 가능성이 높아 보인다. 이들 조사는 부모가 성인자녀에게 도구적 지원을 해야 한다는 기대와는 달리, 성인자녀가 노부모를 부양해야 한다는 기대는 쇠퇴하고 있음을 보여준다. 2012년 전국 출산력 및 가족보건·복지실태조사에 따르면 기혼남성의 43.5%, 기혼여성의 40.1%가 부모는 자녀가 취업할 때까지, 혼인할 때까지, 언제까지라도 책임을 져야 한다고 응답하였다(김승권 외, 2012). 2010년 제2차 가족실태조사에서도 '부모는 자녀의 결혼준비 비용(혼수, 신혼집 마련)을 책임져야 한다'와 '부모는 필요하다면 자녀가 결혼 후에도 돌보아 줄 책임이 있다(경제적 도움, 손자녀 돌보기 등)'에 대해 보통 또는 보통 이상으로 지지하는 것으로 나타났다(조희금 외, 2010). 두 조사 모두 부모의 의무를 암시하는 '책임'을 언급했지만, 강도를 낮추어 부모의 지원에 대한 '수용도'나 '기대'를 조사했더라면 더욱 이례적인 결과가 나타났을 수도 있다.

이렇듯 성인자녀에 대한 부모의 지원은 점차 자연스러운 것으로 받아들여지고 있으나 노부모에 대한 부양의식은 쇠퇴하고 있다. 부모의 노후 생계를 누가 돌보아야 한다고 생각하는지를 조사한 통계청 사회조사 결과를 보면 부모 부양의 책임이 '가족'에게 있다는 응답은 1998년 89.9%에서 2012년 33.2%로 현격한 차이가 있고, '가족과 정부·사회의 공동책임'이라거나 '부모 스스로' 돌보아야 한다는 응답은 2012년에 각각 48.7%와 13.9%로 의미 있는 비중을 차지하였다(통계청, 2012). 성인이 된 20-30대 자녀마저도 부모에게 상당한 수준으로 의존하고 있는 상황이지만, 부모의 노후를 자녀가 전적으로 책임질 것이라고 생각하는 한국인은 흔치 않음을 보여준다. 필자가 노인들을 인터뷰해 보면 노부모 역시 자녀의 부양을 기대하지 않거나 기대하지 않으려고 노력함을 알 수 있었다.

설사 성인자녀가 노부모를 부양할 의향이 있더라도 현실적으로 노부모를 부양하기 어려울 가능성이 농후하다. 40-50대면 정년퇴직을 해야 한다는 '사오정'이라는 말이 1997년 IMF 금융위기 이후 현재까지 사라지지 않는 상황에서, '3포 세대'나 '88만 원 세대'로 불리는 현재의 20-30대가 중·장년층이 되었을 때 불안정한 고용, 높은 주택가격, 비싼 대학등록금의 문제가 해소될 것이라고 전망하기는 쉽지 않다. 현재의 20-30대가 중·장년층이 되면 본인 자녀의 교육비나 결혼비용에 대한 부담, 백세시대 노후에 대한 불안 등으로 인해 노부모 부양은 엄두를 내지 못하게 될 가능성이 높다.

3) 호혜성이 성립하지 않는 부모–자녀관계의 양상은?

이상과 같은 근거로 현 20-30대 자녀와 부모의 관계가 장기적으로도 호혜성이 성립하지 않을 것이라고 가정하자. 그렇다면 호혜성이 성립하지 않는 이들의 부모-자녀관계는 '관계' 측면에서 어떠한 양상을 띨 것인가? 몇 가지 이론적 개념을 토대로 전망을 해 보고자 한다.

앞서 언급한 이타주의(altruism) 개념을 적용하면, 현 20-30대 자녀와 부모의 관계는 현재와 유사한 수준으로 유지될 것이라는 비교적 낙관적인 전망을 할 수도 있다. '내리사랑은 있어도 치사랑은 없다'는 속담에서 처럼, 부모 입장에서는 대가를 바라지 않고 자녀에게 지원을 제공하는 것이 부모의 책임 또는 의무라고 여긴다면, 성인자녀에 대한 일방적 지원을 문제 삼지 않을 수도 있다. 이런 부모들은 부모-자녀 간의 사랑은 '내리사랑'이므로 성인자녀는 윗세대인 부모보다 아랫세대인 손자녀에게 지원을 제공하는 것이 자연스럽다고 생각할 수도 있다. 성인자녀를 도구적으로 지원하고 성인자녀와 빈번하게 상호작용하면서 '품안의 자식'에게 중요한 영향을 미치는 존재로 남는다는 점에 만족할 수도 있다. 자녀와 부모를 분리하는데 익숙하지 않은 한국의 부모로서는 성인자녀의 행복과 성공이 나의 행복과 성공이라고 생각할 수도 있기 때문이다. 성인자녀의 입장에서는 '내리사랑'의 수혜자로서, 험난한 시대에 부모라는 안전망에 의존할 수 있으므로 부모와의 관계에 만족할 가능성도 있다.

그러나 장기적 호혜성 또는 공평성 이론을 적용하면 부모에게 일방적으로 의존하는 성인자녀와 부모의 관계는 위험요소를 내포한다. 앞서 설명한 호혜성이 받은 만큼 되갚아 주어야 한다는 호혜성 규범과 호혜적인 교환 패턴에 대한 것이라면, 공평성 이론(equity theory)은 자원이 얼마나 공평하게 분배되었는가에 초점을 맞춘다(Ingersoll-Dayton, Neal, Ha, & Hammer, 2003). 공평성 이론에서 공평한 관계란 어떤 관계에서 한 개인의 기여분과 이득의 차이가 다른 개인의 기여분과 이득의 차이와 유사한 경우를 말한다. 공평성 이론에서는 공평한 관계에 놓인 개인들의 관계가 만족스럽고 안정적이라고 본다. 실례로, 한국의 청소년 및 대학생 자녀와 어머니 사이의 호혜성을 분석한 연구에서는 서비스 및 금전과 같은 도구적 교환이 공평하게 이루어지고 있다고 지각하는 어머니와 자녀의 관계 만족도가 높았다(이여봉, 김현주, 이선이, 2013).

공평성 이론에 따르면, 관계에서 상대적으로 잃는 것이 많은 개인은 관계에 부담감이나 실망감, 불만, 분노 등을 경험하게 되며, 상대적으로 얻는 것이 많은 개인은 죄책감을 느끼게 된다. 즉, 양측 모두 디스트레스를 경험한다(Ingersoll-Dayton et al., 2003). 이렇게 불공평한 관계가 지속될 경우 이 관계는 긴장이나 갈등으로 이어지거나 해체될 위험이 높다는 것이 공평성 이론의 설명이다. 성인자녀가 도구적으로 부모에게 의존하는 현상에 공평성 이론을 적용하면, 일방적으로 자원을 제공하는 부모는 성인자녀와의 불공평한 관계에 불만을 갖게 될 가능성이 높다. 일방적으로 지원을 받는 성인자녀 역시 죄책감을 느낄 가능성이 있다. 이렇듯 부모와 성인자녀 모두 디스트레스를 경험한다면, 이들의 부모-자녀관계는 긴장이나 갈등으로 이어질 소지가 크다.

한편, 공평성 이론에 따르면 불공평한 관계에 있는 개인은 관계를 유지하기 위해서 공평성을 향상시키기 위한 의식적인 노력을 한다. 20-30대 성인자녀가 부모에게 도구적으로 의존하는 관계에서 공평성을 향상시킬 수 있는 방법은 무엇인가? 필자가 관찰한 바로는 부모가 성인자녀와의 관계에서 더 많은 권력을 획득하고 행사하는 전략이, 부모가 자녀를 일방적으로 지원하는 관계에서 공평성을 향상시키기 위한 방법의 하나로 사용되는 것으로 보인다. 예를 들어 경제력이 있는 부모가 성인자녀의 진로나 배우자선택에서 중요한 의사결정권자로 행동하고, 결혼한 자녀의 부부관계에 개입하며 이혼을 권유하는 경우(노진호, 2014)에서 이러한 전략이 드러난다. 손자녀 양육을 장기간 지원하는 경우에는 손자녀에 대한 일종의 '지분'을 보유하게 되어 손자녀 양육에도 영향을 미치게 된다. 이처럼 부모가 성인자녀의 부부관계에 개입하면서 '시월드'로 대표되는 고부갈등 뿐만 아니라 최근 새로운 가족문제로 거론되고 있는 '처월드', 즉 장서갈등의 원인을 제공하는 것도 의존적인 성인자녀와의 관계에서 공평성을 향상시키기 위한 부모의 전략으로 인한 부작용일 수도 있다.

성인자녀의 입장에서도 부모의 지원을 받으니 부모가 관계에서 권력을 갖는 것을 수용하는 모습이 나타난다. 필자가 대학생들을 만나보면 부모가 원하는 진로(공무원, 대기업 등)를 선택하겠다는 경우가 놀라울 정도로 많고(이재림, 2014) 수강신청이나 휴학 시기마저도 부모의 의견을 따르는 사례가 적지 않다(최영지, 2007). 흥미로운 것은 이 대학생들이 호혜성 규범을 내면화하고 있다는 것인데, 부모가 헌신적으로 자신을 뒷바라지해 왔으니 부모가 원하는 진로를 선택하는 것이 부모의 은혜를 갚는 방법이라는 것이다. 이미 부모가 일방적으로 성인자녀를 지원하고 있고, 앞으로도 지원할 것으로 예상되는 이 성인자녀들은 '부모가 원하는 삶'을 살아감으로써 호혜성 규범이나 공평한 관계가 성립된다고 생각하는 것으로 보인다. 부모가 성인자녀를 장기적으로 지원하는 것이 보편화되는 시점에서, 현대적 의미의 '효'는 부모를 부양하는 것이라기보다 사회적으로 성공하고 부모의 체면을 살리는 것이라는 해석(Park, Phua, McNally, & Sun, 2005)과도 연결되는 대목이다.

3. 손자녀 양육 지원의 예를 통해 본 성인자녀의 도구적 부모 의존

지금부터는 성인자녀가 도구적으로 부모에게 의존하는 현상에 관한 논의를 발전시키고 당사자들의 목소리를 통해 생생한 사례를 전달하기 위하여 필자가 수행한 연구(이재림, 2013; Lee & Bauer, 2013)의 결과를 소개하고자 한다. 이 연구는 경제적 지원과 함께 부모가 성인자녀를 도구적으로 지원하는 대표적인 형태인 손자녀 양육 지원에 대한 것이다. 이 연구에서는 미취학 자녀를 친정어머니나 시어머니에게 맡기고 경제활동에 종사하는 딸 또는 며느리와, 이들이 일하는 시간에 손자녀를 정기적으로 돌보는 친정어머니 또는 시어머니(이하 어머니)의 관점을 이해하고자 양측을 모두 심층면접하여 분석하였다. 남성의 양육참여가 증가하기는 하였지만, 자녀양육은 여전히 여성이 주도적으로 담당하는 것이 일반적이기 때문에 양육 지원의 일차적인 당사자인 여성의 목소리에 초점을 맞추었다.

어떤 자료를 분석했는가?

미취학 자녀의 양육을 조모에게 정기적으로 의존하는 취업모와 이들의 친정어머니 또는 시어머니를 쌍(pair)으로 모집하였다. 모집은 서울 및 수도권 거주자를 대상으로 이루어졌다. 연구에 자발적으로 참여한 취업모와 조모 21쌍, 총 42명을 2008년 여름에 일대일로 면접하였다. 연구주제의 범위 안에서 조모와 취업모가 자유롭게 경험을 이야기할 수 있도록 하였으며, 면접은 평균 2시간 30분이 소요되었다. 연구에 참여한 조모 21명은 친정모가 13명, 시모가 8명이었으며, 조모의 연령은 면접 당시 만 54-70세(평균 만 60.7세)였다. 이들의 딸이나 며느리인 취업모 21명은 면접 당시 만 29-38세였으며, 이혼한 1명을 제외하고는 모두 기혼 상태였고 다양한 직업을 갖고 있었다.

1) 손자녀 양육 지원 및 의존의 동기[1]

(1) 지원하는 어머니의 관점

연구에 참여한 어머니들에게 손자녀 양육 지원은 성인자녀를 위한 '부모 마음'의 발현인 동시에 부모로서의 책임을 수행하는 한 가지 방법이었다. 어머니들은 '내 딸/아들을 위해서' 손자녀를 돌본다고 하였다. 대부분의 경우 손자녀 양육 지원은 '조금이라도 자식의 힘을 덜어주고 싶은' '부모 마음'에서 시작된 '희생' 또는 '양보'로 여겨졌다. 이 '부모 마음'은 딸 가

---

[1] 이 부분은 필자가 『Journal of Marriage and Family』 75권 2호에 발표한 논문(Lee & Bauer, 2013)의 연구결과 중 일부를 이 글의 문제의식을 토대로 선별하여 재구성한 것임. 조모의 손자녀 양육 지원에 관한 젠더와 양계화 맥락의 논의는 Lee & Bauer(2013)를 참고할 것.

진 어머니와 아들 가진 어머니에 따라 차이가 있었다. 성인딸을 위해 손자녀를 돌보는 어머니의 '부모 마음'에서는 경제활동과 자녀양육을 양립해야 하는 딸에 대한 안타까움이 핵심적이었고, 시어머니보다는 친정어머니가 자녀양육을 지원해 줄 때 딸이 좀 더 편하게 지낼 수 있을 것이라는 배려도 있었다. 성인아들을 위해 손자녀를 돌보는 '부모 마음'에서는 어머니가 자녀양육이나 가사노동을 지원함으로써 아들이 궂은 집안일을 덜 해도 될 것이라는 마음이 드러났다.

Lee & Bauer, 2013, p. 389.

둘째, 손자녀 양육 지원은 부모로서의 '책임', '도리', '의무'를 수행하는 한 가지 방법이었고, '숙제'로 여겨지기도 했다. 어머니들은 성인자녀나 성인자녀의 배우자가 양육에 대한 지원을 기대하고 있음을 인식하였기 때문에 본인의 선호와는 무관하게 '닥치면 할 수밖에 없어'라고 하였고, '몸이 불편한 것이 마음이 불편한 것보다 낫다'고 하였다. 손자녀 양육을 지원하지 않을 경우 성인자녀 부부가 어머니를 원망할 수도 있다고 생각하였고, 특히 며느리나 사위가 부족한 지원에 대해 불만을 품으면 성인자녀의 부부관계에도 부정적인 영향을 미치지 않을까 우려하여 손자녀를 돌보기도 하였다.

손자녀 양육 지원을 부모의 책임과 연결시키는 관점은 성인아들을 지원하는 어머니에게서 더 강하게 나타났다. 이 어머니들은 성인아들이 결혼할 때 '해 준 것이 없으니', '집을 못 사 줘서' 등을 언급하였고, 부족한 경제적 지원을 보충하거나 대체하기 위하여 손자녀를 돌보는 경우가 많았다. 우리나라에서 결혼할 때 신혼집을 신랑 측에서 준비할 것으로 기대하는 관습 때문에 이 어머니들도 아들이 결혼할 때 집을 사 주거나 전세자

금을 보조해 주어야 한다고 생각하였는데, 현실적인 이유로 이러한 경제
적 지원이 부족했다고 여긴 어머니들은 성인자녀의 부부가 주택마련을 위
해 맞벌이를 하는 상황에 대해 일종의 책임감을 느꼈다. 그 결과 손자녀
양육 지원을 통해서 성인자녀 부부의 경제적 안정에 기여하고자 하였다.

> 우리 아들이 결혼할 때 집을 못 사줬어요. 내가 이제 전세를 해줬으니까. 내
> 주위에는 집을 사 준 사람이 많아요. (중략) 내가 좀 도와줘야지. 아무래도 맞벌
> 이 하면 좀 수월하잖아.
>
> Lee & Bauer, 2013, p. 390.

> 돈이 많으면 안 봐 줘도 돼요. 돈이 많으면 "야 너 이거 가지고 살아" 딱 1억이
> 라도 주고 "너 애 키울 때까지 살아" 그러면 며느리가 마다하겠어요.

(2) 의존하는 성인딸과 며느리의 관점

연구에 참여한 성인딸과 며느리는 어머니의 양육 지원을 기대하는 의
존심리를 숨기지 않았다. 이들은 어머니에게 의존함으로써 얻는 이득을
고려하였기 때문에 자녀양육에 대한 지원을 받고자 하였다. 성인딸과 며
느리는 출산하기 전부터 '의례히', '당연히', '무의식 중에' 어머니가 아이를
봐 주실 것으로 기대하였고, 출산 후에도 직장을 계속 다니게 되면서 어머
니에게 '자연스럽게' 아이를 맡기게 되었다고 하였다. 이들은 어머니가 자
신이나 남편을 성인이 되도록 돌봐 주었으므로 자연스럽게 손자녀도 돌보
아 줄 것으로 기대하였다. 성인딸의 경우에는 일과 자녀양육을 병행해야
하는 딸의 고통을 친정어머니가 모른 체하지 않을 것이라고 기대하였고,
경제적 이유로 직장생활을 하는 며느리의 경우에는 드러내서 이야기하지
는 않았지만 주택비 등 경제적 지원이 부족했던 시부모로부터의 자녀양육
을 내심 기대하고 있었다.

애를 낳으면, 그냥 그거(친정 엄마가 봐 주실 것)는 처음부터 생각을 했던 것 같아요. (중략) (연구자: 어머님도 그렇게 생각을 하고 계셨고요?) 엄마는 처음에는 그냥 지나가시는 얘기로 "안 봐 줄 거야" 이렇게 가끔 말씀을 하시기는 했는데 그래도 봐 주실 거라고 분명히 믿고 있었거든요. (웃음) 첫 손주이고 안 봐 주실 리가 없다고 생각을 했었죠.

자녀양육을 어머니에게 의존하는 것은 성인자녀의 가족에게 '득'이 많은 결정이었다. 양질의, 안정적인 양육 지원을 받음으로써 성인딸과 며느리는 걱정 없이 직장생활에 집중할 수 있었고, 손자녀에게 어머니의 양육은 '남'보다 훨씬 나은, '믿고 맡길 수 있는' 대안으로 여겨졌다. 경제적으로도 이익이었는데, 육아도우미를 고용하는 것보다 적은 비용으로 아이를 맡길 수 있었고 때로는 양육을 지원받기 위해 부모의 집에 '얹혀' 살면서 주택비나 생활비를 절약하는 경우도 있었다. 손자녀 양육 지원에 따르는 어머니의 가사노동 지원도 매력적이었다. 연구에 참여한 성인딸이나 며느리는 시어머니보다 친정어머니에게 자녀양육을 의존할 때 더 많은 이익이 있다고 하였다. 며느리 입장에서 불편한 시어머니보다 친정어머니는 상호작용에 대한 부담이 적고, 선호하는 육아방식을 요청할 수 있으며, 성인딸의 육아부담에 공감해 줄 것이라는 기대 때문이었다.

2) 지원 및 의존에 따른 부모-자녀관계 경험[2]

(1) 지원하는 어머니의 관점

어머니들은 '손주 봐 주는 공은 없다', '애 보느니 나가서 일하는 것이 낫다'는 말을 통해서 손자녀 양육 지원에 대한 부담감을 표현하였다. 손자녀 양육 지원은 신체적으로 부담스럽기도 하였지만 손자녀는 '내 자식'

---

[2] 이 부분은 필자가 『한국가정관리학회지』 31권 2호에 발표한 논문(이재림, 2013)의 연구결과 중 일부를 이 글의 문제의식을 토대로 선별하여 재구성한 것임.

이 아니라 성인자녀의 자식이기 때문에 손자녀가 아프거나 다치면 성인자
녀 부부로부터 원망을 받는 것 같거나 미안한 마음이 생긴다고 하였다. 어
머니의 이러한 부담감은 성인자녀 부부가 양육 지원을 당연하게 여기거나,
장기적으로 기대하거나, 가사노동 등 다른 지원까지 기대하거나, 최신식
양육방식이나 교육활동까지 기대할 경우 악화되었다. 예를 들어 어머니가
계속 아이를 돌봐줄 것이라고 기대하고 둘째를 낳거나, 손자녀 위주로만 생
각하고 지원에 대한 고마움을 표현하지 않거나, 양육 지원과 동시에 사위의
식사준비 등을 해야 하거나, 책 읽어주기 등 교육적 활동까지 요구할 때 성
인자녀 부부에게 불편한 감정을 경험하였다. 몇몇 어머니들은 성인자녀 부
부가 이기적이라고 하거나 고마운 줄 모른다는 점에서 불만이나 실망감을
표현하였다.

> 애 봐주면 딸 맨날 오지, 사위 오지. 애 봐주는 건 또 봐주는데 밥 해주는
> 것. 반찬. 어휴, 내가 스트레스가 너무 심해. (중략) 그게 애 보는 것보다 몇 배나
> 더 힘들어. 그런데 우리 딸은 모를 거야. 아마. 당연히 엄마는 하는 건 줄 아니까.
>
> 이재림, 2013, pp. 7-8.

> 토요일 같은 경우에도 보면 제가 5일 동안 열심히 봐 줬으니까 지네들이 데
> 리고 가는 것이 당연한 건데, 놀러 갈 때는 나한테 맡긴다거나 이런 거. 그런 걸
> 보면 좀 그런 거 같고. (중략) (사위가) 당연한 걸로 알고 있고 너무 처갓집에 의존
> 하려는 게 있더라고요.
>
> 이재림, 2013, p. 8.

한편으로 어머니들은 손자녀 양육을 지원하기로 결정할 때와 마찬가
지로 양육을 지원하면서 '부모 마음'을 경험하였다. 손자녀 양육을 지원함
으로써 성인자녀 부부가 경제활동에 집중할 수 있다는 점에 어머니로서
만족하였고, 일과 육아를 병행하는 성인딸이 안쓰러워서 지원을 지속하였
다. 아들 부부에 대한 경제적인 지원이 충분하지 않았거나 아들의 수입이

부족해서 며느리가 직장생활을 한다고 생각하는 경우에는 손자녀 양육을 지원한다는 점으로 위안을 삼았다.

어머니들은 손자녀 양육 지원이 '부모 마음'의 발현일 뿐 성인자녀 부부로부터 보상을 기대하지는 않는다고 하였다. 미래에도 성인자녀에게 짐이 되고 싶은 생각이 없음을 강조하였고, 부양에 대해 '생각은 해 보지만 기대는 하지 않는다'는 솔직한 반응도 있었다.[3] 손자녀 양육 지원의 결과 자녀로부터 받는 수고비나 용돈에 대해서는 양육 지원의 대가로 인식하기보다는 성인자녀 부부가 보이는 감사의 표현이라고 인식하였다. 금액과 무관하게 애써 모은 '자식 돈'을 받는 것이 불편하지만 돈을 받아야 어머니의 지원을 당연하게 받아들이지 않을 것이고 자녀 입장에서도 덜 미안할 것이라고 하였다.

> 부모로서 나는 저희들한테 떳떳하게 다가갈 수 있는 일을 했다고 생각해요. 나 할 일 다 하고 저희들 다 가르치고 이렇게 고생해 가지고 손주까지 봐 주고. 그렇다고 해서 늙어서 저희들한테 짐이 되가지고 돈 타 쓰는 그건 하려고 생각지도 않았던 거고. 마음 속으로야 부모 자식 지간이니까 의지하고 할 일은 있어도 그런 기대 심리는 별로 없으니까.
>
> 이재림, 2013, p. 10.

(2) 의존하는 성인딸과 며느리의 관점

손자녀 양육 지원에 의존하는 성인딸과 며느리는 어머니에게 일방적으로 의존하는 관계를 맺고 있다고 생각하였다. 이러한 의존관계는 성인딸과 며느리에게 불가피하고 만족스러운 관계였으나, 어머니에게는 불공

---

[3] 어머니들이 성인자녀의 부양을 진심으로 기대하지 않는 것인지, 기대를 했다가 부양이 이루어지지 않으면 실망할 것이 두려워서 기대를 하지 못하는 것인지, 사회의 전반적인 부양의식의 변화로 인해 자녀로부터 부양을 기대한다고 드러내어 이야기하는 것이 어려워진 것인지에 대해서는 좀 더 심층적인 연구가 필요해 보인다.

평한 관계로 인식되었다. 미취학 자녀를 두고 경제활동을 하는 성인딸과 며느리들은 '죄송하지만 어쩔 수 없이' 어머니의 양육 지원에 의존한다고 하였다. 보육시설은 믿고 맡기기가 어렵고, 육아도우미를 고용하기는 경제적으로 부담스럽고, 육아휴직은 현실적으로 어렵기 때문이었다. 이러한 의존관계에서 얻는 것이 많은 성인딸과 며느리는 만족감을 표현하였고, 고부관계에 대해서도 '잃는 것보다 얻는 것이 많은' 관계라는 점에서 만족하였다.

내 생활 자체가 애를 봐 주지 않으면 절대로 돌아갈 수 없는 생활인데 시어머니가 봐 주기 때문에 돌아가는 거고 아이뿐만 아니라 다른 부분까지도 시어머니가 다 커버해 주시기 때문에 제가 이렇게 다니고 있는 거거든요. (중략) 오히려 내 애를 봐 주고 계시다는 것보다 나를 봐 주고 계시다는 느낌이 저한테는 되게 큰 거예요.

이재림, 2013, p. 10.

그러나 성인딸과 며느리가 보기에도 손자녀 양육 지원은 어머니가 '희생'하는 불공평한 관계였다. 이들은 손자녀 양육을 통해 성인자녀를 일방적으로 지원하고 있는 어머니에게 죄송하고 감사한 마음을 갖고 있었고, 일부는 일방적인 의존관계에 대해 '이기적'이라거나 '뻔뻔'하다는 표현을 사용하였다. 이렇게 일방적 지원관계를 불공평하다고 인식한 것은 미래에 부모를 부양할 것이라고 생각하지 않았기 때문이기도 하였다. 이들은 대부분 양육에 대한 지원을 받았다고 앞으로 노부모를 부양할 책임이 있다고는 생각하지 않았다. 어머니에게 제공하는 수고비나 용돈에 대해서도 공평한 교환이 이루어진다고 생각하는 대신, 감사를 표현함으로써 의존으로 인한 부담감을 해소하는 데 도움이 된다고 여겼다. 부모-자녀관계에서 주도권을 어머니가 갖고 있는 점도 일방적 의존관계를 드러낸다고 보았다.

4. 성인자녀의 도구적 부모 의존, 한국가족의 그림자

1) 양가적 규범과 양가감정

20-30대 성인자녀는 부모로부터 독립을 '못' 하는 것인가, '안' 하는 것인가? 현재 학계나 대중매체에서 성인자녀의 부모 의존을 논의하는 방식을 보면 20-30대를 '3포 세대'로 보고 부모로부터 독립을 '못' 하는 처지에 초점을 맞추거나, 반대로 부모의 과보호 아래 성장한 나약하고 의존적인 20-30대의 특성을 강조하면서 독립을 '안' 한다는 점을 비판하고 있다. 그러나 손자녀 양육 지원의 예에서 나타난 바와 같이 성인자녀는 독립을 '못' 하기도 하고 '안' 하기도 하는 양가적인 상황에 있는 것으로 보인다. 위의 예에서와 같이 성인자녀는 부모에게 어쩔 수 없이 의존하기도 하지만, 부모의 지원을 내심 기대하고 있으며 지원을 받는 것에 익숙하다. 성인자녀가 부모에게 일방적으로 의존하는 관계는 부모에게 불공평한 관계라고 지각하면서도, 부모가 지원해 주지 않을 경우 실망하거나 부모를 원망하기도 한다. 이러한 연구결과를 보면 대부분의 20-30대는 부모로부터 독립을 '못' 하는 것이기도 하지만, '안' 하는 것이라고도 볼 수 있다.

그렇다면 성인자녀를 일방적으로 지원하는 부모의 속마음은 어떠한가? 손자녀 양육을 지원하는 어머니의 예를 보면 부모로부터 독립을 '못' 하는 성인자녀를 안쓰러운 마음으로 지켜보면서 조금이라도 자녀가 짊어진 삶의 무게를 덜어주고 싶은 '부모 마음'에서 성인자녀를 지원한다. 그러나 지원의 동기가 온전히 자발적인 것만은 아니다. 부모의 지원에 대한 성인자녀의 기대는 거부할 수 없는 압력으로 작용하며, 경제적으로 지원을 하지 못하면 손자녀 돌봄과 같은 서비스 지원이라도 해야 한다는 책임감에서 자녀를 도구적으로 지원하게 된다. 성인자녀를 둔 부모세대의 자료를 분석한 최여진과 이재림(2014)의 연구에서도 성인자녀에 대한 지원이 부모의 책임이라는 태도를 얼마나 지지하느냐와 성인자녀에 대한 실제 지원과는 유의미한 관련이 없는 것으로 나타났다. 즉, 부모가 성인자녀를 지원해야 한다고 생각하지는 않으면서도 실제로는 지원을 하고 있는 부모가 상당함을 알 수 있다. 이들 부모는 독립을 '안' 하는 의존적인 성인자녀에게 부담감을 느끼며, 부모로부터의 지원을 당연하게 생각하는 자녀를 야속해 하거나 원망하기도 한다. 종합하면, 한편으로는 성인자녀를 지원하고 싶고 지원해야 할 것 같지만, 다른 한편으로는 의존적인 성인자녀가 부담스럽고 지원이 장기화되면서 부모도 지쳐가고 있는 것으로 보인다. 성인자녀가 너무 많은 지원을 필요로 한다고 생각하는 부모의 생활만족도가 낮았다는 해외의 연구(Fingerman et al., 2012)와도 같은 맥락이다.

이렇게 자녀를 위하는 '부모 마음'과 자녀에 대한 부담감이 공존하는 상황은 세대 간 양가성(intergenerational ambivalence) 개념으로 설명할 수 있다(Lüscher & Pillemer, 1998). 세대 간 양가성에는 사회적 양가성과 심리적 양가성이 있다(Connidis & McMullin, 2002; Lüscher & Pillemer, 1998). 사회적 양가성이란 상충하는 규범, 예를 들어 한편으로는 부모가 성인자녀를 지원해야 한다는 기대가 있고, 다른 한편으로는 성인자녀를 독립시켜야 한다는 규범이나 부모도 노후를 준비하고 즐겨야 한다는 인식이 존재하는 것과 같이, 대립적인 규범이 사회적으로 공존하는 상황을 일컫는다. 심리적 양가성, 즉 양가감정이란, 이렇게 사회적 양가성이 존재할 때 부모와 자녀는 서로에게 긍정적인 감정(사랑, 감사, 안타까움)과 부정적인 감정(부담감, 실망, 원망)을 동시에 경험한다는 것이다.

세대간 양가성은 가족주의, 효 규범과 같은 전통적인 가족 규범과 개인주의, 자율성과 같은 현대적인 가족 규범이 압축적으로 공존하는 한국 사회에서 불가피한 현상으로 보인다. 부모 입장에서 보면, 한편으로는 개인보다 가족이 우선이라는 가족주의적 관점에서 자신의 편안한 노후보다 성인자녀의 안위를 위해 기꺼이 자녀를 지원해야 한다고 생각하다가도, 다른 한편으로는 성인자녀로부터 부양을 기대하기 힘든 개인주의적인 시대임을 씁쓸하게 받아들여야 하는 것이 현실이다. 성인자녀의 경우에도, 부모에게 의존할 때는 가족을 위해 부모가 희생할 것을 기대하는 가족주의적 관점을 취하다가도, 노부모 부양의 문제에 있어서는 개인주의적 관점을 취하며 효 규범을 구시대적이라고 치부하는 것으로 보인다. 전통적 가족 규범과 현대적 가족 규범이 공존하는 상황에서, 자신이 처한 상황에 유리하도록 규범을 편의주의적으로 적용하며 살아가는 것이 오늘날 한국가족 생활의 특징이라는 지적(성미애, 2006; Sung & Lee, 2013)이 성인자녀의 도구적 부모 의존 현상에서도 그대로 나타난다. 이렇게 상충하는 가족 규범이 공존하는 것은 한국의 가족관계에 부정적인 영향을 미친다는 학자들의 해석(Sung & Lee, 2013)이 서로에게 심리적 양가성(양가감정)을 경험하는 부모와 성인자녀의 관계에서도 드러나고 있다.

2) 의존하는 성인자녀, 위협받는 부모의 복지, 사회적 부담의 증가

부모가 20-30대 성인자녀를 도구적으로 지원하는 것은 사회가 이들을 지원하기 위해 지출해야 할 공적 비용을 부모가 떠안는 셈이라는 점에서 사회적으로는 일견 긍정적으로 보일 수도 있다. 그러나 문제는 부모의 경제적 여건이 그리 넉넉하지 않다는 것이다. 여러 선행연구와 사회조사 결과를 보면 20-30대 성인자녀를 경제적으로 지원하고 있는 50-60대 부모세대 중 상당수는 노후에 필요한 자산을 모으지 못하고 성인자녀에게 이전하고 있다(고선강, 2012). 여성가족부 제2차 가족실태조사에 따르면 50대의 약 51%, 60대의 약 58%가 노후를 위한 경제적 준비를 하지 못하고 있었다(조희금 외, 2010). 기대여명이 꾸준히 증가하여 백세시대가 멀지 않았다는 전망을 고려한다면, 성인자녀를 지원하느라 노후에 대한 경제적 대비를 충분히 하지 못하고 있는 현재 50-60대 부모는 수십 년의 긴 노년을 경제적으로 어렵게 보낼 가능성이 높다. 노부모 부양의식이 쇠퇴하였고, 현실적으로도 자녀가 노부모를 부양하기 어려울 것이라는 전망은 앞서 언급한 바 있다. 이러한 배경에서, 성인자녀에게 재산을 증여한 후 자녀에게 버림받고 경제적 어려움에 시달리고 있는 이른바 상속 빈곤층 부모나 현대판 고려장과 같은 극단적인 사례가 등장하고 있다(박민제, 2014).

성인자녀의 부모 의존은 사회적 부담의 증가를 의미한다. 성인자녀를 지원하기 위해 부모가 노후에 필요한 자산을 사용하게 되면 부모의 노후에 대한 부담은 결국 사회로 돌아가기 때문이다. 혹자는 노인부양의 사회적 부담은 생산가능 인구, 결국 현 20-30대와 이들의 자녀세대가 앞으로 국민연금 등의 공적 제도를 통해 분담할 것이므로, 부모세대와 자녀세대 사이에 국가를 통한 장기적 호혜성이 성립할 수도 있다고 할 것이다. 그러나 문제는 저출산 현상으로 인해 부모세대를 부양할 자녀세대와 손자녀세대의 인구가 충분하지 않다는 점이다. 사회적으로도 현재 50-60대 부모세대와 20-30대 자녀세대 사이에 장기적 호혜성이 성립하지 못하는 이유가 여기에 있다. 즉 이들 부모세대는 자녀가 성인이 되고 결혼을 한 이후에도 자녀를 계속 지원하지만 노인이 되어서는 가족의 노부모 부양이라는 직접적 형태로도, 공적 연금이라는 간접적 형태로도 자녀에게 제공한 만큼의 자원을 되돌려 받기 어려워 보인다.

이외에도 최근에 가족 관련 인식이나 태도를 조사한 결과를 보면, 20-30대 성인자녀의 도구적 부모 의존은 저출산 현상의 악화에 영향을 미칠 가능성까지 엿보인다. 제2차 가족실태조사에 따르면 10-30대 집단은 자녀가 즐거움을 주고 필요하다는 긍정적 진술에 동의하는 정도가 다른 연령대에 비해 낮고, 자녀를 키우는 것은 힘들고 경제적으로 부담이 되는 일이라는 진술에 동의하는 정도가 높았다(조희금 외, 2010). 젊은 세대가 부모됨에 대해 이렇게 부정적인 태도를 갖고 있는 것은 성인이 된 자녀에게도 끊임없이 지원을 하고 있는 자신의 부모가 경험하고 있는 고충이 투영된 결과로 보인다. 부모가 자신과 같은 자녀를 키우기 위해서 대학을 졸업시킬 때까지 지출하는 비용이 3억이라고 하고 대학 졸업 이후에도 취업 준비, 결혼식 비용, 주택비 등을 보조하고 있는 부모를 지켜보면서 '나는 부모처럼 살 자신이 없다'는 '3포 세대'가 결혼과 출산을 포기하고 있는 것은 아닐까? 이로 인해 결혼과 출산이 더욱 감소한다면 부모세대를 부양할 인구는 더욱 부족하게 되는 악순환이 우려된다.

성인자녀의 부모 의존은 사회계층의 양극화를 심화시킬 우려도 있다.

현재 한국사회의 계층별 부모-성인자녀관계를 보면, 풍족한 자원을 갖고 있는 부모에게 의존하여 편안한 삶을 영위하고 있으며 향후에도 부모의 부를 물려받을 고소득층 성인자녀도 있다. 또한, 풍족하지 못한 자원이나마 갖고 있는 부모에게 의존하여 '3포'를 면하는 정도의 삶을 살고 있으나, 계층 상승을 기대하기는 어려운 중산층 자녀도 많다. 반면, 부모의 도움을 받기는커녕 때로는 부모의 생활비까지 부담하면서 비정규직의 불안정한 삶을 살고 있는 저소득층 자녀도 있다. 부모가 성인자녀를 지원을 하는 현 상황이 유지되는 한 이러한 계층 간 격차는 넓어질 수밖에 없다. 노력해도 계층 상승을 기대할 수 없는 사회, 즉 희망이 없는 사회가 한국사회의 현 주소임을 부인하기 어려운 것이다. 부모가 성인자녀를 지원함으로써 계층 이 재생산되는 사회구조가 유지되는 한 사회통합은 요원해 보인다.

이와 관련해서 계층별 부모-자녀관계의 차별화 역시 우려되는 대목이다. 부모와 원만한 관계를 유지함으로써 부모로부터 더 많은 지원을 받을 수 있는 고소득층의 부모-자녀관계는 친밀하고 만족스러울 가능성이 높다. 그러나 고소득층 부모와 성인자녀는 심리적으로 분화되지 못하고 부모가 성인자녀의 삶에 지나치게 개입할 우려가 있다. 반면 부모가 충분한 지원을 하지 못하는 다른 계층에서는, 부모의 지원을 기대하는 성인자녀에 대해 부모가 야속한 마음을 갖거나, 충분한 지원을 해 주지 못하는 부모에 대해 자녀가 원망하는 감정을 갖는 등 부모-자녀관계에서 어려움을 경험할 가능성이 있다. 실제로 부모의 소득에 따라 성인자녀와의 교류빈도나 결속도에 차이가 있다는 선행연구의 결과(정재기, 2007)는 이러한 추측을 뒷받침한다.

요약하면, 성인자녀의 도구적 부모 의존은 부모세대의 경제적 복지를 위협하고, 노인부양에 대한 사회적 부담을 증가시킬 수 있다. 저출산 현상과 맞물려 사회적으로도 세대 간 호혜성이 성립하지 않게 되는 결과를 낳을 가능성이 높으며, 이외에 자신의 부모처럼 살 자신이 없는 20-30대가 출산을 포기하면서 저출산 현상에 영향을 미칠 가능성도 있다. 또한 부모의 도구적 성인자녀 지원은 계층의 재생산을 통해 사회통합을 위협하고 부모-자녀관계의 양상마저도 바꿀 수 있다.

5. 나가며

지금까지 20-30대 성인자녀가 부모에게 도구적으로 의존하는 현상을 한국가족의 맥락에서 진단해 보았다. 특히 성인자녀의 도구적 부모 의존이 장기간 지속될 가능성이 높은 반면 부모가 성인자녀로부터 기대할 것은 많지 않은 상황, 즉 장기적 호혜성이 성립하지 않을 가능성에 주목했다. 장기적 호혜성이 성립하지 않는 부모-자녀관계에서 나타날 것으로 우려되는 부담감, 긴장, 원망 등 감정적 위험 요소와 함께 부모가 자녀의 삶에 지나치게 개입함으로써 발생하는 위험 요소를 언급하였다. 성인자녀에 대한 부모의 도구적 지원의 한 가지인 손자녀 양육 지원의 예를 통해 지원을 제공하는 부모와 부모에게 의존하는 성인자녀의 관점을 살펴보았고, 이를 토대로 세대 간 지원과 관련해서 한국사회에 존재하는 모순적이고 양가적인 규범, 그리고 사회적 양가성으로 인해 유발되는 부모와 성인자녀 사이의 양가감정에 대해 논의하였다. 마지막으로는 성인자녀의 의존으로 인해 위협받고 있는 부모의 노후, 사회적 비용의 증가, 출산 회피의 가능성을 진단하고, 부모의 성인자녀 지원이 사회계층의 재생산 기제임을 지적하였다.

물론 20-30대 성인자녀를 위한 부모의 지원은 자녀에게 든든한 버팀목이 된다는 긍정적 관점에서 성인자녀의 도구적 부모 의존 현상을 바라볼 수도 있다. 서구에서도 부모로부터의 경제적 지원이나 주거 지원이 성인초기의 자녀에게 안전망이나 버팀목 역할을 한다는 연구가 있다(Swartz, Kim, Uno, Mortimer, & O'Brien, 2011). 그러나 문제는 한국 성인자녀의 경우 이러한 버팀목을 발판으로 부모로부터 독립을 하는 것이 아니라, 부모의 품안에 머무르면서 의존한다는 점에 있다. '캥거루' 자녀를 너무 오래 품고 있는 부모는 노후를 준비하지 못하고 지쳐간다. 준비 없이 맞이하는 백세시대는 노인 본인뿐만 아니라 온 가족과 사회에 재앙이 될 수 있음은 잘 알려져 있다. 부모에게 의존하는 것에 익숙한 성인자녀가 낳은 미래 세대는 부모에게 더욱 의존적인 존재가 될 가능성마저 있다. 도구적 부모 의존이 세대 간에 대물림되는 것이다. 내 부모처럼 자녀에게 헌신할 자신이 없어 부모됨 자체를 포기하거나, 부모에게 의존할 수 없기 때문에 미래에 대한 희망을 품기도 어려운 계층의 성인자녀가 느끼는 소외감도 고려해야 한다.

이상의 논의를 정리해 보면, 20-30대 성인자녀의 도구적 부모 의존은 성인자녀가 독립을 '못' 할 수밖에 없는 한국 사회의 교육·고용·주택·인구·문화적 맥락과, 독립을 '안' 해도 되는 한국가족 내 부모-자녀관계의 양가적 특성이 복잡하게 얽힌 결과로 보인다. 독립을 '못' 하기도 하지만 '안' 하기도 하는 성인자녀를 둔 부모는 자녀를 무리해서 지원하면서도 자녀로부터 지원을 바랄 수는 없는 안타까운 함정에 빠져 있다. 한국 사회는 함정에 빠진 부모를 구할 수 있을 것인가? 머리를 맞대고 고민해야 할 중요하고 심각한 문제임에 틀림없다.

장주영

사회문화적 맥락에 기반한 가족 상호작용과 관계의 질에 관심이 있으며, 다문화결혼, 부부 및 친족관계, 가족과 테크놀로지 등에 대한 연구를 수행하고 있다. 이 글은 한국의 가족문화적 맥락에서 고부관계의 특성을 고찰해보고자 하는 데 목적이 있다. 이 글에서는 고부관계에 관한 이론적 틀을 제공함으로써 고부관계에 대한 체계적인 이해 및 건강한 고부관계의 형성과 유지에 기여하고자 한다.

16장.

인사이드 시(媤)월드:
한국 고부관계 고찰

1. 들어가기

　'시집살이 개집살이'라고 일컫는 구전 민요 시집살이 노래부터 최근의 막장 드라마에 이르기까지 고부관계의 어려움과 불편함은 우리 주변에서 흔히 접할 수 있는 이야기들의 단골 소재이다. 많은 한국 여성들은 누군가의 며느리이거나 시어머니로서의 삶을 살고 있고, 때로는 며느리인 동시에 시어머니이기도 하다. 비록 며느리 또는 시어머니라는 지위가 그들의 정체성을 대표하는 지위는 아닐지라도 성인 자녀의 결혼 이후에도 원가족과의 관계가 긴밀하게 유지되는 한국가족의 특성을 생각해 볼 때 그에 수반되는 고부관계는 쉽게 지나칠 수 없는 주제이다.

　필자가 미국에서 박사 과정을 밟던 시절, 인척관계, 특히 고부관계에 관심이 있다는 이야기를 할 때면 사람들의 반응은 두 부류로 나뉘어졌다.

한 쪽은 우리가 쉽게 상상할 수 있는 서로 독립된 관계를 유지하는 서구의 부모자녀들, 소위 쿨한 미국 시어머니와 며느리들이다. 이들은 주로 '우리 시어머니는 좋은 분이지', '우리 집 며느리들은 다 착해'라던가, '나는 시어머니(며느리)랑 잘 안 맞아서 서로 연락 안 하고 살아' 등의 짧고 간단한 코멘트를 하는 경향이 있다. 반면 다른 한 쪽은, '아, 너 악독한 시어머니(evil mother-in-law/monster mother-in-law)에 관심이 있구나' 등으로 서두를 떼고 그들의 시어머니 또는 며느리와 관련된 고생담이나 일화를 들려주었다. 고부 갈등은 한국가족 고유의 특성이라고만 생각했던 필자에게 후자의 이야기들은 예기치 못한 반응이었다. '악마가 모든 곳에 존재할 수 없어서 시어머니를 만들었다'는 웃지 못 할 서양식 농담을 들은 것은 그 후의 일이다.

실제로 가족 관련 연구들의 결과들을 종합해 보면, 인척관계의 어려움, 특히 고부관계의 어려움은 인류 보편적인 현상이라고 할 수 있다. 가까이는 중국(Cong & Silverstein, 2008; Lim & Lim, 2012), 일본(Nishi et al., 2010), 대만(Sandel, 2004)를 비롯하여, 미국(Fischer, 1983; Morr Serewicz & Canary, 2008), 인도(Lopata, 1999), 터키(Levy & Zumwalt, 2012), 나이지리아(Olutola, 2012)에서도 고부관계는 친족관계 중 가장 갈등의 소지가 많고 취약한 관계인 것으로 보고되고 있다. 'The Mother-in-law's Manual(역: 시어머니를 위한 설명서)'의 저자인 Lieberman 박사는 많은 미국 시어머니들이 되뇌는 열 가지 격언이 '1.입 다물고 있기, 2.입 다물고 있기, ……, 10.입 다물고 있기'라고 하면서, 이는 시어머니가 며느리에게 하는 말은 무엇이든지 비난이나 잔소리로 들린다고 여겨지기 때문이라고 설명한다(Lieberman, 2009). 그의 예시에 따르면 시어머니가 '비가 오려나 보다'라고 얘기하면 며느리는 그에 대해 '아니, 내가 바보도 아닌데, 비 오는 날 뭘 입고, 창문은 언제 닫아야 되는 지도 모른다는 거야?'로 생각한다고 한다. 비록 시어머니가 진정으로 하고 싶었던 말이 말 그대로 '비가 올 것 같다'이더라도, 과거 그 말이 함축한 의미가 '꼭 이런 날에 운전을 해야겠니?'라거나 '네가 하는 소리를 듣고 있느니

차라리 날씨 얘기나 하는 게 낫겠다'였던 부정적 경험이 축적된 며느리에게는 시어머니의 표현이 곧이곧대로 들리지 않기 때문이다(Lieberman, 2009). 이와 같은 예시는 고부갈등의 경험이 비단 한국가족만의 문제는 아니라는 점을 시사한다.

그렇다면 고부관계가 유난히 취약하고 갈등의 소지가 많은 관계로 여겨지는 것은 무엇 때문일까? 그리고 고부갈등이 많은 문화권에서 발견할 수 있는 공통된 가족 문제라면 한국의 고부관계는 타문화의 고부관계와 비교하여 어떤 사회 문화적 특수성을 가지고 있을까? 이러한 문제의식에서 출발하여 본 연구에서는 고부관계를 악독한 시어머니, 몹쓸 며느리라는 고정 관념에서 벗어나, 한국의 가족 문화적 맥락에서 체계적으로 고찰해 보고자 한다.

결혼이란 두 당사자 간의 합의에 의해 맺어진 새로운 가족의 출발점이다. 개인의 선호에 의해 배우자를 선택하고 부부가 가족의 중심이 되는 핵가족 문화가 확산되었다고 하지만, 한국 사회에서 결혼은 여전히 가족과 가족 간의 결합으로 여겨진다. 즉 결혼을 통해 '나의 가족'을 형성함과 동시에 배우자의 가족 역시 새로운 가족의 범주에 들어오게 된다. 특히 가부장제 규범의 영향력이 남아있는 한국가족에서 여성의 결혼은 "시집간다"고 일컬어지며 며느리라는 이름의 지위와 의무를 얻게 된다.

전통사회에서는 고부관계에 대한 사회적 기대와 규범이 명확하게 존재하였다. 갓 시집온 며느리는 가족 내에서 가장 낮은 지위에 머물렀고 가문의 대를 잇기 위한 아들을 낳는 수단으로 여겨지는 경우가 많았다(Kim, 2011). 시집을 가면 '귀머거리 삼 년, 장님 삼 년, 벙어리 삼 년'으로 석 삼 년을 살아야했다는 말처럼 시어머니의 권위와 통제에 대한 며느리의 순종 역시 당연한 것으로 여겨졌다.

그러나 최근에 들어 이와 같은 고부 간의 획일적인 상하 권력 관계에도 다양성이 발생하고 있다(박소영, 박태영, 2008). 가부장 중심의 세대 간 위계질서가 약화되고 가족 구조가 부부 중심의 핵가족으로 재편됨에 따라 시어머니의 절대적 권위에 대한 의문과 반발이 제기되는가 하면(김밀

양, 2004; 박소영, 박태영, 2008), 취업모의 증가에 따라 며느리의 가사 및 육아를 지원하는 시어머니들(Lee & Bauer, 2013), 즉 시집살이 대신 속칭 '며느리살이'(네이버 지식in 오픈국어: '맞벌이 부부가 증가하면서 직장생활을 하는 젊은 며느리를 대신해서 가사와 육아를 떠맡아야 하는 현대 시어머니들의 상황을 빗댄 신조어')를 하는 경우도 많아지고 있다. 이러한 변화에도 불구하고, 고부관계가 위계적이고 부정적이라는 인식(이영숙, 박경란, 2006)은 그리 쉽게 바뀌지 않고 있다.

'시월드'는 이제 고부관계에 관심이 있는 사람이라면 누구나 한 번쯤은 들어보았을 신조어이다. 네이버 지식in 오픈국어에 의하면 시월드란 '시어머니, 시아버지, 시누이처럼 시(媤)자가 들어간 사람들의 세상, 즉 "시가"를 뜻하는 신조어 표현'이다. 다만, 이 사전적 의미에는 시월드란 표현이 함축하고 있는 시가에 대한 부정적 태도에 관한 설명이 포함되어 있지 않다. 시월드는 대다수의 한국 기혼 여성들이 자주 주말이나 휴가, 명절을 보내는 물리적, 심리적 공간이지만, 롯데월드, 미국 샌디에고에 있는 Seaworld 등의 가족과 여가를 즐길 수 있는 놀이동산처럼 즐거운 울림을 가진 단어가 아니다. '시가'라는 단어와 비교해 보았을 때, 시월드란 단어는 시가 가족들과의 관계에서 며느리들이 느끼는 고단함, 짜증, 화(火) 등 부정적 정서를 연상시킨다. 비록 고부관계는 갈등적 관계라는 것이 보편적 인식이었지만(이영숙, 박경란, 2006), 시월드에 대한 최근의 공공연한 사회적 논의는 전통적 고부관계의 규범에 의문이 제기되고 있음을 시사하고 있다. 다만 논의를 제기하는 방식이 고부관계의 본질이 무엇에 뿌리를 두고 있는지 파악하는 것보다 오락적이고 자극적인 면을 강조하는 데 치중하고 있다는 점에서 그 한계를 드러내고 있다. 예를 들어 각종 가족 드라마에서는 가학적이고 상식이 없는 시어머니 상을 그려내고 있고, 고부관계를 주제로 한 토크쇼까지 인기를 얻고 있다. 이렇듯 미디어에서 그려지는 고부관계는 왜 그 관계가 어렵고 불편하게 여겨지는지를 드러내기보다는 시어머니, 며느리의 지위에 있는 개개인의 성격적 특성에 초점을 맞추어 단편적인 결론을 이끌어내고 있다. 본 연구에서는 고부관계라는 친족

관계의 특성에 대해 고찰해봄으로써 시월드에 대한 심도 있는 이해에 이
바지하고자 한다.

2. 고부관계의 불확실성

부부관계나 부모자녀관계 등 다른 가족관계와 대조되는 고부관계 고
유의 특성은 '관계의 불확실성(uncertainty)'이다. 결혼이라는 선택에 의
해 성립되는 부부관계는 자발적으로 시작한 가족관계라는 특성을 갖고
있으며, 출산 또는 입양에 의해 성립되는 부모자녀관계는 세대 간 위계라
는 특성을 갖는다(Morr Serewicz, 2008). 이와 달리 고부관계는 당사자
간의 선택이나 혈연과는 무관하게 결혼에 의해 매개된 인위적, 비자발적
관계(Morr Serewicz, 2006)이다. 결혼이 개인의 낭만적 선택이라는 근대
적 결혼관의 확산으로 부모가 자녀의 배우자 선택에 직접적으로 관여하
는 경우는 과거에 비해 크게 감소하였고, 많은 경우 부모의 영향력은 자
녀가 고른 배우자와의 결혼을 승낙하거나 인정하는 정도에 그친다(Sohn,
2011). 한편, 자녀 세대의 경우에는 결혼 상대를 직접 선택할 수 있지만,
그 상대방의 부모는 자신이 선택할 수 있는 것이 아니라 결혼 상대방에게
태생적으로 주어지는 것이다. 이렇듯 고부관계는 시어머니와 며느리 모두
에게 본인의 의사와는 무관하게 비자발적으로 형성되는 관계이다. 따라서
시어머니와 며느리 간에 상호 의무와 기대에 대한 사전 합의가 존재하기
어려우며, 상대방을 가족으로 대하는 방식과 행동의 면에서도 많은 시행
착오가 따르게 된다(Mikucki-Enyart, 2011).

결혼에 의해 법적인 친족의 지위가 주어진다 하더라도, 시어머니와 며
느리라는 타인을 진정한 가족으로 받아들이는 데에는 개인과 가족의 성
향에 따른 차이가 나타나게 된다(Turner, Young, & Black, 2006). 시어
머니와 며느리는 오랜 세월 서로 다른 환경과 가족 문화 속에서 살아 온
타인이기 때문에, 같은 남자(아들/남편)를 사랑한다는 점 이외에는 상호

간의 공통점을 찾기도 쉽지 않을 것이다. 또한, 상대방을 가족으로 대해야 하는지 아니면 친척으로 여겨야 하는지에 대해서도 결정을 내리기가 쉽지 않다(Fischer, 1983). 서구에서는 고부관계를 'in-law relationship', 즉 결혼에 의해 발생한 법률로 맺어진 관계로 정의하지만 실생활에서 그 관계를 어떻게 영위해야하는가는 개별 가족의 문화와 개인의 선호에 의해 정해진다. 이와 달리 한국 사회에서의 고부관계는 윤리규범의 영향을 많이 받는다. 시어머니를 부르는 일반적인 칭호가 '어머님'이고 시부모와 떨어져 사는 여성의 38.4%가 시부모와 일주일에 한 번 이상 교류한다(조희금 외, 2010)는 가족실태조사의 결과와, 고부관계는 아들/남편이 사망하더라도 법적으로 유지되는 인척관계이고 며느리의 재혼을 통해서만 소멸된다는 민법상의 규정(775조 2항)이 그 예이다. 그러나 이러한 사회적 규범을 따르는 것이 심리적으로 쉽지 않은 경우에는 개인의 내적 갈등을 초래할 수 있다. 특히 며느리에게 시부모에 대한 효 의식, 특히 무조건적인 순종을 요구하던 전통적인 가족문화가 변화하고 있는 현 시점에는 많은 구조적, 규범적, 심리적 불확실성이 존재하고 있다.

　이렇듯 고부관계에 내재된 불확실성에도 불구하고 고부관계는 결혼 이후 시간의 흐름에 따라 발전하는 관계이고(Silverstein, 1990), 교류 빈도의 증가에 따라 더 가까운 사이로 발전할 가능성이 있다고 여겨진다(Santos & Levitt, 2007). 앞서 언급한 것처럼 많은 한국의 며느리들은 시부모 혹은 시어머니와 전화 통화나 방문 등을 통한 잦은 물리적 교류를 유지한다. 한국가족에서만이 아니라 가족 및 친척 간의 관계를 유지시키기 위한 노력은 대부분의 경우 여성 가족원, 즉 시어머니와 며느리에 의해 이루어진다(Rosenthal, 1985). 교류 빈도와 관계 증진의 긍정적인 상관관계를 생각해 볼 때, 가족원의 생일이나 제사, 명절 등 각종 모임과 그 준비를 위한 고부 간의 잦은 교류는 고부관계의 친밀성을 증가시킬 수 있는 기회의 장으로 작용할 수 있을 것이다. 반면 교류 자체가 갈등을 유발할 수 있는 계기로 작용할 수도 있으며 그 경우 교류 빈도의 증가가 고부관계의 악화로 이어질 수도 있다(Morr Serewicz, 2006). 명절이나 가족 모임은 가족 및 친지 간에 친밀한 시간을 보낼 수 있는 좋은 기회이지만, 각종 모임에 수반되는 스트레스 또한 무시할 수 없다. 많은 여성들이 육체적, 정신적 피로를 호소하는 설과 추석은 물론이고, 어버이날, 시부모님 생신, 제사 등도 어떻게 치러야 할지 신경이 쓰이는 것은 마찬가지이다. 그 예로 많은 주부들이 명절증후군을 경험하는 것은 물론, 설 연휴 직후에는 전월에 비해 이혼 소송이 증가하고(MBN 뉴스, 2014년 2월 2일), 가정의 달에서 가장 부담스러운 날은 어버이날이라고 보고된다(경향신문, 2013년 5월 6일).

물리적 교류가 고부관계의 친밀감 증가에 긍정적으로 기여하지만은 않는 이 현상은 물리적 교류와 심리적 교류의 차이에 기인한다고 볼 수 있다. Bowen에 의하면 성인 자녀들이 원가족과의 심리적 교류를 감소시키거나 차단하는 방법에는 두 가지가 있다. 먼저 원가족으로부터 먼 곳으로 이사를 가거나 연락을 소원히 하는 등 물리적 교류 자체를 차단하는 방법이다. 또 하나는 물리적 교류는 유지하면서도 민감한 주제에 대해서는 대화를 회피하거나 피상적인 관계만을 유지하는 경우이다. 후자의 방법처럼 피상적인 물리적 교류만을 유지하는 경우, 겉으로는 가족관계가 나아졌거나 원만하게 보일수도 있지만 실제로는 정체되어 있고 근본적인 문제를 내포한 채 그칠 수밖에 없다(Bowen, 1978). 이와 함께 양가성(ambivalence)을 내포한 물리적 교류의 역기능도 생각해 볼 수 있다. 세대 간에 느끼는 양가성은 사회 구조 및 개인의 역할 규범이 개인의 정서적 반응과 부합하지 않을 때 나타난다(Willson, Shuey, & Elder, 2003). Willson 등에 의하면 고부관계는 그 자체에 양가성을 내포하고 있는데, 특히 고부관계에 대한 본인의 의견이나 감정이 사회적으로 바람직하다고 여겨지는 규범과 일치하지 않는 경우, 혹은 상대방이 기대하는 고부 간의 역할에 부합하지 않을 경우에도 양가적 감정을 지닌 상태로 교류를 지속하게 된다(Willson et al., 2003). 이 경우에는 물리적 교류를 제한하여 갈등 발생의 소지를 감소시키는 것이 교류를 증가시키는 것보다 원만한 고부관계의 유지에 기여하게 된다(Santos & Levitt, 2007).

또 다른 가능성은 비자발성의 문제이다. 고부관계가 비자발적으로 형성된 관계라는 것뿐만 아니라, 한국 사회에서는 고부 간의 교류 자체가 비자발적일 수 있는 가능성이 높다. 한국가족에서 여전히 지배적인 효 의식은 부모에 대한 공경과 봉양이 그 핵심이고, 공경의 측면을 배재하더라도 부모에 대한 봉양을 실천하기 위해서는 어느 정도의 물리적 교류가 수반되어야 한다. 비록 시부모에 대한 봉양의 의지가 자발적으로 우러나지 않는다고 하더라도, 전통적인 효 가치에 대한 부정이나 태만함은 그 자신은 물론 가족에 대한 사회적 비난이나 체면의 상실로 이어질 수 있기 때문에 며느리의 자발성과는 무관하게 시가와의 물리적 교류가 이루어지게 된다(Kim, 1996). 따라서 고부 간에 잦은 물리적 교류가 있다고 하더라도 그에 상응하는 심리적 교류가 함께 존재한다고 단정을 내리기는 쉽지 않다. 이 경우에도 빈번한 물리적 교류가 고부관계의 증진에 기여할 것이라고 기대하기 어렵고, 오히려 갈등 발생의 여지를 증가시킬 수 있다. 이는 고부관계가 효 의식에 기반을 두지 않는 서구의 고부관계와 구분되는 한국 고부관계의 특성이라 할 수 있다.

3. 삼각관계로 유지되는 고부관계

앞서 언급했듯이, 고부관계는 결혼을 매개로 하여 형성되는 인위적, 비자발적 관계이며, 그 형성 이후에도 아들/남편의 존재가 관계 유지의 핵심으로 작용하게 되는 삼각관계이다(Morr Serewicz, 2006). 다음의 그림은 고부관계를 지탱하는 세 가지 관계, 즉 모자관계, 부부관계, 고부관계 간의 연관성을 보여준다.

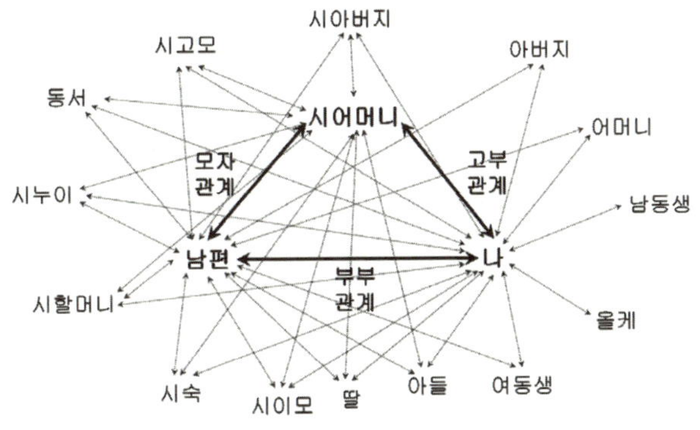

그림 1 고부관계의 삼각 구도

※ 며느리(나)를 중심으로 한 가족/친족관계의 호칭이 사용되었음

고부관계는 어찌 보면 특별히 중요할 이유가 없는 관계이다. 비현실적인 가정이지만 고부관계 자체만을 가족관계에서 분리시켜 본다고 생각해 보자. 타인이었던 시어머니와 며느리는 결혼 이전에는 아들/남편을 제외하고는 접점이 드물 것이고, 상대방에 대한 애정이나 상대로부터의 관심을 기대하기도 어려운 사이일 것이다. 따라서 서로 간에 만족스러운 관계를 유지한다고 하더라도 그에 따른 보상은 그리 크지 않으며, 반면 서로에게 무관심하더라도 관계의 결핍으로 인한 타격도 미미한 수준에 그칠 것이다(Morr Serewicz, 2006). 결국 이들의 관계는 아들/남편의 존재와 그에 대한 애정으로 인해 의미를 부여 받게 된다. 즉 고부관계 자체는 중요성이 낮음에도 불구하고, 고부관계의 근간이 되는 시어머니와 남편(아들) 간의 모자관계, 남편과 아내(며느리) 간의 부부관계가 시어머니와 며느리의 삶에서 매우 중요한 의미를 갖는 상위의 인간관계이기 때문에 아들/남편에게 중요한 존재인 상대방과의 관계를 무시할 수 없게 되는 것이다(Morr Serewicz, 2008).

1) 보상의 연쇄성

삼각관계의 특징 중 하나는 보상의 연쇄성에 있다. 예를 들어, 며느리가 시어머니에게 잘 하고자 하는 이유는 시어머니와의 관계에서 보상을 얻기 때문이 아니라 남편과의 관계에서 보상을 얻기 때문이다(Morr Serewicz, 2006). 반면, 고부관계에 심각한 갈등이나 불화가 발생하게 되면 그 반대급부는 모자관계나 부부관계에서 발생하기 때문에 모자관계와 부부관계라는 상위 관계의 유지를 위하여 가능하면 고부 간의 갈등을 회피하게 된다는 것이다(Morr Serewicz, 2006). 따라서 모자관계, 부부관계, 고부관계는 각각 독립적으로 존재하는 가족관계가 아니라 상호 의존적인 삼각관계이며 비용과 보상의 연쇄성을 통하여 유지되는 관계라고 볼 수 있다.

이와 같이 삼각관계로 유지되는 고부관계의 구조적, 기능적 특징에 의하여 고부관계는 일반적인 양자관계보다 더 복잡해진다. 고부관계를 양자 간의 관계로 바라본다면 고부 갈등의 발생에 대해서 이해하기가 쉽지 않다. 한국 남성들이 흔히 얘기하는 '우리 어머니는 좋은 분이고 아내도 착한 사람이니 우리 집의 고부관계는 당연히 원만할 것이다'와 같은 발상(박소영, 2010)은 고부관계를 삼각적인 맥락을 간과하고 단순한 양자 간의 관계로 간주하는 데서 오는 오류이다.

'좋은 사람'이란 인식이 어떻게 유지될 수 있는지 생각해보자. 다시 말하지만, 고부관계는 인위적으로 생성된 타인 간의 관계이다. 사회 교환 이론(Blau, 1964)의 관점에서 생각해 볼 때 단순한 양자관계인 경우에는 비용과 보상 간의 균형이 관계의 원만한 유지에 필수적으로 요구되는 조건이다. 내가 관계에 투자하는 비용과 그 관계에서 얻을 수 있는 보상이 일치하지 않는다고 판단된다면 그 관계를 유지하고자 하는 의사가 감소하게 되고, 그에 따라 관계에 대한 투자를 줄이거나 관계를 소멸시킬 수 있다. 결국 비용과 보상 간의 불균형이 현저하다면 그 관계는 유지될 수 없으므로, '좋은 사람'으로 인식될 수 있는 관계의 존속이 불가능하다고 볼 수 있다. 만약 비용과 보상 사이의 적절한 균형이 유지된다면 양자 관계는 원만하게 지속될 수 있을 것이며, 쌍방은 서로에게 '좋은 관계를 유지할 수 있는 사람'으로 인식된다. 반면, 어머니와 딸의 모녀관계라면 양자관계의 기반이 혈연이기 때문에 비용과 보상의 일치가 관계 유지의 필수 전제조건이 되지 않는다. 그런데 시어머니와 며느리는 가족인 동시에 가족이 아닌 모호한 지위를 가진다(Fischer, 1983). 비용과 보상의 형평성에 연연하지 않을 수 있는 가족이 아니면서도, 모자관계, 부부관계를 원만히 유지해야 하는 필요성이 크기 때문에 양자 간의 비용과 보상이 일치하지 않더라도 고부관계를 쉽게 소멸시킬 수는 없는 것이다(Morr Serewicz, 2006).

양자관계에서 '좋은 사람'으로 인식된다는 또 다른 한 가지 의미는 성향의 일치이다. 대부분의 경우 '좋은 사람'은 나와 마음이 잘 맞는 사람이다. 그런데 앞서 설명한 것처럼 시어머니와 며느리는 서로의 성향을 비교해 본 다음에 자발적으로 관계를 맺은 상대방이 아니다(Morr Serewicz, 2006). 아들의 '좋은 어머니'는 아들이 그 헌신적인 사랑을 느낄 수 있는 '내가 좋아하는' 어머니일 것이고, 남편의 '좋은 아내'는 배우자에게 기대하는 조건들을 충족시켜 주는 '내가 좋아하는' 아내일 것이다. 고부관계는 모자관계와 부부관계에 부록처럼 따라오는 관계인 것이지, 내가 좋아하는 시어머니라서 또는 내가 좋아하는 며느리라서 시작한 관계가 아니다. 내가 사랑하는 아들의 아내이고 내가 사랑하는 남편의 어머니라고 해서 내가 좋아하는 성향의 사람일 것이라고 단정 짓기는 힘들다. 결국 고부관계는 양자 간의 성향이나 선호에 의해서가 아니라 모자관계, 부부관계를 위한 노력으로 유지되는 관계인 것이다(박소영, 박태영, 2008; Santos & Levitt, 2007).

2) 고부관계에서 아들/남편의 역할

위에서 언급한 보상의 연쇄성을 통해 우리는 아들/남편의 역할이 고부관계에 미치는 중요성에 대해 쉽게 추론해 볼 수 있다. 실제 연구 결과들을 살펴보더라도 아들/남편은 고부관계의 만족도에 큰 영향을 미치는 매개자이다. 일반적으로 남편이 고부갈등을 중재하는 방식에는 방관형, 회피형, 수용형, 문제해결형의 네 가지의 유형이 있다(Song & Zhang, 2012). 방관형의 남편은 고부관계에 관한 아내의 걱정이나 요구, 불만에 대해 관심이 없으며 고부관계에서 발생하는 문제의 해결에 비협조적이다. 회피형의 남편은 고부갈등과 관련된 대화에 임하는 자세가 수동적이고 고부관계에 얽히는 것을 회피하거나 고부갈등의 심각함을 등한시하고, 아내가 고부갈등에 대해 의논하고자하면 주제를 바꾸는 등의 태도를 보인다. 수용형의 남편은 아내를 만족시키거나 진정시키기 위해 고부갈등과 관련된 대화에 적극적으로 임하며 협조적인 자세를 보인다. 마지막으로 문제해결형 남편은 어머니와 아내를 모두 만족시킬 수 있는 합의점을 도출하고자 하며 양자 간의 의견에 균형을 유지하고자 한다(Song & Zhang, 2012). 수용형과 문제해결형의 남편은 아내의 처지에 공감한다는 점에서 공통점이 있으나, 문제해결형의 남편은 고부 쌍방이 동의할 수 있는 해결책을 찾으려고 한다는 점에서 수용형과 차이가 있다(Song & Zhang, 2012). 중국인 아내들을 대상으로 한 Song과 Zhang(2012)의 연구 결과, 남편이 수용형이나 문제해결형 갈등 중재 방식을 사용할 경우 남편과의 의사소통이 효과적이라고 지각하였으며, 부부관계만족도와 고부관계만족도에 긍정적인 영향을 미치는 것으로 나타났다. 남편이 방관형이거나 회피형일 경우에는 그 반대의 양상이 나타났다. 또한 아내가 남편이 시어머니와의 관계보다 자신과의 관계에 더 헌신적이라고 생각할 경우에 고부관계에 더 만족하는 것으로 나타났다(Rittenour & Soliz, 2009).

국내 연구에서도 남편의 고부갈등 해결 방식이 부부관계 및 고부관계에 영향을 미친다는 결과가 나타났다. 남편들을 대상으로 한 박소영의 연구(2010) 결과, 남편이 방관형이거나 주로 시어머니의 편을 드는 경우에는 고부관계와 부부관계가 모두 악화되었고, 남편이 조율형이거나 양쪽 모두에 정서적 지지를 한 경우에는 고부관계의 근본적인 개선에는 기여하지 못한 것으로 나타났다. 시어머니들을 대상으로 한 성명옥과 이혜자의 연구(2002)에서는 문제해결형의 아들을 가진 경우가 가장 높은 비율로 나타났고, 방관형 혹은 회피형이 그 다음으로 많았다. 또한 대부분의 시어머니들은 아들이 고부갈등의 해소에 그다지 기여하지 못하는 것으로 보고하였다. 며느리들을 대상으로 한 박소영과 박태영의 연구(2008)에서는 남편이 아내의 편을 들거나 고부갈등에 중립적인 경우 긍정적인 고부관계를 유지하는 것으로 나타났으며, 남편이 방관형이거나 회피형인 경우에는 고부관계가 부정적으로 변화하는 것으로 나타났다. 이를 종합해보면 아들/남편이 고부관계에 대처하는 방식이 고부관계의 질은 물론 부부관계의 질과도 밀접한 관계를 갖는 것을 알 수 있다. 또한 아들/남편의 고부관계의 질에 대한 영향력은 아내의 효 의식을 통제한 이후에도 유의미한 영향을 미치는 것으로 나타나(Song & Zhang, 2012), 며느리가 시어머니를 효심으로 모시는 것만이 고부관계 증진의 핵심 요소가 아니라는 걸 알 수 있다.

또 다른 한편으로는 고부관계가 부부관계에 영향을 미치기도 한다. 시어머니와의 불화는 남편과의 관계에 단기적, 장기적으로 부정적 영향을 미칠 수 있으며, 고부관계는 결혼 초기뿐만이 아니라 장기적인 결혼의 안정성 및 만족도와도 밀접한 관계를 갖는다는 것이 밝혀졌다(Bryant, Conger, & Meehan, 2001). 2010년 가족실태조사의 결과에서도 많은 부부들이 남편의 부모, 형제와의 관계로 인한 부부 간의 갈등을 경험하고 있으며, 부부 모두가 시가 식구와 관련된 부부갈등을 처가 식구와 관련된 부부갈등보다 더 높게 지각하고 있는 것으로 나타났다(조희금 외, 2010). 시가 식구나 처가 식구 등 다른 가족원들과의 불화가 이혼으로 이어지는 경우도 있다. 2013년 전체 이혼 건수(115,292건, 통계청) 중 6.9%가 가족 간의 불화를 사유로 발생하였는데, 이는 가족 간 불화가 이혼 사유의 21.9%를 차지하던 2000년에 비해서는 크게 감소한 것이지만 같은 해(2013) 배우자의 부정으로 인한 이혼이 전체 이혼의 7.5%를 차지한다는 것과 비교해 본다면, 그 영향이 여전히 적지 않음을 알 수 있다. 물론 고부갈등이 가족 간 불화의 대부분을 차지한다고 볼 수는 없으나, 배우자 원가족과의 갈등 역시 부부관계의 악화에 영향을 미치는 요인 중 하나로 작용할 수 있음을 추론해 볼 수 있다.

　다른 인간관계와 마찬가지로 고부관계 역시 끊임없이 변화하는 관계이다(Morr Serewicz, 2008). 따라서 비록 고부관계가 아들/남편과의 관계를 매개로 형성되고 유지되는 관계라고 하더라도, 세월의 흐름에 따라 고부관계 자체가 의미 있는 관계로 발전할 수 있다고 상정해 볼 수 있을 것이다. Song과 Zhang(2012)은 며느리가 시가 식구와 어떤 가족 정체성을 갖느냐에 따라 고부관계를 지탱하는 삼각관계의 중요성이 변화할 수도 있다고 보았다. 만약 며느리가 시어머니와 자신이 진정한 가족이라고 생각한다면 시어머니와의 관계는 남편과의 원만한 관계를 위해 마지못해 유지하는 비자발적인 관계를 벗어나 양자 간의 관계 자체가 중요한 의미를 갖는 가족관계로 변화하게 된다. 따라서 며느리는 시어머니와의 갈등을 적극적, 건설적으로 해결하고자 하는 의지를 갖게 되고, 이 경우 남편의 고부갈등 해결 방식이 고부관계에 미치는 영향은 감소하게 된다. 이와는 반대로 며느리가 시어머니를 가족이라고 여기는 인식이 낮다면 남편이 고부갈등을 어떻게 중재하는지가 고부관계에 중요한 영향력을 미친다. 이는 며느리나 시어머니가 자신의 가족의 범위를 어떻게 정의하는가가 고부관계의 본질에 영향을 미칠 만큼 중요하다는 것을 시사한다. 즉 시어머니와 며느리를 주관적인 가족의 범위에 포함시키는가, 아닌가는 고부관계에 접근하는 태도를 결정지을 것이다. 다만 시어머니와 며느리를 주관적인 가족에 포함시키는지의 여부가 축적된 고부갈등에 의해 결정될 수도 있으므로, 그 선후 관계를 판단하는 것은 쉽지 않다고 보아야 한다.

3) 고부관계와 기타 가족관계

　이제 고부관계를 삼각관계보다 조금 더 복잡한 맥락에서 접근해보자. 실질적인 상호 작용을 하는 친족의 범위가 전통사회보다 축소되었다고 하더라도, 형제자매를 포함한 좁은 범위의 확대가족 간에는 여전히 밀접한 상호 작용이 이루어지고 있다. 〈그림 1〉에서 볼 수 있듯이 우리는 고부관계를 비롯하여 다양하고 복잡한 가족 및 친족관계를 유지하고 있으며, 이 관계가 고부관계에 미치는 영향과 함께 고부관계가 기타 가족, 친족관계에 미치는 영향 또한 쉽게 간과할 수 없다. '때리는 시어머니보다 말리는 시누이가 더 밉다'는 속담처럼 시누이와의 관계는 인척관계 중 가장 어려운 관계 중 하나로 여겨진다(Sung & Lee, 2013). 시어머니가 지각하는 고부갈등과 다른 가족관계를 살펴 본 성명옥과 이혜자의 연구(2002)에서도 시누이가 고부관계에 얼마나 큰 영향력을 미치는 존재인지에 대해 알 수 있다. 그들은 남편, 아들, 딸이 시어머니가 지각하는 고부갈등의 해소에 미치는 영향을 알아보았는데, 남편이나 아들이 고부갈등의 해소에 도움을 준다고 응답한 비율은 미미하지만-남편이 있는 응답자의 약 14%, 아들 약 24%-, 딸이 있는 경우 딸이 고부갈등의 해소에 도움을 준다고 응답한 비율은 약 82%에 이른다. 그리고 남편의 형제 및 그 배우자(동서) 역시 고부관계에 영향을 미칠 수 있다(박소영, 박태영, 2008). 부모 부양의 책임이 장남에게 있다고 생각하는 비율(7.5%)은 능력 있는 자녀(22.5%)나 아들딸이 모두 부양해야 한다(33.8%)고 생각하는 비율에 비해 절대적으로 낮지만(조희금 외, 2010), 장남의 지위와 장남에 대한 기대는 여전히 고부관계와 동서 간의 관계에 영향을 미치는 것으로 나타났다(박소영, 박태영, 2008; Sung & Lee, 2013).

고부관계는 조손관계와도 밀접한 관계를 갖고 있다. 자녀 출산은 고부관계 변화의 시점이 되는 경우가 많다(박소영, 박태영, 2008; Fischer, 1983). 예를 들어 한국의 경우 며느리의 취업이 시어머니의 손자녀 양육의 계기가 되는 경우가 많아졌는데, 이 경우에도 시어머니들이 손자녀를 양육하는 계기는 며느리의 취업이지만 내적인 동기는 며느리를 위해서라기보다는 가사에 참여해야 하는 아들의 처지를 염려해서인 경우가 많은 것으로 밝혀졌다(Lee & Bauer, 2013). 자녀의 출산을 통해 며느리들은 시어머니와 공통된 관심사를 형성할 수 있기 때문에 자녀 출산 이전까지의 서먹한 관계에서 벗어날 수 있지만(박소영 & 박태영, 2008), 한편으로는 손자녀의 양육 방식과 관련된 갈등이 발생하기도 한다(최성희 & 한명숙,

2011). 이러한 결과는 며느리의 자녀 양육 가치관이나 방식이 시어머니와 일치하지 않을 경우 시어머니의 조언이나 간섭에 좌절감을 느끼며, 따라서 시어머니로부터 자녀 양육과 관련된 조언을 받길 원치 않는다는 외국의 연구결과와도 일맥상통한다고 볼 수 있다(Lieberman, 2009). 그러나 첫 아이로 딸을 낳은 경우에 고부관계가 더 악화되었다는 박소영과 박태영의 연구(2008) 결과는 여전히 존재하고 있는 아들에 대한 선호(Ok, 2011)를 보여줌과 동시에 서구 고부관계 연구의 결과와는 구분되는 한국 고부관계의 특수성을 보여준다고 할 수 있다. 한편 Fingerman의 연구(2004)에서는 조손관계의 질은 모자관계의 질보다 고부관계의 질에 더 밀접한 영향을 받는 것으로 밝혀졌으며, 설령 아들이 이혼을 하더라도 전 며느리와 원만한 관계를 유지했거나 며느리가 혈육 간의 관계를 중요시하는 경우에 한해 아들의 이혼 이후에도 손자녀와의 접촉을 유지할 수 있는 것으로 드러났다(Ambert, 1988).

결론적으로 고부관계는 시어머니와 며느리 간의 문제가 아니라, 아들/남편을 비롯한 다른 가족 구성원과의 상호 작용에 밀접한 영향을 주고받는 다각적인 관계로 이해되어야 한다. 이를 단순한 양자관계에 국한시켜 바라본다면, 고부관계의 구조적 특성에 따른 본질을 이해하기 어려우며, 고부갈등의 책임을 당사자들의 심리적 문제로 떠넘길 위험성도 발생하게 된다.

4. 분화와 경계의 문제

고부관계가 삼각관계에서 가장 취약한 관계라면 모자관계와 부부관계간의 상대적인 중요성은 어떠한지에 대한 의문을 가질 수 있다. 서구가족에서는 부부란 원가족으로부터 분리된 독립적이고 주체적인 가족 단위로 여겨진다. 결혼 이후 원가족과 동거하지 않는 것은 물론이고, 심리적, 기능적으로도 분명한 경계를 형성한다. 그리고 부부관계가 부모자녀관계보다 우선시되는 관계라고 인식하는 것이 보편적이다(Wu et al., 2010). 따라서 시어머니가 세대 간의 위계 서열에서는 며느리보다 우위에 있다고 하더라도 실제 며느리에게 행사할 수 있는 영향력이나 아들 부부의 관계에 개입할 수 있는 여지가 크지 않다(Wu et al., 2010). 그렇다면 한국가족에서도 부부관계가 모자관계보다 우월한 관계일까? 이는 한국가족 내 부모자녀의 자아 분화 정도가 서구가족과 다르다는 점에서 쉽게 대답할 수 없는 문제이다.

자아 분화(the differentiation of self)란 개별 가족원이 가족이라는 집단적 관점으로부터 스스로를 인지적, 감정적으로 분화시켜 기능할 수 있는 능력을 의미한다(Bowen, 1978). 자아 분화의 수준이 높은 사람은 가족 내부의 지배적인 감정에 동화되거나 휩쓸리지 않지만, 자아 분화의 수준이 낮을 경우 개인의 주체성보다는 다른 가족원과의 밀착된 관계에 더 큰 의미를 부여하게 된다. 후자의 경우 다른 가족원이 그의 삶에 미치는 영향력도 크지만, 그 역시 상대방의 삶을 적극적 혹은 소극적으로 통제하고자 하는 강한 욕구를 가지며, 가족원 간의 상호 작용에서 발생할 수 있는 갈등을 해결할 능력을 갖추기 어렵게 된다(Bowen, 1978). 개별 가족원의 자아 분화 정도는 가족 전체의 상호작용 패턴에 큰 영향을 받는다(Bowen, 1978). Tuason & Friedlander(2000)는 동아시아 문화권이 갖는 집단주의의 특성과 부모에 대한 공경과 가족 간의 화합을 중요시하는 유교 문화의 영향으로 인하여 동아시아 가족에서 이상적으로 여겨지는 자아 분화의 정도가 서구가족과는 다를 수 있다고 주장하였다. 예를 들어 한국인들은 관계의 단절에 미국인들보다 더 민감하게 반응하고 타인과 더 융화된 관계를 유지하는 것으로 나타났다(Chung & Gale, 2006). 따라서 개인의 자율성이나 성취보다 상호의존성에 바탕을 둔 가족 간의 화합이 우선시되는 것이 일반적이다.

성인이 된 자녀의 결혼은 부모와 자녀 모두에게 관계 변화의 과도기이다. 자녀는 결혼을 통해 원가족으로부터 독립된 삶을 영위하게 되며, 새롭게 형성된 가족관계에 전념하고 헌신할 것이 요구된다. 그리고 부모는 자녀의 이러한 역할 변화를 수용하고 지지해 줄 것이라는 기대를 받는다 (Minuchin, 1974). 그런데 자녀 교육에 대한 지나친 강조와 교육 기간의 연장으로 인해 부모자녀간의 상호의존성이 심화되고 자녀가 자율성을 확립하기 어려운 한국가족의 현실(Chin, 2011)을 생각해 볼 때, 자녀가 결혼을 했다고 해서 부모자녀가 이전의 상호의존성을 극복하고 자아의 독립성을 추구할 것이라고는 기대하기가 어렵다.

시어머니들이 흔히 하는 우스갯소리에 결혼한 아들은 더 이상 아들이 아니라 며느리의 남편이라는 말이 있다. 결혼에 따른 가족관계 전이의 관점에서 본다면, 결혼한 아들은 며느리의 남편으로서의 역할 수행을 우선시해야 하고 부모 역시 이를 존중하고 지지해주어야 한다. 그렇지만 아들이 며느리의 남편 역할을 충족시킨다고 해서 아들로서의 역할을 수행하는 것이 불가능한 것은 아니며, 이는 우선순위의 문제라고 보는 것이 더 타당할 것이다. 그런데 며느리의 남편은 아들이 아니라는 말 속에는 며느리의 남편 역할과 아들 역할이 양립하기 어렵다는 의미와 함께 며느리의 남편 역할에 충실한 아들에 대한 어머니의 섭섭함이 내포되어 있다고 볼 수도 있다. 아들의 성공과 행복이 인생의 모든 것이었고 자식을 위해서라면 모든 것을 바칠 수 있는 어머니 상이 지배적인 한국가족의 정서를 고려해 볼 때 모자간의 밀착 관계를 감소시키는 것, 특히 어머니가 아들의 삶에 개입하고자 하는 의지를 약화시키는 것은 말처럼 쉬운 일이 아니다. 따라서 아들의 결혼에 의하여 기존의 밀착된 모자관계에서 소외된 시어머니는 며느리의 존재가 지금까지 유지해 온 모자관계에 치명적인 위협을 가한다고 인지할 수도 있다(정옥분, 정순화, 홍계옥, 2006). 즉 자신의 자아가 아들의 삶에서 분화되지 않은 시어머니의 경우에는 아들 부부의 일상에 적극적으로 개입하고자 하며, 그로 인해 고부 갈등이 발생하게 된다(남순현, 한성열, 2002).

반면 아들의 결혼은 시어머니에게 모자관계의 분화 및 경계를 확립하는 계기가 될 수도 있다. 결혼한 아들을 며느리의 남편으로 인정하기를 요구하는 사회적 변화는 시어머니에게 이 자아분화의 완수가 새로운 발달

과업으로 받아들여질 수 있다. 시어머니가 결혼한 아들의 삶과 자신의 삶을 분리해서 생각할 경우 며느리는 고부관계를 긍정적으로 경험하게 되고 (박소영, 박태영, 2008), 이는 고부갈등을 완화시키고 원만한 관계를 유지하는데 큰 영향을 미칠 수 있다.

이러한 모자간의 자아 분화 문제는 결국 시어머니와 며느리간의 경계(boundary) 문제로 이어질 가능성이 높다. 가족 간의 경계란 상대적이고 주관적인 것이기 때문에(Mikucki-Enyart, 2011), 시어머니에게는 며느리를 도와주는 것이라고 여겨지는 일이 며느리에게는 생활 영역의 침해라고 받아들여질 수도 있다. 어떤 정보는 고부 간에 공유해도 괜찮은지, 또 어떤 영역은 사생활로 존중되어야 하는지에 대해서는 개별 가족마다 기준이 다르기 때문에, 서로 다른 가족 배경과 문화를 지닌 시어머니와 며느리가 적절한 기준선을 정하는 것은 쉽지 않은 일이다(Mikucki-Enyart, 2011). 사전 연락 없이 반찬을 갖고 아들집에 들르는 다른 시어머니들에 비하면 반찬통을 아파트 경비실에 맡기고 돌아가는 시어머니를 세련되었다고 생각하는 며느리가 있는가 하면, 반찬을 가져오는 것 자체가 경계의 침해라고 받아들이는 며느리도 있을 수 있다(동아일보, 2002. 4. 30). 결국 가족 간의 친밀과 침해는 연장선상 위에 존재하는 것이기 때문에(Lieberman, 2009), 고부 간의 이해와 합의를 위한 충분한 노력이 필요할 것이다.

시어머니가 아들로부터 분화되지 못한 경우는 물론, 남편이 원가족으로부터 충분히 분화되지 못한 경우에도 고부갈등은 피할 수 없게 된다(Sung, 2011). 이는 객관적인 분화의 정도만이 아니라 아내가 남편에게 기대하는 분화의 수준도 포함된다(Sung, 2011). 명절이나 가족 행사를 어떻게 보낼지 결정하는 것도 원가족으로부터의 분화 문제로 인식될 수 있다(Lieberman, 2009). 예를 들어 아내는 남편의 생일을 둘 사이의 이벤트로 만들고자 하는데 남편은 부모님과 함께 생일을 보내고 싶어 한다면 아내는 이 상황을 남편이 원가족의 구성원으로서 역할을 더 중요시한다고 받아들일 수 있고 그에 따른 불만을 표출할 가능성도 있다(Lieberman,

2009). 또 다른 예는 설과 추석 명절이다. 친정과 시가라는 두 원가족 간의 균형 잡기는 설과 추석의 중대한 결정 사항 중 하나이다. 명절 전날과 당일을 시가에서 보낸 아내의 입장에서는 한시바삐 친정을 방문하고 싶은데 이 때 출가외인이라는 말을 듣거나 시가에서 더 오랜 시간을 보내라는 요구를 받는다면, 아내의 입장에서는 자신과 친정 식구와의 관계가 시가, 즉 남편의 원가족에 의해 희생당하고 있다고 느낄 수도 있다. 이와 같은 상황에 처했을 때 남편과 아내라는 부부 중심의 가족을 중심으로 하는 자아 분화가 이루어져 있지 않다면, 이를 '우리 가족'의 문제가 아니라 '당신 가족'이냐 '내 가족'이냐라는 문제, 즉 누구의 원가족을 우위에 놓을 것인가로 상황을 해석하게 될 가능성이 높다. 이 경우 부부가 어떻게 할 것인가라는 해결책을 찾기는 더 어려워진다고 볼 수 있다.

5. 마무리하기

본 연구에서는 시월드로 묘사되는 한국 고부관계의 특성을 기존의 이론과 선행 연구를 바탕으로 고찰해 보았다. 앞서 살펴보았듯이 시어머니의 절대적인 권력과 며느리의 무조건적인 순종만을 강조하던 전통적인 고부관계는 변화의 시기를 맞이하였다. 그러나 고부관계의 불확실성과 삼각관계에 기반하는 비용과 보상의 연쇄성, 분화와 경계의 문제 등 고부관계의 구조적인 특성들에 의하여 여전히 원만하게 유지하기 어려운 가족관계 중 하나로 인식되고 있다. 또한 최근의 미디어에서 다루어지는 신세대 고부관계의 등장에도 불구하고, 시어머니와 며느리라는 지위는 다양한 코호트에서 존재하고 있기 때문에 모든 고부관계가 변화했을 것이라고 쉽게 단정해서는 안 될 것이다. 예를 들어 대한민국에는 40대부터 90대, 100대까지의 시어머니들과 20대부터 70대, 80대까지의 며느리들이 살아가고 있다. 또한 베이비붐세대, 즉 샌드위치세대들은 며느리인 동시에 시어머니의 역할을 수행하고 있다. 결국 고부관계의 특성들을 인지하지 못하고 피상적인 변화에 대해서만 논의한다면, 고부관계는 영원히 이해할 수 없는 숙제 중 하나로 남게 될 것이다.

선행 연구들은 고부관계의 질에 영향을 미칠 수 있는 많은 요인들을 지적한다. 그 예로 가장 중요하게 지적되는 아들/남편의 적극적인 고부관계 매개 역할(박소영, 2010; 박소영, 박태영, 2008; 성명옥, 이혜자, 2002; Morr Serewicz, 2006, 2008; Rittenour & Soliz, 2009; Song & Zhang, 2012), 시어머니와 며느리간의 가치관의 일치(Santos & Levitt, 2007), 가족정체성의 공유와 가족구성원으로서의 수용(Rittenour & Soliz, 2009; Song & Zhang, 2012) 등이 있다.

이들과 함께 중요한 요인으로 언급되는 다른 한 가지는 고부 간의 대화이다(Morr Serewicz, Hosmer, Ballard, & Griffin, 2008; Prentice, 2008). 이 연구들은 고부 간에 나누는 적절하고 건설적인 대화 및 이를 통한 타협점 찾기가 고부관계의 증진에 큰 영향력을 미친다고 보고한다. 그런데 이 연구들에서 권장하는 고부 간의 대화가 한국 고부관계에도 그대로 적용될 수 있으리라고 기대하기는 어려워 보인다. 우리는 어린 시절부터 웃어른의 말씀은 잘 듣고 따르는 것이라는 교육을 받고 자랐으며, 공교육에서도 대화의 방법이나 타협의 기술 등을 배운 경험이 적다. 대화의 기본적 요건이 양자 간 의견의 교환이며 타협이라는 것을 생각해 볼 때, 이를 가족과 사회에서 제대로 학습하고 연습하지 못한 우리가 고부관계라는 가장 취약하다는 가족관계에 이 대화의 기술을 활용하기는 쉽지 않을 것이다. 따라서 고부관계의 일반적 특성과 한국 고부관계의 특수성에 바탕을 둔 가족생활교육프로그램의 개발은 원만한 고부관계의 형성 또는 고부갈등의 해결 및 예방 등에 큰 도움이 될 수 있을 것이다.

최 연 실

존경하는 교수님을 뵌 지 삼십여 해가 흘렀다. 그간 제자들인 우리의 자리에도 변화가 있었다. 물론 배움의 길은 끝이 없어 앞으로도 배움을 구하는 자세로 살아가야 함은 마찬가지이고 또 마땅할 것이다. 하지만 우리들 중에는 이제 가르침을 얻는 위치에서 가르침을 주는 자리로 옮겨간 사람들이 많다. 이 책은 바로 이러한 제자들 중 여건이 닿은 몇 사람들이 엮어낸 결실이라고 할 수 있다.

제자들인 우리가 스승이신 옥선화 교수님으로부터 배운 바는 참으로 크다. 지금의 우리가 있기까지 선생님의 손길이 구석구석 미쳤다. 하지만 우리가 선생님께로부터 얻은 가장 큰 가르침은 아마도 한국가족을 공부하는 자세와 '얼'일 것이다. 한 자연인(自然人)으로서도 손색없는 삶을 꾸려 오셨지만 한 평생 오롯하게 가족학이라는 학문의 길을 단아하게 걸어오신 선생님은 뒤를 따르는 우리들에게 있어 진정한 사표(師表), 진지한 전범(典範)으로 지금까지 길을 비추어 주셨다.

한국 가족학이라는 척박한 학문적 토양을 일구고 씨를 뿌리고 가꾸는 작업, 그 일을 해내며 걷는 길은 지난했을 것으로 보인다. 선생님께서는 일찍이 한국 사회에서 가족이라는 영역이 차지하는 비중이 얼마나 큰 지를 헤아리시고 이를 탐구해가는 작업에 투신하셨다. 하지만 스승을 찾아 헤매며 길을 더듬고 어쩌면 스스로 길을 내야했던 초창기 가족학자들의 사정과 크게 다르지 않은 학문적 여정을 겪으셔야 했다. 그 길을 걸어 오시면서도 선생님께서는 늘 성실하고도 꼿꼿하고 의연한 학자의 모습을 견지하셨고 겸양과 배려를 잃지 않으셨으며 불편부당(不偏不黨)의 자세를 보여 주셨다.

선생님께서는 학문적으로 한국 가족주의 가치라는 주제에 천착하셔서 평생에 걸쳐 연구작업을 진행해 오셨다. 한국가족의 본질과 특수성 규명과 깊이 연관된 이 연구작업의 성과는 제자들인 우리가 성장해 가는 데 있어 토대와 자양분을 제공하였다. 따라서 선생님의 뒤를 잇는 학문적 후속 세대로서 우리 제자들이 궁극적으로 돌아가야 할 귀결점은 자명하다. 그것은 바로 '한국가족'에 대한 연구인 것이다. 제자들인 우리가 서 있는 영역이나 위치는 각자 다르고 바라보는 시각에 있어서도 다소간 차이가 있을지라도 종국에 만나야할 학문적 지점은 바로 스승이신 옥선화 교수님께서 출발하셨던 바로 그 자리, '한국가족 연구'라고 할 수 있다.

이 책은 그러한 의미에서 교수님이 일구셨던 토양에서 자란 우리들이 보여드리는 첫 공동작업이라고 할 수 있을 것이다. 교수님께서 떠나가시는 퇴임을 맞아 그 뜻을 기리는 의미로 기획된 작업이었으나, 오히려 이는 진정한 시작을 의미한다고 할 것이다. 스승이신 옥선화 교수님께로부터 귀한 배움을 얻어 오늘날 나름대로 성장한 우리들이 아닌가? 그래서인지 현재 처해 있는 자리는 조금씩 다르지만 같은 뿌리를 지니고 있는 제자들로서 제법 많은 동학들이 기꺼이 공감하고 책을 만드는 작업에 뜻을 같이할 수 있었다. 거슬러 올라가면 오랜 역사를 공유한 동학들로서 스승님의 퇴임에 맞추어 그 뜻을 기리고자 책을 엮는 작업을 하면서 선, 후배가 함께 나눈 시간과 토론은 진지하고 보람 있었다.

제목에서도 알 수 있듯이, 이 책에서 우리가 공통적으로 지향한 바는 한국가족의 현상을 바라보고 쟁점을 집어내는 것이었다. 이 책은 이러한 취지에 맞추어 참여한 저자들이 이미 발표된 글을 다듬거나 부분적으로 혹은 완전히 새롭게 다시 씀으로써 이루어졌다. 책의 내용은 크게 네 개의 갈래로 구성되었다. 첫 번째 부분은 한국가족의 변화상을 여러 사회적 맥락, 법적 측면, 정책적 견지, 문학적 장면에서 짚어내는 글들로 시작되었다. 두 번째 부분은 세계화의 차원에서 한국가족을 핏줄 의식, 분거, 이민문제와 연관시켜 살펴보는 글들이 전개되었다. 세 번째 부분은 시간적 차원에서 종적, 횡적으로 부부관계의 평등성, 섹슈얼리티, 출산과 양육, 영성을 중심으로 하여 가족관계의 내면을 조명하는 글들로 이어졌다. 마지막으로 네 번째 부분은 발달적 차원에서 세대관계를 바라보되, 자녀교육, 부모-청소년자녀, 노부모-성인자녀관계, 고부관계 등에서 현재 부각되고 있는 양면성과 문제의식을 다루는 글들로 마무리되었다. 이와 같이, 이 책의 저자들은 다양한 주제와 시각으로 한국가족의 면면을 살펴보고자 하였다.

이 책을 만드는 작업에 참여한 제자들은 모두 학문에 입문할 때 옥선화 교수님의 지도를 거쳤다는 공통점이 있으나 현재 서 있는 지점에서는 약간씩 차이가 있기도 하다. 대부분의 저자들은 현재 대학 강단에서 가족학 관련 전공과목을 가르치는 사람들이다. 하지만 저자들 중에는 다른 학문 분야에 몸을 담게 된 사람, 가족정책을 실천하는 현장을 달리는 사람, 한학과 가족연구를 접목하는 작업을 수행하는 사람, 지역을 달리하여 미국의 대학과 연구소에서 일하는 사람 등이 다양하게 섞여 있다. 중요한 것은 이렇게 다양한 자리에 있는 사람들이 함께 모여 공동작업을 했다는 사실이며, 그것이 가능했던 연결점은 바로 같은 문하(門下)의 동학이었다는 것이다. 하지만 여기서 또 기억해야 할 점은 이 책을 엮는 작업에 참여하지 못한 뛰어난 역량을 갖춘 동학들도 많다는 사실이다. 그들은 이번 작업에는 여건이 허락하지 못해 참여하지 못했지만 여전히 앞으로도 함께할 학문공동체의 어엿한 일원들이며 스승님의 자랑스러운 제자들이라고 할 수 있을 것이다.

오늘날 가족학은 여러 학문의 각축장에서 살아남아야 하는 도전을 감당하고 도약해 가야 하는 과제를 안고 있다. 한국사회의 가족을 과학적으로 규명하는 작업 외에도 특히나 옥선화 교수님의 제자들인 우리는 생활과학을 배경으로 한 가족학의 정체성 정립과 더불어 이론과 실천의 연계, 교육과 현장의 접목 등을 통한 한국 가족학의 발전에 기여해야 하리라고 본다. 학문적 후속세대의 양성이 여러 가지 여건으로 결코 쉽지 않은 이 시대에 이러한 작업을 수행하는 일은 끊임없는 학문적 성실성과 창의적 노력, 자기성찰 등을 요구할 것이다. 하지만 이제 우리는 스승님의 퇴임을 맞이하여 그 뜻을 기리는 헌정 논문집을 마무리하면서 선생님께서 걸어오신 그 길을 우리가 앞으로도 계속 이어갈 것을 다짐하는 바이다.

마지막으로 옥선화 교수님과의 오랜 인연으로 가족학 연구성과들을 출판하여 가족학 발전에 도움을 주시고, 이 책의 출판도 선뜻 맡아주신 도서출판 하우 박영호 대표님께 깊은 감사를 드립니다.

참고문헌

|1장|

강은영 (2010). 자발적 비혼여성에 대한 자전적 생애사 연구. 서울대학교 대학원 박사학위 논문.

권용혁 (2010). 가족과 철학의 접점 연구. 한국가족학의 성찰과 전망. 한국가족학회 2010년도 추계학술대회 자료집.

권용혁 (2012). 한국가족, 철학으로 바라보다. 서울: 이학사.

김기연, 신수진, 최혜경 (2003). 한국인의 세대별 가치관과 생활행동. 한국가정관리학회지, 21(3), 87-99.

김승권, 김유경, 김혜련, 박종서, 손창균, 최영준, 김연우, 이가은, 윤아름 (2012). 2012년 전국 출산력 및 가족보건·복지실태조사. 서울: 한국보건사회연구원.

김혜순 (2008). 결혼이주여성과 한국의 다문화사회 실험. 한국사회학, 42(2), 36-71.

김혜영, 선보영, 진미정, 사공은희 (2007). 비혼 1인가구의 가족의식 및 생활실태조사. 서울: 한국여성정책연구원.

박선영, 윤덕경, 박복순, 김혜경 (2008). 여성 인권보장 및 차별해소를 위한 관련법제 정비연구 (II): 가족의 다양화에 따른 관련법제 정비연구. 서울: 한국여성정책연구원.

서선희 (1991). 가족은 유용한 분석단위인가. 가족학논집, 3, 55-68.

신수진 (2002). 한국가족 연구의 사회문화적 접근을 위한 소고. 한국가족관계학회지, 7(2), 21-41.

앤소니 기든스 저. 배은경, 황정미 공역 (1996). 현대사회의 성·사랑·에로티시즘: 친밀성의 구조변동. 서울: 새물결.

오욱환 (2008). 조기유학, 유토피아를 향한 출국: 조기유학의 복합적 기능과 역기능. 서울: 교육과학사.

울리히 벡 저. 홍성태 역 (1997). 위험사회: 새로운 근대(성)을 향하여. 서울: 새물결. Ulrich Beck(1986). *Risikogesellschaft: Auf dem Weg in eine andere Moderne.* Suhrkamp Verlag, Frankfurt am Main.

이명진 (2005). 한국 2030 신세대의 의식과 사회정체성. 서울: 삼성경제연구소.

이여봉 (2006). 탈근대의 가족들: 다양성, 아픔, 그리고 희망. 서울: 양서원.

장경섭 (2009). 가족·생애·정치경제: 압축적 근대성의 미시적 기초. 서울: 창비.

제이버 구브리움·제임스 홀스타인 저. 최연실, 조은숙, 성미애 공역 (1997). 가족이란 무엇인가?: 사회구성주의적 관점에서 본 가족담론. 서울: 하우. Gubrium, J., & Holstein, J.(1991). *What is family?* Mountain View, CA: Mayfield.

장혜경, 김혜영, 홍승아, 은기수, 이명진, 김영란, 주재선, 송치선 (2005). 가족실태조사. 여성가족부 연구보고서 2005-39. 서울: 여성가족부.

조희금, 송혜림, 박정윤, 권태희, 김경화, 김주현, 김혜영, 윤소영, 윤진숙, 이진숙, 정민자, 이재림 (2010). 2010년 제2차 가족실태조사. 여성가족부 연구보고서 2010-15. 서울: 여성가 족부.

조희금, 송혜림, 이승미, 라휘문, 박세경, 서지원 (2011). 가족정책 성과 평가 및 가족정책 과제 개발. 여성가족부 연구보고서 2011-54. 서울: 여성가족부.

최양숙 (2008). 자녀의 조기유학으로 인한 분거가족에서 나타나는 사회심리적 기제. 한국가족관계학회지, 13(3), 67-97.

최유정 (2010). 가족정책을 통해 본 한국의 가족과 근대성: 1948년~2005년까지. 서울: 박문사.

통계청 (2003). 2002년 도시가계조사.

통계청 (2006). 2005년 인구주택총조사.

통계청 (2007). 2007년 장래가구추계.

통계청(2011). 2010년 인구주택총조사.

통계청 (2012). 2012년 장래가구추계.

통계청 (2013). 2012년 한부모가족실태조사.

통계청 (2014a). 2013년 이혼통계결과. http://kostat.go.kr.

통계청 (2014b). 2013년 출생통계 결과. http://kostat.go.kr.

통계청 (2014c). 2013년 한국의 사회지표. http://kostat.go.kr.

통계청 (2014d). 2013년 혼인통계결과. http://kostat.go.kr.

함인희 (2008). 가족제도의 다원화와 미완의 양성 평등. 한국사회학회 건국 60주년 기념 특별 심포지엄. 2008년 9월.

Giddens, A. (2007). The global revolution in family and personal life. In A. Skolnick & J. Skolnick (Eds.), *Family in transition* (pp. 26-31). Boston, MA: Allyn and Bacon.

Skolnick, A., & Skolnick, J. (2007). *Family in transition.* Boston, MA: Allyn and Bacon.

▮2장▮

김기중 (2000). 전체주의적 법질서의 토대. 임지현 외 편, 우리 안의 파시즘, 삼인.

김상용 (2006). 가족법연구 II. 법문사.

손승영 (2002). 여성과 가족정책. 한국여성정책연구회 편, 한국의 여성정책, 미래인력연구원.

양현아 (2000). 식민지 시기 한국가족법의 관습 문제I : 시간 의식의 실종을 중심으로. 사회와 역사, 58, 35-70.

윤진수 (2006). 민법개정안 중 부부재산제에 관한 주제발표. 법무부 주최, 민법(친족 상속편) 개정 공청회 발표문(2006.6.29).

이광신 (1973). 우리나라 민법상의 성씨제도 연구. 법문사.

이경희 (2003). 호주제도를 폐지할 경우 호적제도의 정비방안. 가족법연구, 17(1), 63-99.

이병수 (1977). 조선민사령에 관하여: 제11조의 관습을 중심으로. 법사학연구, 4, 51-78.

정긍식 (1992). 국역 관습조사보고서. 한국법제연구원.

정현수 (2007). 『가족관계의 등록 등에 관한 법률』의 제문제. 경희법학, 42(2), 593-623.

한국법원행정처. 친족상속에 관한 구관습. 재판자료 29집, 법원행정처.

Antokolskaia, M. (2005). Convergence of divorce law in Europe. A paper presented at 12th World Conference of International Society of Family Law.

Glendon, M. (1989). *The transformation of family law - State, law, and family in the United States and Western Europe.* University of Chicago Press.

Harata, S. (1998). The ageing society, the family, and social policy. In B. Junji (Ed.), *The political economy of Japanese society.* Oxford University Press.

▮3장▮

고선강 (2005). 미국 성인자녀의 노부모에 대한 자원이전행동에 관한 연구. 한국가정관리학회지, 23(1), 187-195.

구승회 (2000). 아시아적 가족가치와 사회적 친화의 가능성: 프랜시스 후쿠야마를 중심으로. 국민윤리연구 45, 179-200.

구인회 (2004). 한국의 빈곤, 왜 감소하지 않는가?: 1990년대 이후 빈곤 추이의 분석. 한국사회복지학회 2004년 심포지엄 자료.

김동춘 (2002). 유교와 한국의 가족주의: 가족주의는 유교적 가치의 산물인가? 경제와 사회, 55, 93-118.

김승권, 이성용, 윤홍식, 진미정 (2012). 가족변화 대응 국가·사회 발전 기본전략. 경제인문사
　　회연구회 기획 협동연구총서 12-03-08.

김혜영 (2008). 한국가족의 다양성 증가와 이중적 함의. 아시아여성연구, 47(2),

남찬섭 (2012). 공공성과 인정의 정치, 그리고 돌봄의 윤리. 한국사회, 13(1), 87~122.

대한가정학회 (2014). 2014년 건강가정기본법 제정 10주년 기념 건강가정기본법 백서.

주간동아. 더 낳을까 말까... 헷갈리는 가족계획. 2001년 8월 2일 제295호. 특집: 산아제한인
　　가 출산장려인가

박병호, 이선자, 박순일, 김외숙, 김애실, 전광석, 조흥식, 신도철, 이혜경 (1996). 한국가족정책
　　의 이해. 도서출판 신정.

소영진 (2008). 공공성의 개념적 접근. 윤수재, 이미호, 채종헌 편. 새로운 시대의 공공성 연구.
　　서울: 법문사

송혜림, 이승미 (2014). 건강가정기본법이 우리나라 사회정책 및 가족정책에 미친 영향. 건강
　　가정기본법 제정 10주년 기념 통합학술대회 자료집.

오치아이 에미코 (2000). 근대가족, 길모퉁이를 돌아서다. 전미경 옮김(2012). 동국대학교출
　　판부.

옥선화 (1986). 가족주의 가치 측정을 위한 기초연구: 가족주의 척도 제작을 중심으로. 대한
　　가정학회지, 24(3), 143-153.

이진숙, 안대영 (2005). 건강가정기본법의 정책결정과정 분석: 킹돈의 이론을 중심으로. 사회
　　복지정책, 23(12), 159-181.

장경섭 (2011). 개발국가, 복지국가, 위험가족: 한국의 개발자유주의와 사회재생산 위기. 한국
　　사회정책, 18(3), 63-90.

장경섭, 진미정, 성미애, 이재림 (2013). 저출산·고령화 시대의 한국가족주의에 대한 진단과 정
　　책적 함의. 한국보건사회연구원 연구보고서 2013-10.

장현섭 (1994). 한국사회는 핵가족화하고 있는가. 한국사회사연구회편. 한국근현대가족의 재
　　조명.

전광희 (2005). 유럽 선진국의 인구 가족 정책의 전개 과정. 사회과학연구 16, 211-236.

조대엽 (2012). 현대성의 전환과 사회 구성적 공공성의 재구성: 사회 구성적 공공성의 논리와
　　미시공공성의 구조. 한국사회, 13(1), 3-62.

조희금 (2014). 가정학의 사회적 실천과 건강가정기본법의 제정. 건강가정기본법 제정 10주년
　　기념 통합학술대회 자료집.

진미정 (2014). 건강가정기본법과 돌봄지원정책. 건강가정기본법 제정 10주년 기념 통합학술

대회 자료집.

진미정, 조은숙 (2013). 가족관계 위기진단 척도개발 연구. 한국건강가정진흥원 연구보고서.

최규화, 김신영 (2012). 건강가정기본법 제·개정 사례연구: 신제도주의적 관점에서. 국민대 사회과학연구소, 사회과학연구, 25(1), 25-60.

최성재 (1996). 복지국가와 가족. 한국가족학회 편. 복지국가와 가족정책.

최재석 (1976). 한국인의 사회적 성격. 개문사.

통계청 (2012). 사회조사.

한국가족학회편 (1995). 복지국가와 가족정책. 도서출판 하우.

Becker, G. (1981). *A Treatise on the family.* Harvard University Press.

Beck-Gernsheim. E. (1998). Was kommt nach der Familie? - Einsblicke in neue Lebensformen. C. H. Beck'sche Verlagsbuchhandlung, Munchen. 박은주 옮김 (2005). 가족 이후에 무엇이 오는가? 새물결.

Bradley, J. C., & Edinberg, M. A. (1986). *Communication in the nursing context* (2nd Ed.), Norwalk, CT: Appleton-Century-Crofts.

Bogenschneider, K., (2006). *Family policy matters: How policymaking affects families and what professionals can do.* (2nd Ed.) Mahwah, New Jersey. Lawrence Erlbaum Associates, Publishers.

Chang, K-S., & Song, M-Y. (2010). The stranded individualizer under compressed modernity: South Korean women in individualization without individualism. *The British Journal of Sociology 61*(3), 539-564.

Daly, M., & Lewis, J. (2000). The concept of social care and the analysis of contemporary welfare states. *British Journal of Sociology, 51*(2), 281-298.

Fine, M. D. (2007). *A caring society? Care and the dilemmas of human service in the 21st Century.* Palgrave MacMillan.

Giddens, A. (1991). *Modernity and self-identity: Self and society in the late modern age.* Cambridge, Polity.

Hankivsky, O. (2005). Social policy and the ethic of care. University of Washington Press.

Laslett, B., & Brenner, J. (1989). Gender and social reproduction: Historical perspectives. *Annual Review of Sociology. 15*, 381-404.

Ooms, T. (1990). Families and government: Implementing a family perspective in public policy. *Social Thoughts, 16*(2), 61-78.

Popenoe, D. (1988). *Disturbing the nest: Family change and decline in modern societies.* New York: Aldine De Gruyter.

Stinnet, N. (1981). In search of strong families. In N. Stinnet, B. Chesser, & J. DeFrain (Eds.), *Building family strengths: Blue prints for addiction.* Lincoln: University of Nebraska Press.

Tronto, J. (1993). *Moral boundaries: A political argument for an ethic of care.* New York: Routledge.

▌4장 ▌

Bachelard, G. (1957). 공간의 시학. 곽광수 역 (2003). 동문선.

강내영, 윤수종 (2011). 빈집. 진보평론, 49, 274-300.

김광호, 윤도경, 김미지 (2013). 파더쇼크. 쌤엔파커스.

박철수 (2014). 박완서 소설을 통해 본 1970년대 대한민국 수도-서울 주거공간의 인식과 체험. 대한건축학회논문집, 30(3): 191-201.

서울대학교 학부모정책연구센터. http://family-school.snu.ac.kr/

신경숙 (1995). 빈집 예문.

에드워드 렐프 (1976). 장소와 장소상실. 김덕현, 김현주, 심승희 역(2005). 논형.

이문재 (2014). 산촌. 지금 여기가 맨 앞, 58-64. 문학동네.

이은정, 이현옥, 조승화 (2013). 쪽방, 주거공간에 대한 탐색적 의미. 복지동향, 30-35.

학부모ON누리 교육자료실.

http://allparents.go.kr/www/eduinfo/edudt/bbs/bbsList.do?bbs_cd_n=8&cate_n=12

정민우, 이나영 (2011). 청년세대, '집'의 의미를 묻다: 고시원 주거 경험을 중심으로. 한국사회학, 45(2), 130-175.

조정환 (2014). 잉여로서의 옥상과 잉여정치학의 전망. 고영란, 김만석, 김종길, 이성혁, 임태훈, 조정환, 황경민 저. 옥상의 정치, 40-69. 갈무리.

최새은 (2013). 2000년대 한국 소설에 나타난 청년들의 공간. 2013 한국가족관계학회 추계학술대회 자료집, 59-67.

Malchiodi, C. A. (1998). 미술치료사를 위한 아동미술심리의 이해. 김동연, 이재연, 홍은주 공역(2010). 학지사

Boss, P., Doherty, W., LaRossa, R., Schumm, W., & Steinmetz, S. K. (1993). *Sourcebook of family theories and methods: A contextual approach.* Springer.

KBS 뉴스. 옥상에 이런 재미가? 이색체험. http://news.kbs.co.kr/news/NewsView. do?SEARCH_NEWS_CODE=2914192 에서 인출.

심하늘 (2013). 「먹방을 찾는 사람들」. 『주간조선』 2241호. http://m.chosun.com/svc/ article.html?contid=2013020801492에서 인출.

정한석, 2013. 「촌스러운 밥상에 모여 밥 먹는 게 가족이다」. 『씨네 21』 http://www.cine21. com/news/view/mag_id/73327에서 인출.

텍스트

김미월, 2007. 『서울동굴가이드』. 문학과 지성사.

김미월, 2010. 『여덟 번째 방』. 민음사

김애란, 2007. 『침이 고인다』. 문학과 지성사.

김영하, 2007. 『퀴즈쇼』. 문학동네.

김인숙, 2012. 「빈집」. 『황순원문학상 수상작품집』 문예중앙.

박노해, 2010. 「탈주와 저항」. 『그러니 그대 사라지지 말아라』. 느린걸음.

박완서, 2005. 「닮은 방들」. 『부끄러움을 가르칩니다』. 민음사

신경숙, 1995. 「빈집」. 『빈집』 예문.

이문재, 2013. 『지금 여기가 맨 앞』. 문학동네.

장은진, 2012. 『빈집을 두드리다』 문학동네.

천명관, 2010. 『고령화가족』. 문학동네

영상 텍스트

〈빈집〉 김기덕 감독, 김기덕 필름 제작. 청어람 배급. 2004. 10 개봉

〈무자식상팔자〉 김수현 극본, 정을영 연출, JTBC 드라마. 2012.10.-2013.03 방영

〈슈퍼맨이 돌아왔다〉 강봉규, 김성민, 이유민, 하병훈, 황민규 연출, KBS2 예능. 2013.11.03. ~ 현재 방영

〈아빠! 어디가?〉 김유곤, 정윤정, 박창훈 연출. MBC 예능. 2013. 1.06.~ 현재 방영.

〈오! 마이 베이비〉 배성우 연출, SBS 예능. 2014. 1. 13. ~ 현재 방영.

〈응답하라 1994〉 이우정 극본, 신원호 연출, tvN 드라마. 2013.10-2013.12

〈한지붕 세가족〉 김진숙, 박찬홍 극본, 오현창 연출. MBC 드라마. 1986. 11.-1994. 11.

|5장|

구차순 (2007). 결혼이주여성의 다문화가족 적응에 관한 연구. 한국가족복지학, 20, 319-359.

김경은, 윤노아 (2012). 청소년의 국민정체성, 통일, 다문화수용성에 대한 인식. 사회과교육연구, 51(1), 123-140.

김민정 (2007). 한국가족의 변화와 지방사회의 필리핀 아내. 페미니즘연구, 7(2), 213-248.

김영주 (2009). 다문화교육의 '운동'적 성격과 '교육'적 성격의 탐색. 사회과교육연구, 16(3), 21-33.

김이선, 황정미, 이진영 (2007). 다문화사회로의 이행을 위한 문화정책 현황과 발전방향. 서울: 한국여성정책연구원.

김상학 (2004). 소수자 집단에 대한 태도와 사회적 거리감. 사회연구, 7, 169-206.

김정선 (2009). 필리핀 결혼이주여성의 귀속의 정치학. 이화여자대학교 박사학위청구 논문.

김현미 (2006). 국제결혼의 전 지구적 젠더정치학: 한국 남성과 베트남 여성의 사례를 중심으로. 경제와 사회, 70, 10-37.

김혜순 (2008). 결혼이주여성과 한국의 다문화사회 실험. 한국사회학, 42(2), 36-71.

맹진학 (2009). 한국인의 다문화 배제 태도에 영향을 주는 결정 요인에 관한 다층분석. 사회복지정책, 36(3), 323-328.

민가영 (2011). 결혼이주여성의 다문화정책 수용과정과 그 효과에 관한 연구. 사회과학연구, 22(1), 83-104.

박단 (2009). 현대 서양사회와 이주민: 갈등과 통합 사이에서. 서울: 한성대출판부.

박명선 (2007). 독일 이민법과 통합정책의 외국인 차별에 관한 연구. 한국사회학회, 41(2), 271-303.

설동훈 (2006). 국민·민족·인종: 결혼이민자 자녀의 정체성. 한국사회학회 동북아시대위원회 용역과제 06-8, 79-99.

소라미 (2007). 국제결혼 이주여성의 안정적 신분 보장을 위한 법·제도 검토 (지정 토론요지). 저스티스, 43-53.

양성은 (2008). 국제결혼에 대한 대학생의 태도 연구. 한국가족복지학, 24, 37-60.

양순미 (2013). 농촌 다문화가족 자립실태 및 지원방안. 수원: 농촌진흥청.

양현아 (2013). 가족 안으로 들어온 한국의 '다문화주의 (Multiculturalism)' 실험. 저스티스,

134, 298-335.

여성가족부 (2010). 다문화가족의 해체문제와 정책과제.

여성가족부 (2013). 2012년 다문화가족실태조사 연구.

여성가족부 (2014). 다문화가족 관련 통계 현황.

옥선화, 성미애, 신기영 (2000). 도시 및 농촌 거주자의 가족 및 친족관련 가치관 비교. 대한가정학회지, 38(9), 1-20.

옥선화, 진미정, 그레이스정, 김지애 (2014). 한국인 기혼남녀와 한국-베트남 다문화가족의 가족생활문화 비교: 가족의례와 가족가치관을 중심으로. 대한가정학회지, 52(1), 75-85.

윤명숙, 이해경 (2010). 농촌지역 시어머니의 외국인 며느리 봄에 관한 현상학적 연구. 농촌사회, 20(2), 191-232.

이형하 (2010). 농촌지역 결혼이주여성의 지역사회활동 참여경험에 관한 질적 연구. 한국사회복지학, 62(3), 219-245.

장미혜, 김혜영, 정승화, 김효정 (2008). 다민족·다문화사회로의 이행을 위한 정책 패러다임 구축. 서울:한국여성정책연구원.

정기선 (2004). 한국인의 국가정체성 국제비교연구: 자격요건 평가를 중심으로. 제1차 한국종합사회조사(KGSS) 심포지움.

조윤주 (2012). 다문화가족의 형성과 적응 과정에 관한 현상학적 연구. 한국가정관리학회지, 30(5), 59-74.

조하나, 박은혜 (2013). '혼혈'에 대한 사회적 의미: 1950년~2011년 신문기사를 중심으로. 다문화콘텐츠연구, 14, 367-407.

채옥희, 홍달아기 (2007). 베트남 결혼이민자의 한국 생활적응 사례연구. 한국생활과학회지, 16(1), 61-73.

한국리서치 (2005). 2005년 한국인의 정체성. 서울: 한국리서치

황정미, 김이선, 이명진, 최현, 이동주 (2007). 한국사회의 다민족·다문화 지향성에 대한 조사연구. 서울: 여성정책연구원.

Kymlicka, W. (2007). *Multicultural odysseys: Navigating the new international politics of diversity* (Vol. 7). Oxford: Oxford University Press.

┃6장┃

김경화 (2010). 재미 기러기 어머니의 적응과정에 관한 근거이론적 접근. 한국가족관계학회지, 14(4), 211-239.

김광기 (2009). 대면적 상호작용, 기러기 아빠, 그리고 이방인: 가족의 친밀성 변화에 관한 사회현상학적 소고. 현상과 인식, 봄/여름, 172-283.

김선미 (2007). 재미 국제 장기 분거가족 전업주부의 일상적 삶과 정체성 유지에 관한 연구: '기러기 엄마' 되기 과정. 한국가족자원경영학회지, 11(3), 171-189.

김양호, 김태현 (2009). 장기분거 가족에 대한 일 연구: 기러기가족의 부부관계를 중심으로. 한국가족관계학회지, 14(3), 297-326.

김양희, 장은정 (2004). 장기분거가족에 관한 탐색적 연구-기러기가족에 초점을 맞추어-. 한국가족관계학회지, 9(2), 1-23.

김영희, 최명선, 이지항 (2005) 뉴질랜드 거주 기러기 어머니의 생활실태 연구. 대한가정학회지, 43(11), 141-152.

김태현, 박숙자 (1992) 한국의 비동거 가족 연구. 가족학논집, 4, 45-74.

김희정, 최연실 (2012) 자녀 해외유학 '기러기가족'의 가족구조 분석에 대한 질적 사례 연구-구조적 가족치료 모델의 관점을 중심으로. 상담학연구, 13(6), 2965-2986.

문선희 (2012). 미혼여성의 결혼과 가족에 대한 가치관이 결혼의향과 기대결혼연령에 미치는 영향. 한국가족복지학, 17(3), 5-25.

백진아 (2007). 연구논문: 한국 기혼여성의 가족 경험-가족주의와 변형적 친밀성의 결합. 담론 201, 10(3), 241-269.

엄명용 (2002). 장기분거가족의 전문직 남성 문제: "기러기 아빠". 한국가족치료학회지, 10(2), 25-42.

윤경자, 임주영 (2011). 베이비붐 세대 분거가족의 결혼만족도에 영향을 미치는 변인: 아내를 중심으로. 한국가족관계학회지, 16(2), 193-208.

이두휴 (2008). 기러기 아빠의 교육적 희망과 갈등 연구. 교육문제연구, 32, 21-46.

이성은 (2006). 한국 기혼 남녀의 섹슈얼리티와 친밀성의 개념화. 가족과 문화, 18(2), 1-36.

장혜경, 김혜영, 홍승아, 은기수, 이명진, 김영란, 주재선, 송치선 (2005). 가족실태조사. 여성가족부 연구보고서 2005-39. 서울: 여성가족부.

조은 (2004). 세계화의 최첨단에 선 한국의 가족: 신글로벌 모자녀 가족 사례 연구. 경제와 사회, 겨울호 (통권 64), 148-171.

조은 (2008). 신자유주의 세계화와 가족 정치의 지형: 계급과 젠더의 경합. 한국여성학, 24(2),

5-37.

조은숙 (2010). 초국적 가족의 분거와 순차적 이민을 통한 재결합 과정에서 나타나는 가족체계 변화 연구. 한국가족관계학회지, 15(3), 91-115.

조은숙 (2011). 부모 비동반 조기 유학 청소년의 생활실태와 문제점 및 지원방안. 한국청소년연구, 22(1), 87-114.

조은숙, 남영주 (2010). 초국적 분거부부의 섹슈얼리티와 친밀성-기러기가족현상을 통해 본 한국인의 부부관계 일 특성-. 한국가족치료학회지, 18(2), 135-160.

조희금, 송혜림, 박정윤, 권태희, 김경화, 김주현, 김혜영, 윤소영, 윤진숙, 이진숙, 정민자, 이재림 (2010). 2010년 제2차 가족실태조사. 여성가족부 연구보고서 2010-15. 서울: 여성가족부.

최양숙 (2005). 비동거 가족경험: '기러기 아빠'를 중심으로. 연세대학교 대학원 박사학위논문.

최양숙 (2006). 부부분거경험의 성별차이를 중심으로 본 기러기가족 현상. 가족과 문화, 18(2), 37-65.

Alaggia, R., Chau, S., & Tsang, K. T. (2001). Astronaut Asian families: Impact of migration on family structure from the perspective of the youth. *Journal of Social Work Research and Evaluation, 2*(2), 295-306.

Beck, U., & Beck-Gernsheim, E. (2011). *Fernliebe, Lebensformen im globalen Zeitalter.* Berlin: Suhrkamp. 이재원·홍찬숙 역, (2012). 장거리 사랑. 서울: 새물결출판사.

Cho, U. (2005). The encroachment of globalization into intimate life: The flexible Korean family in "Economic Crisis". *Korea Journal, Autumn*, 8-35.

Cho, E. K., & Shin, S. (2008). Survival, adjustment, and acculturation of newly immigrated families with school-age children: Cases of four Korean families. *Diaspora, Indigenous, and Minority Education, 2*, 4-24.

Gerstel, N., & Gross, H. E. (1984). *Commuter marriages: A study of work and family.* New York: Guilford.

Goyos, J. M. (1996). *Identifying resiliency factors in the Adult "Pedro Pan" children: A retrospective study.* Doctoral dissertation, Barry University, Ellen Whiteside McDonnell School of Social Work.

Hondagneu-Sotelo, P., & Avila, E. (1997). "I'm here, but I'm there" The meanings of Latina transnational motherhood. *Gender & Society, 11*(5), 548-571.

Lam, L. (1994) 'Searching for a safe haven: The migration and settlement of Hong

Kong Chinese immigrants in Toronto', in R. Skeldon (Ed.) *Reluctant exiles? Migration from Hong Kong and the new overseas Chinese.* Armonk, NY: M.E. Sharpe.

Rhodes, A. R. (2002). Long-distance relationships in dual-career commuter couples: A review of counseling issues. *The family Journal, 10*(4), 398-404.

Suarez-Orozco, C., Todorova, I. L., & Louie, J. (2002). Making up for lost time: The experience of separation and reunification among immigrant families. *Family Process, 41*(4), 625-643.

Smith, A., Lalonde, R. N., & Johnson, S. (2004). Serial migration and its implications for the parent-child relationship: A retrospective analysis of the experiences of the children of Caribbean immigrants. *Cultural Diversity and Ethnic Minority Psychology, 10*(2), 107.

Waters, J. L. (2002). Flexible families? "Astronaut" households and the experiences of lone mothers in Vancouver, British Columbia. *Social and Cultural Geography, 3*(2), 117-134.

Waters, J. L. (2010). Becoming a father, missing a wife: Chinese transnational families and the male experience of lone parenting in Canada. *Population, Space and Place, 16*(1), 63-74.

|7장|

Ataca, B., & Berry, J. W. (2002). Psychological, sociocultural, and marital adaptation of Turkish immigrant couples in Canada. *International Journal of Psychology, 37*(1), 13-26.

Berry, J. W. (2003). Conceptual approaches to acculturation. In K. M. Chun, P. M. Organista, & G. Marin (Eds.), *Acculturation: Advances in theory, measurement, and applied research* (pp.17-37). Washington, DC: American Psychological Association.

Berry, J. W. (2006). Contexts of acculturation. In D. L. Sam & J. W. Berry (Eds.), *The Cambridge handbook of acculturation psychology* (pp. 27-42). Cambridge, UK: Cambridge University Press.

Berry, J. W., Kim, U., Minde, T., & Mok, D. (1987). Comparative studies of acculturative stress. *International Migration Review, 21*(3), 491-511.

Berry, J. W., Phinney, J. S., Sam, D. L., & Vedder, P. (Eds.). (2006a). Immigrant youth in cultural transition: Acculturation, identity, and adaptation across national contexts. Mahwah, NJ: Lawrence Erlbaum Associates, Inc.

Berry, J. W., Phinney, J. S., Sam, D. L., & Vedder, P. (2006b). Immigrant youth: Acculturation, identity, and adaptation. *Applied Psychology: An International Review, 55*(3), 303-332.

Chin, M., Lee, J., Lee, S., Son, S., & Sung, M. (2014). Family policy in South Korea: Development, implementation, and evaluation. In M. Robila (Ed.), *Family policies across the globe* (pp. 305-318). New York: Springer Science & Business.

Donà, G., & Berry, J. W. (1994). Acculturation attitudes and acculturative stress of central American refugees. *International Journal of Psychology, 29*(1), 57-70.

Duvall, E. M. (1957). *Family development.* Chicago: Lippincott.

Farver, J. A. M., & Lee-Shin, Y. (2000). Acculturation and Korean-American children's social and play behavior. *Social Development, 9*(3), 316-336.

Hoeffel, E. M., Rastogi, S., Kim, M. O., Shahid, H. (2012, March). *The Asian population: 2010. 2010 Census Brief* (C2010BR-11). Retrieved from: http://www.census. gov/prod/cen2010/briefs/c2010br-11.pdf

Kang, H., & Larson, R. W. (2014). Sense of indebtedness toward parents: Korean American emerging adults' narratives of parental sacrifice. *Journal of Adolescence research, 29,* 561-581.

Kim, L., & Kim, G. (1998). Searching for and defining a Korean American identity in a multicultural society. In Y. Song & A. Moon (Eds.), *Korean American women: From tradition to modern feminism* (pp.115-125). Westport, CT: Praeger Publishers.

Lee, S.-S. (2007). Cross-cultural adaptation and transformative learning of a Korean-American immigrant family. *Interdisciplinary Journal of Adult & Continuing Education, 10*(2), 1-30.

Lee, S. (2012). The impacts of sense of community, community provisions, and acculturation attitudes on parental satisfaction among Korean immigrants.

International Journal of Human Ecology, 13, 71-87.

Min, P. G. (1998). Changes and conflicts: *Korean immigrant families in New York.* Boston, MA: Pearson.

Oh, D. C. (2012). Mediating the boundaries: Second-generation Korean American adolescents' use of transnational Korean media as markers of social boundaries. *International Communication Gazette, 74*, 258-276.

Ok, S. W., Nam, Y. J. Sung, M., & Shin, K. Y. (2001). A study on familism and materialism of the Korean-Americans. *Journal of Korean Home Management Association, 19*, 15-29.

Osajima, K. (2005). Asian Americans as the model minority: An analysis of the popular press image in the 1960s and 1980s. In K. A. Ono (Ed.), *A companion to Asian American studies* (pp.215-225). Oxford, UK: Blackwell Publishing Ltd.

Phinney, J. S. (1996). Understanding ethnic diversity. *The American Behavrioal Scientist, 40*(2), 143-152.

Ryan, C. (2013, August). *Language use in the United States: 2011.* American Community Survey Reports (ACS-22). Retrieve from http://www.census.gov/prod/2013pubs/acs-22.pdf

Sung, M., Chin, M, Lee, J., & Lee, S. (2013). Ethnic variations in factors contributing to the life satisfaction of migrant wives in South Korea. *Family Relations, 62*, 226-240.

Wu, E. D. (2014). *The color of success: Asian Americans and the origins of the model minority.* Princeton, NJ: Princeton University Press.

Yoo, A. J., Ok, S. W., Baik, H. Y., & Lee, E. Y. (2000). 재미동포의 가정생활문화 적응과 정체감 관계 연구: 캘리포니아 주 거주자를 중심으로. 재외동포재단 연구결과 보고서.

Yoon, K.-E., Pan, Y., & Lubkemann, S. (2012). Observing Census enumeration of non-English speaking households in the 2010 Census: Korean report (Survey Methodology #2012-07). Retrieved from: www.census.gov/srd/papers/pdf/rsm2012-07.pdf

Zhou, M. (1997). Growing up American: The challenge confronting immigrant children and children of immigrants. *Annual Review of Sociology, 23*, 63-95.

│8장│

『艮齋集』

『論語』

『孟子』

『小學』

『小學集註』

『小學集註增解』

『小學枝言』

『小學疾書』

『周易』

『朱子年譜』, 王懋

『春秋繁露』

『白虎通義』

금장태 (1987). 退溪의 家庭觀. 퇴계학연구 1, 257-278.

김기현 (1986). 유가의 윤리구조 분석: 소학을 중심으로. 민족문화연구, 19, 141-179.

송환기 (1987). 성담선생문집. 한국역대문집총서, 한국문집편찬위원회 편집. 서울: 경인문
　　　화사.

안병학, 이내종, 이우태, 김종진, 유초하, 김낙필, 성태용, 이광호 역주 (1999). 국역성호질서(논
　　　어·대학·중용). 춘천: 한림대학교출판부.

이수호 (1997). 소학집주증해. 대전: 학민문화사.

이익 (1987). 소학질서. 성호전서4, 847-883. 서울: 여강출판사.

임영 (1995). 창계집. 영인표점 한국문집총간159. 서울: 민족문화추진회.

정약용 (1985). 심경밀험(전주대호남학연구소역: 국역여유당전서 경집Ⅰ, 156-192). 여유당전
　　　서4, 141-174. 서울: 여강출판사.

정인재 역 (1993). 중국철학사(馮友蘭 著, 中國哲學史). 서울: 형설출판사.

정정기 (2000). 『소학집주』, 『소학집주증해』, 『소학질서』 및 『소학지언』을 통해서 분석한 성리
　　　학의 부부관. 서울대학교 석사학위논문.

정정기 (2011). 조선시대 가족생활교육에서 '부부유별'의 의미- 간재 이덕홍의 「부부유별도」
　　　를 중심으로. 한국가정관리학회지, 29(6), 185-199.

정정기 (2012). 조선시대 가족의 식색교육 연구. 서울대학교 박사학위논문.

정해은 (1997). 조선후기 여성 실학자 빙허각 이씨. 여성과 사회, 8, 297-317.

진재교 (2008). 기획주제: 한국한문학과 성담론: 조선조 후기 문예공간에서 성적 욕망의 빛과 그늘 – 예교, 금기와 위반의 길항(拮抗)과 그 변증법(辨證法). 한국한문학연구 42, 87-126.

한국철학회 (1987). 韓國哲學史. 서울, 東明社.

馮友蘭 (1992). 中國哲學史(D. Bodde 역, A History of Chinese Philosophy). 北京:中華書局.

│9장│

김미령 (2009). 연령대에 따른 여성의 결혼만족도 차이 및 영향요인 비교. 한국가족복지학, 26, 35-62.

김유경 (2014). 가족주기 변화와 정책제언. 보건복지포럼 2014.5월호, 7-22.

김유경, 진미정, 송유진, 김가희 (2013). 가구·가족의 변동과 정책적 대응방안 연구. 한국보건 사회연구원

김유숙 (1998). 공평성인식과 결혼만족도에 관한 연구. 한국가족치료학회지, 6(2), 213-231.

김효민, 박정윤 (2013). 결혼만족도에 영향을 미치는 변인에 관한 연구: 본인 및 배우자 관련변 인을 중심으로. 한국가정관리학회지, 31(3), 125~140.

이동원, 최선희 (1998). 부부평등과 결혼만족과의 관계. 이화여자대학교 사회과학연구논총, 2, 149-184.

조희금, 송혜림, 박정윤, 권태희, 김경화, 김주현, 김혜영, 윤소영, 이진숙, 정민자, 이재림 (2010). 2010년 제2차 가족실태조사. 여성가족부 연구보고서.

이삼식, 장경섭, 김선업, 이병훈, 송다영, 박종서, 김은정, 최효진 (2011). 저출산·고령화와 사 회갈등. 사회통합위원회, 한국보건사회연구원 보고서.

정현숙 (1996). 도시부부의 결혼만족도 변화패턴. 한국가정관리학회지, 14(2), 51-20.

정현숙, 옥선화 (2008). 가족관계. 한국방송통신대학교 출판부.

통계청 (2013). 한국의 사회동향 2012.

통계청 (2013). 2012 혼인·이혼통계 보도자료.

통계청 (2014). 2013 혼인·이혼통계 보도자료.

통계청 (n.d.). 사회조사 2002~2012.

한경혜 (2011). 100세 시대의 가족, 관계지형의 변화. 100세 시대의 가족. 한국여성정책연구원 69차 여성정책포럼 자료집, 39-58.

한국가정법률상담소 (2013). 2013년도 상담통계

국가통계포탈. http://kosis.kr/

|10장|

남영주 (2003). 삼, 사십대 기혼 남녀의 성 의미 유형과 결혼 만족. 서울대학교대학원 박사학위논문.

양은영 (2007). 기혼여성에 있어서 성생활의 질: 그 요소 구조와 결정 변인, 여성건강간호학회지, 12, 77-89.

전정임 (2013). 기혼여성용 부부 성생활 조화 프로그램 개발. 경북대학교대학원 박사학위논문.

조은숙, 남영주 (2010). 초국적 분거부부의 섹슈얼리티와 친밀성; 기러기가족현상을 통해 본 한국인의 부부관계 일 특성. 한국가족치료학회지, 18(2), 135-160.

Cupach, W. R., & Comstock, J. (1990). Satisfaction with sexual communication in marriage: Links to sexual satisfaction and dyadic adjustment. *Journal of Social and Personal Relationships 7*, 179-186.

Edwards, J. N., & Booth, A. (1994). Sexuality, marriage, and well-being: The middle years. *Sexuality across the life course.* Chicago & London: The University of Chicago Press.

Henderson-King, D. H., & Veroff, J. (1994). Sexual satisfaction and marital well-being in the first years of marriages. *Journal of Social and Personal Relationships, 11*, 509-534.

Hetherington, S. E., & Soeken, K.L. (1990). Measuring changes in intimacy and sexuality: A self-administered sale. *Journal of Education and Therapy, 16*(3), 55-163.

Lawarance, K., & Byers, E. S. (1995). Sexual satisfaction in long-term heterosexual relationships: The interpersonal exchange model of sexual satisfaction. *Personal Relationships, 2*, 267-285.

Levine, S. B., (1998). *Sexuality in mid-life.* NY: Plenum.

McCarthy, B., & McCarthy, E. (2012). *Couple sexual awareness.* NY: Routledge.

Means, M.C. (2000). *An integrative approach to what really want sexual satisfaction.* University of Detroit Mercy.

Olson, D. H., Olson-Sigg, A., & Larson, P. J. (2008). *The couple checkup.* TN: Thomas Nelson.

Schwartz, P., & Rutter, V. (1998). *The gender of sexuality.* CA: Pine Forge.

Sprecher, S., & Regan, P. C. (2000). Sexuality in a relational context. *Close relationships: A Sourcebook.* Thousand Oaks, London, New Delhi: Sage.

동아일보 2014년 3월 10일자 토요판 커버스토리. '부부생활 안녕들 하십니까'

온라인 한국경제신문 2003년 4월 11일자.

조선일보 2004년 6월 15일자. 다시 쓰는 킨제이 성(性)보고서

중앙일보 2012년 5월 20일자. 부부의사가 쓰는 성(性)칼럼.

11장

강이수 (2009). 일-가족 가치관과 구조적으로 제약된 '선택'. 강이수 엮음. 일·가족·젠더: 한국의 산업화와 일-가족 딜레마. 255-294.

권희경, 장영은, 성미영 (2010). 대학생의 어머니 취업에 대한 긍정적 신념에 영향을 미치는 요인. 한국가정관리학회지, 29(4), 43-66.

김기엽 (2007). 저출산 시대의 고등학생의 자녀 출산에 대한 의식조사. 아주대학교 석사학위 논문.

김미숙 (2010). 자녀가치와 가족가치에 대한 인식: 유아 부모와 외할머니 집단을 중심으로. 인하대학교 석사학위 논문.

김혜정 (2010). 미혼남녀별 결혼 및 자녀출산인식에 영향을 미치는 요인. 경희대학교 석사학위 논문.

마경희 (2009). 맞벌이가구 젠더체제 유형과 여성의 일-삶 경험. 강이수 엮음. 일·가족·젠더: 한국의 산업화와 일-가족 딜레마. 330-362.

박기남 (2009a). 전문직 여성의 갈등과 좌절, 그리고 적응 전략. 강이수 엮음. 일·가족·젠더: 한국의 산업화와 일-가족 딜레마. 172-219.

박기남 (2009b). 고용 조건과 기혼 취업 여성의 일-가족 시간 갈등. 강이수 엮음. 일·가족·젠더: 한국의 산업화와 일-가족 딜레마. 295-329.

박주희 (2007). 젠더, 가정생활, 일의 양립. 도서출판 구상.

성미영, 권희경, 장영은 (2010). 대학생의 어머니 취업력, 성취동기와 직업양성평등의식이 어머

니 취업에 대한 부정적 신념에 미치는 영향. 대한가정학회지, 48(3), 115-124.

정혜정, 공미혜, 전영주, 정현숙 (2009). 가족과 젠더. 도서출판 신정.

최규련 (1995). 맞벌이 가족의 가족 문제. 한국가족학회편. 도서출판 하우.

통계청 (2010). 한국의 사회동향 2010.

통계청 (2010). 2009년 출생 통계 결과.

통계청 (2014). 2013년 출생 통계 결과.

통계청 (2014). 통계로 보는 여성의 삶.

Blankenhom, D. (1998). The diminishment of American fatherhood." In S. J. Fergerson, (Ed.), *Shifting the center: Understanding contemporary families*. CA: Mayfield.

Coltrane, S. (2009). Household labor and the routine production of gender. In Fox, B. (Ed.) *Family patterns: Gender relations*. 3rd Ed., Ontario: Oxford University Press. pp. 367-384.

Ferber, M., O'Farrell, B., & Allen, L., (Eds). (1991). *Work and family policies for a changing work force*. Washington, D. C.: National Academy Press.

Fox, B. (2009). When the baby comes home: The dynamics of gender in the making of family. In Fox, B. (Ed.) *Family patterns: Gender relations*. 3rd Ed., Ontario: Oxford University Press, 292-309.

Hoffman, L. W. (1989). Effects of maternal employment in the two-parent family. *American Psychologist*, 44(2), 283-292.

Hoffnung, M. (1998). Motherhood: Contemporary conflict for women. In S. J. Ferguson, (Ed.), *Shifting the center: Understanding contemporary families*. Mountain View, CA: Mayfield.

Hochschild, A. R. (1999). Understanding the future of fatherhood: The daddy hierarchy and beyond. In C. C. Albers, (Ed.) *Sociology of families: Readings*. CA: Pine Forge.

Luxton, M. (2009). Wives and husbands. In B. Fox, (Ed.) *Family patterns: Gender relations. 3rd Ed*. Ontario: Oxford University Press.

Parcel, T., & Managhan, E. (1994). *Parents jobs and children's lives*. New York: Aldin & Gruyter.

Popenoe, D. (1999). Parental androgyny. In C. Albers, (Ed.), *Sociology of families:*

Readings. CA: Pine Forge.

Powell, J. R., & George-Warrenenoe, H. (1994). *The working women's guide to managing stress*. NJ: Prentice Hall.

Schartz, M. A., & Scott, B. M. (1999). *Marriage and families*. NJ: Prentice Hall.

Slaughter, D. (1983). Early intervention and its effects on maternal and child development. *Monographs of the Society for Research on Child Development, 48*(4), Serial No. 202.

▮12장▮

권수영 (2004). 한국인을 위한 웰빙과 영성: 문화와 주관적 안녕감 연구를 중심으로. 신학논단, 37, 385-412.

권수영 (2010). 영성과 가족체계: 가계도의 목회적인 활동에 관한 연구. 신학논단, 62, 31-55.

김광식 (1981). 신학과 인간과학에서 본 한국인의 영성. 연세대학교 연신원 목회자 신학세미나 강의집, 71-77.

김복영 (2011). 홀리스틱 교육이 추구하는 목적으로서의 영성지능. 홀리스틱교육연구, 15(1), 115-134.

김정신 (2002). 영성교육을 위한 탐색적 연구. 교육인류학연구, 5(1), 53-78.

박소정 역 (2008). 한국인의 영성. 도서출판 모시는 사람들.

박종수 (2013). 분석심리학과 상담. 양명숙 외 공저. 상담이론과 실제. 서울: 학지사.

백정미 (2011). 부부치료에서의 영성의 역할에 대한 연구분석. 신학논단, 65, 73-92.

신승환 (2006). 현대문화에서의 영성론 연구. 하이데거연구, 15, 567-596.

심은주, 이경화 (2012). 교육학 분야 영성연구의 동향과 과제. 열린교육연구, 20(4), 137-158,

오복자, 강경아 (2000). 영성 개념분석. 대한간호학회지, 30(5), 1145-1155.

오성춘 (1995). 영성과 목회. 서울: 장로회신학대학교 출판사.

유동식 (1990). 한국인의 영성과 종교. 계간사상, 5, 129-162.

유동식 (1992). 풍류도와 한국신학. 서울: 전망사.

유장춘 (2004). 영성의 다양성과 한국인의 토착적 영성 그리고 교회사회사업적 과제. 교회사회사업, 2, 195-219.

이경렬, 김정희, 김동원 (2003). 한국인을 위한 영성척도의 개발. 한국심리학회지, 15(4), 711-728.

이은규 (2001). 가정에서의 청소년 영성훈련에 대한 연구. 신학지평, 14, 57-80.

이지영 (2012). 홀리스틱 교육의 기초로서 영성 및 영적 발달개념에 대한 논의. 홀리스틱 교육
연구, 16(2), 113-128.

이현아 (2003). 영성민감형 사회복지의 실천과 적용. 제2회 한국교회사회사업학회 학술대회
자료집, 30-35.

이혜숙 (2009). 영성적 관점에서 가족 레질리언스의 이해와 적용. 교회사회사업, 11, 7-37.

조미숙 (2001). 빈곤가족의 가족치료에서 영성활용에 관한 연구, 5(1), 29-42.

조삼복 (2012). 대학생용 영성프로그램 개발. 경북대박사학위논문.

주창윤 (2013). 허기사회. 서울: 글항아리.

최광현 (2012). 위기가족을 위한 돌봄의 체계론적 모델: 영성과 가족치료의 만남. 한국실천신
학과 정기학술세미나, 1, 117-144.

한병철 (2012). 피로사회. 서울: 문학과 지성사.

Aponte, H. (1996). Political bias, moral values, and spirituality in the training of
psychotherapist. *Bulletin of the Menninger Clinic, 60*(4), 488-502.

Emmons, R. A. (2000). Is spirituality an intelligence?: Motivation, cognition, and the
psychology of ultimate concern. *The International Journal for the Psychology of
Religion, 10*, 3-26.

Frame, M. W. (2000). The spiritual genogram in family therapy. *Journal of Marital and
Family therapy, 26*, 211-241.

Frankle, V. E. (1959). The spiritual dimension in existential analysis and logotherapy.
Journal of Individual Psychology, 15, 157-165.

Jung, C. G. (1953-1979). *Collected works, 20, Bollingen Series.* Princeton University Press.

Miller, L., Davies, M., & Greenwald, S. (2000). Religiosity and substance use and abuse
among adolescents in the national cormorbidity study. *Journal of the American
Academy of Child and Adolescent Psychiatry, 39*(9), 1190-1197.

Polster, E. (2006). *Uncommon ground: Creating a system of lifetime guidance.* Phoenix:
Zeig, Tucker, & Theisen, Inc.

Satir, V., Benman, J., & Gomori, M. (1991). *The Satir model: Family therapy and beyond.*
CA: Science & Behavior Books.

▎13장▎

가와이 노리코 (2011). 한국의 대학진학률은 왜 계속 상승하는가?-일본과의 비교를 통해 본 한국의 교육열-. 서울대학교 박사학위 청구논문.

강창동 (2008). 한국의 편집증적 교육열과 신분 욕망에 대한 사회사적 고찰. 한국교육학연구, 14(2), 5-32.

김경근 (2005). 한국사회 교육열의 특성 및 자녀 교육문화. 한국의 교육열, 세계의 교육열(이종각 편저), 201-220. 서울: 하우

김의철, 박영신 (2008a). 한국사회와 교육적 성취(Ⅰ): 교육의 현실, 한계와 가능성, 그리고 발전방향. 한국심리학회지: 사회문제, 14(1), 1-31.

김의철, 박영신 (2008b). 한국사회와 교육적 성취(Ⅱ): 한국 청소년의 학업성취에 대한 심리적 토대 분석. 한국심리학회지: 사회문제, 14(1), 63-109.

김현주 (2013). 입시가족: 중산층 가족의 입시사용법. 서울: 새물결.

김희복 (1992). 학부모 문화 연구-부산지역 중산층의 교육열. 서울대학교 대학원 박사학위논문.

남상필, 이지연, 장진이 (2012). 학업성취 압력이 학업소진에 미치는 영향-자기통제감의 조절효과를 중심으로-. 아동교육, 21(3), 219-230.

동아일보(2013.8.5). "한국 여성의 계급". 오피니언-횡설수설.

문은식, 김충희 (2003). 부모의 학습지원행동과 초·중학생의 학업동기 및 학업성취도의 관계. 교육심리연구, 17(2), 271-288.

서울신문(2013.4.6). "학부모가 변해야 교육이 산다". 서울광장.

송명숙 (2013). 한국 부모의 교육열과 부모-자녀관계. 송원대학교 논문집, 39(1), 341-352.

이민경 (2007). 중산층 어머니들의 자녀교육 담론: 자녀교육 지원태도에 대한 의미 분석. 교육사회학연구, 17(3), 159-181.

이선혜 (1998). 한국에서의 Bowen 이론 적용에 대한 고찰: 자아분화 개념을 중심으로. 한국가족치료학회, 6(2), 151-176.

이종각 (2003). 외국에는 어떤 교육열 현상이 나타나는가?-중국, 일본, 미국, 이스라엘-. 연구자료 RM2003-54.한국교육개발원.

이종각 (2005). 국내외의 교육열과 그 현상을 어떻게 보고 어떻게 연구하고 어떻게 대응해야 할까?. 한국의 교육열, 세계의 교육열(이종각 편저), 253-297. 서울: 하우

장경섭 (2002). 사회투자가족의 위기: 세계화, 가족문화, 학력투쟁. 한국사회과학, 24(1), 143-170.

조은주, 이은희 (2013). 부와 모의 심리적 통제와 청소년의 우울 및 불안: 비합리적 신념의 매
개역할. 한국청소년연구, 24(1), 35-70.

주동범 (1998). 학생배경과 학업성취: 어머니의 자녀교육에의 관여가 매개하는가. 교육사회학
연구, 8(1), 41-56.

최상진 (2000). 한국인 심리학. 서울: 중앙대학교출판부.

최상진, 정태연 (2001). 인고(忍苦)에 대한 한국인의 심리: 긍정적 보상기대와 부정적 과실상
계를 중심으로. 한국심리학회지: 사회문제, 7(2), 21-38.

한국일보 (2013.4.3). “한국, 아직은 개천에서 용 나오는 사회”.

한성열 (2008). 한국문화의 맥락에서 본 교육의식: 한국사회에서 교육적 성취에 대한 심리학
적 분석. 한국심리학회지: 사회문제, 14(1), 33-46.

한용진, 최정희 (2011). 신문기사에 나타난 자녀교육 인식 변천, 한국교육학연구, 17(3), 175-
204.

Armbrister, R. C., McCallum, R., S., & Lee, H. D. (2002). A cross-cultural comparison
of student social attributions. *Psychology in the Schools, 39*(1), 39-49.

Fan, X., & Chen, M. (2001). Parental involvement and students' academic
achievement: A meta-analysis. *Educational Psychology Review, 13*, 1-22.

Fantuzzo, J., Tighe, E., & Childs, S. (2000). Family involvement questionnaire: A
multivariate assessment of family participation in early childhood education.
Journal of Educational Psychology, 92, 367-376.

▎14장 ▎

김용석 (1999). 자녀에 대한 부모의 통제와 청소년 음주와의 관계. 한국사회복지학, 12, 103-
127.

배희분 (2014). 가족식사 교육 프로그램이 가족식사환경, 부모자녀 의사소통, 부모효능감에
미치는 효과. 서울대학교 박사학위논문.

이상균 (2008). 청소년 비행행동에 대한 부모양육행동과 비행친구집단의 조절된 매개효과.
한국아동복지학, 27, 121-151.

이승미, 송혜림, 이완정, 성미애, 진미정, 이현아 (2012). 한국가족의 전환기적 특성과 가족정
책, 한국가정관리학회지, 30(6), 183-199.

윤연정, 이미숙, 전춘애 (2011). 가족건강성과 부모감독, 청소년의 자아존중감 간의 관계. 한국

가정관리학회지, 29(2), 113-126.

정윤주 (2014). 청소년기의 부모감독 변화에 대한 부모애착의 효과. 한국가정관리학회지, 32(1), 1-12.

정병삼 (2011). 부모지도감독이 청소년의 비행친구 접촉과 일탈행동에 미치는 종단적 억제효과. 청소년상담연구, 18(2), 149-165.

조윤주 (2013). 아동의 휴대전화 의존과 학습행동 통제 간의 관계에서 부모감독의 조절효과. 대한가정학회지, 51(2), 253-251.

조혜정, 윤명숙 (2010). 부모감독과 청소년 음주의 상호관계에 관한 종단연구. 청소년학연구, 17(12), 259-285.

진미정 (2008). 가족구조에 따른 아동의 생활시간 비교. 가족과 문화, 20(3), 187-211.

한국방정환재단 (2012). 2012년도 한국 어린이-청소년 행복지수의 구축: 국제비교연구조사 결과보고서.

Barber, B, K. (1996). Parental psychological control: Revisiting a neglected construct. *Child Development, 67*(6), 3296-3319.

Brown, B. B., Mounts, N., Lamborn, S. D., & Steinberg, L. (1993). Parenting practices and peer group affiliation in adolescence. *Child Development, 64*, 467-482.

Crouter, A. C., Bumpus, M. F., Davis, K. D., & McHale, S. M. (2005). How do parents learn about adolescents' experiences? Implications for parental knowledge and adolescent risky behavior. *Child Development, 76*, 869-882.

Dick, D. M., Meyers, J L., Latendresse, S. J., Creemers, H. E., Lansford, J. E, Pettit, G. S. et al. (2011). CHARM2, parental monitoring, and adolescent externalizing behavior: Evidence for gene-environment interaction. *Psychological Science, 22*(4), 481-489.

Dillon, F. R., Pantin, H., Robbins, M. S., & Szaposcnik, J. (2008). Exploring the role of parental monitoring of peers on the relationship between family functioning and delinquency in the lives of African American and Hispanic adolescents. *Crime and Delinquency, 54*, 65-94.

Dishion, T. J., & McMahon, R. J. (1998). Parental monitoring and the prevention of child and adolescent problem behavior: A conceptual and empirical formulation. *Clinical Child and Family Psychology Review, 1*(1), 61-75.

Dishion, T. J., Nelson, S. E., & Kavanagh, K. (2003). The family check-up with high-risk young adolescents: Preventing early-onset substance use by parent monitoring. *Behavior Therapy, 34*, 553-571.

Fisher, P. A., Leve, L. D., O'Leary, C. C., & Leve, C. (2003). Parental monitoring of children's behavior: Variation across step-mother, step-father, and two-parent biological families. *Family Relations, 52*, 45-52.

Foltz, R. (2011). Parental monitoring or an Invasion of privacy? *Reclaiming Children and Youth, 20*(3), 41-43.

Hamza, C. A., & Willoughby, T. (2011). Perceived parental monitoring, adolescent disclosure, and adolescent depressive symptoms: A longitudinal examination. *Journal of Youth and Adolescence, 40*, 902-915.

Hayes, L., Hudson, A., & Matthews, J.(2003). Parental monitoring: A model of parent-adolescent interaction. *Behaviour Change, 20*, 13-24.

Jacobson, K. C., & Crockett, L. J. (2000). Parental monitoring and adolescent adjustment: An ecological perspective. *Journal of Research on Adolescence, 10*, 65-97.

Keijsers, L, Branje, S., Schwartz, S., Frijns, T., Koot, H. M., & Meeus, W. (2012). Forbidden friends as forbidden fruit: Parental supervision of friendships, contact with deviant peers, and adolescent delinquency. *Child Development, 83*(2), 651-666.

Kerr, M., Stattin, H., & Burk. W. J. (2010). A reinterpretation of parental monitoring in longitudinal perspective. *Journal of Research on Adolescence, 20*(1), 39-64.

Laird, R. D., Criss, M. M., Pettit, G. S., Dodge, K. A., & Bates, J. E.(2008). Parents' monitoring knowledge attenuates the link between antisocial friends and adolescent delinquent behavior. *Journal of Abnormal Child Psychology, 36*, 299-310.

Laird, R. D., Pettit, G. S., Bates, J. E., & Dodge, K. A. (2003). Parents' monitoring-relevant knowledge and adolescents' delinquent behavior: Evidence of correlated developmental changes and reciprocal influences. *Child Development, 74*, 752-768.

Li, X., Stanton, B., Galbrith, J., Burns, J., Cottrell, L., & Pack, R. (2002). Parental monitoring intervention: Practice makes perfect. *Journal of the National*

Medical Association, 94, 364-370.

Pardini, D. A., Fite, P. J., & Burk, J. D. (2008). Bidirectional association between parenting practices and conduct problems in boys from childhood to adolescence: The moderating effect of age and African-American ethnicity. *Journal of Abnormal Child Psychology, 36*, 647-662.

Patterson, G. R., & Dishion, T. J. (1985). Contributions of families and peers to delinquency. *Criminology, 23*, 63-79.

Pettit, G. S., Keiley, M. S., Laird, R. D., Bates, J. E., & Dodge, K. A. (2007). Predicting the developmental course of mother-reported monitoring across childhood and adolescence from early proactive parenting, child temperament, and parents' worries. *Journal of Family Psychology, 21*, 206-217.

Racz, S. J., & McMahon, R. J. (2011). The relationship between parental knowledge and monitoring and child and adolescent conduct problems: A 10-year update. *Clinical Child and Family Psychological Review, 14*, 377-398.

Sanders, M. R. (1999). Triple P-Positive parenting program: towards and empirically validated multilevel parenting and family support strategy for the prevention of behavior and emotional problems in children. *Clinical Child and Family Psychology Review, 2*, 71-90.

Sohn, S. (2010). A comparative study of attitudes in educating children between Korean mothers and Japanese mothers: Evaluation of own culture and foreign culture by those who lived in both countries. *The Women's Studies, 79*, 37-80.

Stattin, H., & Kerr, M. (2000). Parental monitoring: A reinterpretation. *Child Development, 71*(4), 1072-1085.

Tobler, A. L., & Komro, K. A. (2010). Trajectories of parental monitoring and communication and effects on drug use among urban young adolescents. *Journal of Adolescent Health, 46*, 560-568.

Willoughby, T., & Hamza, C. A. (2011). A longitudinal examination of the bidirectional associations among perceived parenting behaviors, adolescent disclosure and problem behavior across the high school years. *Journal of Youth and Adolescence, 4*, 463-478.

|15장|

고선강 (2012). 부모의 결혼자금 지원과 경제자원 이전: 20-40대 기혼여성 가정을 중심으로. 한국가정관리학회지, 16(3), 1-19.

김승권, 박종서, 김유경, 김연우, 최영준, 손창균, 윤아름 (2012). 2012년 전국 결혼 및 출산 동향 조사(발간등록번호 11-1352000-000952-12). 서울: 보건복지부, 한국보건사회연구원.

노진호 (2014). [현장 속으로] 가정법원서 들여다본 이혼 풍속도. 중앙일보 2014년 3월 15일자. http://article.joins.com/news/article/article.asp?total_id=14162050&cloc=olink|article|default

박민제 (2014). 자식에게 퍼주고 노후에 버림받는 '상속 빈곤층' 는다. 중앙일보 2014년 6월 17일자. http://article.joins.com/news/article/article.asp?total_id=14979149

보건복지부, 한국보건사회연구원 (2013). 보도자료: 증가하는 결혼·양육비용에 대응한 지원 대책 마련 추진. 2012년 전국 결혼 및 출산동향조사와 전국 출산력 및 가족보건복지실태조사 분석결과 통합 발표. https://www.kihasa.re.kr/html/jsp/info/trend/domestic/view.jsp?bid=3&ano=5402&keyfield=atitle&key=2012&page=1

성미애 (2006). 질적 연구를 통한 한국가족의 양계화 현상에 대한 진단적 접근. 한국가정관리학회지, 24(3), 59-72.

이여봉, 김현주, 이선이 (2013). 어머니와 자녀 간 자원교환의 호혜성에 관한 연구: 형평성, 이타성, 그리고 관계만족도. 가족과 문화, 25(1), 39-76.

이재림 (2013). 손자녀 양육지원에 따른 조모와 취업모의 관계 경험: 세대간 지원 제공 및 수혜의 의미. 한국가정관리학회지, 31(2), 1-24.

이재림 (2014). "졸업하고 뭐 하고 싶어요?". 성대신문 1562호 돌물목. http://www.skkuw.com/news/articleView.html?idxno=11193

정재기 (2007). 한국의 가족 및 친족간의 접촉빈도와 사회적 지원의 양상: 국제간 비교의 맥락에서. 한국인구학, 31(3), 157-178.

조희금, 송혜림, 박정윤, 권태희, 김경화, 김주현, 김혜영, 윤소영, 윤진숙, 이진숙, 정민자, 이재림 (2010). 2010년 제2차 가족실태조사. 여성가족부 연구보고서.

최여진, 이재림 (2014). 성인자녀에 대한 아버지와 어머니의 도구적 지원 관련 요인: 지원에 관한 태도 및 지원 제공을 중심으로. 한국가정관리학회지, 32(5), 87-105.

최영지 (2007). 수강신청까지 부모가 챙겨주는 대학생들 씁쓸. 세계일보 2007년 8월 13일자. http://www.segye.com/content/html/2007/08/12/20070812000080.html

통계청 (2012). 2012년 사회조사(가족,교육,보건,안전,환경) 결과. http://www.kostat.go.kr/portal/korea/kor_nw/2/6/3/index.board?bmode=read&aSeq=269287

Antonucci, T. C., & Jackson, J. S. (1989). Successful aging and life course reciprocity. In A. Warnes (Ed.), *Human aging and later life: Multidisciplinary perspectives.* London: Hodder & Stoughton.

Arnett, J. J. (2000). *Emerging adulthood: The winding road from the late teens through the twenties.* New York: Oxford University Press.

Becker, G. S., & Tomes, N. (1976). Child endowments and the quantity and quality of children. *Journal of Political Economy, 84,* 142-163.

Connidis, I. A., & McMullin, J. A. (2002). Sociological ambivalence and family ties: A critical perspective. *Journal of Marriage and Family, 64,* 558-567.

Cox, D. (1987). Motives for private income transfer. *Journal of Political Economy, 95,* 508-546.

Fingerman, K. L., Cheng, Y-P., Wesselmann, E. D., Zarit, S., Furstenberg, F., & Birditt, K. S. (2012). Helicopter parents and landing pad kids: Intense parental support of grown children. *Journal of Marriage and Family, 74,* 880-896.

Gouldner, A. (1960). The norm of reciprocity: A preliminary statement. *American Sociological Review, 25,* 161-178.

Homans, G. (1950). *The human group.* New York: Harcourt, Brace.

Ingersoll-Dayton, B., Neal, M. B., Ha, J-H., & Hammer, L. B. (2003). Redressing inequity in parent care among siblings. *Journal of Marriage and Family, 65,* 201-212.

Jensen, L. A., & Arnett, J. J. (2012). Going global: New pathways for adolescents and emerging adults in a changing world. *Journal of Social Issues, 68,* 473-492.

Lee, J., & Bauer, J. W. (2013). Motivations for providing and utilizing child care by grandmothers in South Korea. *Journal of Marriage and Family, 75,* 381-402.

Lüscher, K., & Pillemer, K. (1998). Intergenerational ambivalence: A new approach to the study of parent-child relations in later life. *Journal of Marriage and the Family, 60,* 413-425.

Park, K.-S., Phua, V., McNally, J., & Sun, R. (2005). Diversity and structure of intergenerational relationships: Elderly parent-adult child relations in Korea.

Journal of Cross-Cultural Gerontology, 20, 285-305.

Silverstein, M., Conroy, S. J., Wang, H., Giarrusso, R., & Bengtson, V. L. (2002). Reciprocity in parent-child relations over the adult. *Journal of Gerontology: Social Sciences, 57B*, S3-S13.

Sung, M., & Lee, J. (2013). Adult sibling and sibling-in-law relationships in South Korea: Continuity and change of Confucian family norms. *Journal of Comparative Family Studies, 44*, 571-587.

Swartz, T. T., Kim, M., Uno, M., Mortimer, J., & O'Brien, K. B. (2011). Safety nets and scaffolds: Parental support in the transition to adulthood. *Journal of Marriage and Family, 73*, 414-429.

Wentowski, G. J. (1981). Reciprocity and the coping strategies of older people: Cultural dimensions of network building. *The Gerontotogist, 21*, 600-609.

|16장|

김밀양 (2004). 고부관계연구에 대한 이론적 고찰. 한국가족관계학회지, 9(2), 173-187.

남순현, 한성열 (2002). 가족분화수준, 가족관계의 질 및 친밀감간의 관계. 한국심리학회지: 사회문제, 8(2), 33-49.

네이버 지식in 오픈 국어. 시월드.

http://kin.naver.com/openkr/detail.nhn?docId=159678

네이버 지식in 오픈 국어. 며느리살이.

http://kin.naver.com/openkr/detail.nhn?docId=149300

박소영 (2010). 고부관계에서 남성의 역할에 관한 연구. 한국가족복지학, 28, 151-186.

박소영, 박태영 (2008). 며느리들의 시어머니와의 경험에 관한 연구. 한국가정관리학회지, 26(4), 55-71.

성명옥, 이혜자 (2002). 시어머니가 지각하는 고부갈등이 제 가족관계에 미치는 영향. 노인복지연구, 겨울호, 185-206.

이영숙, 박경란 (2006). 여자대학생의 시어머니에 대한 고정관념. 한국가정관리학회지, 24(1), 1-9.

정옥분, 정순화, 홍계옥 (2006). 결혼과 가족의 이해. 시그마프레스.

조희금, 송혜림, 박정윤, 권태희, 김경화, 김주현, 김혜영, 윤소영, 윤진숙, 이진숙, 정민자, 이재림 (2010). 2010년 제2차 가족실태조사. 여성가족부 연구보고서.

최성희, 한명숙 (2011). 한국(韓國)의 문화(文化): 현대사회의 고부(姑婦) 간의 가족문화 연구-며느리와 동거하는 시부모의 갈등, 대인관계, 자기효능감, 삶의 만족도의 관계를 중심으로. 한국사상과 문화, 59, 391-415.

Ambert, A. (1988). Relationships with former in-laws after divorce: A research note. *Family Relations, 50* (3), 679-686.

Blau, P. (1964). *Exchange and power in social life.* New York: Wiley

Bowen, M. (1978). *Family therapy in clinical practice.* Northvale, NJ: Jason Aronson Inc.

Bryant, C. M., Conger, R. D., & Meehan, J. M. (2001). The influence of in-laws on change in marital success. *Family Relations, 63* (3), 614-626.

Chin, M. (2011). Korean families in mid-life: Over-emphasis on children's education. In Korean Family Studies Association(Ed.), *Korean families: Continuity and Change* (pp. 331-378).

Chung, H., & Gale, J. (2006). Comparing self-differentiation and psychological well-being between Korean and European American students. *Contemporary Family Therapy, 28* (3), 367-381.

Cong, Z., & Silverstein, M. (2008). Intergenerational support and depression among elders in rural China. *Journal of Marriage and Family, 70,* 599-612.

Fingerman, K. L. (2004). The role of offspring and in-laws in grandparents' ties to their grandchildren. *Journal of Family Issue, 25* (8), 1026-1049.

Fischer, L. (1983). Mothers and mothers-in-law. *Journal of Marriage and the Family, 45,* 187-192.

Kim, M. (2011). Urban family relationships in the rapidly industrializing Korean society. In Korean Family Studies Association(Ed.), *Korean families: Continuity and Change* (pp. 185-214).

Kim, M. H. (1996). Changing relationship between daughters-in-law and mothers-in-law in urban South Korea. *Anthropological Quarterly, 69* (4), 179-192.

Lee, J., & Bauer, J. W. (2013). Motivations for providing and utilizing child care by grandmothers in South Korea. *Journal of Marriage and Family, 75,* 381-402.

Levy, I. J., & Zumwalt, R. L. (2012). A mother-in-law not even of clay is good: Sfuegra ni de baro es buena... *Folklore, 123* (2), 127-151.

Lieberman, S. A. (2009). *The mother-in-law's manual.* Houston, TX: Bright Sky Press.

Lim, S., & Lim, B. K. (2012). Po Xi Wen Ti: The mother-in-law problem. *Journal of Family Psychotherapy, 23* (3), 202-216.

Lopata, H. (1999). In-laws and the concept of family. *Marriage and Family Review, 28* (3-4), 161-172.

Mikucki-Enyart, S. L. (2011). Parent-in-law privacy management: An examination of the links among relational uncertainty, topic avoidance, in-group status, and in-law satisfaction. *Journal of Family Communication, 11* (4), 237-263.

Minuchin, S. (1974). *Families and family therapy.* Cambridge, MA: Harvard Universtiy Press.

Morr Serewicz, M. C. (2008). Toward a triangular theory of the communication and relationships of in-laws: Theoretical proposal and social relations analysis of relational satisfaction and private disclosure in in-law triads. *Journal of Family Communication, 8* (4), 264-292.

Morr Serewicz, M. C. (2006). The difficulties in in-law relationships. In D. C. Kirkpatrick, S. Duck, & M. Foley (Eds.), *Relating difficulty: The process of constructing and managing difficult interaction* (pp. 101-118). Mahwah, NJ: Erlbaum.

Morr Serewicz, M. C., & Canary, D. J. (2008). Assessments of disclosure from in-law: Links among disclosure topics, family privacy orientations, and relational quality. *Journal of Social and Personal Relationships, 25* (2), 333-357.

Morr Serewicz, M. C., Hosmer, R., Ballard, R. L., & Griffin, R. A. (2008). Disclosure from in-laws and the quality of in-law and marital relationships. *Communication Quarterly, 56* (4), 427-444.

Nishi, A., Tamiya, N., Kashiwagi, M., Takahashi, H., Sato, M., Kawachi, I. (2010). Mothers and daughters-in-law: A prospective study of informal care-giving arrangements and survival in Japan. *BMC Geneatrics, 10,* 61-68.

Ok, S. W. (2011). Continuity and change in patrilineal culture of Korean families. In Korean Family Studies Association(Ed.), *Korean families: Continuity and Change* (pp. 1-18).

Olutola, F. O. (2012). Wife-mother-in-law relationship and violence among Yoruba women of southwestern Nigeria. *American Journal of Sociological Research, 2* (2), 11-18.

Prentice, C. M. (2008). The assimilation of in-laws: The impact of newcomers on the communication routines of families. *Journal of Applied Communication Research, 36* (1), 74-97.

Rittenour, C. E. & Soliz, J. (2009). Communicative and relational dimensions of shared family identity and relational intentions in mother-in-law/daughter-in-law relationships: Developing a conceptual model for mother-in-law/daughter-in-law research. *Western Journal of Communication, 73* (1), 67-90.

Rosenthal, C. J. (1985). Kinkeeping in the familial division of labor. *Journal of Marriage and the Family, 47,* 965-974.

Sandel, T. L. (2004). Narrated relationships: Mothers-in-law and daughters-in-law justifying conflicts in Taiwan's Chhan-chng. *Research on Language and Social Interaction, 37* (3), 365-398.

Santos, J. D., & Levitt, M. J. (2007). Intergenerational relations with in-laws in the context of the social convoy: Theoretical and practical implications. *Journal of Social Issues, 63* (4), 827-843.

Silverstein, J. (1990). The problem with in-laws. *Journal of Family Therapy, 14,* 399-412.

Sohn, S. Y. (2011). Love, sexuality, and marriage. In Korean Family Studies Association (Ed.), *Korean families: Continuity and Change* (pp. 271-296).

Song, Y., & Zhang, Y. B. (2012). Husbands' conflict styles in Chinese mother/daughter-in-law conflicts: Daughters-in-law's perspectives. *Journal of Family Communication, 12* (1), 57-74.

Sung, M. (2011). Korean family relationships in later life. In Korean Family Studies Association(Ed.), *Korean families: Continuity and Change* (pp. 379-414). Seoul: Seoul National University Press.

Sung, M., & Lee, J. (2013). Adult sibling and sibling-in-law relationships in South Korea: Continuity and change of Confucian family norms. *Journal of Comparative Family Studies, 44* (5), 571-587.

Tuason, M. T., & Friedlander, M. L. (2000). Do parents' differentiation levels predict those of their adult children? *Journal of Counseling Psychology, 47* (1), 27.

Turner, M. J., Young, C. R., & Black, K. I. (2006). Daughters-in-law and mothers-in-law seeking their place within the family: A qualitative study of differing viewpoints. *Family Relations, 55* (5), 588-600.

Willson, A. E., Shuey, K. M., & Elder, G. H. (2003). Ambivalence in the relationship of adult children to aging parents and in-laws. *Journal of Marriage and Family, 65*, 1055-1072.

Wu, T., Yeh, K., Cross, S. E., Larson, L. M., Wang, Y., Tsai, Y. (2010). Conflict with mothers-in-law and Taiwanese women's marital satisfaction: The moderating role of husband support. *The Counseling Psychology, 38* (4), 497-522.

경향신문. 2013. 5. 6.

http://news.khan.co.kr/kh_news/khan_art_view.html?artid=201305062135045&code=990201

동아일보. 2002. 4. 30.

http://news.naver.com/main/read.nhn?mode=LSD&mid=sec&sid1=103&oid=020&aid=0000126893

MBN 뉴스. 2014. 2. 2.

http://www.mbn.co.kr/pages/vod/programView.mbn?bcastSeqNo=1063444

옥선화

서울대학교 생활과학대학 아동가족학과 교수
서울대학교 생활과학연구소 학부모정책연구센터장
전. 대한가정학회장
전. 한국가족학회장
전. 한국가족관계학회장
전. 관악구 건강가정지원센터 · 다문화가족지원센터장
전. 한국가족상담교육연구소장
전. 가톨릭대학교 성심교정 가정관리학과 교수
서울대학교 대학원 소비자아동학과 박사(가족학)
서울대학교 대학원 가정관리학과 석사(가족학)
서울대학교 사범대학 가정교육과 학사

고선주

(사) 가정을 건강하게 하는 시민의 모임 공동대표
(사) 한국여성과학기술단체총연합회 전문위원
성균관대학교 소비자가족학과 겸임교수
전. 한국건강가정진흥원장
전. 중앙건강가정지원센터장
전. 전국다문화가족사업지원단장
전. 서울시여성가족재단 정책개발실장
서울대학교 대학원 소비자아동학과 박사(가족학)
서울대학교 대학원 소비자아동학과 석사(가족학)
서울대학교 가정대학 가정관리학과 학사

권희경

창원대학교 사회과학대학 가족복지학과 교수
University of Minnesota 박사(가족사회학)
전. University of Minnesota 연구원 및 강사
서울대학교 대학원 소비자아동학과 석사(가족학)
서울대학교 가정대학 소비자아동학과 학사

남영주

서울대학교 생활과학대학 아동가족학과 강사
서울가정법원 전문심리위원 및 관악구 건강가정지원
센터 전문강사
전. 서울가정법원 협의이혼 상담위원 및 법무법인 충정
　　가정상담연구소 연구위원
서울대학교 대학원 소비자아동학과 박사(가족학)
서울대학교 대학원 소비자아동학과 석사(가족학)
서울대학교 가정대학 소비자아동학과 학사

배희분

서울대학교 생활과학대학 아동가족학과 강사
전. 안양시청소년지원센터 소장
전. 대전광역시청소년쉼터 실장
서울대학교 대학원 아동가족학과 박사(가족학)
서울대학교 대학원 소비자아동학과 석사(가족학)
서울대학교 가정대학 가정관리학과 학사

성미애

한국방송통신대학교 자연과학대학 가정학과 부교수
종로구 건강가정지원센터 · 다문화가족지원센터 공동센터장
전. 서울대학교 BK21 핵심분야 포스트닥
서울대학교 대학원 소비자아동학과 박사(가족학)
서울대학교 대학원 소비자아동학과 석사(가족학)
서울대학교 가정대학 가정관리학과 학사

송명숙

송원대학교 인문사회계열 유아교육과 부교수
광주가정법원 협의이혼 상담위원
서울대학교 대학원 아동가족학과 박사(아동가족학)
서울대학교 대학원 소비자아동학과 석사(아동가족학)
서울대학교 가정대학 소비자아동학과 학사

양현아

서울대학교 법학전문대학원 교수
전. 국가인권위원회 인권위원
전. 한국젠더법학회 회장
The New School for Social Research 박사(사회학)
서울대학교 대학원 사회학과 석사(사회학)
서울대학교 대학원 가정관리학과 석사(가족학)
서울대학교 가정대학 가정관리학과 학사

이경희

서울대학교 생활과학대학 아동가족학과 강사
대전시 건강가정지원센터 가족상담위원
킴스 아동청소년가족상담센터 가족상담위원
전. 대전시 청소년여자쉼터 실장
서울대학교 대학원 소비자아동학과 박사(가족학)
서울대학교 대학원 소비자아동학과 석사(가족학)
서울대학교 가정대학 가정관리학과 학사

이소영

Montclair State University, Family and Child Studies Department 부교수
National Council on Family Relations, Inclusion and Diversity Committee 위원장
Virginia Polytechnic Institute and State University, 포스트닥
Virginia Polytechnic Institute and State University 박사(인간발달학)
서울대학교 대학원 아동가족학과 석사(가족학)
서울대학교 생활과학대학 아동가족학과 학사

이재림

성균관대학교 사회과학대학 소비자가족학과 조교수
전. 영남대학교 생활과학대학 가족주거학과 조교수
전. 서울대학교 생활과학연구소 연수연구원
University of Minnesota 박사(가족학, 부전공 가족정책)
서울대학교 대학원 아동가족학과 박사수료(가족학)
서울대학교 대학원 아동가족학과 석사(가족학)
서울대학교 생활과학대학 소비자아동학과 학사

장주영

Chao Center for Asian Studies, Rice University 포스트닥
University of Minnesota 박사(가족사회학)
서울대학교 대학원 아동가족학과 석사(가족학)
서울대학교 생활과학대학 소비자아동학부 학사

정정기

(사)임원경제연구소 번역팀장
한국방송통신대학교 가정학과 시간강사
전. 경상남도 건강가정지원센터 · 다문화가족지원센터장
전. 서울시 남부여성발전센터 교육팀장
한림대학교부설 태동고전연구소(지곡서당) 한학연수
서울대학교 대학원 아동가족학과 박사(가족학)
서울대학교 대학원 소비자아동학과 석사(가족학)
서울대학교 가정대학 소비자아동학과 학사

조은숙

수원대학교 생활과학대학 아동가족복지학과 조교수
전. 캐나다 BC주 S.U.C.C.E.S.S.의 Family & Youth Counselor
전. Dept. of Psychiatry, University of Wisconsin–Madison, Research Associate
서울대학교 대학원 소비자아동학과 박사(가족학)
서울대학교 대학원 소비자아동학과 석사(가족학)
서울대학교 가정대학 가정관리학과 학사

진미정

서울대학교 생활과학대학 아동가족학과 교수
관악구 건강가정지원센터 · 다문화가족지원센터장
Harris School of Public Policy Studies, University of Chicago 포스트닥
Pennsylvania State University 박사(가족학, 인구학)
서울대학교 대학원 소비자아동학과 석사(가족학)
서울대학교 가정대학 가정관리학과 학사

최새은

한국교원대학교 제3대학 가정교육과 조교수
University of Wisconsin–Madison 박사(가족학)
서울대학교 대학원 아동가족학과 석사(가족학)
서울대학교 생활과학대학 소비자아동학부 학사

최연실

상명대학교 인문사회과학대학 가족복지학과 교수
상명대학교 가족아동상담교육센터(“품”) 소장
서울대학교 대학원 소비자아동학과 박사(가족학)
서울대학교 대학원 가정관리학과 석사(가족학)
서울대학교 가정대학 가정관리학과 학사